本书受到云南省哲学社会科学学术著作出版资助专项经费资助出版

杨临宏　主编

中国行政诉讼的制度空白及弥补问题研究

云南大学出版社
Yunnan University Press

目 录

绪 论

1989年4月4日第七届全国人民代表大会第二次会议通过了备受瞩目的《中华人民共和国行政诉讼法》(该法自1990年10月1日施行。以下除特别指明之处外，简称《行政诉讼法》)，这部“起草前，有人反对；起草时，引发争议；颁布后，有人批评”，并且“又是一部受人批评最多的法律”，结束了我国“民不可告官”的历史。由于《行政诉讼法》的公布施行对保护公民、法人和其他组织的合法权益、监督行政机关依法行政、推动我国的民主法制建设起到了十分积极的推动作用，因此也有人称其是我国民主法制建设史上一部具有里程碑性质的法律。可见人们对其评价的反差是十分大的，《行政诉讼法》在风风雨雨的艰难困苦中已经走过了20年，这本身就为行政诉讼制度的改革和完善积累了丰富的经验，奠定了坚实的基础。我们认为，尽管用今天的眼光来审视，《行政诉讼法》本身还存在诸多不足，但20年来，在实施《行政诉讼法》的带动下，我国的民主法制建设得到全面、迅速、配套性的发展，其对我国行政法律制度乃至于对我国整个的民主法制建设的贡献是不可低估的，称其为民主法制建设的里程碑也是名副其实的。

一、我国《行政诉讼法》公布实施20年来取得的基本成就

在我们看来，《行政诉讼法》的功绩主要表现在如下几个方面：

第一，推动了我国民主法制，特别是行政法制的全面、迅速、配套性的发展。为保证《行政诉讼法》的顺利实施，使行政诉讼不仅有程序法可依，同时也使行政诉讼案件有可据以裁判的实体法，我国先后颁布了一些具有规范所有行政领域的、具有骨架性质的法律，如《行政处罚法》、《国家赔偿法》、《立法法》、《行政复议法》、《行政许可法》等。同时，一些专门规范不同行政领域的行政法律、法规及相应制度也相继出台，如《药品管理法》、《种子法》、《价格法》、

《消防法》、《传染病防治法》、《水法》、《治安管理处罚法》、《道路交通安全法》等许多单行法律。为了保证这些法律的顺利实施，国务院制定了一些配套性质的行政法规，国务院部门制定了配套性的规章；地方制定了配套性地方性法规和规章。这些以法律为纲领、与法规规章相配套的行政管理法律法规体系保证国家的行政管理基本上实现了有法可依。而这些配套性的法律、法规、规章很大程度上都是为了配合和保证《行政诉讼法》的实施而制定的。

第二，结束了我国"民不可告官"的历史，打破了千百年来"官贵民贱"、"官以牧民"的传统错误观念。通过《行政诉讼法》的施行建立起了完整的行政诉讼制度，使公民权益在受到行政权的侵害时能得到切实的保障，充分体现了市场经济条件下必须以权利为本位的必然要求。就人民群众而言，根据《行政诉讼法》的规定，公民、法人和其他组织认为行政机关的具体行政行为侵犯其合法权益时，有权向法院提起诉讼，能够与"官"对簿公堂、分庭抗礼，打破了"民不与官斗"、"民不可告官"的制度传统和观念传统。就行政机关而言，根据《行政诉讼法》的规定必须接受人民法院的监督，所作的行政行为必须接受司法审查，克服了过去高高在上、"一言九鼎"、"唯我独尊"的特权心态，从开始时的拒绝出庭"受审"、消极抵制审判、拒不执行法院判决，发展为今天行政首长出庭应诉、积极参与法庭审理、依法履行法院判决的良好局面。就人民法院而言，根据《行政诉讼法》的规定，能够正确、及时地行使国家审判权，从开始时的"汇报立案"、"汇报审理"、"汇报裁判"、"汇报执行"等，发展到今天真正依法独立行使行政审判权。人民法院有权对行政机关的具体行政行为是否合法进行审查，根据事实和法律做出维持、撤销、履行法定职责和变更等不同的判决。虽然几多艰难也尚未尽如人意，但毕竟已成绩斐然、硕果累累。①

第三，建立了一套相对完备的行政纠纷解决机制。在当今社会，多元化解决社会纠纷，无疑对构建社会主义和谐社会具有十分重大的意义，但也应当明确，在多元化的纠纷解决机制中，诉讼是十分重要且具有主体性和权威性，其作用是不可替代的。行政诉讼作为专门解决行政纠纷的一项基本法律制度，不仅是我国

① 根据1989年当时的最高人民法院院长任建新的工作报告：行政诉讼"由于这是一项新的诉讼制度，有些公民和组织对它还不熟悉、不习惯，甚至还不知道运用国家法律赋予的这项权利来维护自身的合法权益；有的机关不愿意出庭应诉，或者不执行法院的判决；有些法院的审判人员也还程度不同地存在着畏难情绪。这些问题，随着行政诉讼制度的不断完善和法制观念的不断增强，必将会逐步得到解决"。实践证明，经过20年来的努力，这些问题已经基本得到了解决。

三大诉讼制度的重要组成部分之一，同时在解决行政争议，维持国家有效的行政管理，构建和谐行政管理关系等方面具有十分重要的作用。同时，我国的行政诉讼制度，在所有解决行政争议的制度中也是程序最完备，运行最为规范，对公民、法人和其他组织的合法权益保护最为有力的一项制度。①

第四，培养和训练了三支行政法制建设的专门人才队伍，即行政审判队伍、政府法制队伍、行政法学教学研究队伍。要加强行政法制，有效解决行政纠纷，只有制度本身是不够的，必须要有高素质的相应的人才队伍。没有高素质的人才队伍，一方面无法建立科学的制度；另一方面所建立的制度也无法施行。为了保证行政诉讼制度的有效运行，各级人民法院设立了行政审判庭②培养了从事行政审判工作的法官队伍；为了保证政府部门能够顺利进行应诉，各级人民政府及其部门成立了法制工作机构，配备了必要的工作人员；为了保护行政诉讼法的实施，各高等法律院校开设了“行政法”与“行政诉讼法”课程，配备了专门的教师，促进了行政法与行政诉讼法理论的发展与繁荣。③

第五，推进了行政法制、依法行政理念的形成和全面推进。1989 年《行政诉讼法》公布后，“民告官”一词为全国人民所接受，初期的行政审判通常会在当地引起轰动效应，这对于行政诉讼观念的灌输，其作用是显而易见的。1993 年，当时的国务院总理李鹏代表国务院提出依法行政的要求，之后国家对依法行政的要求不断明确化和具体化。1999 年，国务院发布了《全面推进依法行政的决定》，号召各级人民政府开展依法行政工作；2004 年，国务院又发布了《全面推进依法行政实施纲要》，明确地提出要全面推进依法行政，经过 10 年左右坚持不懈的努力，基本实现了建设法治政府的目标，要求行政管理必须遵循合法行政、合理行政、程序正当、高效便民、诚实守信、权责统一等基本要求；2008 年，国务院又发布了《关于加强市县政府依法行政的决定》，提出要大力提高县市行政机关工

① 自 1989 年开始，最高人民法院在向全国人民代表作的工作报告中专门报告行政审判方面的事项。此后每年均有报告，但详略不一，报告的统计口径也不一样，因此不利于进行规范化的比较分析。相关报告的相关内容详见本部分末尾的摘录。

② 据资料显示，全国第一个基层人民法院行政审判庭是成立于 1986 年的湖南省汨罗县（现在的汨罗市）人民法院行政审判庭；第一个中级人民法院行政审判庭是 1986 年湖北省武汉市中级人民法院设立的行政审判庭。

③ 在《行政诉讼法》公布实施前，各高、中等法律院校、系开设“行政法”课程的很少，而且不受重视，绝大多数院校系的“行政法”、“行政诉讼法”课程及其他相关课程如“国家赔偿法”、“部门行政法”、“公务员法”等都是在《行政诉讼法》公布实施后陆续开设的，目前“行政诉讼法”受到空前的重视，成了法学领域的一门显学。

作人员依法行政的意识和能力；完善市县政府行政决策机制；严格行政执法；强化对行政行为的监督；增强社会自治功能；强加领导，明确责任，扎扎实实地推进市县依法行政。可以说，这些有关依法行政工作的措施的提出和开展，每一步都是以《行政诉讼法》的实施为推动力的。

二、我国《行政诉讼法》在制度设计上的缺陷与空白

当然，《行政诉讼法》也存在不足，并且其不足也是多方面的。但就其行政诉讼制度本身而言，主要表现为两个方面，即制度缺陷和制度空白。这里所谓的制度缺陷是指《行政诉讼法》已经建立了相应的制度，但这项制度在立法上尚存在不足或漏洞；制度空白是指行政诉讼中需要，但《行政诉讼法》本身没有作出任何制度的规定。我们在本书中所分析研究的是后一种情况，而对于前一种情况因囿于篇幅的限制没有进行分析。

我国《行政诉讼法》有关制度设计上的缺陷是多方面的，诸如：有关受案范围方面的缺陷、有关管辖的缺陷、有关证据的缺陷、有关裁判的缺陷、有关执行的缺陷等等。由于这些制度立法中虽然已经作了明确规定，但是已有的规定或不完备，或不具体，不能满足诉讼实践的需要，操作起来十分困难；或规定不符合客观现实发展的需要，不能满足公民权利意识不断增长和经济社会持续、高速发展的需要，明显过时。对于这些问题，我们称其为制度缺陷，需要通过修改《行政诉讼法》来加以修正和完善。囿于篇幅、时间、精力所限，这部分内容本书没有将其纳入研究范围。

我们认为，我国行政诉讼的制度空白主要表现在如下几个方面，即：缺少行政诉讼的简易程序制度；缺少行政诉讼调解制度；缺少行政诉讼公诉制度；缺少解决行政民事关联诉讼的制度；缺少特别权力关系诉讼制度；缺少行政精神赔偿制度等等。这些在《行政诉讼法》中没有相关规定，但诉讼实践和经济社会发展对解决这些问题的要求又显得十分迫切。对于这些制度，如果在今后修改《行政诉讼法》时不能得到有效地弥补，行政诉讼制度在我国社会生活中的地位和作用还将会继续大打折扣。本书所研究的内容也正是界定于此。

三、弥补《行政诉讼法》制度空白的构想

在分析研究过程，我们的基本思路是：首先分析研究该项制度的基本原理，然后分析建立该项制度的必须性和可行性，最后提出建立该项制度的构想。

（一）关于行政诉讼的简易程序的制度及构建问题

行政诉讼在监督行政机关依法行政，保护行政相对人的权益方面发挥了重要作用。但是我国的立法没有为行政诉讼设立一种简便、快捷的简易程序，这种诉讼程序设置上的缺陷，导致许多公民、法人和其他组织在遭受行政机关的轻微不法侵害时，由于考虑到高昂的诉讼成本，而不能或不愿意拿起法律武器维护自身的合法权益，由此放任和助长了违法行政行为的滋生蔓延。为了保护相对人的权利，强化对权力的控制，在行政诉讼中设立简易程序制度是大势所趋。在对行政诉讼简易程序进行系统理论阐述的基础上，从法理层面和实证角度论证了设立简易程序的必要性，从行政诉讼规则的特殊性等角度全面论证了设置简易程序的可行性。在构建简易程序的基本思路和具体制度安排上提出：行政诉讼简易程序的立法原则（包括公正原则、效率原则、扬弃原则、诉讼经济原则、多元化原则以及自愿原则）；适用行政诉讼简易程序的案件范围（通过总结国内相关立法及其实践的经验教训以及借鉴我国台湾地区立法的基础上，提出了我国应当适用的标准体系：行政处罚轻的案件、对相对人合法权益损害不大的其他案件）；行政诉讼简易程序的立法模式，建议采用一元双轨制（所谓的一元双轨制，是指根据行政审判的特点，在人民法院内部设立行政法庭专门审理行政案件，保持单一的司法系统的现状，但是基层和中级法院在审理行政案件时，根据行政案件的性质、特点的不同，分别采取简易程序和普通程序进行审理）；行政诉讼简易程序的具体制度安排（应当赋予诉讼双方一定的选择权；简化审判组织，采用独任制；采用以书面审理为主，开庭审理与书面审理相结合的庭审方式；缩短诉讼时限；采用一次合法传唤的缺席判决制度；简化传唤或通知方式；采用灵活的庭审程序；简化裁判文书制作；注重当庭宣判等制度安排）。

（二）关于行政诉讼调解的制度空白及构建问题

行政诉讼调解问题渐趋成为我国一个重要的法律问题。尤其在建设社会主义和谐社会的环境下，研究行政诉讼调解问题就彰显出更加重要的意义。该部分中我们首先阐述了调解与行政诉讼调解的基本理论问题。调解在我国历史悠远，至今仍发挥着越来越重要的作用，在该部分，通过调解的上位概念来分析行政诉讼调解这样一个下位概念的基本理论问题。其次，主要阐述了行政诉讼调解的必要性和可行性。行政诉讼调解的必要性主要从单纯审判的弊端、行政诉讼调解与“审查具体行政行为的合理性”，行政诉讼调解与构建和谐社会以及行政诉讼调解与 WTO 机制的要求等方面来加以阐述；不合理的具体行政行为对于行政相对人的影响可能是深远的。让行政相对人以具体行政行为的不合理性来对抗行政机关，以期获得合理性，对于目前我国绝大多数的行政机关来讲，是不现实的。在缓和融洽的氛围中处理纠纷，其效果是显而易见的。当事人可以在平等的条件下，平等地进行协商，坦诚地交换意见，对案件的客观事实进行最大限度的还原，就避免了抵触情绪下的证据交换以及法庭调查的情形，一方面可最大限度地还原客观事实，另一方面减少了一系列程序，节省了人力、物力以及财力。行政诉讼调解的可行性研究主要从传统文化的影响、行政诉讼调解经济价值分析、质疑“否定行政诉讼调解论”的观点以及国外或地区的经验来加以探讨。再次，阐述行政诉讼调解制度的构建问题。主要从行政诉讼调解范围、具体程序、有关法条设计等方面加以分析研究。

（三）关于行政公诉的制度空白及构建问题

首先，简要论述行政公诉制度和介绍我国的检察机关，重点论述行政公诉的含义，与刑事公诉、行政公益诉讼的区别、西方国家有关行政公诉的理论与实践，以及行政公诉的宪政基础。其次，阐述我国建立行政公诉制度的必要性与可行性，主要从落实宪法规定的角度、坚持依法行政的角度和保护行政管理相对人合法权益的角度出发，阐述在我国建立行政公诉制度的宪法依据、学理依据和现实依据。再次，从行政公诉机关、行政公诉的受案范围、行政公诉的举证责任、行政公诉人败诉、行政公诉的特定程序规则和相关配套制度的立法等方面入手，对我国建立行政公诉制度提出具体的设想。

（四）关于行政公益诉讼的制度空白及构建问题

行政公益诉讼制度与行政公诉有一定的关联性和交叉性，但二者并不完全重合。因此，我们在行政公益诉讼部分首先从在国内具有较大影响的案例出发，分析行政公益诉讼制度的基本原理，然后论述建立行政公益诉讼制度的必要性和可行性，最后提出从立法上完善我国行政公益诉讼制度的构想。

（五）关于解决行政民事关联诉讼的制度空白及构建问题

公私法的相互渗透及现代社会行政权不断扩张，越来越多地介入到私权领域，致使行政民事关联案件出现并呈上升趋势。在我国，现行的法律中并没有对该类案件的处理作明文规定。司法实践对其处理也是多种多样的，有的法院将关联案件中的行政争议和民事争议分开审理，各自裁判；有的法院采取“先行后民”的方式，先解决行政争议，再解决民事争议；有的法院则一律采取行政附带民事诉讼的方式等。理论的分歧、立法的缺失以及司法的不统一都无法公正、有效率地应对现实的需要，致使法院作出的判决相互矛盾，损害了司法的权威性与公正性，也使案件陷入循环诉讼，从而增加了当事人的讼累和诉讼成本，影响了社会的稳定。因此，建立一种有效的诉讼模式不仅必要，而且必须。我们试图构建“民事附属行政审查＋行政附带民事诉讼＋当事人诉讼”的多元模式，并从理论上对其予以论证，以期为解决行政民事关联案件在司法实践中所遇到的困境提供一个突破口，更好地实现程序公正和诉讼效益的目标。

（六）关于特别权力关系诉讼的制度空白及构建问题

首先，从特别权力关系理论的源起、发展及演变入手，对特别权力关系理论的发展变化做了全面的阐述，并分析介绍了特别权力关系法律救济的原则、范围、程序，以及我国特别权力关系法律救济制度的现状，重点分析了公务员的权利救济以及公立高等学校与学生之间的法律关系救济制度。介绍了传统特别权力关系理论的源起、衰败以及对传统特别权力关系理论的修正，并分析了现代社会特别权力关系的特点与发展趋向，从而对特别权力关系性质及存废问题作进一步的阐述。特别权力关系理论产生于19世纪的德国，后传入日本，再由日本传入我国台湾地区。传统特别权力关系理论的主要特点在于：排除法律保留原则和依法行政原理的适用。战后为符合现代民主原则和法治精神，德国、日本与我国台湾地区学者及司法实务界对传统特别权力关系理论作了修正，使其有了新的面貌。特别权力关系也呈现出新的特点和发展趋势，而且还引来学界对特别权力关系理论的“存废”之争。其次，研究特别权力关系的概念和特征，特别权力关系进行行政诉讼的必要性和可行性，特别权力关系法律救济的原则、范围和程序，以及我国特别权力关系法律救济的现状。再次，两种特别权力关系的法律救济解析。我们重点分析了两种特别权力关系的法律救济，即公务员的权利救济制度、公立高等学校与学生之间的法律关系救济制度，并分别从目前我国权力救济现状、存在的问题以及如何完善作了详细的阐述。

（七）关于行政精神赔偿的制度空白及构建

在我国，精神损害赔偿多存在于民事侵权赔偿领域，在行政侵权领域少见其身影。这种做法在很长一段时间内没有引起人们的异议，但随着社会经济的发展、民主法治及人权理念的进步，越来越多的现象说明，再一味固执地把精神损害赔偿排除在行政侵权赔偿领域之外是极不合理的。这既不利于保护相对一方的合法权益，也不利于对行政行为进行有效的监督、规范，而且与国际上通行的做法背道而驰，不利于与国际接轨。我们以精神损害赔偿与行政侵权赔偿理论为基础，并辅以国外有关行政精神损害赔偿的理论，着重分析我国的立法现状及实践情况，证明在我国不论是在立法中确立行政精神损害赔偿还是在实践中实施行政精神损害赔偿都不仅是十分必要的，而且是切实可行的。我们在该部分中对行政精神损害赔偿问题作了制度设计，提出了我们的基本设想，并阐述了基本理由。

四、开展好行政诉讼工作，除建立好的制度之外，还需要国家和社会重视以及持之以恒的推行

我国20年行政诉讼的实践证明成绩是主要的，必须全面肯定。这些成绩的取得，除了制度本身的科学性、周密性等原因外，国家对该项制度的重视程度也至关重要。我国行政诉讼的发展情况，从最高人民法院的工作报告中有关行政审判的内容可见一斑。现根据历年来最高人民法院向全国人民代表大会所作的工作报告中涉及行政诉讼部分的数据和相关内容，对行政诉讼的情况进行统计，以便让人们真实地认识我国行政诉讼的发展历程和现状。

全国法院历年审理行政案件的情况汇总表

年份	全国法院一审案件数	维持行政机关决定	撤销行政机关决定	撤诉案件	变更或部分变更	上升比例
1989①	全国法院共审结行政案件 13 428 件(2年)	6 698 件，占49.9%	1 321 件，占9.8%	3 354 件，占25%	变更或部分变更原行政决定的 674 件，占5%	
1990②	1989年，共受理一审行政案件 9 934 件，审结一审行政案件9 742 件，上升21.33%	在审结的案件中，维持原行政机关决定的4 135 件，占42.45%	撤销行政机关决定的 1 364 件，占14%	原告撤诉的2 966 件，占30.45%	变更行政机关决定的587件，占6.3%	15.88%

① 截至报告时，全国已有130多个法律和行政法规规定公民和组织不服行政机关处理可以向法院起诉，还有大量的地方法规也作了类似的规定。诉讼到人民法院的行政案件逐年增加。1986年以来，人民法院陆续建立行政审判庭，现已有26个高级法院、242个中级法院（占中级法院总数的63.5%），1 154个基层法院（占基层法院总数的39%）建立了行政审判庭。最高人民法院也于1988年建立了行政审判庭。涉及治安、土地、海关、食品卫生、医药、环境保护、工商、税务等许多行政管理部门。

② 截至报告时，全国已有2 400多个法院建立了行政审判庭。

续 表

年份	全国法院一审案件数	维持行政机关决定	撤销行政机关决定	撤诉案件	变更或部分变更	上升比例
1991①	1990年，受理行政案件13 006件，审结12 040件，上升23.59%	未报告	未报告	未报告	未报告	30.92%
1992②	一审行政案件25 667件，审结一审行政案件25 202件	31.6%	18.9%	37%	2.4%	97.4%
1993③	5年全国法院受理一审行政案件84 305件	34.1%	17.5%	35.4%	3%	平均每年上升35.5%
1994④	全年一审行政案件27 911件，审结27 958件	23.56%	撤销和变更行政机关决定的占20.39%	41.31%	撤销和变更行政机关决定的占20.39%	未报告

① 特别是《行政诉讼法》实施后，行政案件上升幅度更大。1990年10月至12月，共受理一审行政案件5 258件，比1989年同期上升96.56%。人民法院受理的行政案件，除治安行政和土地行政案件仍占总数的65%外，还有工商、林业、环保、海关、税务、城建、医药、卫生等行政案件。

② 其中，一是治安、土地、林业、税务行政案件上升的幅度都在百分之百以上；二是随着行政法律、法规的不断增多，行政诉讼涉及的领域不断扩大。现在，涉及行政诉讼的有关法律有50多件，国务院发布的行政法规和行政法规性文件1 100余件。法院受理的行政案件类型已达30多种，许多过去没有或者少有的水利、统计、烟草专卖、能源和不服劳动教养决定等行政案件陆续起诉到法院。全国法院还执行行政机关申请人民法院强制执行其行政决定的案件37 148件，比上年上升145.6%。通过对行政案件的审理和执行，既依法保护了公民、法人和其他组织的合法权益，又监督和支持了行政机关依法行政。

③ 作其他处理的占10%。此外，各级人民法院还办理了行政机关申请强制执行的案件131 328件。

④ 撤销行政机关的行政行为与变更行政机关的行政行为合并统计。作其他处理的占14.74%，没有向全国人民代表大会报告行政案件上升的比例。依法强制执行了行政决定88 147件。

续　表

年份	全国法院一审案件数	维持行政机关决定	撤销行政机关决定	撤诉案件	变更或部分变更	上升比例
1995①	依法审结了大量行政案件。（无数据）	未报告	未报告	未报告	未报告	未报告
1996	全年共审结行政案件51 370件，比上年上升	8 903件，占17.34%	撤销、变更行政机关决定的8 128件，占15.82%	25 990件，占50.59%②	撤销、变更行政机关决定的8 128件，占15.82%	48.61%
1997	7 927件	未报告	未报告	未报告	未报告	未报告
1998③	五年来，审结一审行政案件281 974件	未报告	未报告	未报告	未报告	平均每年递增26.70%
1999	与民事、经济、海事案件合并报告	未报告	未报告	未报告	未报告	未报告
2000④	审结一审行政案件98 759件	未报告	未报告	未报告	未报告	0.38%

① 该年的工作报告没有报告具体的案件审理数，却报告主要类型案件的上升比例，报告一个案件。其中，治安行政案件比上年上升20.89%；工商行政案件上升47.8%；物价行政案件上升3.64倍。

② 其中因被告主动改变不合法的行政决定后，原告撤诉的占45%。驳回起诉、终结审理等8 349件，占16.25%。受理行政机关申请执行的案件191 258件，比上年上升39.81%。《国家赔偿法》自1995年1月1日施行以来，全国中级以上人民法院依法相继成立了赔偿委员会。去年，全国法院共受理国家赔偿案件197件，审结154件，其中决定赔偿的64件，这项工作有了良好的开端。

③ 执行了行政机关申请执行的处罚决定929 567件。共审结国家赔偿案件870件，其中决定由国家机关赔偿的364件。

④ 本报告年度全国法院共审结各类国家赔偿案件6 788件，比上年上升8%。

续 表

年份	全国法院一审案件数	维持行政机关决定	撤销行政机关决定	撤诉案件	变更或部分变更	上升比例
2001	审结行政案件8.6万余件	未报告	未报告	未报告	未报告	未报告
2002①	121 008件	未报告	未报告	未报告	未报告	未报告
2003②	共审结行政案件464 689件	未报告	未报告	未报告	未报告	比前五年上升65%
2004③	未具体报告	未报告	未报告	未报告	未报告	未报告
2005④	共审结一审行政案件92 192件	未报告	未报告	未报告	未报告	4.7%
2006⑤	95 707件	37 192件	撤销、变更、确认行政行为违法或无效16 895件	41 620件	撤销、变更、确认行政行为违法或无效16 895件	3.81%

① 本年度的报告中指出了行政案件占全部案件的比例为2.05%。

② 案件种类已基本覆盖行政管理领域。5年来，共办理国家赔偿案件11 321件，决定赔偿4 013件，占35%。

③ 全年共审结民事和行政二审、死刑复核、审判监督等案件3 578件。加大对与市场经济有关的行政案件的审理力度，全年审结的此类二审案件占全部行政二审案件的83.3%。对涉及行政机关整治地区封锁和部门行业垄断的案件，加快审理，及时结案，支持行政机关依法行政。此外，还审结一批行政再审案件和国家赔偿案件。

④ 本年度报告专门报告最高人民法院审理的行政案件。报告称："最高人民法院加强行政审判和国家赔偿审判工作，全年共审结各类行政案件和国家赔偿案件106件。""全年共审理涉及卫生、计划生育、土地、交通、工商、税务、海关、商检、财政及劳动和社会保障案件38 173件，上升18.79%。依法审理涉及城市房屋拆迁的行政案件，纠正违法强制拆迁行为，全年共审结此类案件5 478件。此外，还审查办理非诉行政案件110 550件，审结国家赔偿案件3 134件。"

⑤ 最高人民法院审结涉及城市规划、房屋拆迁、劳动和社会保障、环境保护、工商管理等各类重大行政诉讼案件和国家赔偿案件62件。全国法院还审查办理非诉行政案件124 629件；审结国家赔偿案件2 991件，涉及赔偿金额3 751万元。

续 表

年份	全国法院一审案件数	维持行政机关决定	撤销行政机关决定	撤诉案件	变更或部分变更	上升比例
2007①	95 052	37 360	撤销、变更、确认行政行为违法或无效 14 250 件	32 146 件，占总数的 33.82%，同比上升 12.13%	撤销、变更、确认行政行为违法或无效 14 250 件	未报告
2008②	47 万余件	未报告	未报告	未报告	未报告	1.5%

数据来源于当年最高人民法院的工作报告。详细内容见本章附录。

从最高人民法院的工作报告所反映的情况来看，我国行政诉讼 20 年的发展特点是：

第一，我国的行政诉讼从类型上看，经历了从处罚类案件向覆盖整个行政管理环节的案件发展；从以治安类案件为主，向覆盖所有行政管理领域的案件发展、演变的过程。在我国行政诉讼制度起步初期，案件的类型主要是治安行政处罚和土地处罚行政案件，之后向工商、林业、环保、海关、税务、城建、医药、卫生等行政案件发展，然后再向水利、统计、烟草专卖、能源和不服劳动教养决定等行政案件发展，最后案件发展到覆盖行政管理的各个领域。

第二，行政诉讼的发展与国家的重视程度有直接关系，在国家经济社会发展平稳、社会没有大的公共事件发生的年份，国家对行政诉讼的重视程度与行政诉讼制度建设就会平稳地发展，否则就会受到影响。如 2003 年，由于国家出现“非典”疫情，行政诉讼工作在全国范围内的开展就不正常。

第三，行政诉讼在整个国家诉讼制度中所处的地位仍然不高，如最高人民法院在报告中总体上对行政诉讼的报告不够详尽，有的年份几乎就没有完整的报告，有的年份是将其和其他诉讼合并在一起报告。

第四，行政诉讼就案件数量而言，总体上呈现出上升的态势。

总之，我国《行政诉讼法》公布实施 20 年来，我国行政诉讼制度建设取得的成绩是可喜的，但正视其存在的不足也是必要的。这些不足，如果属于制度层面的问题，就需要通过修改《行政诉讼法》来弥补和完善，如果属于执行过程中

① 本报告年度最高人民法院审结行政案件和国家赔偿案件 318 件。

② 最高人民法院审理行政案件 1 242 件，国家赔偿案件 313 件；全国法院审结国家赔偿案件 1.3 万件，同比上升 17.31%，涉及赔偿金额 1.8 亿元，同比增长 6.26%。

存在的问题，则需要通过加强行政诉讼工作来予以解决。本书所做的努力仅限于弥补制度空白方面，且只为一家之言，欠妥之处敬请方家不吝指正！

附录：

历年《最高人民法院工作报告》中有关行政诉讼案件审理情况的基本内容摘录：

1989 年的《最高人民法院的工作报告》中有关行政诉讼的内容："到目前为止，我国已有 130 多个法律和行政法规规定公民和组织不服行政机关处理可以向法院起诉，还有大量的地方法规也作了类似的规定。诉讼到人民法院的行政案件逐年增加。1986 年以来，人民法院陆续建立行政审判庭，现已有 26 个高级法院、242 个中级法院（占中级法院总数的 63.5%）、1 154 个基层法院（占基层法院总数的 39%）建立了行政审判庭。最高人民法院也于去年建立了行政审判庭。""全国法院两年来共受理行政案件 14 513 件，涉及治安、土地、海关、食品卫生、医药、环境保护、工商、税务等许多行政管理部门。这两年内，全国法院共审结行政案件 13 428 件，其中维持原行政决定的 6 698 件，占 49.9%；撤诉的 3 354 件，占 25%；撤销原行政决定的 1 321 件，占 9.8%；变更或部分变更原行政决定的 674 件，占 5%。实践证明，人民法院通过对行政案件的审理，保障了公民和组织的合法权益，支持了行政机关依法行使职权，有利于促进行政管理的规范化和法制化。"

1990 年的《最高人民法院的工作报告》中有关行政诉讼的内容："目前，全国已有 2 400 多个法院建立了行政审判庭，积极慎重地审理了一批行政案件。1989 年，全国各级人民法院共受理一审行政案件 9 934 件，比上年上升 15.88%；审结一审行政案件 9 742 件，比上年上升 21.33%，涉及公安、土地、工商、税务、环保、海关等许多行政管理部门。在审结的案件中，维持原行政机关决定的 4 135 件，占 42.45%；原告撤诉的 2 966 件，占 30.45%；撤销行政机关决定的 1 364 件，占 14%；变更行政机关决定的 587 件，占 6.3%。人民法院通过对行政案件的审理，保护了公民、法人和其他组织的合法权益，维护和监督了行政机关依法行使职权，密切了政府同群众的关系，促进了安定团结。"认为"我国行政诉讼法于去年四月颁布后，最高人民法院和部分地方人民法院相继举办了行政诉讼法和行政法培训班；最高人民法院和一些高级人民法院还开展了行政审判的试点工作；许多法院结合行政审判，积极宣传行政诉讼法和行政法知识，为行政诉讼法的实施做了大量准备工作。从今年 10 月 1 日起，我国行政诉讼法将正式施行。这是我国社会主义法制建设的一件大事，也是我国社会主义民主政治建设的重要发展，人民法院的行政审判工作将进入一个新的阶段。今后起诉到法院的行政案件将日益增多，一些专业性、技术性和政策性很强的行政案件将会出现，而法院行政审判人员的数量和质量都有待于进一步充实和提高；人们对行政诉讼还不习惯、不熟悉，要改变这种状况也还需要有一个过程。因此，今年行政审判工作的主要任务是，为贯彻执行行政诉讼法，全面开展行政审判工作，做好充分的准备。各级人民法院要认真学好行政诉讼法，大力宣传行政诉讼法；健全行政审判机构，充实行政审判人员，进一步提高行政审判人员的政治、业务素质，严格依法审理好各类行政案件。最高人民法院拟在调查研究、总结经验的基础上，提出实施行政诉讼法的具体意见。"

1991 年的《最高人民法院的工作报告》中有关行政诉讼的内容："《中华人民共和国行政诉讼法》于 1990 年 10 月 1 日施行后，我国的行政审判工作进入了一个新的阶段。全国各级人民法院为实施行政诉讼法做了大量的准备工作，并积极、慎重地处理了一批行政案件。截至 1990 年底，三十个高级人民法院全部建立了行政审判庭，百分之九十以上的中级人民法院和基层人民法院也建立了行政审判庭。1990 年，全国法院共受理行政案件 13 006 件，比上年上升 30.92%；审结 12 040 件，比上年上升 23.59%。特别是行政诉讼法实施后，行政案件上升幅度更大。去年 10 月至 12 月，共受理一审行政案件 5 258 件，比上年同期上升 96.56%。人民法院受理的行政案件，除治安行政和土地行政案件仍占总数的 65%外，还有工商、林业、环保、海关、税务、城建、医药、卫生等行政案件。人民法院通过行政审判，保护公民、法人和其他组织的合法权益，维护和监督行政机关依法行使行政职权，密切了人民群众与政府之间的关系。在行政审判实践中，我们感到，全面执行行政诉讼法，更好地开展行政审判工作，还需要解决以下问题：一是应当更加广泛、深入地学习、宣传行政诉讼法，使广大群众懂得和善于通过行政诉讼保护自己的合法权益；同时，也使国家行政机关工作人员进一步理解行政审判有利于维护行政机关依法行使职权。二是目前人民法院的行政审判力量严重不足，亟待加强，以适应工作的需要。三是一些法律、法规还需要进一步协调配套，以使人民法院和有关行政部门执法有据。"

1992 年的《最高人民法院的工作报告》中有关行政诉讼的内容："去年，人民法院的行政审判工作有了较快的发展。一是案件增长较多。全年共受理一审行政案件 25 667 件，比上年上升 97.4%。其中，治安、土地、林业、税务行政案件上升的幅度都在百分之百以上。二是随着行政法律、法规的不断增多，行政诉讼涉及的领域不断扩大。现在，涉及行政诉讼的有关法律有50多件，国务院发布的行政法规和行政法规性文件1 100余件。法院受理的行政案件类型已达30多种，许多过去没有或者少有的水利、统计、烟草专卖、能源和不服劳动教养决定等行政案件陆续起诉到法院。去年，全国法院共审结一审行政案件25 202件，其中维持行政决定的占31.6%，撤销行政决定的占18.9%，变更行政决定的占2.4%，原告撤诉的占37%。此外，全国法院还执行行政机关申请人民法院强制执行其行政决定的案件37 148件，比上年上升145.6%。通过对行政案件的审理和执行，既依法保护了公民、法人和其他组织的合法权益，又监督和支持了行政机关依法行政。"

1993年的《最高人民法院的工作报告》中有关行政诉讼的内容："行政审判工作的开展，是完善我国诉讼制度的重要标志，是社会主义法制建设的一件大事，也是社会主义民主政治建设的一个重要步骤。1989年行政诉讼法的颁布，使行政审判工作进入了一个新阶段，行政诉讼涉及的领域不断扩大，行政诉讼案件上升很快。5年全国法院共受理一审行政案件84 305件，平均每年上升35.5%，案件涉及30多个行政部门。共审结82 129件，其中维持行政机关决定的占百分之34.1%，撤销行政机关决定的占17.5%，变更行政机关决定的占3%，撤诉的占35.4%，作其他处理的占10%。此外，各级人民法院还办理了行政机关申请强制执行的案件131 328件。""人民法院在行政审判工作中，既依法保护公民、法人和其他组织的合法权益，又维护和监督行政机关依法行使职权。5年中，主要抓了以下几个方面的工作：第一，通过对侵犯企业生产经营决策权、产品销售权、投资决策权等案件的审理，制止侵犯企业经营自主权的违法行政行为，促进国有企业特别是大中型企业经营机制的转换。第二，加强对土地、工商、税务、环保等案件的审理，制止乱设卡、乱罚款、乱摊派等违法行政行为，促进商品的生产和流通。第三，加强对治安、收容审查、劳动教养等案件的审理，依法保护公民的人身权利和其他合法权益。""5年来，人民法院的行政审判工作从无到有，开拓前进，初步打开了局面。但是，由于行政诉讼制度建立不久，有些公民和行政机关对行政审判的重要性认识不足，目前一些地方仍然存在公民、法人不敢告，行政机关不愿当被告的现象，人民法院也有畏难情绪。因此，进一步学习、宣传、贯彻行政诉讼法，仍然是今后一项十分重要的任务。我们要求各级人民法院要认真总结经验，敢于排除各种干扰，严格依法办案，以开创行政审判工作的新局面。"

1994年的《最高人民法院的工作报告》中有关行政诉讼的内容："依法保护公民、法人和其他组织的合法权益不受侵犯，维护和监督行政机关依法行政。一年来，人民法院的行政审判工作有了新的进展。全年共受理一审行政案件 27 911 件，审结 27 958 件。其中，维持行政机关决定的占 23. 56%，撤销和变更行政机关决定的占 20. 39%，撤诉的占 41. 31%，作其他处理的占 14. 74%。人民法院受理的行政案件，涉及土地、公安、工商、城建、环保、税务等三十多个方面，其中着重抓了有关企业转换经营机制和加重农民负担的行政案件的审理，对行政机关违法的具体行政行为加以纠正，对合法的具体行政行为予以支持。通过审理企业在转换经营机制中出现的行政案件，对向企业乱集资、乱摊派、乱收费，侵犯企业经营自主权的违法行为，依法予以制止和纠正。通过审理少数行政机关加重农民负担，非法要求农民承担费用或者劳务而引起的行政案件，保护了农民的利益，调动了农民的生产积极性。一些法院对审判中发现的行政执法中的问题，及时提出司法建议。如有的法院针对本地区存在的加重农民负担的行为，向当地政府提出司法建议，将农民依照法律和政策应当承担的费用和劳务，通过签订协议书的办法，纳入法制管理的轨道，被采纳后在全省推行。各级法院还根据行政机关的申请，依法强制执行了行政决定 88 147 件，有力地支持了行政机关依法行政。当前，行政审判工作存在的主要问题是，有些公民怕打击报复，不敢提起行政诉讼；有些行政机关怕影响威信，不愿出庭应诉；有些审判人员怕影响与行政机关的关系，有畏难情绪。为了更好地开展行政审判工作，应当更加广泛、深入地学习、宣传行政诉讼法，认真解决存在的思想认识问题和其他实际问题。”

1995 年《最高人民法院的工作报告》中有关行政诉讼的内容：“行政诉讼制度的建立和发展是我国社会主义民主和法制日益完善的一个重要标志。去年，人民法院充分发挥行政审判职能，克服困难，依法审结了大量行政案件。其中，治安行政案件比上年上升 20. 89%；工商行政案件上升 47. 8%；物价行政案件上升 3. 64 倍。行政案件往往影响大，当地群众十分关注。人民法院在查清事实的基础上，分清是非曲直，依法公正裁决。如山东省青岛市中级人民法院受理的 472 名个体工商户诉该市北区工商行政管理局案，法院依法纠正了被告收取这 472 名个体工商户营业执照的违法行为，保护了原告的正当经营权利。又如湖北省监利县人民法院审理的该县一棉花采购站不服县卫生管理部门行政处罚案，法院查明原告确实向农民出售了劣质食用油，依法维持县卫生管理部门作出的对该棉花采购站予以罚款并赔偿农民损失的处罚决定。通过行政审判，及时纠正了行政机关违法行政，保护了公民、法人的合法权益，同时也支持了行政机关依法行政，有利于改善政府与人民群众之间的关系。”

1996 的《最高人民法院的工作报告》中有关行政诉讼的内容：“依法审理行

政案件。去年是我国开展行政审判的第五年，这项工作取得了较大进展。人民法院审理的行政案件，涉及土地、公安、城建、工商、卫生、海关、环保等40多个行政管理部门。全年共审结行政案件51 370件，比上年上升48.61%。其中维持行政机关决定的8 903件，占17.34%；撤销、变更行政机关决定的8 128件，占15.82%；原告撤诉的25 990件，占50.59%（其中因被告主动改变不合法的行政决定后，原告撤诉的占45%）；驳回起诉、终结审理等8 349件，占16.25%。与此同时，受理行政机关申请执行的案件191 258件，比上年上升39.81%。通过审理行政案件，保护公民、法人和其他组织的合法权益，维护和监督行政机关依法行使行政职权。如匈牙利迪克国际贸易有限公司驻北京总代理陆桂芝，因不服河北省乐亭县公安局以涉嫌诈骗将其收容审查，向北京市朝阳区人民法院提起行政诉讼。经法院审理，被告承认对原告收容审查违法，作出了撤销对原告收容审查的决定，并承担了侵权赔偿责任。又如河南省社旗县两村之间因土地权属问题发生纠纷，当事人不服县政府的处理决定提起行政诉讼。人民法院依法维持了县政府的决定，对于稳定当地的土地承包制产生了较大影响，社会效果很好。”“我国开展行政审判的时间虽然不长，但已在国家政治、经济和社会生活中发挥了重要作用。然而，由于一些人的民主法制观念淡薄，目前仍然存在着有些群众不敢告行政机关，有些行政机关因不愿当被告、怕败诉而不应诉、不出庭的情况。对这些问题，都要认真加以解决，以利于行政审判的健康发展。”“依法审理国家赔偿案件。认真执行国家赔偿法，做好赔偿工作，对于保障公民、法人和其他组织的合法权益，对于严肃执法，提高司法水平，促进廉政建设，都具有重要的意义。依法审理国家赔偿案件，是人民法院审判工作的重要组成部分，是一项全新的工作。国家赔偿法自1995年1月1日施行以来，全国中级以上人民法院依法相继成立了赔偿委员会。去年，全国法院共受理国家赔偿案件197件，审结154件，其中决定赔偿的64件，这项工作有了良好的开端。”

1997年的《最高人民法院的工作报告》中有关行政诉讼的内容：“去年，全国法院在开展‘严打’斗争的同时，进一步强化依法调节的职能，处理了大量与经济社会发展和人民安居乐业密切相关的民事、经济、海事、行政案件。共受理这几类一审案件4 692 561件，审结4 667 210件，分别比上年上升15.87%和15.6%。在审结的案件中，有民事案件3 083 388件，经济纠纷案件1 500 647件，海事海商案件3 648件，行政案件7 927件。依法审理这些案件，有利于维护社会主义市场经济秩序，增强人民内部团结，消除不安定因素，促进社会主义精神文明建设。”

1998 年的《最高人民法院工作报告》中有关行政诉讼的内容："五年来，全国法院共审结一审行政案件 281 974 件，平均每年递增 26.70%，并执行了行政机关申请执行的处罚决定 929 567 件。行政案件涉及许多行政管理部门的执法行为。人民法院通过对工商、税务、物价、土地、森林、矿产、环境等案件的审理，保障了国家宏观调控措施的落实和资源的合理开发利用，制止了一些侵犯企业经营自主权的违法行政行为。通过审理治安行政案件，依法保护了公民的人身权利和其他合法权利，维护了治安行政机关依法行政。通过审理非法要求农民承担费用或者劳务等案件，一定程度上遏制了加重农民负担的现象。""建立国家赔偿制度，是我国社会主义民主与法制建设的一个新发展。自 1995 年国家赔偿法施行以来，全国中级以上人民法院均设立了赔偿委员会。审理国家赔偿案件对人民法院来说是一项全新的工作。这类案件情况复杂，政策性强，处理难度大。因此，人民法院采取了积极而慎重的态度。三年来，全国法院共审结这类案件 870 件，其中决定由国家机关赔偿的 364 件，使享有依法取得国家赔偿权利的公民、法人和其他组织的合法权益得到保护。"

1999 年的《最高人民法院工作报告》中有关行政诉讼的内容："最高人民法院紧紧围绕党和国家的中心工作，把维护司法公正作为法院工作的出发点和落脚点，认真履行宪法和法律赋予的职责，大力加强各项审判工作。全年共受理各类二审、再审和死刑复核等案件 4 673 件，审结 4 535 件。地方各级人民法院共受理各类一审案件 541 万余件，比上年上升 2.31%。其中，受理刑事一审案件 48.2 万余件，占收案总数的 10.36%；受理民事、经济、行政、海事等各类一审案件 492.9 万余件，占收案总数的 89.64%。全年共审结 539 万余件，比上年上升 2.77%，结案诉讼标的总金额 5 958 亿余元，结案率为 94.23%。全国法院还受理了当事人申请执行的各类案件 220 万余件，依法执行 207 万余件，执行标的总金额 1 583 亿余元，为维护稳定、保障改革、促进发展作出了积极努力。"

2000 年的《最高人民法院的工作报告》中有关行政诉讼的内容："依法妥善处理民事、行政案件，及时化解人民内部矛盾。进一步加强民事、行政审判工作，特别注意严格依法妥善处理群体诉讼案件，及时化解矛盾。全国法院全年共审结一审民事案件 351.7 万余件，审结一审行政案件 98 759 件，分别比上年上升 4.68%和 0.38%。对矛盾容易激化的债务、房地产、拆迁、劳动争议、土地山林等案件，在查明事实、分清是非责任的基础上，充分运用调解手段平息纠纷，促进团结。在审判工作中，注意依法保护军人及其家属的合法权益，保护妇女儿童、老年人、残疾人的合法权益。依法妥善处理属于人民内部矛盾的各类纠纷案件，对于化解社会矛盾，预防犯罪，搞好社会治安综合治理，维护社会稳定起到了重要作用。”“依法审理国家赔偿案件，保护公民、法人和其他组织的合法权益。审理国家赔偿案件是法律赋予人民法院的一项重要职责，也是审判工作的新领域。全国法院全年共审结各类国家赔偿案件 6 788 件，比上年上升 8%。依法审理这类案件，体现了国家对违法行使行政权、司法权给当事人造成损害应当赔偿的社会主义法制原则，约束了滥用职权行为，有利于提高依法行政和司法水平。”

2001 年的《最高人民法院工作报告》中有关行政诉讼的内容：“地方各级人民法院和专门人民法院在各级党委的领导和人大的监督下，充分发挥审判职能作用，全年共受理一审案件 535 万余件，审结 538 万余件（含旧存）。其中，审结刑事公诉案件 50 万余件，刑事自诉案件 5. 8 万余件；审结各类民事（包括经济、知识产权、海事海商等）案件 473 万余件，占结案总数的 88%，结案诉讼标的总金额 5. 864 亿余元；审结行政案件 8. 6 万余件。”“深入开展行政、国家赔偿审判工作是贯彻依法治国基本方略的重要方面。最高人民法院制定了《关于执行〈中华人民共和国行政诉讼法〉若干问题的解释》，全国法院进一步加强行政审判工作，特别注重妥善处理群体性纠纷案件，对与人民群众生产生活密切相关，矛盾容易激化的山林土地、自然资源、农民负担、拆迁安置等案件，分清责任，妥善解决纠纷，依法保护行政行为相对人的合法权益，促进依法行政。依法审理好国家赔偿案件，保护公民合法权益。认真做好信访工作，切实解决人民群众的合理要求，防止矛盾激化，全年共处理人民群众来信来访 939 万余件（人）次，对维护社会稳定起了积极作用。”

2002 年的《最高人民法院工作报告》中有关行政诉讼的内容：“一年来，最高人民法院从党和国家工作大局出发，发挥审判职能作用，共审结各类案件 3 047 件，制定司法解释 34 件，处理来信来访 152 557 件（人）次。地方各级人民法院和专门人民法院审结各类案件 5 927 660 件，其中刑事案件 729 958 件，占 12. 31%；民事案件 5 076 694 件，占 85. 64%；行政案件 121 008 件，占 2. 05%。”

2003 年的《最高人民法院工作报告》中有关行政诉讼的内容：“加强行政案件的审理，维护当事人合法权益，保障和监督行政机关依法行政。五年来，共审结行政案件 464 689 件，比前五年上升 65%，案件种类已基本覆盖行政管理领域。”“加强国家赔偿工作，促进严格执法和公正司法。五年来，共办理国家赔偿案件 11 321 件，决定赔偿 4 013 件，占 35%，使蒙受冤屈的公民获得司法救济。”

2004 年的《最高人民法院工作报告》中有关行政诉讼的内容：“2003 年春，非典疫情突如其来，许多诉讼案件被迫延期审理。最高人民法院根据党中央的部署，坚决贯彻《中华人民共和国传染病防治法》和其他相关法律，并会同最高人民检察院制定《关于办理妨害预防、控制突发传染病疫情等灾害的刑事案件具体应用法律若干问题的解释》，及时惩罚犯罪，保护人民群众的身体健康和生命安全。非典过后，我院克服疫情带来的严重影响，提高审判效率，努力完成审判任务。全年共审结民事和行政二审、死刑复核、审判监督等案件 3 578 件。”“依法维护公民、法人和其他组织合法权益，监督和支持行政机关依法行政。我院重视改善行政审判的司法环境，依法保护公民、法人和其他组织的诉权。加大对与市场经济有关的行政案件的审理力度，全年审结的此类二审案件占全部行政二审案件的 83. 3%。对涉及行政机关整治地区封锁和部门行业垄断的案件，加快审理，及时结案，支持行政机关依法行政。此外，还审结一批行政再审案件和国家赔偿案件。”

2005 年的《最高人民法院的工作报告》中有关行政诉讼的内容：“依法审理行政案件和国家赔偿案件，促进行政权和司法权的依法行使。最高人民法院加强行政审判和国家赔偿审判工作，全年共审结各类行政案件和国家赔偿案件 106 件。制定《关于审理人民法院国家赔偿确认案件的若干规定（试行）》，对提起国家赔偿的请求进行确认，维护公民、法人和其他组织的合法权益。”“地方各级人民法院全年共审结一审行政案件 92 192 件，上升 4. 7%。其中关系公民人身权益和经济利益的行政案件上升幅度较大。全年共审理涉及卫生、计划生育、土地、交通、工商、税务、海关、商检、财政及劳动和社会保障案件 38 173 件，上升 18. 79%。依法审理涉及城市房屋拆迁的行政案件，纠正违法强制拆迁行为，全年共审结此类案件 5 478 件。此外，还审查办理非诉行政案件 110 550 件，审结国家赔偿案件 3 134 件。”

2006 年的《最高人民法院的工作报告》中有关行政诉讼的内容：“监督和支持行政机关依法行政，保护公民、法人和其他组织的合法权益，维护行政管理秩序。随着政府社会管理职能和公共服务职能不断加强，公共权力与公民、法人和其他组织权利的协调与平衡正成为社会普遍关注的问题。一年来，最高人民法院审结涉及城市规划、房屋拆迁、劳动和社会保障、环境保护、工商管理等各类重大行政诉讼案件和国家赔偿案件 62 件。”“地方各级人民法院全年共审结一审行政诉讼案件 95 707 件，上升 3. 81%。坚决纠正损害群众利益的行政行为，共撤销、变更、确认行政行为违法或无效 16 895 件；坚决支持行政机关依法行政，确保行政机关依法履行社会管理职能，共维持行政机关行政行为 37 192 件；充分尊重当事人的诉讼权利，准予原告因行政机关改变具体行政行为而撤诉等 41 620 件。此外，还审查办理非诉行政案件 124 629 件；审结国家赔偿案件 2 991 件，涉及赔偿金额 3 751 万元。”

2007 年的《最高人民法院的工作报告》中有关行政诉讼的内容：“一年来，最高人民法院共办结各类案件 3 668 件，结案数同比上升 14.77%。其中，审结刑事案件 405 件；审结民事案件 673 件，诉讼标的额 151 亿元；审结行政案件和国家赔偿案件 318 件；协调和督办跨地区民事执行案件 213 件；审结申诉和申请再审案件 2 059 件。围绕党和国家工作大局，结合审判实践，制定司法解释 12 件，发布司法指导性文件 36 件。”“地方各级人民法院共办结各类案件 8 105 007 件，结案数同比上升 2.07%。其中，审结一审刑事案件 701 379 件，判处罪犯 889 042 人；审结一审民事案件 4 382 407 件，诉讼标的额 6 827.8 亿元；审结一审行政案件 95 052 件，审结国家赔偿案件 2 323 件，涉及赔偿金额 3 484 万元；办理执行案件 2 149 625 件，执行到位金额 3 455.8 亿元；审结申诉和申请再审案件 197 468 件。审判质量稳步提高，一审后当事人服判息诉的占 89.72%，上诉的占 10.28%。审判效率进一步提高，一审案件在法定审理期限内结案的占 95.19%。”“（三）依法审理行政案件，维护行政相对人的合法权益。各级人民法院充分发挥行政审判在依法化解行政争议、促进依法行政方面的重要作用，加强对涉及城市建设、土地征用、房屋拆迁、社会治安、社会保障、农民权益、自然资源和环境保护等行政案件的审理。对应当撤销的违法行政行为，依法判决撤销，维护行政相对人的合法权益。全国法院共撤销、变更、确认行政行为违法或无效 14 250 件；对应当支持的行政行为，依法判决支持，维持行政机关行政行为 37 360 件。”“依法探索行政案件处理新机制。依据行政诉讼法关于被告改变具体行政行为可以允许原告撤诉的规定，人民法院在查明事实、分清是非，不损害国家利益、公共利益和他人合法权益的前提下，建议由行政机关完善或改变行政决定，补偿行政相对人的损失，允许行政相对人自愿撤诉。在全部行政案件中，行政机关完善或改变行政决定后，行政相对人自愿撤诉的 32 146 件，占总数的 33.82%，同比上升 12.13%。各级人民法院还积极提出司法建议，帮助有关行政机关改进行政执法，完善社会管理。”

2008 年的《最高人民法院的工作报告》中有关行政诉讼的内容：“第三，通过行政审判监督和支持行政机关依法行政，保护公民、法人和其他组织合法权益。最高人民法院审理行政案件 1 242 件，国家赔偿案件 313 件；监督和指导地方各级人民法院审结一审行政案件 47 万余件，同比上升 1.5%；审结国家赔偿案件 1.3 万件，同比上升 17.31%，涉及赔偿金额 1.8 亿元，同比增长 6.26%。”

第一章　行政诉讼简易程序制度的建构

随着1990年10月1日《行政诉讼法》的施行，我国的行政诉讼制度正式确立，同时也标志着国家在保护公民、法人和其他组织的合法权益、维护和监督行政机关依法行政方面取得了历史性的突破。适用普通程序审理行政案件在行政诉讼制度建立的初始阶段，由于受理和审理行政案件的实际经验不足，实行普通程序合议制可以集思广益，同时由于行政审判工作具有较强的技术性、知识性和专业性，独任制难以胜任等原因显得可行并且必要。但随着行政诉讼制度的逐步发展，这一规定已显得相对滞后和保守。目前，不设立行政诉讼简易程序的做法无论在理论上还是在实践上都显得过于固执，同时也显得苍白无力，在某种意义上还成为行政诉讼发展的桎梏。这种诉讼程序设置上的缺陷，导致许多公民、法人和其他组织在遭受行政机关的轻微不法侵害时，由于考虑到诉讼成本，而不能或不愿拿起法律武器维护自身的合法权益，由此放任和助长违法行政的风气。为了保护相对人的权利，强化对权力的控制，国家有义务不断完善和健全诉讼制度，让相对人能更轻松地接近诉讼、接近公正。显然，立足于公正与效率的司法理念，积极顺应司法现代的潮流，修正行政诉讼法的缺失，设置行政诉讼法简易程序以完善我国的行政诉讼制度，无疑具有时代性的积极意义。

第一节　行政诉讼简易程序概述

一、行政审判制度的实证分析

（一）行政审判实践的现状

《行政诉讼法》颁布施行将近20年，在保护公民、法人和其他组织的合法权益、维护行政管理权和监督行政机关依法行政方面取得了历史性的突破。但是相对社会的急剧变化和发展，行政诉讼制度的发展进程是非常缓慢的。在已经基本建立起市场经济、实行依法治国的今天，现行的行政诉讼的立法已经远远不能适应社会的发展，在司法实践中暴露出了很多严重的问题。

1. 迅速增长的行政案件数量与行政审判人力资源匮乏的矛盾尖锐化

从表1-1的统计数据可知，2004年法院受理的一审和二审行政案件数量与1989年相比，分别增长了8.3倍和8.5倍。然而，与此形成对比的是，行政审判资源，如审判人员的数量等并未“与时俱进”，截至2004年12月，全国各级人民法院共有行政审判法官11 720人，只比1989年增长了67%。由于审判资源的发展速度远远慢于行政案件的增长，很多基层人民法院由于缺乏足够的行政审判人员，经常出现案件积压的情形，或者编造“特殊情况”的借口，请求延长审理期限，而高级人民法院由于受人力所限，不可能一一核实，或者出于“理解”，也经常违法批准延期审理。同时，由于审判人员工作量的增大，很难保证案件的审判质量，造成了许多当事人对判决结果不服的后果，致使行政审判上诉率居高不下，再审案件逐年增加。

表1-1　1989年与2004年行政案件受理和审判人员数量对比表

年份	一审案件（件）	二审案件（件）	行政审判人员（人）
1989	9 934	2 908	7 000
2004	92 613	27 495	11 720

资料来源：据《人民法院年鉴》(1989)，第483页和中国法律年鉴编辑部编辑：《中国法律年鉴》，中国法律年鉴出版社2005年版，第159页、第1 065～1 067页整理。

2. 诉讼成本高，诉讼效率低，很多相对人被迫放弃了诉权

根据行政诉讼法的规定，人民法院必须在立案之日起三个月内做出一审判决。如前所述，由于审判资源的匮乏，现实中按照正常的程序，大量的案件都是在两个月以上才会作出判决，部分上诉案件再加上二审的时间，基本上都在四个月以上，更何况司法实践中存在大量案件积压的状况。如此耗时耗力的诉讼程序使案件久拖不决，加大了案件当事人在诉讼中的投入，有时甚至超出了其预期借助诉讼想要获得的利益，本来是为了几十元或者几百元的罚款，却因为打官司支付了上千元的费用。虽然提起行政诉讼的意义远不单是经济的利益，但完全不计利益后果的行为，起码也是不理智的。“人们参与程序并不是为了游戏，而是为

了追求一定的结果，为此，理性的人不可能不对成本与收益进行权衡。"① 这样，当事人对成本与利益权衡的结果是，为了进一步减少损失而放弃诉权。所以有些人选择忍气吞声，更多的人被迫采用了集体上访、越级上访甚至非法到政府机关静坐、示威等手段，影响了社会的和谐和稳定。这也是近两年行政诉讼案件受案数停滞不前的主要原因。一方面大量的行政争议得不到法律的及时救济；另一方面行政诉讼案件收案数量停滞不前甚至下降，我国行政审判出现了恶性循环的苗头。② 因为行政诉讼程序上的缺陷而影响到相对人诉权的实现及司法的公信度，这对行政审判的发展带来的危害是致命的。

3. 陪而不审的"合议制"普遍存在

从我国法院目前行政审判人力资源来看，部分基层法院的行政审判庭法官达不到一个合议庭人数，③ 但《行政诉讼法》又严格规定审理行政案件必须实行合议制，于是，一些法院就不得不采取变通的方式，在组成合议庭时，由一名行政审判法官参加，另外的合议庭成员由刑事或者民事审判庭的法官甚至由书记员、工勤人员组成，这从形式上是符合了《行政诉讼法》的规定，但实质上是陪而不审、合而不议的"独任制"，违背了《行政诉讼法》关于组成合议庭审理行政案件的立法本意。合议庭的功能不仅仅是甚至不主要是运用权力制约机制确保公正，其更主要的功能或者说是最主要的功能是利用集体智慧保障司法的正确性。一些基层法院这样对规则的变通，一是造成了承办法官之外的两位"法官"时间和精力上的无益浪费；二是给合议庭承办法官推卸责任提供机会；三是从总体上破坏了合议制的运作机制，在真正需要合议的案件中不能实现合议制的功能；四是损害了司法权威和法律的严肃性。

4. 撤诉率居高不下，变相调解损害相对人的诉权和司法权威

我国《行政诉讼法》明确规定，除了行政赔偿案件，一律不得进行调解。但事实怎样呢？从表 1－2 中可以看出，1998 年至 2006 年 9 年间，全国各级人民法院受理一审行政案件 835 648 件，审结 835 681 件，原告撤诉 270 353 件，撤诉率

---

① 王锡锌．行政法论丛（第 3 卷）［C］．北京：法律出版社，2000：326.

② 2006 年全国法院审结一审、二审、再审行政案件 125 976 件，比 2005 年同比下降了 0.54%，这和 2005 年之前行政案件数量逐年上升的情况形成了强烈的反差。

③ 我们所在地的基层法院就有不少这样的情况。2004 年全国共有行政审判庭 3 227 个，行政审判人员 11720 个，平均每庭 3.6 人（《中国法律年鉴》，2005 年，第 159 页），考虑到不同级别的法院在人力资源方面竞争力的差异较大，从现实的经验推理出这样的结论应当不至于有失偏颇。

高达32.4%。[1] 在撤诉的行政案件中绝大部分的案件是在被告改变具体行政行为或者被告给予原告某一利益承诺，法官主动动员，甚至是迫使原告撤诉的。这在结案的方式上虽然体现不出是调解结案，但实质上是通过法院调解或者协调而平息了纠纷。由于对案件的调解结案没有法律依据，一方面一定程度上损害了相对人的诉权；另一方面，人民法院进行这些工作“名不正、言不顺”，在一定程度上损害了法律的严肃性和司法的权威性。

表1－2　2003～2006年全国法院审理行政一审案件情况表

（单位：件）

年份	收案	结案	维持	撤销	履行法定职责	驳回诉讼请求	驳回起诉	撤诉	其他
2003	87 919	88 050	16 356	10 337	2 292	8 118	9 400	27 811	13 736
2004	92 613	92 192	16 393	11 636	2 988	7 361	10 109	28 246	15 459
2005	96 172	95 698	15 876	10 135	1 465	2 251	12 178	32 029	21 764
2006	95 617	95 052	16 779	9 595	1 457	2 280	11 562	31 801	21 578

资料来源：中国法律年鉴编辑部编辑．中国法律年鉴［M］．中国法律年鉴社，2004：1 055；2005：1 065；2006：1 066；2007：1 066页．

（二）行政审判制度的反思及其出路

上述的行政审判实践中出现的矛盾和问题尽管是多方面的原因造成的，我们在这里无法一一阐述。但是对于现实中经常发生、对相对人权益损害不大的大量行政违法案件而言，由于相对人通过行政诉讼解决纠纷的时间、金钱等成本是高昂的，更多的时候甚至是得不偿失的，导致大量相对人选择了放弃诉权或者被迫撤诉，其中最重要的原因是行政诉讼法的程序设计缺陷，即不管案件繁简程度，一律采用繁琐的普通程序审理造成的。另外，一律采用合议制进行审理的普通程序，耗费了大量的审判资源，使行政案件数量与审判资源之间的矛盾尖锐化，也是致使司法实践中大量存在“陪而不审”现象的重要原因。由此出现了这一点也是确定的。现行的单一普通程序审判制度已经成为行政诉讼制度发展的桎梏。因此，只有通过改革审判制度，降低诉讼成本，提高审判效率，才能实现诉讼效率，保证相对人的诉权，同时，才能有效缓解有限的审判资源与案件数量增加的

① 根据1998年至2007年的《中国法律年鉴》的司法统计数据整理。

矛盾。

就世界范围而言，法治发达的国家为提高行政诉讼效率所采取的措施大都是对行政争议案件按照一定标准进行分类，对某些案件在行政诉讼中设立简易程序或与其相类似的程序进行审理，或进行书面审理，如：英国普通法院之外设立的行政裁判所（Tribunal）在程序上具有比普通法院诉讼程序简便、灵活的优点，另外，普通法院对"申请司法审查"程序即对申请提审令、禁制令、执行令、阻止令和确认判决的审理原则上都适用简易程序；① 美国司法审查着重审查行政案卷或记录，简易程序和书面审理占了很大比例；法国在全国设立了33个地方行政法庭，并规定行政法庭在其管辖区域（各省）内，可以委派一名行政法官代表，单独判决简单的诉讼案件。德国在1997年修改行政法院法时，建立了"法院裁决"和"范例诉讼"两种简易程序制度。② 各国简易程序的设置与适用，极大地节约了司法资源和当事人的诉讼成本，提高了诉讼效率。

因此，要改变目前单一的普通程序审理制度，提高行政诉讼效率，基本思路就是根据行政案件的不同性质和类型，把其中一部分事实简单、权利义务关系明确的案件剥离出来，适用不同于普通程序的，简便、快捷的特殊程序，即构建我国的行政诉讼简易程序。

二、行政诉讼简易程序的概念及特征

（一）行政诉讼简易程序的概念

简易程序是相对于普通程序而言的一种审判程序，它"是普通程序的简化，但不是普通程序的一个分支程序，也不是预备性程序，而是与普通程序并存的一种独立的简便易行的诉讼程序"。③ 普通程序是人民法院受理一审案件适用的较为完整的基础性程序，其因各种程序措施完备而显得繁琐、费时。而简易程序则是在此基础上进行相应的简化、省略而生成的，其在起诉、受理、传唤当事人和证人的方式上及审理程序上都相对简便，而且其审限较短。综观各国简易程序的建制，根据其简化程度的不同，可以把简易程序大致分为以下几类：①程序简化式。即减少普通程序中的某些环节，如简化正式且繁琐的法庭调查和法庭辩论而

① 王名扬．英国行政法［M］．北京：中国政法大学出版社，1987：135－137、194－196.

② 谢绍静．关于设置行政诉讼简易程序的思考［J］．甘肃政法成人教育学院学报，2004（4）.

③ 章武生．民事诉讼法新论［M］．北京：法律出版社，1993：297.

直接根据当事人双方的简单举证和辩解意见即裁决终结案件。②庭审程序省略式。即在某些案件的审理中，有的完全不进入正式的庭审程序，而直接根据当事人对双方证据的认可或同意而由法院作出终局裁决。③辩诉交易式。这种方式主要存在于英美法系的刑事诉讼中，指检察官与辩护律师或被告人就定罪量刑问题进行协商，在被告人作有罪答辩的情形下，检察官可以降低控罪或向法官提出减刑的建议。①

目前，我国行政法学界对何谓行政诉讼简易程序没有形成比较统一的认识。结合我国刑事诉讼法和民事诉讼法关于简易程序的定义，我们认为，行政诉讼简易程序是指专供基层人民法院和中级人民法院审理事实简单、权利义务关系明确或者争议标的额较小的行政案件适用的审判程序。其通过简化诉讼程序、改变审理方式、缩短诉讼时间等方式提高诉讼效率、确保轻微行政案件和小额权利的及时实现，是诉讼经济原则的直接体现。

（二）行政诉讼简易程序的特征

行政诉讼简易程序的出现并非偶然，它与其他法律制度一样，因社会和司法实践的需要、法律理念的改变等因素才逐渐兴起的。如前所述，现在许多法治发达的国家和地区基本上都已经设立或正积极准备设立行政诉讼简易程序。为何行政诉讼简易程序会受到如此的青睐？我们认为有必要分析简易诉讼程序自身所具有的特点和优势。

第一，行政诉讼简易程序的适用范围明确，案件多为权利义务关系明确、对相对人合法权益损害不大、争议金额较小的轻微行政案件或当事人双方同意适用简易程序的行政案件。简易程序不仅可以根据案件的繁简不同，分流行政案件，减轻法院的负担，而且可以“通过简易化的努力使一般国民普遍能得到具体的有程序保障的司法服务”，② 有利于实现相对人的诉权。

第二，和普通诉讼程序相比，行政诉讼简易程序更简便，操作更灵活。诉讼时当事人可直接口头起诉，不需组建合议庭，不适用严格的证据规则，法院的通知、传唤和送达都可以采用简便易行的方式，不拘泥于严格的书面形式。总之，从受理、审理到裁判，都围绕着迅速解决纠纷的目的，从而使其高效率、低成本的特征凸现出来，有利于实现诉讼效益，保证司法公正。

① 高一飞．刑事简易程序［M］．北京：中国方正出版社，2001：1、2.

② ［日］棚濑孝雄．纠纷的解决与审批制度［M］．王亚新译．北京：中国政法大学出版社，1994：275.

第三，行政诉讼简易程序按普通大众可接受的、常识化的方式进行。由于设置简易程序的目的是效率、经济，因此对当事人聘用律师持消极态度，但应对当事人进行一定的诉讼指导。审判中可以通过让原、被告双方直接对话，实现“程序所追求的理想是不需要法律技巧的简易和效率”的目标。①人们将会更加愿意接近诉讼，乐于采用法律手段维权。

第四，行政诉讼简易程序通常采用独任审判方式，可能的情况下还可以不开庭而采用书面审理方式。大量案件通过简易程序得到公正、及时判决，可以大幅度地节省法院的人力资源，缓解“诉讼爆炸”所带来的压力。

三、行政诉讼简易程序的价值

（一）符合司法公正的要求

所谓司法公正，就是指司法审判人员在司法审判活动的过程和结果中应坚持公平和正义的原则，②其包含两个方面内容，即实体公正和程序公正。

在实体方面，公正关注的是司法主体是否按照法定标准准确地认定了事实和正确地适用了法律；而在程序方面，公正关注的是司法活动是否具备实现公正的基本过程要素。分析简易程序和司法公正的关系，也不外乎从这两方面切入。在实体方面，很多人认为，规范、严谨的普通程序通过民主集中制的工作方式，可以集思广益，是“保障裁决公正的重要条件”，③因此独任（独断）的简易程序难以保证司法公正的价值追求。但是，有一点我们不能忽视，即不论制度上如何设计，司法都无法实现绝对的客观公正，司法的职能在于解决社会矛盾和纠纷，诉讼程序本身只是解决矛盾和纠纷的一种方式而已。因为在法治的前提下，只要是司法通过法定的程序得出的结论，在法律上均被视为是公正的。

在程序方面，司法程序的设计定位要符合人们最基本的正当程序要求，简易程序仅是针对特定案件而为其“量身打造”的程序，对特定案件而言，其并不缺失程序正当的基本要素，即使当事人可能对自己不利的裁判结果不服，但经过程序正当化的运转，基于程序本身的无可挑剔而不得不接受司法的裁判。因此，我们可以说，司法公正首先是法律意义上的公正，是追求并实现客观公正的前提条件，或者说是一种主观感受，是一种相对的公正。只要是经过正当化程序（即使

---

① ［美］杰弗里·C. 哈泽德、米歇尔·塔鲁伊．美国民事诉讼法导论［M］．张茂译．北京：中国政法大学出版社，1998：173.

② 何家弘．司法公正论［J］．中国法学，1999（2）．

③ 谢晖．论司法现代化：含义、原则、作用［J］．山东社会科学，2000（4）．

是简化的程序）过滤，其结论就是具有法律上的公正意义。由此我们不难看出，适用简易程序本身与司法公正本身似乎并无必然的联系，起码不会减少得出公正裁判的可能性。相反，如果对案情简单、事实清楚，对人身或财产影响较小的案件同样适用普通程序，当事人则很可能被复杂、严谨、耗时费力且不容选择的程序所拖累，从而加大其通过诉讼维护自己权利的信心和勇气成本。如此，不仅不利于彰显社会的公正性，反而会使司法远离民众，影响行政相对人依法维权的司法尝试。

另外，从国家诉讼制度的整体机能来审视，公民对司法公正的追求是无限的、绝对的，而一个国家的司法资源却是有限的、相对的。如果法院恒定对每一案件，不分主体、争议标的及难易程度一律提供严谨、完整、充分的程序以对公正进行保险，便不能保证有些寻求公正的诉讼由此而不得不止步于司法的大门之外。所以，加入简易程序来应对和丰富司法救济的范围和手段，应当被认为是一种积极的尝试。对此，有学者提出了“社会整体正义”的概念，即“社会每一个角落能否都得到适当的救济，正义的总量——也称整体正义，是否能达到令人满意的标准，这才是衡量一国司法水准高低的真正尺度。”① 因此，不同的案件对公正有着不同的要求，可在司法救济的广度和深度上寻找一个平衡点，即在适用完备、严谨的普通程序与简单、快捷的简易程序之间寻找平衡点。我们评价司法是否公正，不能单纯地看是适用普通程序还是简易程序，而应看是否在各自的程序中具备并实现了各自的程序正义要素。

（二）符合司法效率的要求

毋庸置疑，公正是司法的生命力之所在，是程序运作的首要价值。但随着我国市场经济改革的不断深入发展，在改变了过去的那种大一统的计划经济模式之后，我国的经济步入了快车道。在经济繁荣、利益主体多元化的情况下，利益主体与权益保障的多元化导致纠纷产生、行政案件的发生率也大大提升。“诉讼爆炸”的趋势与司法资源相对不足的矛盾，使得国内的学者纷纷对行政诉讼进行成本和效率的分析，以期付出最少的司法资源为代价而获得最大数量的行政案件的处理。尽管目前对简易程序概念的界定各异，但各种理论都在这一点上保持了默契：即简易程序是市场经济条件下提高效率，便于当事人接近司法救济的有效途径。美国著名经济分析法学家波斯纳就提出了“效益最大化”原理。于是，人们

① ［日］小岛武司．司法制度的历史与未来［M］．汪祖兴译．北京：法律出版社，2000：35.

逐渐认识到正义的完整内涵应当包括公正和效率两个方面。

人们对诉讼正义观念的转变，使得简易程序有了合理的理论基础。英国古谚道："正义不仅要得到实现，而且要以人们看得见的方式得到实现。""迟来的正义为非正义"的正义观日益深入人心。一方面，重大、复杂、当事人期待获得较为完善的程序保障的案件，权利保障程度持续提高，公正性得到越来越多的关注；另一方面，对那些情节简单、事实清楚的案件，则采用较为简便、快捷的程序加以处理，从而凸显诉讼效益。这种繁简分离的程序设计，实际是为解决公正与效益之间价值冲突所采取的必要措施。波斯纳甚至认为，效益与公正是同义词，并宣称："正义的第二种含义，简单地说，就是效益。"① 这种新型的公正、效益观为简易程序的产生和发展提供了强有力的理论和观念基础。

司法正义应当寻求公正价值与效益价值的平衡，这就要求在构建诉讼制度时，一方面要体现公正，充分保障公民、法人和其他组织的合法权益；另一方面要体现效率，力争以最少的司法资源投入，产生最大的诉讼效益，使诉讼活动既简便快捷又不增加过多的成本。在这样的背景下，与普通程序（正式审理程序）相对应的简易程序（summary procedure）便出现了。多元化的诉讼机制有利于合理地利用有限的司法资源，在诉讼上追求权利与社会上通过交易行使权利是不同的，因为除本案原、被告外，还有成千上万的人正在或即将利用法院。所以，不能为了某一个案件的审理花费过多的劳力、时间和金钱，从而阻碍了其他案件进入诉讼程序。

正是因为如此，公正与效率被列为我国司法改革的最高价值和终极目标，一如肖扬院长所言："要把确保司法公正，提高司法效率作为人民法院工作的出发点和落脚点，作为审判工作的灵魂和生命。""人民法院在21世纪的主题就是公正和效率。"具体到行政诉讼中，仅仅适用烦琐的普通程序来裁决行政案件的做法已明显不合时宜。因此，建立符合当代诉讼理念的行政诉讼简易程序，通过司法资源按照案件的繁简难易程度合理配置，才能够实现司法公正与效率的最佳平衡。

（三）行政相对人实现诉权的需要

人民法院作为维护社会正义的最后一道防线，是各种矛盾和纠纷的终局解决者，如果纠纷当事人因经济或其他原因无法接近法院，那么再完善的诉讼制度，

---

① ［美］波斯纳．法律的经济分析［M］．蒋兆康译．北京：中国大百科全书出版社，1997：1.

对他们也仅仅是一种虚无的“保障”，并无任何实际意义。我们前面已经提到，目前，行政诉讼为了一味地追求公正，而忽视效率，造成了行政诉讼成本的普遍提高，使得很大部分公民考虑到时间、财力等因素以及与所获得的补偿或赔偿的投入产出比，不能或不愿意更多地寻求司法救济。这样的制度设计，在追求公正的同时，反而使更多的人只能徘徊于公正的大门之外。对于权益所受损害并不大的相对人而言，在遭受行政侵权时，无论是“诉”还是“不诉”，都可能是受害者。如果相对人因为程序复杂而不去提起行政诉讼，即意味着默认了行政侵权的事实，而如果提起诉讼，可能付出的成本投入与所要追求的诉讼目的相比得不偿失。

我国毕竟是一个地域广阔、人口众多、情况复杂多样的国家，地区发展不均衡，不同地区的经济、文化的差异相当大，公民的文化和法律素质也参差不齐，为追求行政诉讼的单一模式或所谓的专门、正规程序而忽视司法效率的做法，已经给很多群众造成很大的不便，甚至导致大量的公民放弃诉权。公民的诉权很大程度上已经被烦琐、高成本的单一普通程序所扼杀。为此，从保障相对人行使诉讼权利、寻求司法救济的角度出发，行政诉讼简易程序的设置将成为一个重要的突破口。

第二节　设立行政诉讼简易程序的必要性与可行性

一、我国设立行政诉讼简易程序的必要性

（一）设立行政诉讼简易程序的法理分析

追求公正与效率是新世纪人民法院的主题，也是广大人民的热切期望。公正，包括公平和正义，是人类社会所追求的首要价值目标，而司法公正尤其占有重要地位，它是维护社会正义的最后屏障。司法不公，黑白颠倒，社会就无公理可言。效率是指在诉讼中投入的资源与所取得的成果之间的比例。司法是否公正是个永恒的评价主题，而司法的效率是否有较高的比例同样是个永恒的评价主题。过去人们注重于追求司法公正、而忽略了司法效率，后来终于发现，“迟来的正义非正义”，司法如果不能及时有效地解决社会矛盾和纠纷、时过境迁才作出结论，对当事人可能已经没有任何实际意义可言，因此，司法的效率也就被放

在与司法公正同等重要的地位。

在行政诉讼中设立简易程序，其主要目的就是要提高司法效率。司法公正是靠一系列的程序完成的，简化程序，提高了效率，是否会损害司法公正呢？这正是不少人所担心的问题。其实这种担心是多余的：

第一，行政诉讼采用简易程序，只是在司法资源的投入上相对于普通程序有所减少，这种减少与司法是否公正之间没有必然的联系。目前我们还不能得出适用普通程序就一定比适用简易程序取得的结果更公正的结论，因司法资源的投入与司法公正之间并不成正比例关系。这点可以从民事诉讼的研究中得到印证，“从民事诉讼统计数字上来看，全国各地基层法院用简易程序审理的民事案件基本上都在民事案件收案数的80%以上”。[①] 据北京市高级人民法院的调研情况，1999年北京几个区县法院适用民事简易程序审理的民事案件占所审结的民事案件的比例平均在86%左右，最高的甚至达到98.2%。[②] 可见在民事审判中适用简易程序的比例是相当大的，但并没有证据显示适用普通程序审结的案件比适用简易程序审结的案件更加公正。

第二，任何类型的案件都有简繁之分、案情重大与一般之别。对行政纠纷的处理，简单的案件适用简易程序处理，复杂的案件适用普通程序处理，即根据案件的自身状况决定投入司法资源的多少，这符合司法审判的一般逻辑。其实，即使不设立行政诉讼简易程序，就目前人民法院适用普通程序受理的大量行政案件当中也同样有简单与复杂之分，有的案件法院受理后很快就作出了判决，而有的却一拖再拖，远远超过了法定的审理期限也未能作出判决，这就说明了案件的复杂难易程度不同，人民法院需要投入人力、物力和时间也都是不同的。

第三，司法公正包括实体上的公正和程序上的公正。实体公正是指人民法院审理最终结果的公正，而程序公正则是指审理过程中的公正。可以说，审理过程的公正对审理结果的公正起一定的保障作用，但并不是绝对的作用。行政诉讼简易程序的适用，仅仅是对审理过程作了调整，减少一些不必要的环节和缩短审理的周期，投入少一点的审判力量，这种调整并不会影响到实体上的公正，因为这种减少是有条件的，是相对于特定的某类案件而不是对所有的行政案件，而且这

---

① 章武生．民事简易程序之重构．中国民事审判改革研究［C］．北京：中国政法大学出版社，2003：219.

② 转引自北京市高级人民法院．关于扩大适用民事诉讼简易程序范围的调研报告［C］．廖中洪主编．民事诉讼改革热点问题研究综述（1991—2005）．北京：中国检察出版社，2005：707.

种减少也是有限度的，是以能够胜任这种简单案件的审理为前提的。

司法公正离不开效率，没有效率的公正不是真正的公正。司法效率固然反映了诉讼中所投入的资源（包括人、财、物）与所取得的审理成果之间的关系，而对于相对人来说，更注重的是其自身的财力和时间的耗费以及人民法院对该行政纠纷的处理和解决速度。如果一个很简单的行政案件，比如几块钱的罚款也要赔上半年的时间和精力去打官司，相对人大多数也就选择了放弃诉讼。据统计，我国行政机关作出的具体行政行为每年数十万件，但当事人诉到法院的只有0.14%，[①] 这么低的诉讼率是否就可以用来说明行政机关作出的行政行为具有极高的合法度呢？回答是否定的。据专家们对行政工作人员所做的调查，竟有56%的人认为行政机关不能依法办事。行政系统自身的人都这样看，老百姓的评价就更不用说了。导致行政诉讼诉讼率低的因素虽然复杂，但行政诉讼普通程序周期过长、诉讼成本过高会迫使相对人放弃诉讼却是不争的事实。行政诉讼制度设立的初衷是为了给相对人在合法权益受到行政机关行政行为侵害时提供一个救济机会，但单一繁琐的诉讼程序却又有可能在一定程度上迫使相对人放弃诉讼，这不能不说是目前行政诉讼制度设置上的缺陷。

如果说行政诉讼普通程序的设置与司法公正之间原来就保持着一种平衡关系，而在增设简易程序后并不会打破这种平衡。因为简易程序的设置，其实只是对行政诉讼案件稍加分类，区别简繁而已。重大、复杂的案件适用普通程序处理，而简单的案件适用简易程序处理，最终起到优化司法资源、提高司法效率的作用。这种思想在我国刑事诉讼和民事诉讼的实践中已付诸现实且取得了良好效果，在我国目前行政诉讼司法资源比较紧张而行政诉讼案件又每年不断增长的情况下设立行政诉讼简易程序尤其具有重要的意义。

（二）设立行政诉讼简易程序的意义

1. 行政诉讼简易程序有利于强化对行政行为的司法监督

在现代社会，同立法权、司法权等其他国家权力相比，行政权最直接、最广泛、最经常地涉及行政相对人——公民、法人或其他组织——的权益，且行政权实施的程序远不及立法权、司法权实施的程序严格、公开，故行政权最容易被滥用和造成腐败。行政机关自己制定规范、自己执行规范、自己裁决因执行规范而发生的争议和纠纷，如果没有对行政权的控制和监督机制，权力被滥用将不可避

---

① 应松年，薛刚凌．诉讼法学研究（第4卷）［C］．北京：中国检察出版社，2000：320.

免。而控制、规范行政权机制的最重要环节就是行政法和行政诉讼法。[①] 脱胎于民事诉讼法的行政诉讼立法，由于建立在市场经济尚未建立、民主政治刚刚起步的历史阶段，不可避免地带有一定的历史局限性，其在程序和制度设计上仍无法反映行政诉讼的特质，影响到行政诉讼制度本身的发展。现行行政诉讼法自1989年4月颁布，将近二十年里，行政诉讼案件绝对数量仍然极少。据我们计算，1998年至2006年，全国法院共审结各类一审案件55 712 067件，其中行政案件835 681件，仅仅占各类案件总数的1.5%，[②] 与现实生活中发生的违法具体行政行为相比，其相对数量和所占比例都是微乎其微的。这与行政权的不断扩张，行政行为的大量增加，公民、法人或其他组织合法权益遭受侵害得不到及时、有效救济的情况是不相匹配的。对当事人诉权的保护仍然是现阶段行政诉讼面临的首要问题。尽管行政诉讼案件较少与司法环境、文化传统、诉讼观念等许多因素相关，但是行政诉讼程序过于烦琐，诉讼成本居高不下，无疑构成了不容忽视的制度障碍。

“诉讼期间，不停止具体行政行为的执行”，这一规定虽然是世界各国行政诉讼立法的通例，但是我们应看到，由于我国行政诉讼规定的诉讼期限较长（由于行政案件的审理一律实行合议制，且不适用调解制度，行政诉讼案件审理周期从案件受理到法院做出裁判，一审一般为三个月，二审一般为两个月，如有特殊情况，经高级人民法院批准或最高人民法院批准，审理期限还可以相应延长），这一不利于提高行政效率的规定使得众多小额利害关系人处于不利境地。对小额利害关系人而言，在行政不作为以及行政处罚等行政侵权行为发生时，行政行为相对人如提起行政诉讼，除考虑诉讼的胜败之外，还要考虑诉讼成本的不确定性，如为诉讼必须支付的时间、金钱、精力等。这就存在一个诉讼成本核算和收益是否得不偿失的问题。同时，一些行政侵权行为一旦实施即会给行政相对人造成无法挽回的影响。诉讼周期过长，造成的结果往往是即使相对人胜诉，但取得的效果与没有胜诉或败诉的效果没有差别。如当事人被非法行政拘留，由于行政诉讼立案期限为5天，被告人答辩期限为10天，通过诉讼纠正行政违法行为的时间不少于15天，由此导致即使行政相对人胜诉，但因具体行政行为已经履行，在这15天内其人身自由已被实际剥夺，诉讼结果对其实际意义已不大。即使通过诉讼

① 姜明安．行政法与行政诉讼法［M］．北京：北京大学出版社、高等教育出版社，1999：13－14.

② 根据1998年至2006年的《中国法律年鉴》公布的数据整理得出此结论。

确认行政行为违法并由此获得国家赔偿，但相对人所遭受的精神损害和肉体损害却是金钱无法予以补偿的。行政诉讼只适用普通程序审理行政案件是造成大量行政相对人因无法得到及时司法救济而不提起诉讼的直接原因。因此，只有设立行政诉讼简易程序，司法机关才有机会对大量违法行政行为进行有效监督，迫使行政机关依法行政；才能对行政相对人的合法权益进行及时、有效救济，及时疏导和化解群众和政府机关的矛盾。

2. 设立行政诉讼简易程序有利于实现诉讼法与实体法衔接

行政诉讼法的制定，对于贯彻执行宪法，保障公民合法权益，对于维护和促进行政机关依法行使行政职权，改进和提高行政工作，都有重要的积极的意义，对于治理经济环境、整顿经济秩序和廉政建设也有积极的促进作用。行政诉讼法与行政实体法是互为补充、互相作用的。行政诉讼法作为程序法，必须主动适应行政实体法；行政诉讼法作为司法审查程序法必须适应行政程序法。它们之间必须有互相支持的结构配置。

在行政权的运行上，国家为提高行政效率，对有关简单的行政行为设置了相应的简易程序，如《行政处罚法》第三十三条就规定："违法事实确凿并有法定依据，对公民处以50元以下，对法人或者其他组织处以1 000元以下罚款或者警告的行政处罚的，可以当场作出行政处罚决定。"行政处罚法在立法上确立的这一简易程序，考虑了行政机关在行政管理活动中必然面临的处罚相当数量的轻微的行政违法行为的情况，如果都按普通程序，经过调查、取证、听证、审批等繁杂程序，行政机关是无法完成的，也不现实。赋予行政机关在符合一定条件下对行政违法行为给予当场处罚的权利，可以减轻行政机关的工作压力，有利于及时有效地处理行政违法行为，节省有限的人、财、物等行政资源。2004年5月1日正式施行的《道路交通安全法》第一百零七条规定："对道路交通违法行为人予以警告、二百元以下罚款，交通警察可以当场作出行政处罚决定，并出具行政处罚决定书。"由上述法律规定可以看出，立法机构对行政机关在实施行政行为的过程中适用简易程序的范围有放宽的趋势。在行政执法实践中，更多的行政违法行为是与人民生活十分贴近的小额违法案件。如汽车违章行驶的罚款、违反治安管理条例的制裁等等涉及公民个人利益较小、行政侵权不大的事件。这些案件，因其"小"，往往容易被直接利害关系以外的人们所忽视。但"小案"积累起来却足以损害行政执法机构的社会信誉和威望。对于行政机关适用简易程序处罚的案件，一旦涉诉，法院也应适用与之相适应的简易程序审理案件。这样，既为国家和老百姓减少诉讼成本，也使行政相对人能够通过此程序及时得到司法救济，从而缩短违法行政行为对其权益侵害的时间，甚至于把它阻止在萌芽状态。

二、我国设立行政诉讼简易程序的可行性

行政法要求行政机关作出行政行为时，必须遵循“先取证、后裁决”的原则。这就意味着，行政主体在作出具体行政行为的时候，必须查明与争议有关的相关事实。据此，在行政诉讼中，有些案件事实已经明确且得到了当事人双方的认可，也就是说，当事人双方对这类事实已达成了共识，这就为行政诉讼中适用简易程序提供了事实上的依据。因此，在争议双方对主要的事实没有争议的情况下，在行政诉讼中是可以适用简易程序的。

行政法中另一重要规则是被告承担举证责任。它是指作为被告的行政机关要对自己的行政行为的合法性向法院提供证据加以证明。从举证规则的规定来看，行政程序是对行政行为事实作出的第一次强制性的认定，而行政诉讼只不过是另一个权力机关对前一个权力机关所作出的决定进行事实认定和合法性审查，甚至是对记录在案事实的审查。“只要原告能够证明或说明被告赖以作出的行政决定的证据不足就可以胜券在握了，根本没有必要全面查证被告的全部证据”。[①] 行政诉讼对行政行为的审查也就相当于诉讼中的第二审程序，一般来说，多数案件只要对案件进行法律审就可以了。这也为在行政诉讼中适用简易程序创造了条件。

（一）行政诉讼规则的特殊性提供了基础条件

与民事诉讼和刑事诉讼相比，行政诉讼有其独特之处，即行政诉讼中，法院接受的只能是一个对已经发生法律效力的具体行政行为的指控，行政诉讼的任务是对一个具体行政行为是否合法作出判断而不涉及对原始事实的认定。行政诉讼的审理对象是一个应当依照法定程序和要求作出的具体行政行为，具有法定性。换句话说，在行政诉讼中，法院只需要对现有的证据材料能否支持特定的行政行为、该行政行为的作出是否符合法律要求的条件和程序等确定的问题作出判断就可以了。对于后者纯属法律适用问题，多数情况下，无须花费太长的审理时间；对于前者，尽管涉及事实问题，但是行政诉讼对事实的查明仍然受到两点限制：其一是法院无须查明原告是否受行政制裁的全部事实。例如在原告不服税务机关认定其偷税而对其作出的行政处罚决定的具体行政行为而提起的行政诉讼中，人民法院的义务不在于查明原告是否确实有偷税行为，而只要审查被告方提供的证

① 崔勇．困境与出路——构建行政诉讼简易程序的必要性和可行性分析［J］．行政法学研究，2004（1）．

据材料是否能够证明原告有偷税行为；而根据“先取证、后裁决”的原则，这些证据应当是在行政行为作出前已经收集好的，因而，在行政诉讼过程中，法院无须再去调取证据，而只需对被告方提出的现成证据材料进行判断。其二是法院无须对行政决定赖以成立的事实进行全面审查。因为，只要原告能够证明或说明被告所赖以作出行政决定的证据不足就胜券在握了，根本没有必要全面审查被告的全部证据。可见，行政诉讼的任务决定了法官审理的内容是法律审，一般情况下，“在行政诉讼中事实审是不必要的”。[①] 尤其是对于一些案情简单、相关利益较小的行政诉讼案件而言，由审判员一人独任审判是完全可行的。

（二）国内相关立法和实践的经验具有参考性

我国的民事诉讼早于1982年即建立了民事诉讼简易程序，刑事诉讼也在1996年建立了简易程序，其中民事案件中绝大部分都是适用简易程序审理的，但没有任何研究表明简易程序已经造成了不可容忍的错案率。“而且从理论和实践看，无论是民事诉讼简易程序还是刑事诉讼简易程序，其适用范围都有扩大的趋势”。[②] 司法实践证明简易程序是切实可行的，其立法与基本成熟的制度安排，为增设行政诉讼简易程序提供了重要的法律借鉴。

另外值得一提的是，关于行政诉讼简易程序我国立法曾经有过一定的涉及，如最高人民法院1986年10月24日关于印发《人民法院审理治安行政案件具体应用法律的若干问题的暂行规定》的通知第二条规定：“人民法院审理治安行政案件，实行合议庭制度；案情简单的，由审判员一人独任审判。”只是后来制定行政诉讼法时没有吸收这一规定。行政诉讼法颁布20年来，我国人民法院已经积累了不少审理行政案件的有效经验。无论从法官素质、公民的法律意识，还是行政机关依法行政的意识等方面与20年前相比，都有了实质性的提高。目前司法实践的客观环境为设立简易程序奠定了坚实的基础。

（三）法官的职业化、精英化提供了可能性

在审判过程中，法官居于至关重要的位置，法官群体的整体素质现状是我们设计司法制度必须考虑的因素之一。随着2001年新修订的《法官法》的贯彻落实，法官的选拔、任用更加规范和严格，法官职业准入“门槛”提高了。近几年来，越来越多的法律专业的本科生和研究生都以能进入法院工作为自豪，大批已经通过国家司法考试的优秀法律人才快速充实到法官队伍中；同时法院系统加强

---

① 胡建淼．行政诉讼法学［M］．北京：高等教育出版社，2003：227.
② 谭世贵．中国司法改革理论与制度创新［M］．北京：法律出版社，2003：477.

了专门的职业培训制度等，法官群体呈现精英化趋势。法官的学历构成正在发生急剧改变，整个法官队伍正朝着职业化、精英化的趋势发展。法官业务素质的提高为设立简易程序中的独任制审判奠定了基础。

（四）国内基层法院的尝试性改革证明具有可行性

据中国法院网报道，① 2002 年 10 月和 2003 年 11 月山东省高院分别在河口和滕州召开了以“设立行政诉讼简易审”为主要议题的法院会议，并将青岛市市南区人民法院作为试点法院。会后青岛市市南区人民法院成立了行政诉讼简易审调研小组，先后到多个行政机关和有关部门对调研，对程序的必要性及应注意的问题等进行了充分论证，此后在上级法院的指导下，在行政诉讼审判实践中进行了简易审的程序改革。

该院自 2004 年上半年开始进行设置简易程序和对普通程序进行简易审改革，至 2004 年 11 月底，在市南法院同期受理的约 270 件行政诉讼案件中，按照市南法院简易程序改革关于简易案件的划分标准，共确定简易案件 18 件，由审判员一人依照简易程序独任审判，全部都在 30 天内结案，平均结案周期是 20 天，最短的 7 ~ 8 天结案。作为原告的行政管理相对人和作为被告的行政机关都未对简易程序的适用提出任何异议。值得一提的是，这些案件尽管全部判决被告败诉，但不仅原告没有上诉，被告也没用上诉，裁判后即息讼结案。而适用普通程序简化审的案件大约有 150 件，平均结案周期是两个月，比法律规定的 3 个月审限缩短 1 个月，同样没有当事人对程序适用提出任何异议。我们也曾怀疑是不是因为当事人不知道法院已经适用了简易程序，所以没有提出异议，然而，报道称大部分当事人都聘请了律师，他们对行政诉讼的程序问题是了解的，同时，法官在程序进行中，无一例外地告知了当事人，法院因进行改革而适用这些新的做法，若他们不同意，可以提出异议，但他们却没有提，而是对法院进行有利于保护他们权利的改革表示支持。这项诉讼制度创新改革的尝试取得了较为理想的效果，实践的结果强有力地证明了行政诉讼简易程序在我国同样是可行的。

---

① 引自：http：//www. chinacourt. org/public/detail. php？ id = 150050 ［EB/oL］. 最后访问时间：2008 年 5 月 2 日.

第三节　我国行政诉讼简易程序制度的立法构想

一、行政诉讼简易程序的立法原则

行政诉讼简易程序的设置必须在一定的原则和理论的框架下进行，否则不仅不能设计出符合现代司法理念和审判实践需要的具体制度，而且会损害司法公正和效率。行政诉讼简易程序应遵循如下原则。

（一）公正原则

虽然行政诉讼简易程序作为一种宽松、简便的程序，是为了提高行政诉讼的办案效率，降低办案成本，及时保护公民、法人的合法权利。但是，我们要注意不能因为追求效率，而忽视了保证办案公正的问题。因为只有公正的程序才能充分体现法律的正义，“程序是法律的心脏”。① 办案的目的，最终是为了实现公正，如果失去了公正，简易程序便失去了设立的价值，人们也不愿再诉讼。所以，建立简易程序也要充分保证最低限度的公正，即有些程序要求是一个法律程序为了体现程序正义而不可缺少的，最低限度的公正是程序设计和程序操作必须给予首要关怀的问题。特别是举证、质证权、辩护权、平等参与诉讼权等的保护。同时，可以赋予当事人对是否适用简易程序与普通程序的选择权，对当事人选择的程序应再由法院审查决定。

（二）效率原则

美国著名经济学家波斯那指出：“正义在法律中的第二个意义是指效率。”②建立行政诉讼简易程序的目的，就是要达到以最低的成本获得最大的收益。所以，设立的简易程序应体现为办案快速，方便审理，节约当事人的诉讼成本，节约法院的人力、物力和有限的审判资源。“迟到的公正不是公正”，只有当事人所享有的程序保障与其从程序中所获得的利益相适应时，这一程序即为“正当程序”。③ 法院只有用高效简易的程序来保护公民、法人的权利，公正才会来得更

---

① 王锡锌．行政法论丛（第3卷）［C］．北京：法律出版社，2000：329.

② ［美］波斯纳．法律的经济分析［M］．蒋兆康译．北京：中国大百科全书出版社，1997：18.

③ ［美］波斯纳．法律的经济分析［M］．蒋兆康译．北京：中国大百科全书出版社，1997：717.

早、更快。

（三）扬弃原则

行政诉讼简易程序的设立，应当通过继承和吸收国外的先进经验，以及我国的民事诉讼、刑事诉讼的简易程序的经验，再结合行政诉讼的特点和构建和谐社会的需要来设立。国外许多国家和我国台湾地区的法律、法规都有行政诉讼简易程序的设置，如我国台湾地区的行政诉讼和解、简易程序，① 荷兰的独任法官审理程序、简易程序等都是以维护公共秩序，实现社会稳定为目的，都有各自好的经验，所以我们应当学习和借鉴。我国的民事诉讼、刑事诉讼简易程序的成功经验，为促进司法公正、提高诉讼效率发挥了巨大作用，对指导建立行政诉讼简易程序更有具体、实际的意义。但在学习和借鉴中，对不适合我国实际、不适应行政诉讼特点的做法要坚决抛弃，以便设立中国特色的行政诉讼简易程序。

（四）诉讼经济原则

诉讼经济是指以最少的司法投入，获取最大的诉讼效益。诉讼经济这个提法来源于西方的经济效益主义程序理论，该理论是由西方经济分析法学派提出的。其核心思想是，所有司法活动和全部法律制度都以有效利用自然资源，最大限度地增加社会财富为目的。该理论主张运用经济学特别是微观经济学的观点和方法分析、评论法律制度及其功能，朝着实现经济效益的目标改革法律制度。强调经济效益必然涉及两个基本概念即投入和产出。前者指投入的各种资源，如人力、物力、财力等；后者指获得的成果或效果。简易程序的立法应当充分考虑投入产出比例，重视相对人的诉讼成本的承受能力以及诉讼结果的满意度等问题，整个程序的构建和制度安排都应当以诉讼经济原则作为一条主线。

（五）多元化原则

行政案件的个案是动态的、多样化的，司法资源的配置应当与行政案件的处理相匹配，对不同性质和类型的行政案件应适用不同形式的简易程序进行审理，真正做到程序的合理分化。简易程序在适用时应在审判员独任审判的基础上区别案件情况，分别适用开庭审理的方式或者书面审理方式，即简易程序可以选择适用开庭审理也可以根据具体情况，对案情简单、法律关系明确的案件进行书面审理，这样才能合理利用司法资源，在保证司法公平的同时兼顾效率。

（六）自愿原则

程序正义应包括当事人自愿和参与两项原则，即纠纷当事人应有权依其意志

---

① 翁岳生．行政法［M］北京：中国法制出版社，2002：1 462、1 470.

决定是否将争执交由法院裁判解决，并且能够有影响地参与法院解决争执的活动。因此，要赋予当事人对简易程序的选择权及采用言词审理和书面审理的选择权。一方面，简易程序允许当事人选择开庭审理（言词审理）或书面审理；另一方面，赋予行政诉讼当事人程序选择权，且选择权应包括以下三个方面的内容：①法律法规中没有明文规定可以适用简易程序的案件，当事人建议适用简易程序的，可以经法官审查同意后适用；②法官审查同意适用简易程序后，原告又反悔的，可以转用普通程序进行审理，由独任法官决定；③在没有法定情节的情况下，案件适用普通程序审理时，如果主审法官认为案情简单、争议不大，可征得当事人双方同意后按简易程序审理。①

二、适用行政诉讼简易程序的案件范围

（一）国内相关立法及其实践的教训

要明确行政诉讼简易程序的适用标准并不是纸上谈兵的事，虽然我国并没有此类的立法和司法实践，但是我们在立法时不妨拓展自己的视野，既可以从民事诉讼法的立法中得到启示，又应当从民事诉讼法的简易程序现实适用状况中吸取教训。行政诉讼与民事诉讼有极深的渊源，当它独立于民事诉讼成为单独的诉讼制度之后，二者不仅在诉讼价值上有所差异，在程序上也有不同的要求。但是如果从适用标准的问题上分析，借鉴民事诉讼法简易程序适用的经验、吸取民事诉讼法简易程序适用状况中的教训，以免在立法中走不必要的弯路，是有其积极意义的。

从现行立法来看，我国《民事诉讼法》第一百四十二条规定："基层人民法院和它派出的法庭审理事实清楚、权利义务关系明确、争议不大的简单的民事案件，适用本章规定。"而2003年12月1日实施的《最高人民法院关于适用简易程序审理民事案件的若干规定》，虽在原有法规的基础上，作了五款排除性的规定，但大都是已有法条的重申，实际上并未进行大的改变。应该承认，无论是《民事诉讼法》，还是司法解释，都力图为简易程序的适用确定操作可行的标准，以使法院有法可依，提高效率，保障当事人行使诉讼权利。这种概念式的标准从哲学层面上看有一定的合理性，具有把握全局的功能，但从实用和实务的层面上看，并不具有可操作性，"由于标准的模糊性和不确定性，使得法院在立案时很难判

① 安玉磊．设置行政诉讼简易程序探讨［J］．广东行政学院学报，2006（2）．

断案件是否事实清楚、权利义务关系明确、争执不大”。[①] 不仅立法者的美好愿望化为泡影，而且也导致了简易程序整体运行的支离破碎。实务工作中，对现行立法的具体运用主要取决于法官的自由裁量，同一标准往往引发不同的理解。这种标准失范而致的“百花齐放”带来的法治无序状态本身就无法取信于民，更不利于法治的统一建设。简易程序甚至成为滋生腐败的温床．导致我国一系列卓有成效的审判改革措施因适用的不当扩大而付诸东流。

有学者在探求简易程序的适用范围时，认为简易程序的设立是为了适应人民法院审理案件性质轻微、情节简单、争议不大、影响面小的案件的需要，并指出以上四个条件是识别简单行政案件的标准。实际上，如此立法实际上重走了民事诉讼法的立法老路。如果在行政诉讼立法时也采取模糊性的立法方式，实在是逆潮流而动。因此，确定适当的适用标准，才是当前构建科学的简易程序的首要问题。

（二）我国台湾地区的立法借鉴

我国台湾地区采用具体的标准确定适用简易程序审理的案件，台湾地区“行政诉讼法”（1998 年）第二百二十九条规定，适用简易程序的案件有：①对于捐税课征事件涉讼，所核课之税额在新台币 3 万元以下者；②因不服行政机关所为，新台币 3 万元以下处罚者；③其他关于公法上财产关系之诉讼，其标的之金额或价额在新台币 3 万元以下者；④因不服行政机关所为告诫、警告、记点、记次或其他相类之轻微处分而涉讼者；⑤依法律之规定应适用简易程序者。前述所定数额，司法院得因情势需要，以命令减为新台币 2 万元或增至新台币 20 万元。前条第①至③项之诉，因诉之变更，导致诉讼标的之金额逾新台币 3 万元者，其辩讼及裁判不得依简易程序之规定；追加之诉或反诉，其诉讼标的之金额或价额逾新台币 3 万元，而以原诉与之合并辩论及裁判者，亦同。[②]

审视我国台湾地区的立法标准，不难发现，这种明晰确切的标准具有极强的可操作性，它以标的额为主要标准，并对特定类型的案件区别对待，这无疑为行政诉讼立法提供了一个有效借鉴。

（三）我国应当适用的标准体系

结合前文对民事诉讼适用标准的质疑和对相关行政诉讼适用标准的参考，如要预防诉讼实践中因适用标准失范而造成的同类危害，关键在于立法上的明晰和

① 徐胜萍．民事简易程序研究［M］．北京：中国书籍出版社，2005：126.
② 胡建淼．中外行政法规——分解与比较［M］．北京：法律出版社，2004：2 051.

完善，确立合适的标准体系。结合适用标准应当蕴涵的法理价值和我国司法现状来看，简易程序的设计应以类型化处理为原则，既应满足法院缓解压力的要求，又应兼顾当事人的程序选择的要求。我们认为，无论仅从形式上还是从实质上进行审查，都有其缺陷。行政案件有其自身的特殊性，要想更好地划定简易程序的适用范围，使其能更好地发挥作用，必须从形式和实质上进行综合审查，多角度全方位地进行分析后才能确定。具体来说，可依以下原则确定：

1. 行政处罚轻的案件

行政处罚是行政机关对违反行政法义务的相对人所给予的一种法律制裁，在行政管理中绝大多数行政机关都有行政处罚权。行政处罚最容易侵害相对人的合法权益，在行政诉讼案件中占有较高比例。如何认定行政处罚轻，可根据主观与客观条件进行综合分析。根据我国目前的法律规定和执法实践，以下行政处罚行为应纳入到简易程序的适用范围：

第一，行政机关适用简易程序作出的当场处罚。行政处罚法、治安管理处罚法等行政实体法规定，对违法情节相对轻微、处罚金额不大的案件可以适用行政简易程序，当场作出处罚。实践证明，这样的规定是可行的也是必要的。对于这类采用简易程序作出处罚的行政案件，由于案件本身法律关系相对简单、争议不大，行政相对人不服这类行政处罚而提起行政诉讼，法院审理的难度相对较小，原则上应当适用行政诉讼简易程序处理。

第二，行政处罚中的申诫罚，即行政机关对违法者的名誉、声誉给予谴责、警示或对其精神上给予惩戒的处罚。其目的在于引起违法者对其行为的认识和警惕，促使其停止违法行为不再重犯。目前此类处罚主要是警告和通报批评等。

第三，行政处罚中的小额罚款。行政处罚的罚款数额不能以一个固定的数字作为衡量轻重的标准，因不同的行政管理领域和不同的地区经济发展程度不同，相同数量的金钱会有不同的价值。但是又不能没有明确的金额标准，以防止因此造成简易程序的适用范围被不适当的扩大。因此，小额罚款的数额，理论上应当以行政处罚法中规定的听证数额为标准，即凡是最高数额未能达到相对人有权要求听证幅度的即属于小额。但由于行政处罚法至今未统一规定相对人有权要求听证的较大数额的标准，所以具体的标准要以作出行政处罚所直接适用的法律中规定的听证数额为准，如治安管理处罚法中以两千元为起点；如果法律没有明确规定的，我们认为小额的标准应掌握在对公民处罚以不超过一千元、对法人或其他组织以不超过五千元为标准。

反过来看，凡是涉及单处或并处限制人身自由的行政处罚，都是严重的行政处罚，因为这些处罚涉及公民的基本权利。从我国的立法角度看，限制人身自由的行政处罚属于“法律保留”的范围，只有全国人大和全国人大常委会才有权作出规定，这也足以说明其严重性。此外，根据行政处罚法规定，凡是相对人有权要求听证的，也都可看成是比较重的行政处罚。因此，责令停产停业、吊销许可证或者执照等处罚，都不宜适用简易程序。

2. 对相对人合法权益损害不大的其他案件

在行政机关的执法活动中，有可能对相对人的合法权益造成损害的行为，除行政处罚外，根据目前行政诉讼受案范围的规定，还有六项大体上可分为作为的行为与不作为的行政行为。作为的行为如行政强制措施、侵犯经营自主权、违法要求履行义务等；而不作为的行为则有拒绝颁发证、照，不履行法定职责，没有依法发给抚恤金等。

这么多各种类型的行政争议，如何决定哪些适用简易程序，我们认为，不能像刑事诉讼那样考虑“事实清楚，证据充分”；也不能像民事诉讼那样考虑以“事实清楚，权利义务关系明确，争议不大”为标准来确定。由于行政诉讼原告在起诉时除了证明其自身的情况外，基本上只能也只需要证明具体行政行为的存在并符合起诉的基本条件，法院即可受理，举证责任主要由作为被告的行政机关承担。在被告未提供证据之前，人民法院很难根据原告的诉状来判断本案是否事实清楚，权利义务关系是否明确。因此，能否适用简易程序，人民法院只能根据原告的诉状判断其合法权益所受到的损害是否严重来决定。考虑到这类案件适用标准相对模糊，为防止法官随意扩大简易程序适用范围或故意采用普通程序以拖延时间，应当赋予诉讼当事人自由选择是否适用简易程序的权利，在保证当事人诉权的同时强化对法官的监督。法院如果根据法律规定认为案件对当事人损害不大，属于简易程序的适用范围，可在送到立案通知书时一并向当事人建议适用简易程序。如双方收到该建议书 3 日内均不提出书面异议的视为同意，即可启动简易程序，反之，任何一方提出书面异议的，则只能适用普通程序。根据《行政诉讼法》第十一条的规定，结合上述标准，我们认为以下几类案件法院可以向当事人建议适用简易程序：

第一，对小额财产采取行政强制措施不服，财产属于公民所有的，财产金额或评估金额不超过五千元；属于法人或其他组织所有的，不超过两万元。应当明确，对财产采取强制措施的同时，如果因为同一事实对公民采取限制人身自由的强制措施，则此时不能适用简易程序。

第二，公民认为符合法定条件申请行政机关颁发个人许可证和执照，行政机关拒绝颁发或者不予答复的。比如，没有依法向司法考试成绩合格的考生颁发法律职业资格证等。这里的许可证涉及与公民具有人身依附关系的资质、执照，但也不排除公民个人的经营性许可证，比如向个体工商户颁发经营许可证等。

第三，申请行政机关履行保护人身权、财产权的法定职责，行政机关拒绝履行或者在规定期限、合理期限内不予答复的。

第四，申请行政机关进行涉及公民个人权益的行政确认，行政机关拒绝或者在规定期限、合理期限内不予答复的。这里的行政确认行为涉及公民的身份关系、财产权属关系等，也意味着，这类可以适用简易程序的行政确认行为的相对人必须为公民，排除了法人或其他组织，尽管行政确认的标的金额也可能很大，但实际上，法院只需要审查行政机关是否依照法定程序进行登记。常见的如发给结婚证、房屋产权证，以及进行属于公民所有的房屋、机动车的变更登记等。

第五，申请不超过五千元的小额行政给付，行政机关拒绝行政给付或不予答复的，比如要求行政机关依法发给抚恤金，或举报奖励等。

第六，不服行政机关对公民不超过一千元、对法人或其他组织不超过五千元的小额行政收费行为。这里的行政收费既包括有明确法律依据的法定税收，也包括有权处理的行政机关经过严格审批程序向相对人收取的其他费用。任何没有法律依据或者未经有权机关审批的收费都是违法的，这类案件在生活中大量存在，但相对来说法律关系比较简单，事实比较清楚，把这类案件纳入简易程序的适用范围，有利于相对人对行政机关的监督，具有重要的现实意义。

3. 经过行政复议的案件以及重审、再审及上诉案件不得适用简易程序

适用简易程序同时应当严格控制程序的范围。行政复议案件由于已由两级行政机关处理过，但当事人仍然不服，说明案件有一定难度，这时仍然适用简易程序，对原告来讲是不严肃的，对被告来讲是不尊重的，所以，原则上不考虑适用简易程序。另外，重审、再审及上诉案件一般对当事人来说，因对法院的判决、裁定有较大分歧，往往把重审、再审及上诉当成最后一根救命稻草，当事人此时期待公正判决的心情十分急迫，希望法院能采用不可挑剔的完美程序给他们一个公正的结果。因此，对于这类案件，选择适用普通程序进行审理才有更强的说服力，也才能最大限度地保证判决的公正。

三、我国行政诉讼简易程序的立法模式选择

（一）简易程序的立法模式概述

在简易程序构建前，首先遇到的就是行政诉讼审判体系的问题，即行政诉讼

要采用何种审判系统的立法模式。简易程序是在行政诉讼审判体系基础上构建的，所以，我们有必要在研究简易程序立法模式的同时探讨行政诉讼审判体系的种类。纵观世界各国以及我国台湾地区的行政审判史，从行政诉讼审判系统与普通法院的不同关系进行划分，行政诉讼审判体系的立法主要有三种模式：大陆法系独立型、英美法系交叉依附型和日本一元制立法模式。

第一，大陆法系独立型的立法模式。这种模式以法国为代表，包括德国和我国台湾地区等诸多大陆法系国家或地区。所谓独立制，是指负责审理行政案件的法院系统即行政法院是独立于管辖民事和刑事案件的普通法院的，整个国家或地区的司法体系中至少存在两个法院系统，“即普通法院系统和行政法院系统，这两种法院均有各自明确的审级划分和管辖，互相独立，平行存在”。[①] 尽管我们把这些国家或地区归为一类，但不同国家或地区的差异也是明显的。法国有两个司法系统即行政法院和普通法院，而且两个系统的归属也明显不同，普通法院属于司法机关，行政法院隶属于行政机关。从性质上来看，法国行政法院既是审判机关，又是行使审判权的行政机关，而德国和我国台湾地区的行政法院是绝对独立于行政机关的，属于司法系统。另外，德国的司法系统具有多样性，其总共包括五类法院系统，分别是普通法院、行政法院、劳动法院、财政法院和社会法院。

法国在行政诉讼程序中以书面审理为原则，通常行政案件的判决由 3 名行政法官合议作出，但是外省行政法庭的审判庭，可指派一名行政法官代表驻在法庭辖区内的各省的首府，对某些简单的行政案件单独裁决，[②] 这样，既提高了审判效率，缓解案件积压，又方便了当事人诉讼。

德国在 1997 年修改行政法院法时，建立了“法院裁决”和“范例诉讼”两种简易程序制度，行政法院内部的行政法庭可以适用简易程序。《联邦德国行政法院法》第五条、第六条规定，在行政法院内设有若干法庭；对简易案件，法庭一般应指定一名独任法官决定。[③] 我国台湾地区也建立了比较完善的行政诉讼简易程序，台湾地区的行政法院分为高等行政法院和最高行政法院两级，“高等行政法院之审判，以法官三人合议行之，但简易诉讼程序以法官一人独任行之。”[④] 我国台湾地区的高等行政法院适用简易程序审理争议金额较小的或其他轻微

① 胡建淼．世界行政法院制度研究［M］．武汉：武汉大学出版社，2007：2.

② 王名扬．法国行政法［M］北京：中国政法大学出版社，1988：630.

③［德］弗里德赫尔穆·胡芬．行政诉讼法［M］．莫光华译．北京：法律出版社，2003：47.

④ 翁岳生．行政法（下）［M］．北京：中国法制出版社，2002：1 367.

事件。

第二，英美法系交叉依附型的立法模式。以英国为代表，英国的行政诉讼由普通法院按照民事程序进行审理，没有司法意义上完全独立的行政法院。但是英国在普通法院之外设立行政裁判所作为初审程序，适用简化、灵活的程序审理行政案件，不服裁判所裁决中的法律问题通常可以向高等法院上诉，① 另外，普通法院有权进行司法审查，如英国的行政裁判所与调查法规定行政裁判所管辖行政性案件，其1981年《最高法院法》第三十一条规定了法院在司法审查起诉中作出禁令、损害赔偿裁决的情形。

第三，日本一元制立法模式。二战后日本的司法被美国所改造，被迫废除了行政法院，一切行政案件由普通法院进行审理，也就是由司法法院适用行政法进行行政审判，全国只有一个普通法院系统。“日本行政诉讼体制既不同于大陆法系国家，也不同于英美法系国家，日本在法院设置上属于单轨制，一切法律上的纠纷皆属于司法法院管辖”。② 在行政诉讼中，不论诉额的多寡，原则上地方法院成为第一审管辖法院。“即使诉额在90万日元以下时，也不属于简易法院管辖”。③ 即日本没有设立行政诉讼简易法院，也没有规定行政诉讼可以适用的简易程序。由于日本每年提起的行政诉讼案件数量非常少，适用普通程序审理似乎不足以影响到司法判决的效率。

（二）一元双轨制的简易程序立法模式选择

我国《行政诉讼法》第三条第二款规定：“人民法院设行政审判庭，审理行政案件。”对于我国的行政诉讼法的立法体例，理论界有一些不同的认识，如有的学者主张应设立直接向全国人大负责的最高行政法院及其体系，县级以下行政机关作出的具体行政行为有相当部分事实清楚的简单的行政案件，适用简易程序。④ 还有人认为，我国应设立行政裁判所，行政兼理司法。因为行政与司法从来就没有也不可能实现完全的分离，而且行政裁判所能够提供一种较为迅速经济、也更为便捷的公正裁判。⑤ 还有人提出，目前应提高法院审理行政案件的层级，原则上由中级法院作一审，对于起诉乡镇政府和县政府各部门的案件，可由

① 王名扬．英国行政法［M］．北京：中国政法大学出版社，1987：146.
② 杨建顺．日本行政法通论［M］．北京：中国法制出版社，1998：59.
③ 杨建顺．日本行政法通论［M］．北京：中国法制出版社，1998：737.
④ 柴建国．行政法理论与审判实务研究［C］．北京：人民法院出版社，2000：90、95.
⑤ 何兵．纠纷解决机制之重构［J］．中外法学，2002（1）.

中级法院设立的巡回法庭审理，并在此基础上建立简易程序，审理简单的行政案件。① 我们认为，研究简易程序的立法模式，应当在充分尊重现行行政诉讼立法模式的前提下，以成本最小化、效益最大化为原则进行设计。应当认真研究我国的法律制度传统和文化，在总结世界各国主要立法模式的基础上，设计出一套合理的立法体例。

第一，我国具有浓厚的大陆法系传统，英美法系的立法模式显然难以适应现行司法制度的需求。英国的行政裁判所的形成有其复杂的历史背景，没有一个统一可行的样式和规则，甚至到今天为止，裁判所是"属于行政机构的一部分"，还是"司法机构的一部分"仍然是个争议不断的话题。② 另外，英美法系国家的司法审查传统是和他们的普通法传统紧密联系在一起的，是同他们的"程序先于实体"的司法原则一起发展起来的。一种在独特的历史文化渊源中长期发展起来的制度移植到法制文化传统大相径庭的中国，其结果可想而知。

第二，如果采用大陆法系独立型，即建立一个独立的行政法院系统，其要耗费的巨大司法资源是我国的司法改革无力承受的。如果我国采用独立型的模式，不管是借鉴法国、德国还是我国台湾地区的立法模式，都意味着我们将需要对上到宪法、行政诉讼法，下到人大组织法、法院组织法等法律都全部重构，把行政审判人员全部剥离出人民法院，组建各种级别的行政法院和简易法院。这样的模式设计没有考虑到如此改革带来的高昂成本。另外，如此的颠覆性的改革，将再次人为地撕裂我们国家好不容易才积累起来的一点法律传统，这也是对司法资源的严重耗费。

第三，在尊重宪法和司法传统的前提下，创造性地构建一元双轨制模式是可行的。我国行政诉讼立法模式与日本的非常相似，在不打破现有宪法制度和司法基本制度的前提下进行立法设计，能最大限度地减少改革的成本。遗憾的是，日本没有设立行政诉讼简易程序，相对人无法或不愿通过诉讼解决，是导致日本每年受理的行政案件数量非常少的重要原因。但是日本社会中同样存在大量的行政争议不能及时得到解决的问题，当然，即便如此，也没有出现大面积行政失职和行政滥权的现象，相比日本依法行政的能力和公务员的精英化等方面的情况，我国与之是有差距的，所以在我国复制日本的立法模式也是不现实的。

我们只有建立简易程序，才能在更大范围内加强司法对行政的监督和制约。

---

① 应松年．关于修改行政诉讼法的议案［N］．人民法院报，2002－3－19.

② 王名扬．英国行政法［M］．北京：中国政法大学出版社，1987：139.

我国应当在行政诉讼现有程序中增加简易程序，仍然由人民法院内部的行政审判庭适用，只是限定基层人民法院和中级人民法院的行政审判庭才能适用简易程序。这样的立法模式是在尊重宪法和保持现有司法格局稳定性的基础上设计的，既有利于继承发扬我国的司法传统，减少审判资源的浪费，又能达到提高审判效率的目的。因此，我国采用一元双轨制的行政诉讼简易程序立法模式是必要的，也是可行的。

我国所要构建的一元双轨制，是指根据行政审判的特点，在人民法院内部设立行政法庭专门受理行政案件，保持单一的法院系统的现状，但是基层人民法院和中级人民法院在审理行政案件时，根据案件的性质、特点的不同，可分别采取简易程序和普通程序进行审理。不服判决的案件，无论是适用简易程序还是普通程序，均可以向上一级人民法院上诉，上诉案件由上一级人民法院依照普通程序进行审判。

一元双轨制简易程序的立法模式设计如下：①一审简易程序审理机构的设置。由基层人民法院和中级人民法院行政审判庭进行审理，在不改变目前人民法院行政审判庭设置和做大的人员调整的前提下，指定几位法官专门负责审理适用行政诉讼简易程序的案件。必要时可以指派一至两名法官到人民法庭审理行政诉讼简易程序案件。②二审救济机制的设置。考虑到启动简易程序诉讼时，当事人没有完整的决定权（法官有很大的决定权）以及当事人对程序公正的期待，因此，凡是当事人对采用简易程序审理的案件上诉的，二审一律适用普通程序审理。另外，经过再审、发回重审的案件一律不得适用简易程序审理。

四、我国行政诉讼简易程序的具体制度安排

在具体的程序设计时，要防止两种倾向：一是简易程序过于简单，以至于缺乏最基本的正当程序；二是简易程序不简单，与普通程序的界限不清，造成“简易程序不简化，普通程序不规范”，产生审判程序的“怪胎”。为了能够在追求效率的前提下保证当事人的程序权利，实现司法公正，有必要提出行政诉讼简易程序设计的具体思路。

（一）应当赋予诉讼当事人一定的选择权

程序简易化之后，诉讼双方可能会对简易程序所能提供的公正度产生合理的怀疑。在这种情况下，如果司法机关选择简单地对简易程序刚性适用的话，那么当事人就会丧失对简易程序和普通程序选择权，当事人必然产生对公正度的怀疑，这样就会不利于诉讼双方诉权和公正结果的实现。在这里我们可以将发端于

市场经济的自由交易、契约合意之私法理念引入公法之中，使公法私法化。主要的办法就是在一定的范围内通过赋予行政机关、相对人以适用简易程序的选择权，法院有审查决定权来保障简易程序的正确适用。也可以说，诉讼双方基于提起程序的主体地位，应有权要求人民法院在适当的时间、以适当的方式适用简易程序或者是适用普通程序，以防止人民法院因诉讼的迟延或不当程序的使用而造成争议外程序利益的损害。

只有赋予诉讼双方选择权，才可以消除和避免蒙受不利裁判的当事人的不满情绪，并可提升诉讼双方和一般公众对裁判结果及诉讼制度的信任度、信服度和接受度。如果法院可以不受诉讼双方选择权的约束而随意干预其对程序的处分权，就没有什么程序的公正可言了。再说，只有赋予诉讼双方选择权，才能消除法官滥用职权的“自由”空间，才能避免使简易程序成为单纯的简易程序而成为司法机关行使其职权的工具。

我们也要认识到法院是行使国家审判的专门的机关，它有权依照案件的具体情况作出最终的裁判。对于行政处罚争议中属于行政诉讼简易程序适用范围的，法院可以直接不加询问当事人而自主决定适用简易程序。另外，在庭审中出现无法预料的困难或发现案情复杂，适用简易程序将出现难以辨明双方的权利义务关系时，法院也可以自主决定由简易程序转为普通程序。因此，法院对是否采取简易程序有最终的决定权，设置这个保障措施，目的是防止不当的采用简易程序，这亦是简易程序正当化的基本保障。

（二）简化审判组织，采用独任制

在法国，每个行政法庭下设审判庭，每个审判庭设一名审判长、三名行政法官。案件的审判原则上由三名行政法官（包括审判长在内）合议作出，某些简单的行政案件可由一名行政法官代表单独判决。在这方面，我国立法不妨借鉴法国司法制度中有关设置行政庭组织的做法。适用简易程序审理行政案件采用独任制，即由具有主审法官资格的法官一人独立审理案件，并由其对案件依法作出裁判。适用简易程序审理案件的过程中，如发现案情复杂，需要转为普通程序审理的，可以转为普通程序，并组成合议庭对案件进行审理，同时及时通知双方当事人。

（三）开庭审理与书面审理相结合，以书面审理为主

行政诉讼有自身的特殊性，行政机关在作出具体行政行为时，必须遵循先取证、后裁决的规则，人民法院在审理行政案件时，主要是根据行政记录或行政案卷中的证据，认定行政机关的具体行政行为是否合法。适用简易程序的案件，大

都是法律审，一般来说，根据行政记录或行政案卷中的证据就可认定案件事实，因此，可进行书面审理。但为了体现现代诉讼程序的“参与精神”，突出行政诉讼简易程序中原告的程序主体性，必须赋予原告选择开庭审理的权利，如原告要求开庭审理的，则必须开庭审理。书面审理的案件，独任法官要审阅案卷材料，听取当事人、诉讼代理人的意见。书面审理的案件，可以不进行法庭调查和法庭辩论等活动，但如果原告能提供证据线索而又不能收集到的证据，法官应主动调查收集。法庭作出判决后，判决书的内容应公开。

（四）缩短诉讼时限

我国行政诉讼法规定的诉讼时限周期过长，适用简易程序的案件应缩短诉讼时限。

第一，缩短立案受理时间。设立简易程序后，符合简易程序适用标准的案件，立案受理时间可改为3日内；送达诉状副本的时间可改为3日内。

第二，缩短答辩时间。被告收到人民法院适用简易程序建议书3日内不提交书面异议的，视为同意适用简易程序，答辩时间可改为5日内。

第三，缩短审理期限。适用简易程序后，无论是开庭审理还是书面审理，审理期限统一缩短为1个月。一般情况下，适用简易程序的案件，不得申请延长审理期限，以体现简易程序的及时、迅速、高效等优势。

（五）采用一次合法传唤的缺席判决制度

我国《行政诉讼法》第四十八条规定：“经人民法院两次合法传唤，原告无正当理由拒不到庭的，视为申请撤诉；被告无正当理由拒不到庭的，可以缺席判决。”为进一步提高审判效率，在启动简易程序时，可采用一次合法传唤原则，即当事人经一次合法传唤无故不到庭的，对原告“视为申请撤诉”，对被告作出“缺席判决”。

（六）简化传唤或通知方式

人民法院适用简易程序审理行政案件，可以用简便的各种方式如电话、电报、电传、捎话、当面口头通知、传票等方式传唤当事人、证人，通知其他诉讼参与人到庭参加诉讼，不受普通程序有关规定的限制。但法院需要留存能够证明确实已经合法传唤或通知诉讼参与人的证据，以保证诉讼参与人的合法权利不因法官的倦怠而遭受损害，同时，也能成为人们监督法官是否勤勉、谨慎的必要手段。

（七）采用灵活的庭审程序

适用简易程序的案件一般都是事实清楚、法律关系相对简单的案件，因此，行政诉讼简易程序可更加灵活，法官可视具体情况简化或省略某些审查事实证据的程序，以达到快捷、效率的目的。

第一，当事人双方对案件事实证据无争议，只是对责任承担或法律适用有分歧意见，法庭调查可以省略，不再进行案件纠纷事实的调查核实，法庭可以直接进行法庭辩论程序。

第二，法庭调查和法庭辩论不必有严格的区分，可以交叉进行或同时进行。

第三，涉及行政赔偿的案件，经双方当事人同意，可在开庭前进行调解。如达成一致协议，制作送达行政赔偿调解书；如达不成一致协议，可开庭审理。

（八）简化裁判文书制作

裁判文书的内容仅记载争议的事实要点和主要理由，无须记载全部争议的事实和全部的理由。裁判文书的格式可以借鉴美国加州法院做法，即采用表格记载和裁判的做法，即在表格内填写当事人双方的姓名及其基本情况、双方争议的事实和理由的要点、法院的裁判及送达，最后加盖法院的印章。

（九）注重当庭宣判

对于适用简易程序审理的行政案件，在开庭审理结束时当庭宣布裁判结果，这样不仅可以最大限度地提高审判效率，而且还可以增强司法判断的透明度，凸现法庭辩论与裁判结果之间的紧密联系，同时还可以在一定程度上排除案外因素的干扰，促进司法廉洁。当然，在制度设计时，还要考虑行政案件的复杂性和多样化，注重当庭宣判并不能完全取消或替代定期宣判的必要性，必须为其保留一定的灵活运用空间。[①] 简易程序裁判文书的签发由独任法官直接作出，能当庭宣判的，可当庭作出；不能当庭宣判的，可在开庭后5日内定期宣判，以保证简易程序的快捷运行。

五、与构建简易程序两个相关问题的探讨

（一）保证当事人的基本诉讼权利，不能简化必要程序

简易程序是普通程序的简化，而非对当事人诉讼权利的简化，人民法院或派出法庭不得以任何形式限制或剥夺当事人的诉讼权利。如适用简易程序时，同样需要适用回避制度，当事人同样具有陈述和答辩的权利，另外，获得律师的帮助、被告知诉讼权利以及上诉权、申诉权等基本的诉讼权利是不能用任何理由加以限制或剥夺的。

---

① 詹福满．中国行政法问题研究［M］．北京：中国方正出版社，2001：316.

法院适用简易程序必须衡量公共利益，但也需要依照当事人的合意来进行。一般凡符合简易程序法定适用范围的，就可以启动简易程序。但当事人的合意适用简易程序时，具体又包括两种情形：一是任意合意适用简易程序，这是维护当事人程序选择权的必然结果。但是，出于公共利益的考虑以及行政诉讼的特殊性，人民法院对于当事人的合意必须加以判断。二是拟制合意适用简易程序，即对于原本非简易程序适用的案件，未经当事人的合意，法院直接适用了简易程序，但当事人都未依法提出异议，可视为已有适用简易程序的合意，亦即拟制为当事人依法合意选择适用简易程序，事后不能以其未经合意而为上诉理由，这样是为了维护诉讼秩序的稳定。

适用简易程序由审判人员独任审判，必须由书记员担任记录，不得自审自记。判决结案的，应当公开宣判。判决书、裁定书、调解书，必须加盖基层人民法院的印章，不得用人民法庭的印章代替基层人民法院的印章。适用简易程序审理的行政案件，案件卷宗中的以下材料应当是必不可少的：起诉状（口头起诉笔录）、答辩状、委托代理的授权委托书、必要的证据、询问当事人笔录、审理笔录、判决书、裁定书、行政赔偿调解书、送达和宣判笔录、执行情况笔录、诉讼费收据等。

（二）引进行政诉讼调解制度

和简易程序一样，调解制度也是提高司法效率的重要制度。然而，根据我国行政诉讼法的规定，法院审理行政案件，除了行政赔偿案件外，一律不得进行调解。行政诉讼之所以不适用调解，是因为行政纠纷是由行政主体行使行政职权而引起的。根据传统的行政法理论，行政权具有不可处分性，这样就决定了行政主体不能采取全部或部分放弃的方式来换取对方当事人的谅解，使调解失去了前提和基础。

然而，随着行政管理干预社会生活的深入，建立在行政权基础上的行政行为的种类日益增多，我国法律、行政法规赋予了行政主体较大的自由裁量权，行政主体对某些行政职权是可以自由处分的，这些因素为行政诉讼中调解制度的确立提供了可能。以行政处罚为例，法律、法规不可能对行政行为在所有情况下所有的处置方法作出详尽、具体、明确的规定，只能采用相对确定的处置方法和富有弹性之原则；行政处罚幅度太大，行政机关自由裁量的空间异常广阔；以不确定之法律概念“情节严重”、“情节较重”、“情节较轻”等概括性用语来划分档次，在具体的理解和把握上，只有听凭执法者之自由裁量；一些行政处罚规定没有明确的幅度，只能由行政机关根据情势酌情裁量。另外，部分行政行为也具有可处分的内容，如行政合同等，并且即使对于不可处分的行政职权，行政主体也有一定的自由裁量权。而且在司法实践中，有大部分的行政案件是由被告改变行政行为或者给原告某一利益承诺，法官动员原告撤诉或结案的。这在结案的方式上虽然体现不出是调解结案，但实质上是通过法院调解或者协调而平息了纠纷。由于对案件的调解没有法律依据，法院这种变相调解的行为就在一定程度上损害了法律的严肃性和司法的权威性。

调解结案的现实需求不是一个法条所能禁得住的。通说以“公权力不能自由处分”排除行政诉讼调解的适用，而行政机关及其工作人员在适用自由裁量时，尽管自由裁量权是国家享有的，并非个人的意志，行政执法者对具体案件行政自由裁量权必须代表国家的意志，不得掺杂任何个人的意志，但现实中基于权力有侵犯性和腐化性以及行政执法者素质参差不齐等原因，我国行政自由裁量权在运行中存在滥用职权、行政处罚显失公正和拖延履行法定职责等法律规定失衡的现象，而这些失衡现象无疑是行政执法人员不当地“自由处分公权”，从而导致行政相对人不服而诉至法院的表现。强调行政机关要依法行政，并不意味着行政机关的具体行政行为不具备需要掺入个人因素的弹性空间，也不能因此而否认行政机关在法定诉讼程序中可以继续享有的自由裁量权，其实，在诉讼中，在法定范围内可以“自由处分公权力”应当是行政自由裁量权的题中应有之义。允许行政机关在法院的主持下、在自由裁量的限度内与行政相对人进行和解，不仅是行政机关权责一致的体现，也是实现行政诉讼法与行政实体法相统一的需要。正如表1－2中所显示的行政机关在诉讼程序之外放弃、变更公权力，导致大量行政案件撤诉结案的情况，也足以证明上述理论的贫乏。

另外，调解是我国一项优良的司法传统，是指在法官的主持下，当事人通过平等协商的方法达成一致协议，从而终结诉讼所进行的活动和结案方式。我国行政诉讼法确立的对行政行为合法性审查的标准是：主要证据充分、事实清楚、行政程序合法、适用法律法规正确、在行政职权范围内行使行政权力。诉讼的基本功能是解决争议，和解或调解是解决争议的方式之一，并且是基于当事人的同意与合意的，因此，行政调解制度符合诉讼经济原则。

据此，我们认为，在行政诉讼中，尤其是适用行政诉讼简易程序的案件，法院完全可以在行政行为合法的前提条件下，使一些行政纠纷在法院的主持下，当事人双方经过协商，互谅互让，适度进行调解，最后达成协议，使双方在法定自由裁量幅度内“处分公权力”，从而解决纠纷，终结诉讼程序。这样，既妥善地解决了纠纷，又提高了诉讼的效率。

六、行政诉讼简易程序立法建议

（一）国内部分行政法专家的立法建议之比较①

表 1－3　国内部分行政法专家的立法建议比较表

专家代表	适用标准	启动方式	向普通程序的转化	管辖法院	级别效力	庭审过程简化	审理方式	裁判书	宣判的要求
江必新	概括性标准：简单行政纠纷、违法情节特别轻微、诉讼标的特别小的案件	法院征求意见，双方均同意才可以适用	规定转化的条件、形式和程序	基层法院和部分中级法院	一审终审	通知、庭审过程简化	开庭	表格式	未涉及
马怀德	概括性标准为主，具体标准为辅	法院自主启动和合意申请启动（法院决定）	未涉及	基层法院和中级法院	第一审、可上诉	30日内审结	开庭	未涉及	未涉及
胡建淼	具体标准	法院自主启动	未涉及	未涉及	未涉及	独任审判，30日内审结，特殊情况可最多延长15日	开庭	未涉及	未涉及

（二）相关法条设计

第一条　（简易程序的适用范围）基层人民法院和中级人民法院受理的第一审行政案件，属于以下情形的，可以适用简易程序：

（一）适用行政简易程序作出的当场处罚；

（二）警告、通报批评等申诫处罚；

（三）作出罚款的数额不超过法律规定的应当告知行政相对人有权要求举行听证的数额；如果法律对此没有明确规定的行政罚款对公民作出的，不超过一千

① 江必新．中国行政诉讼制度的完善——行政诉讼法修改问题实务研究［M］．北京：法律出版社，2005：213－219；马怀德．司法改革与行政诉讼制度的完善——《行政诉讼法》修改建议稿及理由说明书［M］．北京：中国政法大学出版社，2004：347－348；胡建淼．行政诉讼法修改研究——《中华人民共和国行政诉讼法》法条建议及理由［M］．杭州：浙江大学出版社，2007：434－441.

元，对法人或其他组织作出的不超过五千元；

（四）对财产采取行政强制措施不服，所涉及的财产属于公民所有的，财产金额或评估价值不超过五千元，属于法人或其他组织所有的，不超过两万元；

（五）公民认为符合法定条件申请行政机关颁发个人许可证和执照，行政机关拒绝颁发或者不予答复的；

（六）申请行政机关履行保护人身权、财产权的法定职责，行政机关拒绝履行或者在法律规定期限、合理期限内不予答复的；

（七）公民认为符合法定条件申请行政机关进行行政确认，行政机关拒绝或者在法律规定期限、合理期限内不予答复的；

（八）公民认为符合法定条件申请不超过五千元的行政给付，行政机关拒绝或不予答复的；

（九）公民对行政机关行政收费行为不服，行政机关的行政收费对公民不超过一千元、对法人或其他组织不超过五千元的。

双方当事人一致同意并书面申请适用简易程序的其他案件，由人民法院决定。

第二条　（简易程序的启动方式）人民法院受理的案件属于本章第一条第（一）至第（三）项的，可以自行决定适用简易程序，并在立案之日起3日内通知当事人。

人民法院受理的案件属于第一条第（四）项至第（九）项的，应当在立案之日起3日内向当事人送达适用简易程序建议书，一方当事人收到该建议书之日起3日内提交书面异议的，不得适用简易程序。

第三条　（书面审理方式）依法可以适用简易程序，并且属于事实清楚、权利义务关系明确、争议不大的案件，人民法院认为可以采用书面审理的，应当在立案之日起3日内向当事人送达书面审理建议书。

当事人自收到书面审理建议书之日起3日内对审理方式提出书面异议的，人民法院必须开庭审理。

第四条　（被告答辩期限）被告应当自收到人民法院的立案通知之日起5日内向人民法院送达作出具体行政行为的有关材料。

第五条　（传唤方式及不到庭的处理）人民法院可以采用简便的方式如电话、电报、电传、捎话、当面口头通知、传票等方式传唤当事人、证人，通知其他诉讼参与人到庭参加诉讼。

经人民法院一次合法传唤，原告无正当理由拒不到庭的，视为申请撤诉；被告无正当理由拒不到庭的，可以缺席判决。

第六条 （审判组织及审限）人民法院适用简易程序审理的案件，由一名审判员独任审判，自立案之日起1个月内审结。

第七条 （行政诉讼调解）人民法院适用简易程序的案件，可以在被告的法定自由裁量权范围内依法进行调解。调解达成协议的应当制作行政调解书，行政调解书具有与行政判决书同等的法律效力；调解不成的，应当及时判决。

第八条 （简化庭审程序）适用简易程序进行开庭审理时，可以采用灵活的庭审程序，但是不能剥夺当事人的申请回避、陈述和辩论等基本诉讼权利。

第九条 （判决书的内容简化）适用简易程序作出的判决书，可以采用表格记载式的简易判决书。

第十条 （宣判的要求）适用简易程序开庭审理的案件，应当一次开庭审结，原则上应当当庭宣判，当庭宣判确有困难的，应当在开庭后5日内宣判。

第十一条 （上诉）当事人不服判决的，应当在宣判之日起10日内向上一级人民法院提出上诉。

第十二条 （向普通程序的转化）在审理过程中发现案情复杂或者不属于简易程序适用范围，需要转为普通程序的，应当在审限内及时作出决定，并书面通知当事人。普通程序的审理期限从立案的次日起连续计算。

第十三条 （补充规定）本节没有规定的，适用普通程序一审的规定。

附录一：

行政诉讼简易程序案件适用标准一览表

具体行政行为的类型	概括性的标准	具体标准（情形）	简易程序启动方式	禁止适用的情形
行政处罚	行政处罚轻	当场处罚	法院可以直接启动	经过行政复议的案件、二审、重审以及再审的案件
		申诫罚（警告、通报批评）		
		①标的金额≤法律规定有权要求举行听证的数额；或者②对公民作出的，标的金额≤1 000元；对法人、其他组织作出的，标的金额≤5 000元		

续 表

<table>
<tr><th>具体行政行为的类型</th><th>概括性的标准</th><th>具体标准（情形）</th><th>简易程序启动方式</th><th>禁止适用的情形</th></tr>
<tr><td>对财产采取行政强制措施</td><td rowspan="6">对相对人合法权益损害不大</td><td>财产属于公民所有的：标的金额≤5 000 元；属于法人或其他组织所有的：标的金额≤20 000 元</td><td rowspan="6">法院可以建议启动</td><td rowspan="6">经过行政复议的案件、二审、重审以及再审的案件</td></tr>
<tr><td>行政许可</td><td>个人许可证、执照</td></tr>
<tr><td>拒绝履行法定职责</td><td>无</td></tr>
<tr><td>行政确认</td><td>仅涉及公民个人权益的行政确认</td></tr>
<tr><td>行政给付</td><td>标的金额≤5 000 元</td></tr>
<tr><td>行政收费</td><td>对公民：标的金额≤1 000 元；对法人或其他组织：标的金额≤5 000 元</td></tr>
</table>

附录二：

行政诉讼简易程序表格记载式判决书范本

××人民法院

行政简易判决书（样本）

（××××）×行初字第×号

原告：姓名（名称）；住址；身份证号（营业执照号、组织机构代码）；联系电话； 委托代理人：姓名；住址；身份证号；
被告：名称；住址；身份证号；（营业执照号、组织机构代码）联系电话； 委托代理人：姓名（名称）；住址；身份证号；
案件事实： （1）无争议（　　）（无争议的请在括号内打"√"） （2）争议的焦点： ① ②
被告是否违法或不当：（符合的选项后打"√"） （1）无违法和不当；（　　）；（2）合法但不当；（　　）；（3）违法（　　）。 法律依据（法律法规的名称和条款）： 参照的规章：（规章的名称和条款）：
判决结果：
上诉提示：如不服本判决，可在宣判之日起10日内，向本院递交上诉状，并按其他当事人的人数提出副本，上诉于××人民法院。
审判员：××× ××年×月×日 （院印） 本件与原件核对无异 书记员：××

第二章　行政诉讼调解制度的建构

自从人类作为“使用劳动工具的动物”旗帜鲜明地活动于我们这个蓝色星球上以来，纠纷就像被打开的潘多拉盒子里的魔鬼一样不断出现了。到了21世纪的今天，随着社会的急剧变化发展，人与人之间的纠纷也变得更加频繁。

纠纷的存在并不可怕，关键在于我们如何去解决纠纷。也许从另外一个角度而言我们应感谢纠纷的存在，因为聪明的人类“发明”了诉讼、仲裁、行政复议、申诉、信访、请愿、调解等诸多的解决纠纷机制，增强应对策略。

诸多机制在解决纠纷方面有着各自的作用和功能。我国古代尤其注重“和为贵”，在解决纠纷方面运用的往往是被称为“东方经验”的调解，可以说调解在我国古代解决纠纷方面发挥了极其重要的作用。

在当今大力提倡依法治国的我国，诉讼被推到了最前沿，有人甚至说，凡纠纷必经诉讼，才能彰显我国法治的成效。但是我们却不敢苟同这种观点。因为从我们看到的诉讼案例、接触到的诉讼案件等诸多诉讼实务上来看，依法治国与诉讼并不能画等号，甚至二者也不存在想当然的联系：因为机械地以诉讼来解决纠纷已经产生了许多问题。

西谚云：“条条大道通罗马。”依法治国最终目的在于“治国”，而非在于“依法”。或者讲，依法治国中的“依法”是手段，“治国”才是目的。“条条大道”相当于“依法”，而“通罗马”才是“治国”。显然，诉讼也仅是“条条大道”中的一条，即使是在“法治国”的状态下，最多也只是一条“主干道”。我们认为，调解也是一条道而且是一条相当重要的道。但无论是诉讼还是调解都是有其局限性的。但倘若把二者进行结合，会产生什么效应呢？

二者的结合，形象地讲，就是将诉讼与调解两条“道”进行有机“合并”，从而产生更宽的通往“罗马”的“道”，我们对它的期望就是——可以承担更多的运输任务。那么，具体到诉讼上来看，则是形成诉讼调解制度，以便能解决更多、更棘手的纠纷。

诉讼调解制度是指为在诉讼的基础上引入调解，从而达到解决纠纷的目的而设计的制度。看看我国的民事诉讼法中的调解，我们或许就对之有了更加清晰的认识。民事诉讼调解在我国的民事诉讼中发挥了极其重要的作用，这一点是毋庸置疑的。

与民事诉讼法中对于调解的规定形成鲜明对比的，是被许多学者所诟病的现行《行政诉讼法》第五十条的规定："人民法院审理行政案件，不适用调解。"该条规定从法律条文层面明确地"拒绝"了调解在非赔偿行政诉讼案件中的运用。但是，这是法律实务的本身要求吗？恰恰相反，无论是从民事诉讼中引入调解的长效优越机制来看，还是从其他国家或地区行政诉讼调解的运作来看，抑或从我国不得不面对行政诉讼实务对调解的迫切要求来看，[①] 在行政诉讼中引入调解是值得肯定的。

行政诉讼调解何以立足？这是我们探讨的重点所在。因为我们要为其找到"存在"的"合理"理由。我们认为，行政诉讼调解应立足于如下三方面：其一，调解在解决纠纷中本身的价值功能；其二，行政诉讼调解对于"人民法院审理行政案件，对具体行政行为是否合法进行审查"外，应当对具体行政行为的合理性进行关注审查，这也是调解发挥作用的一个重要条件；其三，行政诉讼调解也是时代的要求，特别是在改善政府与民众的关系、构建和谐社会方面有着相当重要的意义。

当然，限于我们的所学以及掌握的材料的局限性，我们的论述难免会产生或这或那的不足，但我们希望通过本章阐明一个观念：在行政诉讼中引入调解机制，形成行政诉讼调解制度是诉讼实务的客观要求，并且现在也有其发芽、生长以及长成参天大树的条件。

调解以情，听讼以法，诉讼调解，情、法结合相得益彰，正基于此，我们提出了行政诉讼调解的理念，期望为解决纠纷提供一种全新的优越机制。

---

① 最高人民法院院长肖扬于2007年3月27日在第五次全国行政审判工作会议上提出："要抓紧制定有关行政诉讼协调和解问题的司法解释，为妥善处理行政争议提供有效依据。"同时，肖扬要求，人民法院在审理行政案件中，要积极探索行政案件处理新机制。"要在查清事实，分清是非，不损害国家利益、公共利益和其他合法权益的前提下，建议由行政机关完善或改变行政行为，补偿行政相对人的损失，人民法院可以裁定准许行政相对人自愿撤诉"。对于因农村土地征收、城市房屋拆迁、企业改制、劳动和社会保障、资源环保等社会热点问题引发的群体性行政争议，肖扬特别强调："更要注意最大限度地采取协调方式处理。"

第一节 行政诉讼调解制度概述

一、调解的基本理论

（一）调解的含义以及特征

1. 调解的含义

调解作为一项解决纠纷的机制，被西方誉为“东方经验”，尤其在中国，调解从古至今都在纠纷的解决中扮演着重要的角色。那么我们对于调解的内涵又知道多少呢？

《中国大百科全书·法学卷》对“调解”的含义作了如下解释：“双方或多方当事人之间发生民事权益纠纷，由当事人申请，或者人民法院、群众调解组织认为有和好的可能时，为了减少讼累，经法庭或者群众调解组织从中排解疏导、说服教育，使当事人互相谅解，争端得以解决，是谓调解。”①

范愉教授认为，调解是在第三方协助下进行的、当事人自主协商性的纠纷解决活动。在某种意义上，调解是谈判（交涉）的延伸。二者的区别在于中立第三方的参与；而其中的第三方，即调解人的作用也是区别于审判和仲裁的关键因素，调解人没有权力对争执的双方当事人施加外部的强制力。②

对于调解的含义界定不同的学者有不同的观点，无论学者们如何对其概念、内涵下定义，它们之间都存在着共同点，而这些共同点就恰恰是调解的内涵所在，所以，抓住了学者们对于调解的共同点的界定，也就抓住了其内涵。因而调解可以表述为：针对双方或多方之间产生的纠纷，由无利害关系的第三方对纠纷双方或多方进行不偏不倚地排解疏导、说服教育，最终使各方达到谅解，进而解决纠纷的行为。

2. 调解的特征

（1）第三方的无利害关系性

是否有第三方的参与使调解与和解③区别开来。和解没有第三方；调解中的

---

① 中国大百科全书（法学卷）[Z]．北京：中国大百科全书出版社，1984：589.

② 范愉．非诉讼纠纷解决机制研究［M］．北京：中国人民大学出版社，2000：176.

③ 本段中的和解不同于后文中涉及的“和解”，本段中的和解是指没有第三方参与的。后文中在没有特别说明的情况下，特别是涉及国外以及我国台湾地区的关于“和解”的内容时，和解大致与我们倡导的调解同义。

第三方（调解人）可以是国家机关、社会组织或个人，但是他们在调解中对纠纷事宜以及对纠纷当事人之间不存在利害关系，他们不代表任何一方，也不偏向任何一方，是中立的第三方。因为上文中已经论及，调解要做到言行周全照顾到纠纷各方的切身利益，做到不偏不倚。调解本身是一种人际间信赖关系的延伸，因此要取得当事人的信任，第三方就必须是中立的，对人对事都不具有任何利害关系。只有如此才可以取得当事人的信任，才可能实现调解的目的——解决纠纷，化解矛盾。

（2）纠纷主体在调解上具有认可性、自愿性

调解基于双方当事人的自愿，是现代调解区别于传统调解以及现代调解区分于审判的最本质的特征。自愿是调解的核心要素，促使当事人通过合意解决其争议是调解的一个重要特征。如果说，严格的程序使诉讼具有正当性，正是自愿使调解程序具有正当性。自愿表明是否运用调解方式解决纠纷，由双方当事人自主决定。自愿也表明最终以什么样的方式解决纠纷，由双方当事人决定。

在现代化社会中，也存在依据纠纷性质或类型，必须在诉讼前或诉讼中强制调解的例外情形，如我国《婚姻法》规定，审理离婚案件，法院应当进行调解。然而在这种情况下，也不应该理解为违反当事人的自愿性。因为，从更广泛的范围来看，当事人同意调解是某种争议解决方式的必经程序，意味着当事人已经事先同意调解程序，这仍然是当事人的自愿性表现。

（3）程序较为灵活，规范性不强，易为纠纷主体所接受

该特点主要是相对于诉讼而言的，调解并非依据严格的程序规范和实体规范来进行的，而具有很大的灵活性和随意性。在诉讼活动中，无论实体还是程序都是依照预设的规范而进行的，一般情况下，在没有自由裁量的规定下，必须按照既定的规范进行下去；而调解在该方面与诉讼活动相比，则显得迥然不同：调解没有严格的、强制的规范性程序或实体规范约束纠纷各方，反而在与法律规范不相违背的情况下，纠纷各方以及调节者均可采取各种灵活的方式进行调解。其目的就是解决纠纷，化解矛盾。

法官或准司法者必须依法律规则进行裁判，是争议的最终决定者。而调解的开始、步骤、结果常常伴随着纠纷主体的意志而变动、确定。第三人不必遵循严格的法律规则，也不就争议作最终的裁判，他的任务是协助当事人磋商、促进他们找到和解的办法。在进行调解时可以依据政策、法律、道德或交易习惯等进行调解，因此双方当事人在调解人调解下达成的合意只要不违背法律的禁止性规定就可以。

(4) 调解具有一定的妥协性

调解本身作用的彰显，一方面是调解者扮演了重要的角色，但同时，起关键作用的是纠纷当事人双方，在纠纷的解决事宜是如何认可的，是如何达成一致的。实质上是达成某种妥协。而这种妥协在非当事人看来很明了，但是实际上并非如此。该妥协是纠纷当事人双方的底线控制。这种“底线控制”向我们传达了一个信号，那就是纠纷事由的“庐山真面目”，或者说事实真相存在于他们的内心中。往往由于纠纷的产生，而出现这样一种情况：事实真相往往小于等于其所声称的各种要求；调解者实现其目的后往往会将“各种要求”趋近于“事实真相”下所彰显的要求，形成一种妥协性。①

(二) 调解的分类

对事物的分类都是依据一定的标准进行的，标准不同，分类则迥异。

依据调解主体的不同，我们可以将调解分为：民间调解、法院调解、行政调解。

1. 民间调解

民间调解是指在民间组织、团体或个人的主持下进行的调解。在我国，民间调解主要是指人民调解制度，也包括社会团体、自治组织、行业协会、盈利性机构、律师主持下的调解、私人调解以及仲裁调解等多种形式。

2. 法院调解

法院调解是指在法院主持下进行的调解。它包括法院诉讼中的调解和法院附设的调解。法院诉讼中的调解，在我国即是民事诉讼法中所明确规定的法院调解制度，也称为“诉讼调解”。法院附设的调解是指调解机关设立在法院的一种调解制度。日本的调停、我国台湾地区的调解以及美国的法院附设的调解都属此类。此制度的主要作用是将调解与诉讼严格区别开来，分别按照其自身的运作规律和特有的方式进行。

3. 行政调解

行政调解是指由国家行政机关主持下进行的调解。行政调解在理论上可以分为两类：一是行政机关在日常管理或指导工作中附带性的争议解决；二是行政机关为解决特定争议专门设立的行政性非诉讼程序。

而本章所要讲的行政诉讼调解主要是狭义的调解，也就是法院调解。但是本身又和上文的“法院调解”有着相异之处。本章的行政诉讼调解是调解和诉讼有机结

---

① 李冰. 中国调解制度研究 [D]. 昆明：云南大学硕士学位论文，2006.

合的概念，也即追求“调解以情，听讼以法，二者结合相得益彰”而出现的概念。

（三）调解在我国的发展历程

1. 新中国成立前特别是古代的调解的演变发展

调解在古代有自己的特别的称呼——“调处”。古代调解与现在调解还有不同之处，反映在条文上，就在于法律以及法律性文件很少对其加以系统的规定。但是事实上，综观我国古代的法制史进程，我们会发现，调解在古代发挥了相当大的作用，对于维护当时社会的稳定和发展起着不可估量的作用。下面我们具体看看其发展历程。

我国是从什么时候开始有调解（调处）的呢？《周礼·司徒》中给了我们答案。

据记载，当时西周专设司法官“调人”，“调人”的职责就是“掌司万民之难，而谐和之”。春秋时期，大思想家孔子主张：“听讼，吾犹人也，必也使无讼。”

由于调解的显著作用，在我国步入封建社会后，调解成为封建统治阶级用来推行礼治和德化教育进而达到维护其专制统治的手段，最重要的表现就是官方加以支持和倡导。

在秦朝，调解受到官方重视。县以下的基层组织有乡，乡设有秩、啬夫和“三老”，即农老、工老、商老，掌管封建道德“教化”，调处民间争讼。

汉承秦制，调解在汉朝首次成为一种诉讼制度，用以处理一系列纠纷，主要是民事纠纷。据《后汉书·吴佑传》记载，吴佑在山东做官时，就主张用调解处理纠纷。“君民有争讼者”，他往往亲自到下面了解情况、讲道理，“重相和解”，“争息”、“息讼”。

唐代很重视用调解手段解决民事纠纷。县以下的里正、坊正、村正、乡正等基层组织，对一般的民事纠纷可以进行调解。

在宋代，调解制度得到法律确认，明确劝解息讼是地方官的职责。地方官为官“当以职务教化为先，刑罚为后”，“每遇听讼，于父子之间，则劝息教慈；于兄弟之间，则劝以爱友”。

元朝时期，调解还是主要用于解决民事纠纷。《至元新格》规定：“诸论诉婚姻、家财、田宅、债负，若不系违法重事，并听社长以理谕解，免使妨废农务，烦扰官司。”

明清时期调解制度已臻于完备，调解可以运用到刑事案件中。

明朝在各地里社设立申明亭，建立了里老人理讼制度。凡有不孝不悌或犯奸盗者，其姓名被写在申明亭上，以示警戒，当其改过自新后就去掉。其中对于

“犯奸盗者”针对的就是刑事案件，因此说，明朝的调解可以调解部分刑事案件了。当然大多刑事案件都是从当时的社会环境下看是比较轻微的。

清朝对于调解的重视，我们可以从当时的统治者的颁布的文件可以窥见一斑。顺治的“圣谕六条”、康熙的“圣谕十六条”，雍正的“圣谕广训”，都含有息讼的内容，从最高统治者的角度来肯定了调解的作用和重要性。①

伴随着清朝的倒台，以及中国本身经济的发展，我国自给自足的自然经济已经逐步瓦解，新的经济形态和发展方式得以产生，进而我国社会发生了一系列变化。特别是在清末的法制改革的影响下，从调解的角度来看，传统调解已经难以适应社会；同时新的适应新形势的调解也在人们的不断摸索中得以呈现。

新民主主义革命时期，调解制度有所发展。他的特点显然不同于古代的调解，该时期主要以基层政府调解为主。

抗日战争时期，调解在革命根据地得到了新的发展。从1941年起，各抗日根据地民主政府相继颁布了适用本地区的有关调解的法规条例和专门指示，如《山东省调解委员会暂行组织条例》、《晋西北村调解暂行办法》等，这是调解工作制度化、法制化的重要标志。这一时期，调解已经基本形成了一个完整的系统，其主要特征是：

第一，调解制度是在战争环境中，法制不健全、司法无法满足社会调整需要的历史背景下的产物。革命根据地固然早已有调解的实践经验，但大规模地推广发展调解制度，却主要是出于抗日战争期间精兵简政的要求。

第二，从形式上，包括民间自行调解、群众团体调解、政府调解和法院调解四类。

此后，在经历了解放战争阶段后，这一制度被直接带入了新中国。这里应该指出的是，调解制度的产生与当时无法建立和实施一套完善的法律规范体系和司法制度有密切关系，其功能一方面是利用传统资源解决民间纠纷；另一方面又在积极地补充法律的空白。同时，调解在发展和运作中又被赋予了种种政治和意识形态功能，包括动员组织教育民众、宣传普及政策法律等。

2. 新中国成立后调解的发展情况

新中国成立后，社会经济、政治、文化等制度发生了根本性的变革。随着社会主义改造的完成，高度集中的计划经济的建立，私有财产和私营经济受到压制，财产关系相对简单、因财产关系而生的民事和刑事纠纷锐减。同时物质交换受到限制，因交易而生之纠纷也大量减少。工作上由统包统分代替了自谋职业，

① 李冰．中国调解制度研究［D］．昆明：云南大学硕士学位论文，2006.

劳动关系变成了一种行政关系，国家成功地通过“单位”有效地控制了社会成员，而单位具有政治、经济和社会三位一体的功能，能够有效地控制和化解纠纷。在农村，农民则被固定在农业集体中。而户籍制度严格地控制着个人的迁徙。法院功能萎缩，一度被取消，国家主要通过行政部门和单位解决纠纷，行政代替了司法。

这时期我国调解制度主要有人民调解和法院调解两种类型：

（1）人民调解

1954 年，政务院颁布了《人民调解委员会暂行组织通则》，使人民调解作为一项普遍的法律制度在中国确立起来。20 世纪 50 年代后期至 70 年代，人民调解制度建设停滞不前，特别是在“文化大革命”期间，人民调解制度曾一度因被认为是所谓“阶级调和”的东西被取消。

20 世纪 70 年代后期，人民调解工作逐步走上正轨，从该时期通过的一系列法律文件中我们可以窥见一斑：

1980 年通过的《人民调解委员会暂行组织通则》，1982 年 3 月通过的《中华人民共和国民事诉讼法（试行）》，1982 年 12 月制定的《中华人民共和国宪法》，1989 年国务院制定的《人民调解委员会条例》，这些法律文件使人民调解制度成为一项有别于传统中国民间调解的具有普遍性、稳定性和系统性的法律制度。

20 世纪 80 年代直至 90 年代初，是人民调解工作开展的高峰期。之后，人民调解工作则呈现低迷态势。我们从表 2－1 的数据中可以看到人民调解工作逐步弱化的情况。

表 2－1　1989—1998 年人民调解工作基本情况一览表

年度	1989	1990	1991	1992	1993	1994	1995	1996	1997	1998
司法助理员	45	47	53	51	53	50	54	56	7	53
调解委员会	1 006	1 021	1 040	1 011	1 008	1 009	1 010	1 000	985	984
调解人员	5 937	6 256	9 915	10 179	9 767	9 998	10 259	10 354	10 274	9 175
调解纠纷数	7 341	7 409	7 126	6 173	6 223	6 124	6 028	5 802	5 543	5 267

资料来源：何兵．现代社会的纠纷解决［M］．法律出版社，2003：55.

（2）法院调解

新中国成立后，法院调解制度的发展主要经历了三个阶段，这三个阶段的特点分别表现为："调解为主"、"着重调解"、"自愿合法调解"。

具体来讲，"调解为主"主要表现为：1956年最高人民法院在《关于各级人民法院审判程序的总结》中提出了"调查研究，就地解决，调解为主"的民事审判工作的"十二字方针"。1964年，这一方针又发展成为"依靠群众，调查研究，就地解决，调解为主"的"十六字方针"。

"着重调解"主要表现为：20世纪80年代初，国家从"文化大革命"的浩劫中逐渐苏醒，人们意识到只有建立完善的社会主义民主与法制国家才能长治久安。为了改变审判工作实践中忽视判决的倾向，1982年颁布的《民事诉讼法（试行）》取消了"调解为主"方针，确定为"着重调解"的原则。"着重调解"的提法虽然在用语上避免了调解与判决对立，但在实质上仍然保持着调解优先的倾向，并没有解决实践中重调解、轻判决的问题。

"自愿合法调解"主要表现为《民事诉讼法》的颁布，将"着重调解"改为"根据自愿和合法的原则进行调解"。

从新中国法院调解制度的发展可以看出，在立法方面，法律条文中规定的人民法院的调解职能呈现出逐渐弱化的趋势；实践方面，在人民法院审理的民事案件中，调解结案的比重从总体上呈下降趋势。总体来看，调解和审判的关系朝着更符合现代法治精神的方向发展，法院调解的定位也逐渐趋于合理。①

二、行政诉讼调解的基本理论

（一）行政诉讼调解的含义以及特征

我们认为，所谓行政诉讼调解，是指对于行政诉讼案件，在行政机关对被诉具体行政行为具有处分权的情况下，法院对当事人进行调解，从而达到解决纠纷进而结案的行为。

行政诉讼调解具有如下特点：

第一，行政诉讼调解的主体是法院、原告、被告（被诉行政机关）。调解本身就是至少是在三方的参与下进行的行为。离开任何一方都不能称为调解，同样的道理，行政诉讼调解也是在三方的参与下进行的。具体到行政诉讼调解上，我们可以看到该"三方"就是指法院、原告、被告。

① 李冰．中国调解制度研究［D］．昆明：云南大学硕士学位论文，2006.

第二，行政诉讼调解在行政诉讼开始后，在行政诉讼结束之前进行。行政诉讼调解的启动时间，我们认为应当在行政诉讼启动以后，并且在行政诉讼结束之前。只有这样，才可以从程序上保证结果的公平和公正。

第三，行政诉讼调解的条件是，被诉的具体行政行为，从行政机关角度来看，是可以处分的。我们认为，并不是一切行政案件都是可以进行行政诉讼调解的。这是由被诉的具体行政行为来决定的。如果行政机关对该具体行政行为具有处分权，那么，因该具体行政行为而引起的行政诉讼就可以进行行政诉讼调解。

（二）行政诉讼调解的功能

行政诉讼调解具有自己的功能。从实践中我们可以发现，它的功能主要表现为如下几点：

第一，行政诉讼调解就如同民事调解一样，可以对行政争议起到一定的缓冲作用。行政诉讼领域尤其如此，在民告官的大环境和压力下，原告的心态是“赢了一次，输了一辈子”，有一种上刑场的感觉。同样，被告面对“平民百姓”的起诉，自然也有一种“愤慨”的心情。事实也已经证明并且在不断地证明，纯粹的审判往往会加剧当事人自己的对立，对于以后的执行会产生一定的阻碍作用。而调解可以在当事人之间进行努力，努力的结果就是对二者的对立可以起到缓冲作用，给各当事人一定的“台阶”下。① 进而可以使双方当事人静下心来好好地“谈判”，从而有利于息诉，实现矛盾的解决。

第二，调解有利于解决执行难的问题。在这样的情况下，很明显，对于执行来讲，是相当有利的——当事人乐意执行，从而在一定程度上解决了执行难的问题，节约了当事人的时间和精力，节约了司法资源。

第三，行政诉讼调解有利于提高法院工作效率，行政诉讼调解可以降低诉讼成本，实现诉讼的经济。审前调解和简易程序中的调判结合，可以较大地提高法院的审判工作效率，实行案件的繁简分流，有利于法院资源的合理分配。此外，调解可以在原告的诉讼请求之外一并解决更多的争议，而不必另案处理，符合法院所追求的公平与效率主题。

诉讼经济原则已成为诉讼活动的一个重要原则。审判是高成本的，审判中双方的对立，需要耗费大量的时间、精力、财力，而诉讼周期的延长及上诉、申诉比例的上升，又加深了当事人的对立程度。有时法院发现具体行政行为违法，主

---

① 此处的“台阶”，就是双方的一种“妥协”，这种“妥协”对于双方来讲都没有违反法律。

动与行政机关“交换意见”，有时诉讼外被告给予原告某些好处而使原告撤诉，考虑到解决纠纷人民法院几乎对申请撤诉的都予以准许，但是这些并不有利于矛盾的解决。另外，审查行政案件不适用调解的原则也并不能排除人民法院在审理的过程中对双方当事人进行一些说服教育工作。与其让这些变相的调解处理当事人规避法律，不如从制度上加以规范，准予法院主持当事人通过协商达成协议，由法院对当事人达成的协议是否合法进行审查，在不违反当事人自愿和法律的强制性规定、不损害公共利益和他人利益的情况下，确认协议的法律效力，使调解成为保护当事人合法权利、促进行政机关依法行政的工作方式。①

第二节 建立行政诉讼调解制度的必要性和可行性

一、行政诉讼调解必要性研究

（一）单纯的行政审判具有相当大的弊端

就行政诉讼而言，由于我国法律明确禁止对行政案件进行调解，所以，在我们可以看到的国家公布的数据中，看不到行政诉讼调解结案事项，但是在实际行政审判过程中是存在调解的。这种调解有其利弊，言其利往往表现在通过调解，当事人特别是行政相对人往往比较“乐意”接受行政行为；说其弊，我们可以从图2－1中略知其害。

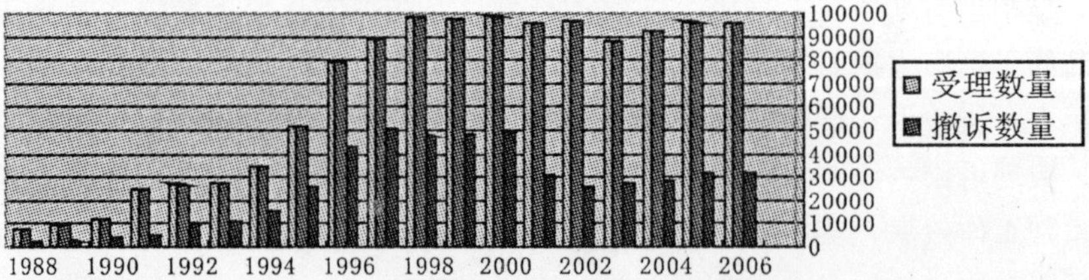

图2－1 1988—2006年全国法院审理行政一审撤诉情况（单位：件）

资料来源：其中1988年数据来源于《中国法律年鉴》，中国法制出版社。1999—2006年数据来源于《中国法律年鉴》，中国法律年鉴出版社。

从图2－1中，我们可以更加直观地看到行政诉讼案件中受理案件与撤诉案件

① 陈桃生．建立行政诉讼调解制度的必要性考量［J］．兰州学刊，2006（5）

在数量上的关系。行政诉讼案件撤诉率居然维持在40%左右，对于诉讼来讲，这是相对不正常的。

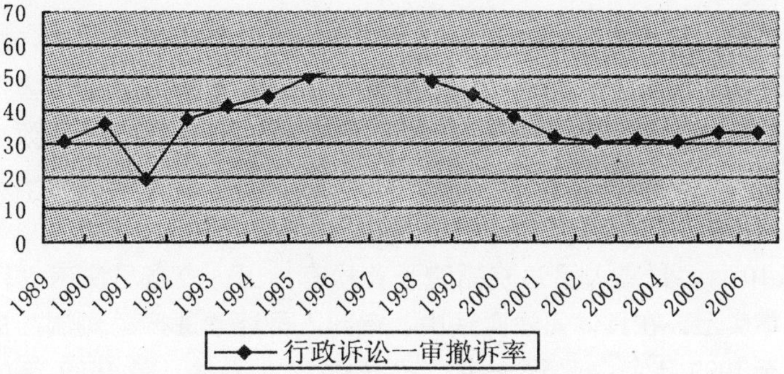

图2－2　行政诉讼案件1989—2006年撤诉率示意图（单位：百分比）

资料来源于《中国法律年鉴》，中国法律年鉴出版社。

另一个无法回避的事实是，虽然我国的行政诉讼法不允许调解，但在庭外调解却大行其道，撤诉案件的大量存在便是明证。原告自愿的正常撤诉案件只占整个撤诉案件的不到五分之一，另外五分之四的撤诉则并非原告心甘情愿，而是行政机关与原告进行了"案外和解"后由原告撤诉，这种撤诉属"非正常撤诉适用调解制度，但这样的情况在行政诉讼中大量存在确是一个不争的事实"。①

有学者通过调查，发现撤诉一般有三种情况：一是原告起诉后，认识到行政机关作出的处罚或处理决定正确，因而主动申请撤诉；二是诉讼过程中，被告改变原行政行为，原告同意并申请撤诉；三是法官发现行政行为违法，为避免判决行政机关败诉而影响关系，动辄找行政机关"交换意见"，建议行政机关改变原行政行为，以促成原告申请撤诉。有的法官还配合被告做原告撤诉的动员工作。第三种撤诉方式实际上就是调解，为规避法律并能自圆其说，这种方式常被称为"协商"、"协调"、"庭外做工作"等。②

行政诉讼中不正常的撤诉的危害性是很大的，它给行政审判的正常开展带来以下危害：严重影响了行政诉讼所追求的社会效果；法官的公信度下降；法院的

① 陈桃生．建立行政诉讼调解制度的必要性考量［J］．兰州学刊，2006（5）．

② 高秦伟．中国行政诉讼调解制度的现状与课题［J］．河南省政法管理干部学院学报，2004（1）．

威信降低；影响法律的严肃性；影响法官素质的提高。可见，法律制度背后的客观情况对行政诉讼单纯裁判的机制提出了新的严峻的挑战，行政诉讼调解机制的确立势在必行。①

行政撤诉原因是多方面的，但是有一个原因是我们不能忽视的，那就是诉讼双方达成案外和解。案外和解有很大的弊端，实际情况往往就是损害行政相对人的合法权益。因为案外和解由于没有得到法院的肯定，不具有法律效力，更何谈执行力、强制力？这种情况下行政机关一旦反悔，原告就无法以同一事实和理由进行起诉，从而丧失了请求司法保护的最终权利。

2004 年 10 月，最高人民法院副院长黄松有指出，应当尽快确立行政诉讼的调解制度。事实上，在具体司法实践中，审判人员经常进行“协调”的工作。有数据表明，至 1999 年，共受理一审行政案件 57.5 万件，是 1989 年的近 10 倍，案件的种类由原来主要只有公安、土地、林业等几种，增加到 50 多个种类，几乎覆盖所有行政管理领域。② 与此同时，行政案件的结案方式也有显著变化，“撤销被诉具体行政行为的比例变化不大，大体占当年受案总数的 20% 上下，而维持被诉具体行政行为的比例变化明显，由 49% 下降到 17%，与此同时，原告撤诉的比例却随着维持被诉具体行政行为的比例缩小而从 27% 扩大为 51%”。③

事实上，许多地方法院在行政审判工作中也意识到了该问题，他们在审判过程中采取协调的方式加以运作。实际上，我们认为，协调在某种意义上就是调解，因为毕竟我国现行行政诉讼法第五十条仍具有法律效力。无论是最高法院还是地方法院，行政诉讼调解在某种程度上都在运作。

最高人民法院院长肖扬在第五次全国行政审判工作会议上提出，要抓紧制定有关行政诉讼协调和解问题的司法解释，为妥善处理行政争议提供有效依据。人民法院在审理行政案件中，要积极探索行政案件处理新机制。要在查清事实，分清是非，不损害国家利益、公共利益和其他合法权益的前提下，建议由行政机关完善或改变行政行为，补偿行政相对人的损失，人民法院可以裁定准许行政相对人自愿撤诉。对于因农村土地征收、城市房屋拆迁、企业改制、劳动和社会保障、资源环保等社会热点问题引发的群体性行政争议，更要注意最大限度地采取

---

① 王树民．我国建立行政诉讼调解制度的必要性［J］．前沿，2005（10）．

② 李飞．全国行政审判成绩卓著［N］．人民法院报，2009－9－25.

③ 杨海坤，朱中一．我国行政诉讼制度步履维艰的原因探析［J］．行政法学研究，1999（4）．

协调方式处理。①

事实上，地方法院也已经酝酿行政诉讼调解的法律文件或者类似的实务性操作：

北京法院行政诉讼案件上升幅度很大，全市法院积极探索行政诉讼案件的协调和解机制，有1/3的行政诉讼案件通过协调和解机制得到稳妥解决。目前，北京法院受理的行政案件已涉及五十余大类，北京法院积极探索行政诉讼案件的协调和解机制。北京高院对行政诉讼案件的协调和解机制下发了指导性意见，明确规定对被诉具体行政行为违法，但撤销该具体行政行为将会给国家利益、公共利益或其他人合法权益造成重大损失的；行政相对人的诉讼请求难以得到法院支持，但由于种种原因又切实存在需要解决的实际问题的；当事人矛盾突出、容易激化，案件审判中可能存在影响社会稳定因素的；案件当事人申请进行协调的等情形之一的行政诉讼案件，法院可以进行协调。2007年北京高院将进一步研究协调和解程序、确认和解效力，在不违反法律规定的前提下，从“官”了民也了、案结事也了的角度出发，力求采用最有利的方式解决行政争议。②

广东省高级人民法院印发的《广东省高级人民法院关于行政案件协调和解工作若干问题的意见》，自2006年12月25日起在全省试行。

2007年1月23日，四川省成都市中级人民法院起草的《行政案件协调和解处理意见（草案）》在成都市法院第七次行政审判工作会议上进行讨论。

2007年3月，山东省高级人民法院下发2007年全省行政审判工作要点，指出全省将广泛推行行政诉讼协调和解制度，力争一审行政案件和解撤诉率达到50%以上。③

为保证“民告官”案件中处于弱势地位的公民、法人和其他组织的合法权益，维护和监督行政主体依法行政，取得最佳的法律效果和社会效果，减少或降低诉讼成本。根据《行政诉讼法》及相关法律规定，昆明市中级人民法院制定《行政诉讼案件的暂行规定（试行）》，新规定中对“民告官”案的调解原则、调解程序、调解中的司法建议制度等都作出了具体规定。④

（二）行政诉讼调解挑战“审查具体行政行为的合理性”

从目前的法律规定以及相关学说来看，在我国，法院不能对行政机关的具体

---

① 肖扬．抓紧制定行政诉讼协调和解司法解释［N］．法制日报，2007-3-29.

② 北京3成行政诉讼案件协调和解［N］．法制日报，2006-12-11.

③ 今日关注：权威人士回应行政诉讼协调和解三疑点［EB/01］．http：//2007-3-28.

④ 柏立诚．昆明首次出台民告官案件调解规定［N］．春城晚报，2007-7-11.

行政行为进行合理性审查，而只能进行合法性审查。原因大致在于司法机关于行政机关的权力分立，行政复议已经将审查具体行政行为的合理性纳入了工作范围，法院也就没有什么必要对行政机关的具体行政行为进行合理性审查了。

恰恰相反，我们认为，行政诉讼调解，特别是调解部分的工作之所以具有生命力，就在于要对具体行政行为进行合理性审查。

现实中具体行政行为存在着不合理的现象，也就是说，行政行为的不合理性是存在的，但是却不违法，无论行政复议机关还是行政机关都在某种程度上对行政行为的不合理性漠然处之。但是实际上，不合理的具体行政行为对于行政相对人的影响可能是深远的，甚至是“毁灭性的”。让行政相对人以具体行政行为的不合理性来对抗行政机关，以期获得合理性，对于目前我国绝大多数的行政机关来讲，是不现实的。

那么有没有其他的途径解决问题呢？当然有！即通过法院来加以制衡。即通过法院来对行政机关作出的具体行政行为的合理性进行审查。为什么通过法院呢？上文中我们已经阐明了行政机关不会轻易对自己的并不违法的具体行政行为进行反省，更不能期望它使其具体行政行为趋向于公正的合理化；行政复议机关呢，实事求是地讲，随着我国行政复议法的颁布和实施，行政复议机关在解决行政机关不合理的具体行政行为的工作上，还是取得了一定的成绩的，这一点应当肯定。但是从实际的运作来看，行政复议机关更倾向于审查复议行政机关具体行政行为的合法性，因此合理性又被放在了一边。但是行政相对人要争取自己的权利，怎么样争取呢？

从我国目前的法律来看，行政相对人可以向行政机关、行政复议机关争取自己的权利，这样的争取，我们前文已经说得很明确了，基本上是不成功的。剩下的就只有上访等途径了，但上访要取得结果更是遥遥无期的，绝望之下，他们有的人也许就只有私力救济了，他们的“私力救济”很可能就是“行转刑”的结果。

其实法院在此时的作用就很明显了。但是由于我国法律的规定“人民法院审理行政案件，对具体行政行为是否合法进行审查”，没有规定人民法院对具体行政行为是否合理进行审查。我们认为，对具体行政行为是否合理进行审查是完全必要的，但是不能从诉讼的角度进行，而应当从另一个全新的角度——调解——来进行。“调解以情，听讼以法”就是这样一个道理。因为合理性不是一个合不合法的问题，它是一个“情”的问题。对于情，我们就应当从调解的角度去加以解决。行政诉讼调解更能体现当事人平等主体的地位，发挥平等协商、平等对话的功能，营造更为和谐的气氛。调解结案更符合司法公正的实质要求。只有当事人最清楚纠纷的真相和自己的利益所在时，经过自愿选择的处理结果应当最符合自己的利益需求，也最接近当事人追求的实体公正。行政诉讼调解是一种具有开放性的纠纷解决机制，调解协议的内容可以超出诉讼请求范围，有利于促成当事人一并解决纠纷的相关事项，彻底化解矛盾。

（三）行政诉讼调解与构建和谐社会

从党的十六届六中全会正式通过《关于构建社会主义和谐社会若干重大问题的决定》开始，构建社会主义和谐社会成为我们国家的一项重要事项。胡锦涛总书记在党的十七大报告上明确提出，和谐社会要靠全社会共同建设，要最大限度地增加和谐因素，最大限度地减少不和谐因素。调解正是法院构建和谐社会中的切入点。

胡锦涛总书记明确指出，我们所要建设的社会主义和谐社会，应该是民主法治、公平正义、诚信友爱、充满活力、安定有序、人与自然和谐相处的社会。作为人类自古以来孜孜以求的一种美好的社会形态，和谐社会绝不会自发地生成，也不会自然地实现。实践证明，和谐社会的构建必须借助于法律制度的推动和保障。如果法律制度完善而且合理，社会成员就能和谐相处，社会关系就能和谐顺畅；反之，如果法律欠缺失当，社会成员必然冲突频发，社会关系必然被扭曲。以调解方式解决纠纷、化解矛盾、定纷止争，具有判决结案不可替代的优越性。

我国已经将“依法治国”、“建设社会主义法治国家”明确地写入宪法中，但是这并不代表我们达到了法治国的目标，也不意味着我们的法制已经很完善。构建社会主义和谐社会的目标，我们的法治建设依然任重道远。行政诉讼的法律规定以及实务操作上，应当为构建社会主义和谐社会这一目标服务。

近年来，在行政审判实践中，由于城市拆迁、征地补偿等行政案件大量增加，一些行政案件呈现出当事人之间矛盾容易激化、容易导致群体性事件等不良社会效果。虽然在行政诉讼中除行政赔偿案件外不适用调解，但现实中，在法院的协调下或通过原、被告私下协商后原告撤诉的情况层出不穷。一些法院在建设行政案件的协调①机制方面做了不少探索。

如重庆市巴南区农民陈兴华，2002 年结婚后到重庆市南岸区居住，因征地未

① 调解在我国的民事诉讼中已成为一种主要的结案方式，但是调解却是行政诉讼法中的禁区，因为我国现行行政诉讼法第五十条明确规定，行政案件不适用调解。但是实际上，一些地方法院协调行政案件双方当事人和解的行为已经存在了，只不过因为法律上的“名不正”使得法院的做法“言不顺”，不敢宣扬。但十几年的司法实践表明，对“民告官”案件进行协调和解，能更彻底地化解官民矛盾。对此处的协调、和解，我们更倾向认为是行政诉讼调解合法化前的不得已而为之的别称。

得到补偿，当时南岸区国土局说“以后解决”，但在长达3年的时间里都未给其解决。陈多次写信上访，均无结果，后向重庆市南岸区人民法院起诉。起诉后，南岸区国土局即以超过起诉时限和不属于安置对象为由拒付安置费。南岸区法院在办理此案时，没有强行下判，而是在走访周围群众以及陈所在的合作社后，主动到区国土局协调，促使国土部门对其作了妥善安置。为此，陈兴华撤诉，矛盾彻底化解。

重庆市南岸区法院采取庭外调解的柔性手段，既解决了实际问题，又避免了因判决而激化双方矛盾。这样的做法在正在召开的第五次全国行政审判工作会议上获得了肯定。

之所以受到肯定，原因在于既解决了实际问题，又避免了因判决而激化双方矛盾，避免了双方的矛盾后，纠纷自然化解，导致社会不稳定的因素就排除了，恰当地处理好调解和构建和谐社会的关系。

很多地方的法院都在行政案件协调机制的规范方面作出了探索。如湖南省高级人民法院多年前提出了“加强多元协调，节约审判资源，降低诉讼成本，方便案件执行，维护社会稳定”的行政审判新思路，把行政审判工作的重点放在多元协调上。湖南省高院院长江必新说：“通过几年的实践和探索，我们感到，多元协调方式对保护原告合法权益、减少讼累、促进依法行政和社会的和谐稳定发挥了重要的作用。”①

一些行政案件特别是集团诉讼案件，原、被告之间存在较大分歧，社会影响较大，如果法官机械地依据法律就案办案，审理后就急于下判，不仅不利于化解矛盾，还可能使矛盾激化，给社会带来不稳定因素。相反，如果法官及时地对双方当事人做好说服教育工作，根据法律规定指出双方各自存在的问题，引导双方就焦点问题在不违反法律规定的前提下进行协商，就有可能通过调解达到定纷止争的目的。如前面提到的具体行政行为中的自由裁量和行政机关不作为案件等，同样可采取灵活合理的做法，经调解而化解矛盾。这对促进政府与公民之间的信任，改善干群、党群关系，保障社会稳定，实现法律效果与社会、政治、经济效果的有机统一，必将起到积极作用。

调解本身运行的大前提是让三方尤其是原告和被告置于一个相对平等的平台上，在这样一个大平台上大环境下，原告、被告的抵触心理会大大减弱，从而形成一种比较融洽的氛围。

---

① 权威人士回应行政诉讼协调和解三大疑点［N］．法制日报，2007－3－29.

在融洽的氛围中处理纠纷，其效果显而易见的。当事人可以在平等的条件下，平等地进行协商，坦诚地交换意见，对案件的客观事实进行最大限度地还原，从而实现客观事实的大部分还原，就避免了抵触情绪下的证据交换以及法庭调查的情形。一方面，客观事实得到最大限度的还原；另一方面，减少了一系列程序环节，节省了人力、物力以及财力。

这样融洽的氛围为法官提供了判决的依据，在这样的情形下，无论是对判决书还是调解书，双方都能够最大限度地予以认可，可以有效地避免上诉等后遗症发生。

最高人民法院原院长肖扬指出，司法调解①作为人民法院促进社会主义和谐社会构建的重要手段，因其自身的独特功能和作用，其积极意义是多方面的。那么，行政诉讼调解作为司法调解的一种，对于维护社会稳定以及构建社会主义和谐社会当然具有十分重要的意义。

其一，行政诉讼调解有利于在更大范围、更广大领域内维护社会稳定。运用调解的方式解决纠纷、化解矛盾，有利于在更大范围内、更广大的领域内维护社会稳定。

其二，行政诉讼调解有利于促进人民内部团结，维护家庭、社区和邻里关系的安定。通过司法调解方式结案，可以把当事人的思想工作做通、做透，彻底消弭矛盾，理顺社会关系，有效地防止“行转刑”案件的发生。

其三，行政诉讼调解更能体现当事人平等主体的地位，发挥平等协商、平等对话的功能，创造更为和谐的气氛。肖扬说，调解结案更符合司法公正的实质要求。只有当事人最清楚纠纷的真相和自己的利益所在，经过自愿选择的处理结果应当最符合自己的利益需求，也最接近当事人追求的实体公正。行政诉讼调解是一种具有开放性的纠纷解决机制，调解协议的内容可以超出诉讼请求范围，有利于促成当事人一并解决纠纷的相关事项，彻底化解矛盾。②

（四）WTO 机制与行政诉讼调解

从长远看，我国行政诉讼禁止调解不仅脱离了国际行政诉讼发展的潮流，而且对加入 WTO 后国内行政纠纷的解决极为不利。纵观当今世界，许多国家以及我国台湾地区的行政诉讼领域都允许一定程度之调解。如法国的《行政法》明文

① 我们认为行政诉讼调解是司法调解的一种，尽管现在我国法律还没有承认行政诉讼调解的合法性。

② 肖扬．充分发挥司法调解在构建社会主义和谐社会中的积极作用［J］．求是，2006（19）．

规定，可以有限度地进行调解；德国《行政法院法》第八十七条规定：“审判长或其指定之法官，为使争讼尽可能一次言词辩论终结，于言词辩论前有权为必要之命令。其有权试行参与人为争讼之善意解决之和解。”

日本、瑞士及我国台湾地区行政诉讼法律虽然未明确规定法院在行政诉讼中可以进行调解，但从有关法律条文中仍可以推知，允许法官作一定程度的调解，日本行政诉讼司法在实务上承认当事人之间的和解制度。考量这些国家或地区的行政诉讼实务，调解在解决行政案件中运行良好，不仅能极大地提高办案效率，缓解诉讼压力，而且能切实有效地保护相对人的利益。

入世后，随着我国对外贸易的迅速发展，涉外行政诉讼案件数量必然水涨船高，如果继续奉行行政诉讼不调解原则，一方面法院将不得不死守审判程序，穷于应付日益增多的行政案件却无甚进展；另一方面涉外一方也可能同样面临国内行政机关采取不正当强制手段迫使其非自愿撤诉的尴尬境地，一旦这种可能成为现实，势必在国际社会中给我国行政体系抹黑，在造成恶劣的国际影响的同时，也阻碍我国对外贸易的健康发展。①

二、行政诉讼调解可行性研究

（一）传统文化的影响

调解制度之所以在我国发端并盛行，主要因为切合了我国的传统文化与社会心理。我国古人独特的自然观与人文观使中华文化自古以来就带有协调、平衡、中庸、合一、排斥对立与差异的特质性传统，即“和”的文化传统。“和”的审美观念与社会意识在孔子仁学体系中发展为“中庸”之道。孔子的“中庸”原则，使社会生活中种种互相矛盾的事物和谐统一起来，从而达到一种均衡状态。孔子曾说：“礼之用，和为贵，先王之道斯为美。”它要求人们将人与自然的和谐推广到人类社会生活中，要求人们在社会交往中要做到仁爱，讲礼让，讲义务，讲亲和。与“和”相对的则是“讼”。《易经·讼卦》说：“讼，惕，中吉，终凶。”在我国的传统文化中认为“讼”是不吉祥的，将其视为会破坏和谐宁静的洪水猛兽。因而体现“和”的调解成为息事宁人的最佳选择。在古人看来，调解作为一种化解纠纷的社会机制，既能促使各方当事人较为“合理”地解决矛盾，又能最大限度地保证当事人不因此而伤害感情（即所谓“不伤和气”）；在这里，是非对错的计较常常是第二位的，人际关系的“和谐”才是首要的考虑。古代中

① 陈诚．关于构建我国行政诉讼调解制度的思考［J］．社科纵横，2004（8）．

国重调解还和“厌讼”心理有关。在传统观念中，“法”通常都是作为一种阶级镇压的手段和赤裸裸的暴力工具而出现，在社会功能上几乎仅限于“刑”。《说文解字》称“法者，刑也”，而现实中的秦王朝则恰恰说明了其所谓的“法治”是如何的暴烈和残酷。古代官府将“兴讼”者视为“刁蛮”之辈，所以一有讼诉到公堂，官府的第一反应便是把涉讼各方统统羁押待质。在讯问时，不论原告、被告、证人都要跪听发落，稍有言辞不谨，便会招致棍棒之灾。对“非常上诉”之人，官府态度更为苛刻，诸如头撞鼓、站阴沟、滚钉板之类的折磨，更令“缠讼”之人陡生骇惧之心，所以与其在公堂上九死一生，还不如选择调解息争而委曲求全，因此，人们习惯于将“法”等同于“刑”，而“刑”又与“罪”和“监狱”有着内在的必然联系，民众在心理上便自然地生出对“法”与官府和“诉讼”的厌弃和抗拒，从而使人们更倾向于调解。①

（二）从经济的角度考量行政诉讼调解

随着社会的不断发展，各学科之间交叉现象日益频繁，各学科的方法运用在不同学科中的情况十分多见。对于法学来讲，20世纪影响颇为深远的事要属经济学的方法在法学领域的应用了，由此产生了我们比较熟悉的经济分析法学。

从经济上来考虑，诉讼包括行政诉讼，最终可以归结为：诉讼活动中要追求成本最小，产出最大。法律应当在权利界定上使社会成本最低化，社会资源配置的成本达到最低点。任何一种权利的起始配置都会产生高效率的资源配置，也都会产生社会交易成本，并且影响收入分配，问题的关键在于如何使法律能选择一种成本较低的权利配置形式和实施程序。这样，社会的法律运行、资源配置的过程就是以交易成本的最低为原则，不断地重新配置权利、调整权利结构和变革实施程序的过程，并且形成了科斯定理：在一个零交易成本的世界里，不论如何选择法规、配置资源，只要交易自由，总会产生高效率的结果。而在交易成本存在的情况下，能使交易成本影响最小化的法律就是最适当的法律。交易成本的影响包括了交易成本的实际发生和希望避免交易成本而产生的低效率的选择。效益最大化就是最大限度地减少成本，增加收益。它不仅要求每一行为的收益超过成本，而且要求每一行为处于这样的临界点，即行为扩展的边际成本要与边际收入相当，而正是它才决定了获取最大收益行为的最佳状态。

从经济的角度来看，诉讼调解的价值是显而易见的。调解的过程本身彰显其经济价值。按正常程序来看，一件行政诉讼案件结案最顺利的情况下需要三个

① 李冰．中国调解制度研究［D］．昆明：云南大学硕士学位论文，2006.

月。为什么需要那么长的时间呢？关键是当事人对于法院的判决结果常不予认可。很明显，由于当事人双方在实际的诉讼中的地位优势并不是平等的，尤其在证据主张方面，尽管行政诉讼法以及证据法律都在一定程度上照顾原告，被告的优势地位依然是很明显的。无疑，这样的差异在某种程度上会导致对于被告更为有利的决定或者判决。而法院在证据的采信上，在某种程度上，国家更会认可行政机关的证据，尽管原告的证据或许更加接近于客观情况。在这样的情况下得出审判结果，原告自然不会信服。

如果换个角度，让当事人双方静下心来，心平气和地将事情客观还原，往往真实的情形会显现，在这种情况下，让当事人“握手言和”，其效果将是较好的。在程序上，不用再“走”繁杂的程序和步骤，不用浪费太多的时间，也不会出现太多的上诉、申诉、再审的情况。当事人可以拿出更多的时间和精力做自己应该做的事情：原告可以从事更多工作，产生较大的社会效益；被告，也即行政机关可以拥有更多的时间和精力从事行政管理工作，履行其职责。

从经济学看，法院也相当于一个企业。做出一个令双方均信服的判断，并保证双方对于这个判断的实际履行，必须确定一个保护性的力量来维系这个解决程序的持续运行，而这个保护性力量，便是一种权威。从功能上看，这个解决程序首先必须提供一个信息交流平台，可以让当事人清晰地阐释纠纷事实，以消除双方之间在纠纷认识信息方面产生或业已存在的不对称性，防止产生新的误会或者偏见；其次，这个程序能够提供一种诉求的平台，以便当事人交流和协商有关弥补损失的赔偿信息，确定解决程序的实效性结果；最后，这个程序本身应当是文明而经济的，以减少由于用暴力解决纠纷而带来的新的仇恨以及包括纠纷解决成本在内的社会损失。人类在实践中发现，因为具备充分的双方信息交流、低社会资源耗费以及平和的参与和运作形态，建立在对话机制上的解决方式符合上述纠纷解决程序的要求，并成为符合人类理性的纠纷解决模式。

第一，根据参与争议原则，纠纷当事人必须能够参与纠纷解决程序，据此才有可能使纠纷解决得以继续并被很好地执行，这是解决纠纷的效率性与实效性的根本要求。当事人参与是这种符合人类社会经济理性的纠纷解决机制的一个重要特征，即允许当事人进行文明对话，互相交流信息、理清是非曲直。

第二，仅有当事人的参与并不足以保证纠纷解决程序的继续，因为当事人之间缺乏一个聆听双方信息并进行判断的权威，以便在双方信息认知存在分歧时进行协调。协调也是有成本的。正因为诉讼是有成本的，所以诉讼制度的目的就应当使成本最小化。那么，如何使成本最小化呢？采用调解方式无疑是最佳途径。

调解比诉讼具有不可比拟的优越性。一旦进入诉讼程序，当事人往往被纠纷缠绕，心理经济负担极重。诉讼周期越长，当事人负担越重，当事人感到极度讼累，疲于应付，就可能出现诉讼零收益或负收益。对法院来讲，旷日持久，当事人的诉讼拖累，会造成法院各种资源的无端被耗费，严重影响司法的效率。如果通过调解，把因调解而节省的资源配置到急需司法资源的部门中去，就能实现配置效率。司法资源是稀缺的，所以我们要进行司法选择，司法选择是为了尽可能地实现司法资源最优化，最优化就是最好地利用有限的司法资源。采取诉讼而不是调解方法处理案件违背了经济原则：在交易成本很低的情况下，如果能达成对双方都有益的交易，那么双方当事人就应当进行交易。①

（三）质疑“否定行政诉讼调解”论

在我国，现行行政诉讼法是1989年4月4日在第七届全国人民代表大会第二次会议上通过，并且于当日公布的。但是为什么没有将调解制度引入该部法律呢？这是与当时的社会大环境相关的。由于国家的利益是最高的，原告与代表国家的行政机关之间自然没有商量的余地和空间。具体体现在：

一是行政诉讼调解有损公共利益。由于行政机关是法定的公共利益维护机关，所以一旦其放弃职权或是违法行政必然以牺牲公共利益为代价。因此，在很多场合，行政诉讼调解与维护公共利益对立了起来。

二是行政诉讼调解诱发违法或不良行为。对行政机关而言，行政诉讼调解化解了其作为被告的风险，姑息了违法行政行为。这使得部分行政机关肆无忌惮，依旧延续“官僚作风”，甚至大搞人情行政、关系行政。对行政相对人而言，行政诉讼调解为其提供了一个讨价还价的绝好机会。当时不少案件表明，许多行政相对人故意违法以造成既成事实，当行政机关来处理时借机讨价还价。

三是法院调解中已有的“以判促调”、“以拖促调”和“以诱促调”等顽疾也传染了行政诉讼调解，使调解收效欠佳。当时这些问题很快使人们对行政诉讼调解制度是否合理顿生疑窦。由此，理论上的讨论开始兴起。据资料显示，理论界关于行政诉讼调解制度存废的讨论大约始于1983年，1985年迎来第一次讨论热潮。讨论的结果直接催生了《关于人民法院审理经济行政案件不应进行调解的通知》（1985年11月6日由最高人民法院发布）的出台。但值得注意的是，《通知》既没有“封杀”行政诉讼调解制度，也没有为其质疑提供理论上的说明，仅仅指

① 罗龙鑫，雷建国．建立行政诉讼调解制度的法理分析［J］．安徽职业技术学院学报，2006（1）．

出经济行政案件不适用调解。

理论界否定在行政诉讼中引入调解制度主要有如下的代表性观点：

第一，单方无处分权观点。该观点也就是当时的通说，它认为首先，行政职权是由法律来确定的，行政机关无权处分法律赋予它的职权，从而使得调解变得不可能；其次，法院作为司法机关无权要求行政机关对原告作出让步，否则将构成行政违法；最后，法院的司法职能决定其只能依据法律来审查被告行政行为是否符合事实和法律，并据此直接裁决。

第二，双方无处分权观点。该观点认为，行政诉讼不适用调解的根据在于：首先，行政机关无权处分自己的职权；其次，公民也无权处分自己的基本权利。因为即使公民宽容违法行政行为对其造成的损害，但客观上这种宽容将使具体行政行为的违法状态继续存在而与法律发生冲突。最后，行政诉讼当事人的地位实质上很难实现平等，调解将不利于保护其合法权益。

第三，有限审判权观点。该观点认为，法院审理行政案件的基本任务是审查具体行政行为的合法性，原则上不干预行政机关的自由裁量权。所以，法院无须承担调解的义务。

第四，绝对排除观点。该观点认为，行政诉讼调解不可能成立，即使在行政机关拥有自由裁量权的领域也不可能存在调解。因为自由裁量权并非任意裁量权，法律之所以赋予行政机关自由裁量权，目的在于使这种授权适合于每一个具体的场合，从而使行政机关在作出行政行为时，更准确地适用法律。这并不意味着行政机关对某一特定违法行为可以任意处罚，否则就是权力滥用。①

对于上述的观点，我们认为可以归结为：公权力绝对不允许处分，行政权力是一种公权力，调解本身就是对于公权力的一种处分，所以，以此推出行政诉讼案件不得进行调解的结论。

那么，公权力是不是绝对不允许处分呢？一般来看，公权力涉及国家利益以及社会利益，公权不可处分。“公权不可处分”的内涵应是“公权不可任意处分”。因为不能任意处分不代表不能处分。20 世纪以来，特别是二战以后，由于对经济、行政管理的需求大幅增加，特别是在现代市场经济和世界民主化潮流的大背景及其推动下，传统的管理行政逐步转向以给付行政、服务行政为要求的现代行政，以行政机关为中心的和行政权力的单向行使为全部内涵的传统行政日益

① 刘澍．论我国行政诉讼调解的理论革新［J］．安徽大学学报（哲学社会科学版），2006（2）．

转向以注重人权和民主的现代行政，并且非强制行政行为也应运而生。非强制行政行为是指由一定的行政主体依其职责权限主动发出的，不以强制行政相对人服从、接受为特征的行政行为，正因为这部分行政行为带有一定的柔软度或者说具有一定的民事性质，行政强权色彩淡化，公共性极为微弱，存在行政机关与行政相对人协商的空间和余地，行政机关在这样的情形下和空间内处分“公权力”不但不会损害国家和社会利益，反而促使公权与私权获得“共赢”的最优效果。①

综观国外及我国台湾地区行政诉讼的理论与实践，部分国家及我国台湾地区承认行政诉讼中适用和解。如《联邦德国行政法院法》（1960 年 1 月 21 日颁布）第一百零六条规定：只要参与人对这一论点的论据无非是行政权，或者说公权力的不可和解标的有处分权，为完全或部分终结诉讼，参与人可有处分权。

从行政诉讼的实践来看，长期以来，我国的行政管理和司法审判工作过于刚性，行政诉讼不适用调解的做法实际上把行政机关与行政管理相对人视为不可调和的双方，使得行政诉讼缺乏人情味。从审判实践来看，行政案件撤诉率上升的现象已经说明，大量的行政案件在法院的主持下，通过协商解决，有的因被告改变具体行政行为达到原告撤诉的结果。这正如有学者所指出：“法律禁止调解几乎是不可能的，而且实践中几乎所有的行政案件都不同程度地存在调解和和解。”② 日本、瑞士等国虽然未明确规定法院在行政诉讼中可以进行调解，但从有关法律条文中仍可以推知，允许法官进行一定程度的调解。③ 在我国台湾地区，其行政诉讼法也明确规定：“当事人就诉讼标的具有处分权并不违反公益者，行政法院不问诉讼程序如可，可以随时试行和解。第三人经行政法院许可，可以参加和解。行政法院认为必要时，得通知第三人参加。”可见，在行政诉讼中开展调解，是有经验可以借鉴的。

行政复议与听证程序中行政机关对不当具体行政行为的改变，实际上是处分了“公权”。行政机关在行政执法过程中能改变其行政行为，当然也就更能在行政诉讼中改变其行政行为，且在行政诉讼中改变其行政行为接受司法监督，更能保证其合法性。以“公权不可处分”理论排斥行政诉讼的调解，是将行政机关对其职权的处分等同于放弃职守，将行政机关的灵活执法与依法行政完全对立起

---

① 张芾，王少辉．论行政诉讼中调解原则的适用［J］．康定民族师范高等专科学校学报，2006（1）．

② 马怀德．司法改革与行政诉讼制度的完善［M］．北京：中国政法大学出版社，2004：326.

③ 陈桃生．建立行政诉讼调解制度的必要性考量［J］．兰州学刊，2006（5）．

来，是对行政执法活动复杂性的片面、机械的认识。行政机关在诉讼程序外放弃、变更公权力的行为大量存在，足以说明禁止调解所依据的“公权不可处分”理论的单薄。①

诉讼中是否可进行调解，关键在于相关当事人是否拥有实体处分权，只要一方当事人不享有实体处分权，便不存在调解的基础，因为只有在当事人双方相互放弃某些权利，或是一方主动放弃某些权利，调解才有可能实现。民事诉讼中，由于双方当事人法律地位是平等的，对各自享有的权利有充分的处分权；而行政案件的双方当事人法律地位是不平等的，一方是处于管理地位的行政机关，另一方为处于被管理地位的行政相对人。作为行政相对人一方的公民、法人或其他组织，可以自由处分自己的权利，但对于行政机关来讲，其手中掌握的行政权是“管理国家事务和社会事务时拥有和行使的国家权力的总称”，它“不仅应当是一种权利，同时也应当是一种义务”，行政机关必须“忠实地履行自己的职责，不得对自己的行政职权任意处分。任何行政主体不按法定依据和法定程序都不得放弃和转让行政职权，也不得越权或失职，否则有关责任人员就应受到法律的制裁”。“公权不可处分”并非彻底排除调解的“免死牌”，因为，首先，行政机关在法律许可的范围内拥有自由裁量权，而自由裁量权的行使在某种意义上就表示对公权力一定程度的处分。例如对行政处罚的幅度，行政法通常以“x 倍以上 y 倍以下”、“x 元以上 y 万元以下”加以规定，此外，对违法情节以类似“情节严重”、“情节较重”、“情节较轻”等不确定概念来划分，在对违法行为进行行政处罚时，行政机关就拥有了较大的处分权。假设有两家饭店卫生不合标准，行为态度恶劣、阻挠办案，于是行政部门适用不同处罚标准对二者分别处罚，类似这种对行政相对人适用不同层次处罚的情况，从本质上来讲就是对行政权不同程度的处分。其次，行政法规定相对人一方有权对行政行为进行充分的申辩，行政机关对当事人的申辩理由成立的应当采纳，并适当调整其行政行为，虽然这不能说是相对人引起公权行使之调整，但可以肯定行政机关确是实实在在地处分了公权。最后，刑事案件应该说比行政案件具有更强烈的公共色彩，调解能够在刑事自诉案件中得以运用，而对于许多并不具有很强公共性的行政案件却爱莫能助，这不仅于情于理不合，更表现出立法上的某些不足与缺憾，同时也从另一个角度反映了“公权不可处分”不应是绝对的。②

① 陈桃生．建立行政诉讼调解制度的必要性考量［J］．兰州学刊，2006（5）．
② 陈诚．关于构建我国行政诉讼调解制度的思考［J］．社科纵横，2004（4）．

（四）其他国家及我国台湾地区的经验

对待某一法律问题，立足于国内具体国情是正确的，但是也不可以忽略各国及我国台湾地区的经验和教训，从而可避免走弯路。

从各国及我国台湾地区的相关实践与理论来看，多元化纠纷解决机制早已登上了社会冲突解决的舞台。比如英美法系国家，根据“法律面前，人人平等”的原则以及公民与政府受同一法律支配和受同一法院管辖的原则，法院附设调解制度既适用于民事诉讼程序，也适用于司法审查程序，并且该制度“通过法院的实践，已经开始成为一种具有普遍性和长远发展前景的经验或制度”。据考证，在不到20年的时间里，法院附设调解制度就风靡了整个普通法世界，调解成长为一种主要的社会纠纷解决方式。以纽约市为例，其所辖市区的五家法院在1997年、1998年分别受理案件85 755件、94 763件，其中以审前程序处理的案件分别为60 808件、62 507件，占总数的70. 91%、65. 96%；而经过司法判决的分别仅为2 820件、3 263件，分别占总数的3. 29%、3. 44%。即使在逐步推行法院附设调解制度的澳大利亚，这一制度也深受诉讼当事人的欢迎与司法界的青睐。从1987年到2002年，已有2 844件案件通过此程序得以解决，成功率高达所有被提交案件的55%。然而，20世纪的诉讼爆炸现象也同样给大陆法系国家的司法机构带来了厄运。为了寻求司法、行政、公众对立僵局的化解，20世纪60年代服务行政理论在德国开始兴起。行政私法化和自我调节的发展趋势，迫使人们认可并在诉讼中尝试新的合作与均衡形式。在诉讼程序中，德国的诉权理论为行政诉讼和解制度铺平了道路。从诉讼请求本身并由此也从诉讼标的来看，行政诉讼适用处分原则。在司法实践中，德国行政法院为了贯彻处分权原则往往在口头诉讼期间采用“某些措施”处理案件，“要求当事人双方以积极的方式解决争议”。①

综观各国及我国台湾地区的行政法与行政诉讼法的理论与实践，世界上许多国家及我国台湾地区的法律中都规定可以有限度地进行调解。以下具体考察我国台湾地区及其他国家的相关规定和措施。

1. 我国台湾地区

我国台湾地区《行政程序法》第一百三十六条规定：“行政机关对于行政处分所依据之事实或法律关系，经依职权调查仍不能确定者，为有效达成行政目

① 刘澍．论我国行政诉讼调解的理论革新［J］．安徽大学学报（哲学社会科学版），2006（2）．

的，并解决争执，得与人民和解，缔结行政契约，以代替行政处分。"①

2. 法国

法国调解专员制度对我国最具借鉴意义。1973 年设立的法国调解专员制度是针对违法和不良的行政管理活动而设立的一种行政救济制度。调解专员是独立的行政机关：由部长会议通过，总统任命，人事、财政独立，对执行职务的行为不负民事责任和刑事责任，享有同国会议员相同的豁免权。调解专员的职务范围很广，当事人对所有行政主体，包括国家、地方团体、公务法人以及负有执行公务任务的私人机构的违法行政行为，或合法而管理不良的行政行为，以及行政机关拒绝执行的已生效判决，都可向调解专员提出申诉。

但是，调解专员不能受理在职公务员对所属行政机关的申诉，也不得妨碍法院诉讼程序的进行和判决的效力。调解专员有调查权、调停权、建议权、报告权、命令权、追诉权和促进行政改革权。由于调解专员不是行政机关的上级机关，行政机关的决定不论是否违法或不当，他都无撤销和变更之权。因此，调解专员权力的核心是调停权。调解专员是行政机关以外的第三者，对申诉的问题没有成见，可以在不违背法治原则的前提下，基于法理、情理提出客观而公正的解决方案。经过调查，调解专员认为当事人申诉无理由，应该向申诉人说明理由，拒绝其提出补救的建议。这实际上是代替行政机关对当事人做说服教育工作。调解专员认为当事人的申诉有理由时，调解专员可以说服行政机关，不要利用地位上的优势，而应按照公平友好的态度，考虑当事人的问题，修改原来的决定。这样，当事人就可以通过调解专员，不用花费过多的人力、财力、时间而使申诉事项得到补救。因此，在绝大多数情况下，调解专员所受理的案件，都能以调停而告终结。政府与公民的关系也在调解专员的调停中得到改善。②

3. 日本

日本行政诉讼司法在实务上承认当事人之间的和解制度。调解在解决行政案件中运行良好，不仅极大地提高了办案效率，缓解了诉讼压力，而且切实有效地保护了行政相对人的利益。③

---

① 与台湾地区形成鲜明对比的是，我国大陆地区现行《行政诉讼法》第五十条规定："人民法院审理行政案件，不适用调解。"随着社会和经济的飞速发展，社会形势也发生着巨大的变化，修改《行政诉讼法》的呼声大涨，对于第五十条的修改势在必行，借此，我们希望对于行政诉讼调解的肯定能够从立法的层面得以实现。

② 朱最新．社会转型中的行政调解制度［J］．行政法学研究，2006（2）．

③ 陈诚．关于构建我国行政诉讼调解制度的思考［J］．社科纵横，2004（4）．

4. 德国

德国《行政法院法》第八十七条规定："审判长或其指定之法官，为使诉讼尽可能一次言词辩论终结，于言词辩论前有权为必要之命令。其有权试行使参与人为本次之善意解决之和解。"德国《行政法院法》第一百零六条规定："关系人（除原被告以外还包括参加人）限于可以处分诉讼对象的情况下，为解决与主张相关的请求之全部或部分，可以通过让法院或者受命或受委托法官在调查笔录上记载的方法进行和解。"蔡志方认为，由于行政诉讼负有权利救济和维护法律的双重任务，且一般行政程序在依法行政之法治国家要求下，行政机关不得随意处分其权限。因此，在法定事实及法律要件明确的情况下，应当承认法院及行政机关皆不得进行调解与和解的规定，但如果在案件事实主、客观状况皆不明确，法律适用亦非清楚的情况下，应当允许行政机关在其处分权限范围内、在不损害社会公益的情况下进行和解和调解。在案件事实不清的情况下，不允许双方和解而要求法院依职权探知事实，不仅难以实现而且不符合诉讼经济的目的。它山之石，可以攻玉，国外的相关立法内容对我国行政诉讼调解制度的建立应该有借鉴意义。①

第三节　我国行政诉讼调解制度的立法构想

关于行政诉讼调解的构建是一个十分重要的问题，它涉及许多内容，限于本书讨论的重点、篇幅，特别是我们的学识水平，对于行政诉讼调解制度的构建，笔者仅从如下几个方面进行阐述。

一、行政诉讼的调解范围

（一）行政诉讼调解范围的含义

行政诉讼调解范围是指行政诉讼调解制度的适用范围，也就是指行政诉讼调解哪些案件。行政诉讼调解范围是行政诉讼调解案件的集合。

调解的范围应该限制在该行政行为不涉及国家、公共利益和他人合法权益，并且行政机关对此行政行为有自由裁量权，行政相对人有处分权之内。②

---

① 郭志远．对我国行政诉讼调解制度的反思与构建［J］．安徽大学学报（社会科学版），2006（3）．

② 郭志远．对我国行政诉讼调解制度的反思与构建［J］．安徽大学学报（社会科学版），2006（3）．

（二）行政诉讼调解的具体范围

行政诉讼调解范围是怎样的，是如何确定的，这是我们予以关注的问题。针对于行政诉讼法的具体受案范围，我们认为“行政诉讼调解范围是怎样的”可以转化为对于“哪些类型的行政案件可以进行调解”这样一个问题。目前有许多学者在该问题上有着相对成熟的观点。

奥尤坦认为，由于引起行政案件的具体行政行为形式多样，行政法律关系又很复杂，并随着社会经济的发展出现很多新类型的行政法律关系，所以很难用某一种标准来划定行政诉讼调解制度的适用范围，而应从不同的标准出发，综合考虑相关因素，就个案来决定是否进行调解。奥尤坦认为可以采用以下几种标准：首先，对具体行政行为所认定的事实双方当事人存有争议的，可以通过双方当事人互相出示证据、交换证据，能够查明案件事实的，人民法院可以进行调解。案件事实即法律事实，是能够通过证据予以恢复的事实。当事人对证据的证明力、证明标准等存在错误认识的，可以通过调解达成一致认识，从而解决纠纷，而无须走完一个完整的、复杂的审理过程。其次，行政机关作出具体行政行为认定事实清楚、适用法律法规正确，仅仅违反法定程序的，可以进行调解。行政程序是行政主体实施行政行为时所应当遵循的方式、步骤、时限和顺序。违反法定程序的有两种情形：一是仅仅违反法定程序，但实际结果合法，这是具有瑕疵的行政行为。在旧的《行政复议条例》中对这类行政行为规定了补充作出的措施，而在《行政复议法》和《行政诉讼法》中则都认为这是违法的行政行为，要求撤销或重新作出新的具体行政行为。我们认为，如果对这类行政行为予以重作实际上是对资源的浪费，而对其在法院的主持下进行调解，使双方互相谅解，以达到解决纠纷的目的，则是更为妥当的方法。二是程序的违法导致实际结果的违法，这是侵害权益的程序违法。对这类具体行政行为是否可进行调解应根据个案的具体情况考虑其他因素而决定。再次，对于行政机关享有自由裁量权作出的具体行政行为，人民法院可以进行调解，也就是说，对于合法但不合理的具体行政行为可以进行调解，但调解幅度限于自由裁量权范围，特别是对拘留、罚款、劳动教养、增收滞纳金、停业整顿等有不同幅度的处罚。最后，对于非“高权性”行政行为或具有民事因素的行政行为所涉及的行政案件可以进行调解。比如行政合同案件、行政指导案件、行政裁决案件等。

以上这些案件的共同特点是：

第一，行政机关所作的具体行政行为放弃了以往“高权性”的姿态，取而代之的是协商的、合作的态度，为了达到行政管理的目的行政机关可以作出适当的让步，这就使得行政诉讼调解制度拥有发挥的空间。

第二，行政机关所作的具体行政行为所引起的行政案件其本应解决的是民事争议，既然涉及民事争议，当然可以应用调解制度。①

刘伟光认为，在我国行政诉讼程序中，涉及侵犯公民人身自由权和生命权造成损害的行政赔偿诉讼案件不应适用调解。调解仅适用于下列各类行政诉讼和行政赔偿诉讼案件。可适用调解的行政诉讼案件包括：

第一，不服行政主体作出的行政裁决而提起的行政诉讼案件；

第二，因行政合同争议而提起的行政诉讼案件；

第三，不服行政主体作出的具体行政指导行为而提起的行政诉讼案件。

向忠诚认为，可以适用调解的行政诉讼案件主要包括如下四个方面：

第一，适用法律、法规错误的案件。这是指行政机关作出的具体行政行为所依据的法律、法规发生错误。主要表现为：应适用此法而适用了彼法；适用了无效的法律法规；法律法规中具体条文适用错误；违反了法律冲突的适用规则；适用法律、法规时没有考虑特殊情况；有规章以上的规范性文件却适用了规章以下的规范性文件。对适用法律、法规错误的案件，在法院的主持下，行政机关和行政相对人认可具体行政行为应当适用正确的法律、法规，心平气和地达成协议，不仅使行政机关的违法行政行为得到了矫正，而且也维护了行政相对人的合法权益。

第二，滥用职权的案件。滥用职权一般是指行政机关及其工作人员故意违背法律所赋予职权的目的，在法定范围内作出不符合法律目的、精神、原则的具体行政行为。从形式上看，滥用职权似乎是一种“合法”行为，是行政机关在其职权范围内作出的行为；从实质上看，滥用职权是严重违背有关法律法规的精神和原则、严重违背正当行政目的的行为；从主观上看，滥用职权是行政机关出于不正当的动机而故意实施的行为。由于滥用的职权属于行政机关的法定职权，这就为行政机关重新调整自己的行为奠定了基础，也使调解的适用成为可能。

第三，拒绝履行或者拖延履行职责，且仍有履行必要的案件。对于行政机关拒绝履行或者拖延履行职责的案件，在行政诉讼过程中，如果仍有必要履行职责的，法院可以主持双方进行调解，促使双方当事人达成协议，例如行政机关对符合条件的行政相对人的申请颁发营业执照而未颁发的案件就可适用调解。但是，对于拒绝履行或者拖延履行职责，使行政相对人受到损害，事后即使行政机关再

① 奥尤坦．浅析行政诉讼调解制度［J］．林区教学，2005（3）．

履行这一职责也已经无法弥补或者已经没有必要时，则不能适用调解。

第四，行政处罚显失公正的案件。行政处罚显失公正，是指有权处罚的行政机关，对被处罚相对人实施的行政处罚行为，虽然在形式上符合法律、法规规定的范围和幅度，但在行使自由裁量权的过程中，呈现出量罚上的明显不合理或不公正，违背了法律上基本的公正原则，从而侵害了被处罚相对人或利害关系人的合法权益。在行政处罚显失公正的案件中，由于自由裁量权的存在，使行政机关接受调解并作出新的行政行为成为可能。①

杨临宏教授运用排除法解决了行政诉讼调解的范围问题。他认为，除下列案件外，均可以适用调解：②

第一，原告主张行政主体无管辖权的行政案件；

第二，调解致使公共利益或者公共秩序受到损害的行政案件；

第三，有争议的行政行为属于无效行政行为的行政案件。

由上述各种观点来看，多数学者是根据我国现行的行政诉讼法的相关条款来阐述其观点的，这有它的好处——简洁明了。但是我们认为，应该将行政诉讼调解的适用范围，从理论上，不单单用列举的方式来说明，还应当从定义概念的角度来说明，这样，我国行政诉讼法即使发生改变，也可以对其加以释义。上述学者的观点恰恰为我们提供了借鉴。由此我们可以把行政诉讼调解的适用范围归纳如下：

第一，该行政案件存在着自由裁量的空间，允许法院在行政机关拥有的自由裁量的范围内进行调解。如果被诉行政行为是受法律法规严格羁束的，行政机关便不得向相对人让步，接受调解，人民法院也不可主动提出调解，否则将导致公权力被出卖，从而损害行政机关的威严和公信。例如，行政机关对不具备买卖烟草资格的相对人拒绝颁发烟草专卖许可证，相对人对此不服，向法院起诉，由于行政许可行为是严格按照法律规定作出的，没有裁量的余地，所以法院便不得对其进行调解，只能依法审理并作出判决。

第二，被诉行政行为仅涉及一般违法或是稍有瑕疵。例如，某具体行政行为事实清楚，适用法律法规正确，仅违反法定程序的，由于对公共利益不会造成太大的影响，如果双方当事人愿意在法院的调解下解决纠纷，法院可以对其进行调

① 向忠诚．论行政诉讼中的调解［J］．江西行政学院学报，2004（4）．

② 杨临宏．行政诉讼适用调解的思考——关于《中华人民共和国行政诉讼法》第50条的思考［J］．法治论丛，2004（5）．

解；而对于重大违法的无效行政行为，由于其自始不生效力，即使当事人双方出于自愿，人民法院也绝不能对其进行调解，否则将纵容行政机关的违法行为，造成恶劣的社会影响，降低行政及司法机关的威信。

只有同时具备以上两个条件的行政诉讼案件，法院才得对其进行调解。据此，可以对符合以上条件的有关情形通过立法加以具体规定。限于篇幅，在此不再赘述。①

二、行政诉讼调解制度的具体构建

（一）行政诉讼调解的原则

行政诉讼调解原则，就是指在行政诉讼调解过程中所应当遵循的原则，是指在没有法律明确规定的情况下，我们可以从宏观的角度来指导行政诉讼调解，使之更加有序地得以进行，进而达到调解解决纠纷的根本目的。

第一，依法原则。行政诉讼调解应遵守合法性原则，包括实体合法和程序合法两方面。应遵循不损害国家利益、社会公共利益，不扰乱正常的管理秩序，不得违法进行调解，且调解协议内容不得违反法律禁止性、强制性规定。

第二，自愿原则。自愿是行政诉讼调解的灵魂，是程序公正和实体公正的核心。调解程序的启动基于当事人各方的自愿参与，是自愿参与前提下的调解。不得强迫、压制和违背当事人的真实意思，以确保当事人在不违反法律强制性规定的前提下，享有充分的行政诉讼调解自愿权利。必须充分保护当事人在启动调解程序，选择调解时机、调解方式、调解协议生效等方面的权利。自愿是全方位的，贯穿在调解的方方面面。不得变相强迫调解，不得使当事人接受违背其实质意愿的调解。

第三，中立性原则。法院在调解的过程中，始终都要扮演一个中立的角色，而不能对任何一方当事人有所偏颇，同时也要特别注意，更不能违反法律规定而损害国家利益、社会公共利益，扰乱正常的管理秩序等。

（二）行政诉讼调解的程序

设置一套科学有效的调解程序，保证调解依法进行及调解结果的执行。民事诉讼中的调解制度经过长时间的司法实践，已经较为成熟，因此，可参照民事调解程序构建行政诉讼中的调解程序。但是鉴于行政诉讼的特殊性，有两个问题值得注意：

① 陈诚．关于构建我国行政诉讼调解制度的思考［J］．社科纵横，2004（8）．

其一，提起调解的主体。行政诉讼的性质决定了起诉的主体只能是行政相对人一方，我们认为，行政诉讼中调解的申请也应限于行政相对人。如果允许行政机关申请调解，则可能出现采取非法手段强迫行政相对人接受调解的情况。而将申请调解的权利赋予相对人，很显然对行政机关毫无影响，行政相对人提出调解，行政机关最多不予接受而转入审判，没有必要去逼迫相对人放弃调解，因为那样做的结果仍然是进入审判，如此就可以最大限度地减少这种胁迫调解的现象产生。此外，人民法院根据所受理案件的实际情况，也可依职权提出调解，但须征得双方同意。

其二，对双方当事人不服调解协议的处理。民事诉讼协议调解生效后，当事人如对调解协议有异议也不得上诉，但是行政诉讼中，由于双方当事人地位的不对等性，不能排除相对人一方受胁迫同意调解的可能，所以，应赋予行政相对人对生效调解协议上诉的权利，但是其必须说明理由，并有切实充分的证据证明其理由的真实性。至于行政机关对生效调解协议不服，则不得提出上诉。①

行政诉讼原告享有调解程序的启动权。这样规定的目的在于保护弱者的权益。行政主体一般只会在其认为自己的行为可能违法的情况下才会主动要求调解，因而，不能赋予其调解的启动权。从中国诉讼文化的角度看，“厌讼”是中国老百姓普遍的诉讼心理，尤其是对“民告官”的行政诉讼制度更是敬而远之，即使提起行政诉讼那也是万不得已的事。并且，在诉诸法院之后，原告并不是一定要与政府决一胜负，他更愿意接受一种既能解决问题又能不伤和气的做法。因此，原告是愿意接受行政诉讼调解制度的，应当赋予原告调解程序的启动权。②

调解适用的阶段应限定在一审期间。

在行政案件开庭审理前的准备阶段，享有调解制度启动权的一方当事人可以请求启动调解程序。人民法院就应通知行政机关参加调解程序。如果当事人未提出请求的，法院可直接适用审理程序开庭审理。在一审期间，适用调解符合简捷的宗旨。二审不仅对纠纷给予解决，同时还担负着审查一审裁判正确与否的任务。所以在二审期间适用调解不仅会浪费司法资源、拖延时间，也会使效果甚微。因而，调解适用的阶段应限定在一审期间。调审分离，审前调解。应当把调解从行政诉讼的审判程序中分离出来，使调解成为独立于审判之外的处理行政争议的一种方式。为了避免造成当事人受威慑于法官的权威而违背其真实意愿达成

① 陈诚．关于构建我国行政诉讼调解制度的思考［J］．社科纵横，2004（8）．
② 奥尤坦．浅析行政诉讼调解制度［J］．林区教学，2005（3）．

调解，主持调解的法官和审判案件的法官必须相分离。[①] 调解程序由行政相对人申请在第一审程序中于开庭审理前启动，若达成调解就不再进入审判程序，若调解不成，则转入审判程序。

调解应成为法院法定的结案方式之一，这是行政诉讼调解制度建立的标志。

调解协议自当事人各方同意签名或盖章之时起生效。经法院审查确认后应当记入笔录或将协议附卷，并由当事人、调解人员签名或盖章后具有法律效力。当事人请求制作调解书的法院应当制作调解书。调解书的效力等同于法院判决，双方当事人不得反悔，且对生效的调解书不得上诉，如确有证据证明调解违反自愿、合法原则的可申请再审。非诉讼纠纷解决机制因其便捷经济的特点被越来越多的国家所接受。

调解制度一向被誉为“东方经验”，在我国的司法实践中发挥着积极作用。在行政行为的高权性日益淡薄，行政权和公民权日益相互依赖、相互制约的今日中国，调解制度应当走进行政诉讼制度领域。它给予行政诉讼双方当事人一个交流的平台，不仅有利于行政纠纷的彻底解决，也对行政诉讼制度走出目前的困境有所帮助。[②] 行政诉讼调解制度的最终成就还有赖于正当调解程序构建。因为“法律获得充分的规范意义，既不是通过其形式本身，也不是通过道德内容，而是通过立法的呈现，正是这种程序产生了合法性”。[③]

（三）相关法条设计

本章的写作目的就是期望从理论上探讨行政诉讼调解的必要性和可行性，我们认为，在修改行政诉讼法时有必要将调解引入其中，以便更好地解决纠纷。在理论探讨之余，适当地借鉴我国民事诉讼法学中关于调解的规定和学说，设计相关的调解条文，形成行政诉讼调解的法律条款，是很有必要的。所以，在本章的最后特设计相关调解的条款。

我们主要是借鉴民事诉讼法中的调解条款以及部分学者的观点（参看表 2－2），将行政诉讼法中的调解部分设计成行政诉讼法中的一章。

---

① 这与前文中介绍的法国的调解员相类似。

② 奥尤坦．浅析行政诉讼调解制度［J］．林区教学，2005（3）．

③ 徐爽．思想的歧途——法学方法论中的德、法风格及历史注意倾向［J］．比较法研究，2005（3）．

表2-2　部分学者的《行政诉讼法》修订建议稿关于调解的观点

	我国现行行政诉讼法（不包括行政赔偿案件）	马怀德《行政诉讼法》修订建议稿	江必新、蔡小雪《行政诉讼法》修订建议稿	胡建淼《行政诉讼法》修订建议稿
关于行政诉讼调解的规定	第五十条规定："人民法院审理行政案件，不适用调解。"	第九十五条（判决、调解）法庭辩论终结，应当依法作出判决。 人民法院在不违反法律、不违背公共利益或不侵害他人合法权益的前提下，可以对行政案件进行调解。调解应当制作调解书。调解时，当事人、法定代理人、诉讼代表人必须到场。第三人经人民法院准许可以参加调解。人民法院认为必要时可以依职权通知第三人参加调解。 调解不成的，应当及时判决。 调解因违反法律法规导致无效或者存在其他可以撤销的情形的原因的，当事人可以在知道或者应当知道该原因之日起六十日内请求继续审判。 人民法院经审查认为当事人提出的继续审理的请求不合法，应当裁定驳回；认为请求理由不充分，可以径行判决驳回。	无	第五十三条（调解） 人民法院审理行政案件，可以在资源、合法以及不损害公共利益、第三人利益的前提下进行调解。调解不成的，应当及时判决。 以调解方式结案的，应当制作行政调解书。行政调解书送达当事人后即刻生效。

续 表

行政诉讼调解的条件	无	不违反法律、不违背公共利益或不侵害第三人合法权益的前提下，当事人可以在判决前申请调解。	1. 行政机关在法定条件下享有自由裁量权；2. 现行行政诉讼法规定，行政机关在行政诉讼中改变被诉的行政行为后，再由原告一方向法院申请撤诉的方法，就具有诉讼调解的性质。	1. 自愿原则，调解程序的启动、运行及其运行结果是原告和被告真实意思的体现；2. 合法原则，调解程序的启动、运行及其运行结果必须符合法律法规的规定；3. 不损害公共利益、第三人利益原则。
行政诉讼调解的范围	无	行政机关是有处分行政权力的，特别是裁量性权力。行政机关在法律许可的范围内可以自由处分，从解决争议诉讼目的看，正是由于对裁量行为，法律禁止调解几乎是不可能的，而且实践中几乎所有的行政案件都不同程度地存在调解和和解的因素。	明确规定行政诉讼实行有限的诉讼调解制度。同时为诉讼调解的适用范围划出界线，将行政裁决案件、行政合同案件、不履行法定职责案件、涉及行政自由裁量权案件作为可以进行调解情形予以规定。	1. 行政自由裁量权的广泛存在为调解的发生留下了空间；2. 某些案件事实的模糊性使得司法机关只能以调解形式结案；3. 某些行政案件与民事争议相关，而民事争议可以通过调解解决。
行政诉讼调解的结案及其效力	无	人民法院在不违反法律、不违背公共利益或不侵害他人合法权益的前提下，可以对行政案件进行调解。已调解结案的应当制作调解书。 调解不成的，应当及时判决。	无	人民法院审理行政案件，可以在自愿、合法以及不损害公共利益、第三人利益的前提下进行调解。调解不成的，应当及时判决。 以调解方式结案的，应当制作行政调解书。行政调解书送达当事人后即刻生效。

资料来源：马怀德．司法改革与行政诉讼制度的完善——《行政诉讼法》修订建议稿及理由说明书［M］．中国政法大学出版社，2004：325－328. 江必新，蔡小雪．中国行政诉讼制度的完善：行政诉讼法修改问题实务研究［M］．法律出版社，2005：204－212. 胡建森．行政诉讼法修改研究——《中华人民共和国行政诉讼法》法条建议及理由［M］．浙江大学出版社，2007：290－296.

第 章　调 解

第一条　人民法院审理行政案件，根据当事人自愿的原则，在事实清楚的基础上，分清是非，进行调解。

第二条　人民法院审理行政案件，对具体行政行为是否合法进行审查，对具体行政行为是否合理进行调解。

第三条　人民法院进行调解，可以由审判员一人主持，也可以由合议庭主持，并尽可能就地进行。

人民法院进行调解，可以用简便方式通知当事人、证人到庭。

第四条　人民法院进行调解，可以邀请有关单位和个人协助。被邀请的单位和个人，应当协助人民法院进行调解。

第五条　人民法院受理公民、法人和其他组织对下列具体行政行为不服提起的诉讼，可以进行调解：

（一）不服行政主体作出的行政裁决而提起的行政诉讼案件

1. 基层人民政府作出的民间纠纷处理决定的；

2. 行政机关权属争议归属确认决定的；

3. 行政机关对侵权或损害赔偿所作裁决的；

4. 行政机关对某种民事行为责任、效力作出认定的；

5. 行政机关强制补偿或拆迁安置决定的。

（二）因行政合同争议而提起的行政诉讼案件

1. 行政机关缔结行政合同行为的；

2. 行政机关行使合同履行的监督权和指挥权的；

3. 行政机关单方变更或解除行政合同的；

4. 行政机关实施的合同违约制裁的；

5. 行政机关不履行行政合同义务的。

（三）不服行政主体作出的具体行政指导行为而提起的行政诉讼案件

1. 以帮助、保护行政相对方的利益并达成一定行政目的的授益性行政指导的；

2. 行政主体对于危害公益、妨碍秩序之行为所施以规范、预防及抑制的规制行政指导的。

（四）行政赔偿案件

第六条 调解达成协议，必须双方自愿，不得强迫。调解协议的内容不得违反法律规定。

第七条 调解达成协议后，人民法院应当制作调解书。调解书应当写明诉讼请求、案件的事实和调解结果。

调解书由审判人员、书记员署名，加盖人民法院印章，并送达双方当事人。

调解书经双方当事人签收后，即具有法律效力。

第八条 调解未达成协议或者调解书送达前一方反悔的，人民法院应当及时判决。

第三章　行政公诉制度的建构

行政诉讼是为了维护和监督行政机关依法行使职权，维护公民、法人或者其他组织的合法权益而设立的一种诉讼制度。然而，在这两种目的当中，后者又是第一位的，如果没有保障相对人合法权利并给予救济的目的，所谓的监督也就失去了意义。① 其所具有的宪政作用具体表现为作为法律制度的功能、作为民主制度的功能和作为一种文化的功能。② 行政诉讼直接为公民提供了司法救济的途径，并对行政行为的合法性进行检验和监督。不过，从法治实践的层面来看，我国的行政诉讼还存在许多不合理的情形。因代表国家和社会公共利益的诉讼主体缺位和起诉机制受阻，大量损害国家利益和社会公共利益的行政违法行为因不能诉诸法院而无法追究其法律责任，从而使国家利益和社会公共利益难以得到有效的保护。

本章正是基于对司法实践的这种关注，着重谈谈有关行政公诉制度。简单地说，行政公诉是指行使国家公诉职能的机关代表国家将行政主体侵犯公共利益的行政行为提请人民法院进行审理和裁决的制度。它不同于刑事公诉和公益诉讼，更不同于民事公诉制度。

依照现代法治与宪政理论，国家权力的制约与平衡是实现宪政的有效途径。在中国建设社会主义市场经济的过程中，国家行政权力的扩张一方面加强了国家宏观管理的职能，同时也带来了对社会公共利益的损害，而这些损害又无法从司法制度上加以解决。基于行政法治理论的一般原理，我们认为，在行政诉讼领域建立起行政公诉制度是实现社会主义宪政的一条有效途径。

① 杨解君，温晋锋．行政救济法基本内容及评价［M］．北京：南京大学出版社，1997：180－181.

② 陈端洪．中国行政法．［M］．北京：法律出版社，1998：125－137.

我们认为，从现代法治与宪政发展的基本要求出发，结合我国的基本国情，建立起由人民检察院作为行政公诉人，对行政机关严重侵害国家利益和社会公共利益的行为提起行政公诉，是我国建立公益性诉讼制度的最佳选择，其中尤其对于侵害国家利益的公害行为、违法的行政许可与审批行为以及行政机关违反市场经济一般规律的宏观管理行为和抽象行政行为是提起行政公诉首先需要审查的内容。对行政公诉制度的研究和在我国建立起行政公诉制度是法治社会的要求，也是宪法实施的重要保障。

第一节　行政公诉制度概述

我国现行的行政诉讼法将行政诉讼的原告资格限定在“认为行政机关的具体行政行为侵犯其合法权益的公民、法人或者其他组织”，这就弱化了作为行政相对人的公民、法人和其他组织在寻求法律救济上的可能性。而且，由于政府处于管理者、发号人的地位，行政行为的受害者往往受威慑于政府的权力而出现不愿诉、不敢诉的情形，违背了设立行政诉讼的初衷。因此，必须改革原有的诉讼制度和法律监督机制，以适应人权保护的呼声。而实现这一目标的重要手段就是扩大人民检察院的法律监督职能，即建立行政公诉制度。这是本章研究行政公诉最根本的出发点。

一、行政公诉制度的概念

近几年，新闻媒体在报道一些当事人维护自己人身权益的同时又不断提到有关“公益”案件的诉讼制度问题，其中很多与行政机关的行政行为有关，下面将通过简单的案例引出本章要讨论的行政公诉制度。

（一）行政公诉问题的提出

浙江省台州市椒江区文化馆由于运作经费困难，出于经济考虑，成立了一个“娱乐文化总汇”，承包给了外人。该场所不仅经常出现不健康的歌舞表演，还在外面在大肆张贴暴露性海报，而离它几步之遥就有一个小学，学生们来来往往无法回避，且文化馆对中小学生也无任何限入措施。出于对下一代的关怀，画家严学正多次向区文化馆及其上级单位文体局实名举报，希望他们予以制止，可文体局既不予答复也不采取任何措施，文化馆还以严学正欠其款项为名予以诬告报复。后严正学以椒江区文体局“行政不作为，致使当地小学生遭受精神污染”为由，将其告上法庭。2000 年 12 月 12 日，椒江区法院公开审理此案。法院以严正学没有“亲眼目睹”色情表演，不存在精神上的损害以及没有诉讼主体资格为由，驳回了他的起诉。有的专家认为此判决是正确的，但也指出在这方面法律存在一些需要讨论的地方。①

我们发现这一案例有如下特征：

首先，原告起诉的目的主要是为了维护社会公共利益或社会整体利益，即具有“公益”性质。其次，虽然原告与本案可能具有间接的利害关系，但原告并非本案的直接利害关系人。再次，原告作为公民，而且是以自己的名义，并非以国家、国家机关法人或其他组织的名义起诉。最后，检察机关作为国家的法律监督机关并没有行使法律监督职责从而介入到上述的案件中去。

这些特征说明了在我国建立行政公诉制度的必要性。

（二）行政公诉的概念与特征

行政公诉是指检察机关为维护国家利益、社会公共利益或行政相对人的合法权益，以国家公诉人的身份提起针对行政机关行政行为的诉讼活动。

关于行政公诉的概念，目前国内尚无权威的论述，我们认为可以从以下几个方面来把握。相对于私益诉讼而言，行政公诉具有如下几个特征：

第一，行政公诉的目的是为了维护公共利益、国家利益和社会整体利益，检察机关是以国家公诉人的名义提起诉讼，该诉讼中行政机关侵害的是不特定多数人的利益或者说是公共利益，这是行政公诉最为本质的特征。

第二，在受案范围上，现行的行政诉讼法未承认行政公诉制度，所以影响社会公益的行为被排除在受案范围之外。因而，行政公诉的受案范围应为排除在我国现行《行政诉讼法》受案范围之外的某些涉及公共利益、国家利益、社会整体利益被侵害或存在被侵害之虞的行政案件。

第三，在诉讼标的上，行政公诉成立的前提是既可能因违法行为造成了现实的损害，也可能违法行为还未能造成现实的损害。只要行政主体有严重违法行为发生，或有可能发生有损国家和社会公共利益的结果，都可以提起诉讼。

第四，在行政诉讼中，国家干预的成分明显高于私益诉讼。例如在审判阶段，由于公诉的目的是为了维护国家利益和社会公共利益，因此诉讼当事人的自由处分权将受到较多的限制。在执行阶段，行政公诉案件的裁判发生法律效力后，被告必须严格执行。

---

① 兰石．公理与法理之战——一起原告没有主体诉讼资格的民告官案［N］．中国报道周刊，2001－5－22.

（三）行政公诉与相关概念的区别

1. 行政公诉与刑事公诉的关系

由于公诉并不是某种具体制度，它只是理论上对某类制度的概括，即刑事公诉、行政公诉、少量的民事公诉，所以它不是一个法律概念，没有确定的含义。公诉的含义大致可以界定为，它是指国家专门机关为维护法所确立的秩序，针对违法行为，代表国家向人民法院起诉，请求人民法院审判违法行为，确定相关法律关系的活动和有关制度的总和。所以，刑事公诉和行政公诉都是由国家设定专门的法的秩序的代表，当有人违背法的秩序时，对违法者进行指控的制度。它们共同属于一个体系，即国家权力结构。公诉并不是一种具体的制度，而只是对刑事公诉、行政公诉和民事公诉的抽象描述，就像抽象的法是对具体的刑法、民法、行政法的概括一样，是三者的联系。刑事公诉与行政公诉的区别首先是两者的直接目的不同，前者是为了追究被告人的刑事责任，后者是为了监督行政权力，维护公共利益；其次是两者产生的基础不同，前者是基于刑法而产生，后者基于行政法而产生，旨在维护行政法律关系的实现。

2. 行政公诉与行政公益诉讼的关系

行政公诉是相对于行政自诉而言的。提起自诉是当事人的一项法律上的权利，当事人既可以行使，也可以放弃。而公诉则意味着起诉者与案件本身并无法律上的利害关系，只是基于公益的目的提起。在国外，涉及公益的行政诉讼，是公益诉讼的一种，同时又是相对于公民提起的私益而言的。大陆法系国家也有将诉讼分为主观诉讼和客观诉讼的传统，客观诉讼指的是对行政机关违反客观的法律规则和法律地位提起的诉讼。其出发点主要在于维护国家和社会公共利益，对行政行为的合法性进行监督和制约，确保行政法得到客观和公正的应用。不同国家规定的行政公益诉讼只能是公益诉讼的一种类型，而不能称之为行政公诉，我们所讨论的行政公诉最主要的特征在于诉讼中体现了一种国家的意志，是对宪政制度下国家权力的一种制约。

二、西方国家行政公诉的理论与实践

行政公诉制度在西方法治国家发育得已相当成熟，各国理论界和实务界对其称呼不一，但内涵大体相当。我们对此予以简要介绍，为建立我国行政公诉制度提供借鉴。

（一）英国的总检察长公诉制度

英国作为世界资本主义的起源地，其检察制度的出现虽然晚于法国，但作为英美法系的母国，它还是形成了具有英美法系特征的行政公诉制度。英国与大陆法系国家一样严格承认公法和私法分类不同，行政机关和公民之间的关系在一般情况下适用公民与公民之间的法律。英国早在17世纪就形成了为保障社会公共利益和公共权力的正常履行，总检察长可以对违法的行政行为提出控告的惯例。

阻止令和确认判决是当事人申请救济时的两种主要方式。阻止令原为衡平法上的制度，由法院发出禁止私人和私人团体的违法行为的命令，后来发展为适用于公法关系中阻止公共机关的越权行为。如地方政府没有听取所有权人的陈述，命令拆除他的房屋，那么法院就可以根据所有权人的申请，禁止地方政府执行拆除命令。在行政法上适用的阻止令一般是法院阻止行政机关为一定行政行为的命令，当事人对于行政机关的一切越权行为，不论其为立法性质、行政性质或司法性质，都可申请阻止令作为救济手段。但由于当事人与该越权行为的利益联系必定要高于一般的社会公众，故在缺乏具体的当事人时，一般的社会公众就无法直接以其名义申请阻止令阻止公共机构的越权行为，只能请求以总检察长的名义向法院申请阻止令。总检察长在法律地位上代表国王，有权阻止一切违法行为，对公众的申请有权决定是否提起诉讼。如果总检察长同意社会公众以其名义提起诉讼，那么总检察长就以国家机关的身份参与到行政诉讼中来，此时提起的行政诉讼就构成了行政公诉。该诉讼的原告即为总检察长，但总检察长只是形式上的原告，他并不真正参加案件的审理。

另一种救济方式即为确认判决。它的适用非常广泛，在私法上，当事人之间的法律争端例如契约、遗嘱和其他法律文件的解释、身份关系、财产权利是否存在等都可适用确认判决。在行政法关系上，它可以审查公共机构各类性质的行为，不论是委任立法、行政决定或行政裁判所的裁决，如有越权均可宣布无效。但一般社会公众只能在公共机构的决定直接影响自己利益时才能请求确认判决。对于违反一般公共利益的决定，社会公众可以作为告发人，经总检察长同意后方能以总检察长的名义请求确认公共机构的决定越权。

此外，总检察长作为公共利益的代表人，还可以在私人没有起诉资格时主动地向法院申请阻止令或请求确认判决，帮助私人申请司法审查，并不总是首先由私人来发动诉讼程序。

（二）美国的私人检察总长理论

美国作为英美法系的另一重要代表，其法律深受英国法律传统的影响，接受了英国行政诉讼的理论及一系列制度。但美国在其二百年的历史发展中，又形成了自己独特的一套理论体系。同其他的西方国家一样，美国在行政诉讼中也经历了从对原告资格的严格限制到逐步扩大的发展过程。

在1940年以前，美国规定当事人只有在权利受到侵害时才有起诉资格。如果权利没有受到侵害，即使是由于行政机关的行为遭受重大损失，这种损害也是没有法律错误的损害，当事人没有起诉资格。但到了20世纪40年代，由于行政机关的触须已伸到社会生活的方方面面，西方国家的政府已经不再满足于扮演守夜人的角色，其作用的范围变成从坟墓到摇篮无所不包，行政国家也随之出现。在行政权空前强大的压力面前，如果再继续严格限制原告的资格条件，势必削弱对行政机关活动的监督，直接损害公民权益。这样，对传统的司法审查起诉资格标准进行改革已是势在必行了，美国的法院在这方面迈出了可喜的一步，在其一系列的判例中逐步扩大了原告的资格范围，并最终形成“私人检察总长理论”。私人检察总长理论的基本内涵是国会为了保护公共利益，可以授权检察总长对行政机关的行为申请司法审查，国会对遭受行政行为侵害或不利影响的当事人授予起诉资格，正式指定了一个私人检察官。得到这样授权的当事人就可以说成了一个私人检察总长，他可以以私人检察总长的名义主张公共利益。

（三）德国的公益代表人制度

德国是一个大陆法系国家，历来注重公法和私法的划分。在德国的行政法中比较具有特色的是设置了公益代表人制度，由检察官代表公共利益参加诉讼。早在19世纪末期，德国的巴伐利亚州就已开始了对行政公诉制度的有益探索，规定在行政法院内设立检察官，负责对政府的违法行为向法院提起行政诉讼，在历史上首次实行行政公诉制度。在行政机关损害公共利益，而没有直接损害私人利益时，行政管理相对人因不具备原告资格而不能通过行政诉讼维权时，检察机关即可挺身而出，以其名义向法院提起行政诉讼，要求维护公共利益，从而使得私人利益也能得到保护。在行政诉讼中，检察官作为公益代表人享有与一般诉讼的原告同等的权利，如对行政法院的判决或裁定不服同样享有提起上诉的权利。

德国的检察机关虽是公共利益的代表，但检察机关与行政机关之间并不是截然对立的。在行政诉讼中它并不代表行政管理相对人，而是代表政府，并有可能处于与公民利益相对抗的地位。这也是德国公益代表人制度的一个特殊之处，检察机关只是代表社会公益而提起行政诉讼，与我国行政诉讼法中提起行政诉讼的公民、法人和其他组织的立场并不完全相同，而且检察机关提起行政诉讼时往往是因为行政管理的相对人违反了行政法规范，损害了公共利益，行政机关却没有对此作出处罚或其他制裁，检察机关因此要求法院追究这种损害公共利益行为的责任。

总而言之，不管是英美法系的检察总长理论，还是大陆法系的公益代表人制度，它们的共同特征就是国家权力通过某一国家机构从公共利益出发，以维护公共利益的名义参与到行政诉讼中来。它们提出的行政公诉概念，是国家权力在行政诉讼领域的渗透，而不是对传统行政诉讼管理理论的革新和重大丰富。

为了更好地了解西方国家的行政公诉制度，我们在此列表进行比较（表3-1）：

表3-1　西方国家行政公诉制度情况

国家 内容	英国	美国	德国
制度依据	总检察长制度	私人检察总长制度	公益代表人制度
提起主体	赋予检察总长和地方政府申请司法审查的资格	赋予纳税人、竞争者、消费者、社会团体原告资格	赋予检察官以公益代表人的资格
参与方式	检察总长为了公共利益可以主动提起公诉，还可以在私人没有起诉资格时帮助私人申请司法审查	受行政行为侵害并得到国会授权的当事人可以以私人检察总长的名义主张公共利益	检察官代表政府作为公益代表人参加行政诉讼，可以提起上诉和要求变更
诉讼范围	英国总检察长在下述情况下参与行政诉讼：①凡涉及公共利益的诉讼，并要颁布训诫令或宣言加以保护的；②为防止损害公共利益或约束公共机构不致发生违法行为，经申请并经总检察长许可的案件；③选举法院在审理有关选举权的案件时，需有公共控诉局长的代表参加；④涉及英王室责任包括侵权、契约、返还、补偿等责任的诉讼；⑤因公共机构越权行为而损害公民权益和社会公共利益的案件；⑥对于公民告发的行政诉讼案件，可以授权公民以总检察长的名义提起行政诉讼。	“美国的行政公诉主要包括：①相关人诉讼，是指私人不具有当事人资格的情况下，容许私人以相关人的名义告行政机关要求对其行为予以制止、取消和处分；②职务履行诉讼，是指当行政机关不作为时，在美国容许私人以自己的名义提起诉讼，要求法院作出判决，责令行政机关履行其职务；③纳税人诉讼，指的是原告以纳税人的身份提起诉讼，针对的是国家机关的行为导致公共资金的流失或公共资金的不当支出。”①	德国的检察机关作为公共利益的代表人，在行政诉讼中并不代表行政管理相对人呢，而是代表政府，并有可能处于与另一方当事人即公共利益相对抗的地位。检察机关提起行政诉讼时往往是因为行政管理相对人违反了行政法规范，损害了公共利益，行政机关却没有对此作出处罚或制裁，检察机关要求法院追究这种损害公共利益行为的责任。

① 梁慧星等．私法研究（第1卷），［C］．北京：中国政法大学出版社，2001：361-362.

三、行政公诉的宪政基础是权力的制约与平衡

不能约束政府的法制，就不是真正的法治。在国家的权力结构中，对任何一种权力都要加以制约与平衡，这是实行民主宪政的精髓，也是行政公诉的宪政基础。制约与平衡是指各国家机关之间权力有分别，相对独立、相互牵制。不受制约的政权必然导致独裁与腐败，这是民主与宪政的一条永恒定律。行政公诉制度的提出和建立同样是基于我们对这方面的认识。

我们国家实行的是人民代表大会制，一府两院由人大选举产生，对人大负责，它们以内部相互独立的运作方式，集中代表人民意志行使宪法赋予的职权。对人大而言，则表现出一种代行制的特点。从这种代行制的实践层面看，一府两院既然都是代表人民的意志行使权力，那么三者之间在大多情形下表现出一种合作和集中作战的态势。相反，三者在相互制约与平衡方面尚缺乏相应的法律规制。因此，代行制仅仅表现出的是一种通过人大机械性的授权，即使实行了民主选举，国家政权也会变成个人统治、贵族统治或党派统治。没有国家机关之间的相互制约与平衡，民主宪政就会失去保障。这是我们在法律制度的设计中应着力加以完善的地方。

在当前中国有关行政与行政诉讼的制度中，行政监察、行政监督和行政复议对行政权的监督大多是一种内部的监督。以公安机关为例，无论是督察制度、法制部门的监督还是公安行政复议制度等都属于这种情形。尽管法律、法规在这方面的规定相当具体和完备，但它体现出的精神仍属于一种自我性的约束。这种对其自身权力进行的约束与民主宪政意义上的制约与平衡具有本质的不同。针对某些情形，我们甚至可以说，自我约束的权力就是不受约束的权力，不可避免地会导致独裁与腐败。

在权力的制约与平衡理论中，采用外部的和法制化的监督方式则是一种理性的和有成效的手段，1989 年行政诉讼制度的确立就是一例。不过，我们也看到，我国现行的行政诉讼制度更多的赋予了公民、法人及其他组织以行政相对人的身份行政监督权的模式，有关国家机关之间的监督与制约的法律规范则相对有限。同时，我们也清楚，国家机关之间相互制约与平衡的过程，才是宪法在国家机关产生后得以实现的过程。一个国家的宪法是否得以实现，是否实行了民主与宪政，关键是看这个国家的各种政权机关是否实现了相互间的制约与平衡。

国家机关之间权力的相互制约与平衡过程，也是公民的各项民主权利和自由得到充分保障的过程。在民主宪政国家，国家权力行使的目的是保障公民的各项

民主自由得以实现。国家权力的强制性特征决定了其对公民权利和自由的双重性，一方面，国家权力的正确行使会对公民权利和自由具有强有力的保护；另一方面，国家权力的滥用或不当行使也对公民权利和自由产生强大的伤害。制约与平衡的真谛在于：除了必须对公民民主权利和自由施以善性和自觉性之外，每个国家政权机关都别无选择，否则就一定会受到其他国家政权机关强有力的制约。

制约与平衡并不等同于三权分立。三权分立只不过是制约与平衡前提条件的一种表现形式而已。五权分立、四权分立、议会制、总统制、人民代表大会制度等各种形式的分权制，都同样可以是制约与平衡的前提条件。制约与平衡前提条件的不同，决定了制约与平衡表现形式与程度的不同。民主与宪政并不简单地排斥各种不同形式的分权，但它要求必须把制约与平衡作为分权的核心。

同样，法律只能约束具体政府行为的法治也不是完全的法治。真正完全的法治是：法律既能约束平民百姓，又能约束政府；既能约束政府的一般行为，又能约束政府的重大行为；既能约束政府的具体行为，又能约束政府的抽象行为。衡量法治的标准之一就是要看一国的法律约不约束这个国家的政府，尤其看这个国家的宪法是否约束政府的抽象行为，是否把政府的决策、立法纳入法律监督的范围之中。正是从这个意义上说，建立行政公诉制度也是衡量该国是否真正实现法治的试金石。

在社会主义市场经济建设的过程中，为了维护社会稳定，实现长治久安，发展科学技术，维护民族团结，实现国家统一，依据建立在民主与法治基础上的宪法而形成的政治形态就是我们通常所说的宪政。如果说人治是一种不文明的政治的话，那么宪政就是一种文明的政治，一种好的政治，一种民主之上的良法之治。我国的行政诉讼制度也是在此基础上建立起来的。行政公诉的目的就是在于保护公民、法人和其他组织的合法权益，这一目的符合宪政的一般要求。行政公诉的功能在于对社会公共利益的救济和对行政权的监督与制约。通过人民检察院对行政诉讼实行法律监督，体现出一种权力制约的特征。如果人民检察院的法律监督权是一种游离或凌驾于行政与审判权之上的权利，并没有程序上和制度上的保障，那么反而有违权力制约与平衡的原则。这也正是本章要重点讨论和研究的一个问题，行政公诉制度的建立则有望在程序上和制度上充分保障检察机关的法律监督职能，更能体现权力制约权力的宪政精神。

第二节 建立行政公诉制度的必要性和可行性

在现实生活中，存在相当一部分国家利益、社会利益受损害的案件，因不存在直接的利害关系人或者直接的利害关系人不知、不愿、不敢起诉，而由检察机关代表国家和社会公共利益进行起诉的情形。在我国现行制度下，检察机关法律监督的对象主要应是法院的司法活动及行政机关的执法活动，赋予检察机关行政公诉则是实现这一职能的必然要求。要进一步讨论行政公诉问题，首先应当对我国现行的行政诉讼制度作出一番考察，本章即是从分析现行行政诉讼制度的缺陷入手，对在我国建立行政公诉制度作必要性和可行性的分析。

一、现行行政诉讼制度的缺陷

《行政诉讼法》第二条规定："公民、法人或者组织认为行政机关和行政机关工作人员的具体行政行为侵犯其合法权益，有权依照本法向人民法院提起诉讼。"该条规定确立了我国行政诉讼制度的基本模式是行政自诉制度。这种行政自诉制度具体包括了行政诉讼的受案范围、当事人制度、证据制度等内容。本节仅从行政诉讼的范围方面进行分析，并对现行行政诉讼制度中存在的问题进行论述。

行政诉讼的受案范围又称行政诉讼的范围。各国对此称谓有所不同，如美国称之为司法审查的可得性，法国称之为行政法院的审判权范围；其具体范围的确定方式也有所不同，大多数国家对行政诉讼受案范围的规定，通常采取概括肯定和立法明确排除两种方式结合的办法，我国《行政诉讼法》及其司法解释对行政诉讼范围也是从正反两个方面作出了规定。

总结而言，现行法律所规定的行政诉讼的受案范围存在以下几个方面的缺陷。

（一）我国行政诉讼范围的法律规定在立法技术上的缺陷

我们在对事物范围的界定过程中，可以采用肯定、否定或者肯定与否定相结合的方式来确定在一定的范围之内是符合要求的或者是不符合要求的，或者表明在一定范围内是符合要求的，而除此之外均是不符合要求的。我国行政诉讼范围的确定方式却有悖于以上逻辑，它先列举了一个法院对行政诉讼的受案范围，又指出了一个范围说这不是法院对行政诉讼的受案范围，但是上述两个范围并没有全面涵盖所有的行政争议。由此自然产生一个问题：在上述两个范围之外的行政争议应当是属于法院的受案范围还是应当排除在外？一种观点认为，基于《行政诉讼法》第二条所确定的合法权益标准，只要不属于第十二条规定的排除事项，均可提起行政诉讼。另一种观点认为，只有在第十一条列举的范围之内才是可诉行政行为；但对第十一条第一款第八项中“其他”的含义又有不同的理解，或认为这是对前七项权利内容而言，即前面七项列举的行政行为只有在侵犯人身权、财产权时才是可诉的，也有人认为“其他”规定并不受前面七项列举范围的限制，而是与其并列的。[①] 应该承认，这是由于立法技术上的缺陷导致认识上的不一致。立法者之所以采取了这种较为模糊的方式，是与当时社会的实际情况相关的。[②]

（二）我国行政诉讼范围的法律规定在可诉行政行为内容上的缺陷[③]

第一，我国法律将行政诉讼的受案范围限于“侵犯”公民、法人或其他组织合法权益的行为，而行政行为中有相当一部分是行政许可和行政授权，这些行为都是有利于相对人的具体行政行为的，那么，依照法律规定此类行为显然属于不可诉范畴。因为这些许可或授权性的具体行政行为作出之后，如果违法，相对人对此一般不会受到损害，也不会有什么争议；而其他人即使有异议，因不是行政相对人或不符合与具体行政行为有“法律上利害关系”这样一个司法解释中新近确立的条件，所以也无法提起诉讼。事实上，这些许可或授权性的行政行为虽对特定相对人做出，其行为后果却远远不止于直接的行政相对方，而正是因为这些许可或授权性的行为影响范围广，会牵涉重大的社会利益，法律才规定了许可或授权的方式对其加以限制。也就是说，相对人经过许可而为的行为在社会上有着不容忽视的影响，其他人乃至社会上的大多数成员都与这种行为有着事实上的利害关系（不是法律上的利害关系）。所以，在很多情况下，又正是因为不具备“法律上利害关系”的条件而无法提起诉讼。

第二，我国《行政诉讼法》对可诉行政行为的排除性规定也有值得商讨之

① 甘文．行政诉讼法司法解释之评论——理由、观点与问题［M］．北京：中国法制出版社，2000：8－9.

② 这一点从原全国人大常委会副委员长王汉斌在《关于〈中华人民共和国行政诉讼法（草案）〉的说明》中可以看出：“法院受理行政案件的范围，是行政诉讼首要解决的重要问题。考虑到我国目前的实际情况，行政法还不完备，人民法院行政审判还不够健全，行政诉讼法规定‘民可告官’有观念更新问题，有不习惯、不适应的问题，也有承受力的问题，因此对受案范围现在还不宜规定太宽，而应逐步扩大，以利于行政诉讼制度的推行。”

③ 关于这一问题详细全面的论述可参见马怀德．行政诉讼范围研究［M］．樊崇义主编．诉讼法学研究（第一卷）．中国检察出版社，2002：282.

处。依我国《行政诉讼法》第十二条之规定，行政法规、规章或者行政机关制定、发布的具有普遍约束力的决定、命令等抽象行政行为不具有可诉性。抽象行政行为是指行政机关针对非特定主体制定和发布具有普遍约束力的规范性文件的行为。其中认为抽象行政行为不宜提起行政诉讼的主要理由是：①抽象行政行为具有很多政策性成分和自由裁量因素，不适于法院审查；[①] ②抽象行政行为针对的是大范围内的不特定对象，如果该抽象行为符合大多数人的利益，则表明其是正确的，个别人的利益要服从多数人的公共利益；[②] ③现行体制中已经存在对抽象行政行为的监督和救济制度，不必通过行政诉讼的方式解决抽象行政行为的违法问题。主要理由包括：首先，从宪法、立法法的规定来看，各级人大和上级行政机关对行政机关抽象行政行为进行监督；其次，国家已经建立了一些关于规章的备案审查、法规清理和间接的诉讼监督制度；再次，行政复议中已建立了对抽象行政行为的审查制度。

但是，在具体的法治实践中，上述看似详尽的管理制度发挥的作用并不太大，如何真正实现对行政机关的监督仍是近一时期广泛讨论的重要问题。权力机关实施监督的启动方式、议事方式及其组织形式，使其难以有效地发挥设想中的作用，上级行政机关的监督也往往基于部门利益和地方利益的考虑而流于形式。同样，备案审查制度也只不过是一种典型的事前监督，这些规范性文件在制定之初，理论体系和逻辑上的完整并不意味着与现实生活的密切契合，现实生活的复杂多样使得某些抽象的规范只有在与某一具体事件相结合时才可能表现出其固有的缺陷，而这些缺陷对同一类的相对人和同一类的行为来说却可能是起关键的和决定作用的。所以，这种方式的监督效果也是十分有限的。

二、建立行政公诉制度的必要性

人民检察院的法律监督地位由宪法明文规定，并由《检察院组织法》加以具体落实的，对行政诉讼应有完全的监督权，包括提起诉讼、参与诉讼和抗诉的权力。现行的《行政诉讼法》只规定检察机关有权对发生法律效力的行政判决、裁决提起抗诉，这是一种不完整的监督，与宪法规定的法律监督权力不相符合。依法治国伟大方略的提出，标志着依法治国已成为我国的治国方针之一，监督行政

① 柴发邦．行政诉讼法教程［M］．北京：中国人民公安大学出版社，1990：163－164.

② 应松年．行政诉讼法［M］．北京：中国政法大学出版社，1994：88－89.

权力的行使已成为当然之需。从我国国情来看，坚持依法行政是实施依法治国方略的关键，从体制上完善对行政权的运作十分重要。为保护行政管理相对人的利益，促进行政机关依法行政，建立完整而有效的行政公诉制度已是势在必行。

（一）行政公诉制度的确立是保障社会公益的一种手段

社会公益的重要内容，总是通过法律来确认和规范的，因而也需要获得法律的保障。要保障社会公益不受侵犯，除宪法和普通法律所体现出来的法治思想和理念之外，还应当以切实有效的诉讼手段为依托。就法律规范本身而言，立法者往往局限于创制的层面、关注法律规范自身在逻辑结构上的完整性，而忽视从法律实施的前瞻性视角重视法律的可诉性问题。我国宪法和法律对保护社会公益设置了初步的实体权利体系，只不过是这些权利往往由多数人共同享有。因而公民、法人或其他组织一般不被认为具有直接的诉讼利益，其原告资格不被认可。无救济即无权利，任何一种法律权利要获得实在性，必定意味着最终可以获得司法上的救济。社会公益也不应只是停留在纸面上的空洞之物，而应当是具体的和实在的，当其受到损害时，必须为之提供有效的救济手段。虽然权益救济的渠道是多元性的，但司法救济应当是保护社会公益的一种最根本的解决途径。原因在于，独立的司法权和司法的程序正义较之于其他的权力和权威，更能有效地调整种种相互冲突的利益，包括个体利益和社会公共利益。总之，社会公共利益，除了通过法律的普遍性实体确认之外，还必须获得程序上的可诉性。同时由于这类权益往往没有直接的利害关系人和具体的请求人，因此，可以而且应当赋予国家的法律监督机关，为社会公益提起诉讼的权力，这是行政公诉制度得以确立的法理基础之一。

从人民民主权利的角度考察，建立行政公诉制度本身就是民主政治在某一诉讼领域的具体反映。赋予什么样的主体提起行政公诉的权利，不仅仅是个诉讼程序问题，更重要的是通过行政公诉这个特定的诉讼制度体现一个国家对社会公益保护的程度。从行政公诉制度的建立和实施这一特定的角度进行考察，国家法律监督机关公诉资格的赋予也是社会主义法治建设的具体体现。

（二）行政公诉制度的确立是权力制约权力实现法治的重要环节

如果赋予公诉机关提起行政公诉的权力，就等于是在国家的权力结构中加强了司法权的力量，这对于缓解司法权与行政权之间权力不均的局面大有裨益，不同程度地会打破过去关于权利与权力以及不同权力之间的划分结构与作用机制。比如过去行政权的行使原则上不受司法审查，公民个人也无权基于公益之目的而提起行政诉讼。依权力制约与平衡的传统理论，公权力的行使如属不当或违法，一般是由另一种公权力来平衡与纠正，即以公权制约公权。国家将一项权力授予某一机关以后，为保证其行为合乎法律和社会公益，就有必要设立并授权另一个机关对其进行监控。而另一个机关如果滥用权力，又有必要设立第三个机关来干预和控制，即以分权和制衡的机制加以解决。

法治是现代社会追求的目标之一，也是一个程度可变的现实和不断努力的结果，它规定了我们永远不能完全实现的价值。① 对国家的行政机关而言，依法行政是法治的要求，它的实现在一定程度上依赖于司法保障，而起诉权是启动司法程序的关键。

以国有资产流失案为例，多数案件都涉及政府机构，而不是简单的私人与集团之间的争端。这类案件又大多是伴随着个人投资和企业改制而发生。随着全民所有制企业进一步转换企业经营机制和入世后外商进入中国市场机会的增多，不法外商利用中外合资的机会侵吞国有资产，或地方管理部门利用合资之机谋取地方利益或个人利益的情况也会有所增加。又如大量的行政性重复建设行为，一些行政机关为追求一时轰动效应和所谓的面子工程，往往未经具体细致的调查研究就决定对某片土地进行开发，对社会公共利益造成极大的损害。

对于此类情形，因很多行政管理性的法律、法规缺乏可诉性，仅仅依靠行政机关内部的监管尚不足以防止危害行为的发生，应当有一种超越行政系统之外的救济手段，即由检察机关提起行政公诉，由法院对政府权力是否违法进行最终的判断。

三、建立行政公诉制度的可行性

行政公诉属于一种特殊的行政诉讼制度，该套制度的建立需要满足社会主义政治制度和诉讼理论及司法实践上的基本要求。在我国建立行政公诉制度，其可行性主要表现在以下几个方面。

（一）建立行政公诉制度的宪法依据

我国《宪法》第二条规定："中华人民共和国的一切权力属于人民。人民依照法律规定，通过各种途径和形式管理国家事务，管理经济和文化事务，管理社会事务。"权力属于人民，保障公民民主权利，依法治国，这些都是我国宪法的主要原则。

同时，根据我国《宪法》规定，检察机关由人民代表大会产生，对人大负

① 张文显．二十一世纪西方哲学思潮研究［M］．北京：法律出版社，1996：614.

责，并自成系统，相对独立于人民政府与人民法院之外。不过，从我国《检察院组织法》来看，尽管宪法明文规定其是“国家的法律监督机关”，但实际上却仅仅停留在对公安机关的侦查活动、法院的审判活动以及监督劳改机关等活动是否合法实行专门监督。而人大的监督，其遵循的是合议的程序和原则，因而这种监督也是宏观的、指导性的。如果人大为履行对政府的制衡和监督而陷入繁杂的日常事务中，则又与其自身的性质、地位不相适应，也与设立人民代表大会的初衷相违背。在这种情形下，可以赋予检察机关行政公诉权，使社会公益从可诉性方面得以保障。

（二）建立行政公诉制度的学理依据

行政权的目的是维护公共利益，而行政权的运作又必须通过具体的个人来实现，行使权力的个人有自己特殊的利益，当个人把手中的权力作为攫取个人利益的手段时，公共利益则变成了个人利益。因此应当加强对行政机关的监督，防止行政权力侵害公共利益。在诸多监督中，法院的司法审查最具公正性。没有司法审查，那么行政法治就是一句空话。在我国司法实践中，法院并不运用宪法条文进行判决。我国的行政诉讼法规定行政诉讼的受案范围仅为具体行政行为。而许多行政机关出台的规章因缺乏有效的监控机制，而违反了宪法的要义，对人民的权利及公共利益造成侵害。建立行政公诉制度，将层次较低的抽象行政行为纳入司法审查的范围，不仅有利于维护人民权益，而且有利于我国的宪政建设，增强宪法的权威及可操作性。

（三）建立行政公诉制度的现实依据

从各国的立法和司法实践来看，大多已建立行政公诉制度。19 世纪末的德国巴伐利亚开始在行政法院内设立检察官，负责对政府的违法行为向法院提起行政诉讼。英国行政法规定，检察长为保护国家和公共利益，有责任代表公众利益监督行政机关的行为，并提起诉讼。美国联邦总检察长有权决定并参加他认为涉及联邦利益的任何行政诉讼案件。前南斯拉夫《行政诉讼法》规定，如果行政机关制定的行政文件有害于个人、联合劳动组织、其他组织或共同体，具有管辖权的检察院或法律授权的其他机关可以提起行政诉讼。这些国家行政公诉制度的确立，为我国提供了可借鉴的范例。

我国目前在实践中已经有了较为有效的做法。1997 年，河南方城检察机关第一次提起国有资产流失的诉讼。到 2001 年，全国各地的检察机关提起类似的民事诉讼已达 141 起。行政公诉在一些地区已悄悄开展，如河南新野县检察院诉新野县司法局甸铺法律服务所违法公证案就是典型的案例。

第三节　我国行政公诉制度的立法构想

一、完善立法，增设行政公诉制度

为了体现和完整落实检察机关的法律监督职能，对现行的《行政诉讼法》进行修改已是在所难免。从国外来看，许多国家在诉讼法中对检察院专设一章规定其职权范围、职权行使的方式、程序等内容，如法国的《民事诉讼法》第十三编为“检察院编”，规定了检察院作为主当事人和从当事人在诉讼中的作用。我们也不妨参考国外的规定，引进行政公诉制度，将检察机关定位为行政公诉机关，以维护社会主义法制的统一和尊严。

（一）转变观念，确立行政公诉制度

许多学者对公诉制度都不陌生，认为检察机关是天生的打击犯罪、追究罪犯责任的最佳人选，检察机关行使公诉权是从国家立场出发对整个社会公共秩序的维护，可是一提起行政公诉却大摇其头：行政管理相对人是否提起行政公诉是当事人享有的诉权，当事人可以自由地行使或放弃行政诉讼，他人包括其他任何社会组织或国家机关都无资格插手干预。检察机关作为国家的公诉机关，应该把主要精力集中到如打击犯罪活动上，而不该分散早已不足的物力、人力，进入一个本就不该涉足的新领域。而且，根据《行政诉讼法》的规定，我国已经建立了监察机关对行政诉讼的监督制度，再去构建一个全新的行政公诉制度已无此必要，况且行政公诉的提法是否科学尚有待商榷。诚然，从世界各国来看，检察机关最主要的职能就是打击犯罪，提起刑事诉讼，但是各国检察机关同样都不忽视对民事诉讼和行政诉讼的参与。从国外已开展的行政诉讼来看，行政公诉制度起步较行政诉讼晚，发展极不完善，对此的研究也很不充分。但我国的法治现状及将来的发展方向决定了我国必须要开始对行政公诉的理论研究，并将其理论应用于实践，形成有中国特色的行政公诉制度。在我国的行政诉讼实践中，还存在着许多行政管理相对人因惧怕起诉后带来更为不利的后果而不敢提起行政诉讼的情形，社会正义有待维护；我国社会日益发展，许多经济发展造成的环境破坏、公共设施受损等社会公共利益遭到破坏的情形，行政机关对此熟视无睹，也没有合适的利害关系人起诉以维护社会利益。种种情形的严重性已非我们所能想象，而是在社会现实中客观存在着，而且还有加剧，甚至造成社会危机的可能性，建立行政公诉制度已不再是可有可无的事。如能建立行之有效的行政公诉制度，对解决这

些难题，化解社会危机将大有裨益。因此，对《行政诉讼法》进行局部修改，增加若干条文，确立行政公诉制度，明确行政公诉的起诉机关、受案范围和举证责任等具体内容，将其作为行政诉讼制度的一个重要组成部分而体现出来，将是对行政诉讼制度的有益补充。

（二）完善检察机关的职能

我国当前施行的《检察院组织法》是在1979年7月由全国人民代表大会第二次会议通过的，并于1983年由全国人大常委会做出若干修改。在《检察院组织法》实施近30年以后，中国已经发生了翻天覆地的变化，在政治体制、经济体制和法律制度方面实行改革已是人心所向。同样，检察制度在进入21世纪时，原先的规定已不能完全适应社会发展的要求。只有对检察制度增添一些新鲜血液，才能让检察制度永葆青春。根据我国《宪法》的规定，我国的检察机关是国家的法律监督机关，是维护社会主义法制的人民民主专政的工具之一。由此出发，我国其他法律对检察机关的职权规定实质上是围绕着法律监督职能展开落实到某一具体的部门法，如《民事诉讼法》第十四条规定："人民检察院有权对民事审判活动实行法律监督。"又如《行政诉讼法》第十条规定："人民检察院有权对行政诉讼实行法律监督。"它们都清清楚楚地体现了检察机关的这一法律监督性质。因此，检察机关对部门法的监督应是全面、充分的监督。在《行政诉讼法》中，虽然原则上规定了检察机关的法律监督权，但在具体落实中却只规定："人民检察院对人民法院已经发生法律效力的判决、裁定，发现违反法律、法规规定的，有权按照审判监督程序提出抗诉。"毫无疑问，原先应具有的起诉、诉中和诉后的全面诉讼监督突然被缩减成检察院对发生法律效力的判决的抗诉权，这大大限制了检察机关检察权的行使，不仅与《行政诉讼法》的第十条不相对称，更不符合由我国《宪法》确定的人民检察院的法律监督性质。这样，检察机关在行政诉讼中的法律监督职能就不能完整体现出来，也就达不到全面维护社会主义法制的统一和尊严的目的。

二、行政公诉机关

前已述及，公诉应当是由专门的国家机关基于公共权力而实施的行为。有些学者认为我国应允许某些公益性团体和自治性组织作为原告而起诉，并称之为"公诉"，[①] 我们认为这不是公诉，在这种诉讼中作为原告的公益团体或自治性组

① 钱伯华．创设行政公诉制度之我见［J］．诉讼法、司法制度，1998（1）．

织并不是为了维护公共利益、法的秩序，而是为了维护其成员的利益而起诉，而且其也不享有公共权力，对这种诉讼只能认为是“自诉”主体资格的法定扩张，性质上仍是自诉。我国检察院是法定公诉机关，在国外，检察机关也大都是公诉机关，我们倾向于检察机关作为行政公诉人。

（一）我国检察机关的由来和发展

检察院的“检察”这个词，最早出现在公元前5世纪南朝人范晔写的《后汉书》中，意思是“稽查”、“检查”，尚没有现代“检察”所包含的起诉等含义。西方意义上的检察制度，在我国出现得也比较晚。在两千多年的封建专制社会里，民事与刑事不分，行政首长兼理司法，集侦查、检察与审判权于一体。1906年，清朝改革法制，效法西方制定最高法院组织法即《大理院编制法》，确立审判权与检察权相分离的制度，中国开始有当代意义的检察制度。至于“检察院”这个词，在我国出现就更晚了，1954年《中华人民共和国人民检察院组织法》颁布以来才普遍使用它。

1949年至1965年，是中国检察制度的创立时期。这一时期，照搬苏联模式，建立检察机关，创立检察制度。从其职责权限来看，1954年《人民检察院组织法》第八条规定，最高人民检察院发现国务院所属各部门和地方各级国家机关的决议、命令和措施违法的时候，有权要求纠正。为了保证检察机关行使纠正行政违法权，1954年《人民检察院组织法》第十九条又规定：“人民检察院为执行检察职务，有权派员列席有关机关的会议，有权向有关的机关、企业、合作社、社会团体调阅必要的决议、命令、案卷或者其他文件，有关的机关、团体和人员都有义务根据人民检察院的要求提供材料和说明。”这就初步确立了检察机关的纠正行政违法权和普遍监督权。

“文革”时期，受“左”倾路线的严重影响，1975年修改《宪法》，规定“检察机关的职权由各级公安机关行使”，造成检察机关名存实亡的局面。

1978年以来，在恢复检察机关重建检察制度的过程中，我国对检察制度进行了改革，主要有：一是明确检察机关为国家的法律监督机关，但取消了普遍监督的规定；二是缩小了职权范围，取消了检察机关提起民事诉讼和行政诉讼的权力，并取消了纠正行政违法权；三是实行双重领导体制等。①

从以上关于我国检察机关和检察制度的发展过程来看，现行宪法与法律并没

① 叶峰．宪政与行政法治研究［C］．北京：中国人民大学出版社，2003：157－159.

有赋予检察机关行政公诉人的资格。不过，检察机关的民事行政公诉权理论在国外则由来已久，并被许多国家所采纳。法国《民事诉讼法》第四百二十三条规定："在事实妨碍公共秩序时，检察院要为维护公共秩序进行诉讼。法国诉讼理论认为，检察官是国家利益的代表，凡是涉及国家利益、社会公共利益、公民的重大利益的民事活动，检察院都有权提起诉讼和参与诉讼。行政越权之诉是行政诉讼的主要形式，是行政诉讼的内在功能。由于法国宪法明确规定司法机关不能干预行政，所以法国检察机关不能提起这种诉讼。但是，许多国家采纳了行政越权之诉的理论，承认检察机关有权提起公权诉讼。例如德国法律规定：联邦最高检察官作为联邦公共利益的代表人，有权代表政府行使诉讼权利，对损害政府和公共利益的违法行为提起诉讼，又称"社会公益诉讼"，涉及民事和行政领域。在我国的《澳门民事诉讼法典》中，也规定检察官有权提起民事诉讼，等等。

（二）对"法律监督"职能的反思

目前，我国审判机关和检察机关的彼此关系在法律上和实践上有混乱或不合理的地方。在法律上，审检都是司法机关，但是司法的最基本特征是最终裁判，而"最终"只能是一个，那么，审判机关和检察机关谁的判断是最终判断？实践中检察机关以监督者自居，对最高法院的裁判也可以抗诉，挑战审判机关的"最终性"，然而这导致的后果是检察院本该做好的事情由于定位模糊而不能做好，而审判机关的裁判的既判力、权威性受到极大损害。

目前，基于对法律监督职能而赋予的检察权的定位问题成为热烈讨论的内容。归纳其观点主要有如下几种：

第一，检察权属于司法权。目前主张这种观点的人不多，其理由主要有检察机关的工作也是适用法律、也有判断权（如起诉或不起诉、批准逮捕等），而且"我国的检察官的地位和职责更近似于法官，所以广义的法官就包括检察官"。①

第二，检察权属于行政权。持这种观点的人的理由主要是基于检察院的组织和工作原则及与审判的关系而言。首先，司法权是中立的、最终的判断权，而检察院的诉讼职能总是代表一方利益，所以不具中立性；其次，检察院对案件没有最终判断权，不能最终认定案件事实及当事人的权利义务，这一权力属于法院；再次，检察院内部的工作原则是"检察长统一领导检察院的工作"，上下级检察院之间是领导关系，这一点不符合司法的法官独立原则。

第三，检察权兼有行政权和司法权的特点。这些学者注意到检察权既有一些

① 周士敏．刑事诉讼五十年［C］．北京：警官教育出版社，1999：692.

如前所述的类似于司法权的特点，而且现行法也规定检察权是司法权，于是检察权有部分司法性质。另一方面他们也看到检察机关的组织和工作原则基本上与行政机关的相同，于是认为检察权又兼有行政权性质。

第四，检察权就是法律监督权。① 这种观点跳出了“非此即彼”的困境而另辟蹊径，把检察权定位为一种独立的权力。认为：“这是一项与行政权、司法权（审判权）相互独立的权力，其目的在于维护国家法律的统一实施，防止行政、司法专断和腐败……”②

我们同意第四种观点。正如孙笑侠教授所言，司法权是一种判断权，它具有终结性、独立性、中立性、被动性等基本特点。而检察权正好与此相反，一方面，在程序上，检察权是程序的发动者而非终结者；检察院的领导体制决定了检察官也不具有独立性；而检察权又总是国家利益、公共利益的代表，所以不具有中立性。另外，检察机关的活动都是依职权而采取的，具有主动性而非被动性。所以检察权不是司法权。另一方面，我国行政权力的强大以及整个法治工程的初级阶段现实决定了检察权不宜划为行政权，应更多地强调它对其他国家机关的独立性，这样才能全面履行监督职能。

当然，把检察权排除在司法权之外而单列为法律监督权的目的并不只是争一个名分，事实上这有非常重要的程序意义。既然检察权不是司法权也就不是最终判断权，这也符合列宁的检察制度理论。现代的诉讼结构被设计为控、辩、审三方相互独立又有机合成的体系，不同主体承担不同职能，不能互相“篡位”，代表国家利益的检察院参加诉讼也不能打破这种力量格局，既然它不能是审判方，也不是辩方，就只能是控方。从程序发动和所代表的利益而言，检察院也确实相当于控方，即公诉方相当于原告的地位。在我国，认为监督权就是高高在上（以至于高于司法权）的权力的观念有深刻的历史根源。自从秦朝确立御史监察制度后，一直到明清两朝的都察院，这一历史系列的监察主体主要有两项职能，即检举弹劾百官和参与重大案件的审判。而不论哪一种职能都意味着监察主体可直接对监察对象作出判断，对其作出处罚，而不是简单的“怀疑”，并诉诸另一主体的权力。但作为现代化国家权力的一部分的监察权则只能是“怀疑”，并诉诸法院的权力，而不能与法院争判断权。

① 谭世贵．中国司法改革研究［M］．北京：法律出版社，2000：315.
② 谭世贵．中国司法改革研究［M］．北京：法律出版社，2000：315.

（三）法律监督与行政公诉

从目前我国的现状来看，检察院对行政法律关系的实现与否没有直接的发言权，而只是在法院审理了行政案件后，才得以对诉讼的监督权为由而抗诉，从而间接地促进行政法律关系的实现。但如果有行政违法行为而没有人起诉的情况，这种间接的途径也就如同被荒草淹没。所以，确立检察机关对行政法律关系的直接监督是完善法律监督体系的必然内容。而由于我国行政权力具有十分强大的特点，对行政法律关系监督的目的应是确保行政主体守法，而不包括公民的守法——这已有行政权力来管辖。

当把检察权定位为“法律监督权”时，就出现一个对监督范围重新反省的问题。如前所述，我国现在的检察制度受新中国成立初公安和法院的较严重的冤假错案的影响，尽管我国宪法把检察机关规定为法律监督机关，但在具体的制度上，我国检察机关的职权仍然停留在新中国成立初的历史现实，只享有对公安机关的侦查和法院的审判的监督权，而对行政机关的监督与对公民的监督一样——只有他们构成犯罪时，才代表法律秩序、国家利益起诉，而对行政法律关系的监督则是空白。鉴于此，赋予检察机关监督行政权的权力，并在必要时提起公诉，是完善法律监督职能的必然要求，对行政权力的监督本应是法律监督的有机组成部分。

（四）关于完善检察官制度的一点设想

当我们赋予检察官检察权并期望检察官们挺直腰杆、为维护正义而大胆“怀疑”的时候，我们的期望并不一定能实现。因为事实上，我国目前的检察官制度无法担当对行政机关及其人员说“不”的重担。因为不仅检察机关行政色彩过于浓厚，检察人员、检察队伍的管理也过分公务员化。① 而我国公务员的管理正如本章前面所述，首长决定公务员的一切，在这样的体制下，一方面，检察官们的个性被压抑，素质得不到提高，不能吸引社会精英投入这一工作；另一方面，行使监督权而制约其他权力的设想也不能普遍实现。

在这方面，尽管许多国家及地区也都实行“检察一体化”，但他们同样注重检察官的任职保障，以日本为例，对日本的检察官非因下列原因不得违反其意愿罢免其官职、停止其职务或降低其薪俸：②

第一，退休，检察厅规定了退休年龄。

---

① 谭世贵．中国司法改革研究［M］．北京：法律出版社，2000：320.

② 肖扬主．当代司法体制［M］．北京：中国政法大学出版社，1998：229.

第二，检察官因身心故障、职务上缺乏效率和其他原因而不适宜执行职务时，检察总长、次长检事及检事长经检察官资格审查会议决议及法务大臣的劝告后，可免去其官；检事及副检事经检察官资格审查会的决议，可免去其官。

第三，检事长、检事和副检事由于检事厅的废除或其他原因成为剩余人员时，法务大臣可以向该检事长、检事和副检事付给半数薪俸，并使其等待缺位。

第四，惩戒处分、惩戒的原因：违反国家公务员法或人事院规则；违反职务方面的义务或玩忽职守；有与作为全体国民服务者不相称的违法行为。

从以上可以看出日本的检察官享受着与法官基本上相同的待遇和保障。尽管检察官的权力不是对事件的最终判断，但检察官的职能也是一个判断，同样需要相对的意志自由，以保证检察官的判断忠实于法律，而不是某个人。各国在设计本国的权力监督体制时，无不以此作为借鉴。比如法国的调解专员除由总统提出，经最高行政法院副院长、最高法院首席院长、审计院首席院长一致同意，认为确有保障、不能执行职务以外，不能提前解除其职务。①

我国香港特别行政区的申诉专员直接对行政长官负责，这就减少了其他人的干预，申诉专员的薪酬、委任条款和条件都由行政长官决定。并且只在两种情况下可解除职务，一是专员以书面通知向行政长官辞职；二是以无能力履行职能或行为不当为理由，经立法会议以决议方式批准而由行政长官任免。② 事实上，正是专员们的饭碗和荣誉不掌握在朝夕相处的地方官僚的手里，他们才有可能质疑地方官僚的行为的合法性。

三、行政公诉的受案范围

随着行政公诉受案范围的扩大和诉讼经验的不断积累，检察机关很有必要应请求或主动提起行政公诉。对于行政公诉的范围，有人认为，不管在什么情况下，检察机关都可以提起行政公诉，其理由就是检察机关作为法律监督机关，其性质决定了它对行政机关是否依法行政具有法律监督权，对任何行政诉讼活动也具有法律监督权。诚然，由于检察机关的性质是法律监督机关，从理论上说它对行政机关是否依法行政、人民法院是否公正司法都享有完全的监督权，但这并不是说检察机关对所有的行政案件都需要提起行政公诉。所有的行政案件都由检察机关来提起，这既没有这个必要，在实践上也无可能性，因为检察机关不可能有

① 王名扬．法国行政法［M］．北京：中国政法大学出版社，1998：251.
② 林莉红．行政诉讼法学［M］．武汉：武汉大学出版社，1999：37.

足够的人力和物力投入到纷繁的诉讼中去。由于检察机关毕竟不是行政行为的直接承受方，它和行政行为并无直接的利害关系，在行政管理相对人能够行使诉权时它不应参与太多。按照我国行政诉讼理论，行政管理相对人对自己的诉权有一定的处分自由，检察机关对此不应干预行政管理相对人的这种处分权，否则将会给检察机关带来繁重的诉讼任务，使得当事人把诉讼全部推给检察机关，从而摆脱讼累，但现实又需要检察院发挥法律监督机关的职权，这不免会形成与当事人自由处分权的冲突。因此，在行政公诉的实验和初创阶段，检察机关提起行政公诉的范围尚不宜无限制地扩大，应在立法中作出明确的规定。这样，检察机关在提起行政公诉时才会有的放矢，不至于大大小小的案件胡子眉毛一把抓，有利于行政公诉的效率和节省检察机关的人力、物力。结合世界各国及地区的实践和我国的国情，我们认为检察机关提起的行政公诉应包括下述几个方面。

（一）某些抽象行政行为

所谓抽象行政行为，是指行政机关针对不特定人、不特定事制定和发布具有普遍约束力并可以反复适用的行政法律规范的行政行为。抽象是指不直接处理特定或具体的人或事件。根据其效力层次，抽象行政行为可分为两类：一类为行政立法行为，指特定的行政机关依照法定的权限和程序，制定行政法规和规章的行为。其制定主体在中央层次包括国务院、国务院各部、委员会、中国人民银行、审计署和具有行政管理职能的直属机构，在地方各层次包括省、自治区、直辖市和较大的市的人民政府；其表现形式为行政法规、部门规章和地方政府规章。另一类为其他抽象行政行为，指行政机关根据法定职权制定其他规范性文件的行为。其制定主体包括国务院、国务院各部门、地方各级人民政府、县级以上地方各级人民政府的工作部门，以及行政机关的派出机关（行政公署、区公所和街道办事处）等；表现形式为具有普遍约束力的决定、命令、规定，等等。

目前，抽象行政行为尚未被纳入我国行政诉讼的审查范围，《行政诉讼法》明文将其排除在人民法院的受案范围以外。但不管是学术界还是司法实践部门，将抽象行政行为纳入行政诉讼范围的呼声都日益增高，对抽象行政行为可复议性和可诉性的研究也越来越多。虽说意见众说纷纭，但获得普遍支持的观点是，抽象行政行为应当是可复议和可诉的。由于其对象的普遍性和效力的反复性，违法的抽象行政行为将导致同样的侵害在一定范围内连续发生，使众多的相对人遭到损害。从这个意义上讲，违法的抽象行政行为比违法的具体行政行为更具危险性和破坏力，目前所有的不论是权力机关的审查、行政机关的内部审查还是司法机关的有限审查，都不能取得令人满意的效果，对其合法性的审查也更具迫切性和现实性。同时，大多数学者也认为，基于我国的国情和法制发展的渐进过程，目前尚不宜操之过急将所有的抽象行政行为纳入司法审查的范围。对某些级别较低的抽象行政行为来说，现在已有能力将其纳入司法审查的轨道。随着《中华人民共和国行政复议法》（下称《行政复议法》）的颁布实施，公民、法人或者其他组织如果认为行政机关的具体行政行为所依据的国务院部门的规定、县级以上地方人民政府及其工作部门的规定和乡、镇人民政府的规定不合法，在对具体行政行为申请复议时，可以一并要求向行政复议机关提出对该规定的审查申请，但上述所列不包括国务院部、委员会规章和地方人民政府规章。《行政复议法》的这一规定可谓是开了行政法制的先河，原先绝对将抽象行政行为排除在行政复议之外的规定已有所松动。虽然《行政复议法》第七条所规定的尚不包括国务院部、委员会规章和地方人民政府规章，对规章的审查依法律、行政法规办理，但这一修改对于行政法学来说却是破天荒的第一次，可以说完全是一个勇敢的举措，值得称道。

但现行《行政诉讼法》仍然将抽象行政行为排除在受案范围之外，已有许多学者注意到《行政诉讼法》与《行政复议法》的不一致的地方，纷纷提出许多富有建设性的立法建议，旨在使二者相衔接。《行政复议法》对抽象行政行为的审查已有若干突破，作为行政救济最后一道防线的《行政诉讼法》却至今未有动静。由于抽象行政行为具有普遍适用性，一旦违法，其所造成的损害将远比具体行政行为要大得多。而且，抽象行政行为不受司法的限制，这就使得行政机关经常利用这一“自由”，通过发布种种规定以规避司法审查和权力制约。部门主义和地方保护主义还在一定程度存在着，有时候还表现得相当严重，如因各地市场分割和部门障碍而造成的行政垄断，严重阻碍了国内统一市场的形成。在这种错误思想支配下制定出来的法规、规章经常出现“法规打架”现象。一些行政机关明知低效力层级的规范与高效力层级的规范发生冲突，但受某种地方利益或部门利益的驱使，仍然按低效力层级的规范办事。更有甚者，一些有规章制定权的行政机关为了本部门、本地区的利益，在已有高层级法律规范对相应问题明确规定的情况下，竟不管法制统一的原则，利用这一法律空白故意制定出与高层级相抵触的低层级规范，人为地制造规范冲突。在已经建立了宪法诉讼的国家里，人们认为国家颁布的法律、法规或其他法律性文件损害了自己的利益时，可以向宪法法院或具有宪法诉讼管辖权的法院提起宪法诉讼。我国尚未建立宪法诉讼制度，对行政命令、规定等一些抽象行政行为的审查应纳入行政诉讼的受案范围。但由于抽象行政行为针对的不是特定的人，涉及面广，可以提起行政诉讼原告的绝对数量甚至会达到成千上万。这样，如果允许每一个行政管理相对人都可以提起针对抽象行政行为的行政诉讼，那么对法院、行政管理相对人来说都是一件相当不便的事，对整个社会资源来说也是一种无谓的浪费，不利于节省诉讼成本。

所以，检察机关作为法律监督机关，拥有维护社会主义法制统一的职责。违法的抽象行政行为是对宪法的违背，是对社会主义法制统一性的破坏。如果检察机关不挑起提起针对抽象行政行为的行政公诉的重担，那么，试问在中国现行的法制条件下又有谁能承担这一行政公诉重责呢？抽象行政行为对国家、对社会、对行政管理相对人的利益影响深远，作为国家机关之一的检察机关又怎能不出面维护国家利益、社会公共利益和行政管理相对人的合法权益呢？检察机关的地位决定它对监督抽象行政行为拥有不可推卸的责任，检察机关不履行其法律监督的法定职责，又有谁拥有这一职责呢？检察机关根据有关机关、社会团体或行政管理相对人的告发或主动出面提起行政公诉，将比行政管理相对人提起行政诉讼更具优势，这将是一件利国利民的好事。虽然我国尚未建立宪法诉讼制度，《检察院组织法》未明确规定检察机关有权对抽象行政行为进行监督，《行政复议法》也仅规定由行政管理相对人在提起具体行政行为的复议时同时提请对有关规定的审查，但根据《中华人民共和国立法法》（下称《立法法》）第九十条的规定："国务院、中央军事委员会、最高人民法院、最高人民检察院和各省、自治区、直辖市的人民代表大会常务委员会认为行政法规、地方性法规、自治条例和单行条例同宪法或者法律相抵触的，可以向全国人民代表大会常务委员会书面提出进行审查的要求，由常务委员会工作机构分送有关的专门委员会进行审查、提出意见。"从该条规定可以看出，《立法法》终于启动了对违宪、违法立法的监督机制，对维护宪法权威、推进我国政治体制改革、发展社会主义民主、实现法治立国具有里程碑的历史意义。人民检察院对抽象行政行为中的行政立法范畴也拥有一定的监督权，即它认为行政立法的内容违反了宪法或法律时可以向全国人大常委会提出审查的意见，虽然这种监督非常之有限，但人民检察院对抽象行政行为的监督终于可以名正言顺，如建立行政公诉制度则更加有利于保障我国的法制统一，及时消除立法的无序现象，有效制止因立法异化而侵害公民、法人和其他组织的利益现象发生。

（二）损害社会公共利益的具体行政行为

正如英国法学家韦德所指出的那样，法官们过去一直不肯放宽原告资格，他们害怕那样会"打开水闸"，法院会被诉讼所淹没……而最近，法官的上述思想已经让位于以下的思考：为了防止因无人起诉而纵容政府的违法行为，法律必须在某种程度上为没有利益关系的公民留下一席之地。令人惊异的相似之处是，如前文所言，行政法作为美国发展最快的部门法之一，同样经历了原告资格的扩大过程。在20世纪40年代以后，过去通行的严格限制原告资格的观念让位了，原告资格的栏杆大大降低了，代之而起的是司法复审的大门被不断开启。

要想把损害公共利益的具体行政行为也列入行政公诉范围，首先必须对什么是公共利益作出清楚的回答。然而迄今为止，并没有一个绝对的标准将公共利益和个人利益截然分开，二者总是有着千丝万缕的联系。一般而言，从利益主张的主体、利益主张的领域以及利益主张的名义出发，在行政法中的公共利益可以被界定为行政机关在行政管理活动中以国家或社会利益维护者的名义主张并实施保障的利益。与此同时，根据同一标准，个人利益可被表述为个人或组织在个人生活和组织活动中以自己的名义提出的利益要求。公共利益一般包括国家作为法律实体的利益、一般安全的利益、社会进步的利益、个人基本生活方面的利益和特殊群体的利益等；而个人利益则由人身与人格的利益、政治自由的利益、精神自由的利益、物质与经济的利益和法律公正的利益等组成。从以上利益分类不难看出，公共利益与个人利益并无一条绝对的鸿沟，其中颇有重合之处，从不同的角度和立场出发，公共利益与个人利益还可相互转化。

在损害公共利益的具体行政行为中，往往由于行政机关违法操作，使行政管理相对人获得一定的实际利益，出现特定的行政受益人。如在行政许可行为中，一家企业并不具备领取生产许可证的条件，但行政机关却疏于审查或根本就是违法操作而向其颁发了生产许可证。根据我国目前的规定，其他公民、法人或其他组织如果知晓此事，只能向有关机关检举告发，而不能通过提起行政诉讼的方式要求行政机关撤销许可行为，因为其他行政管理相对人不是具体行政行为的直接相对人或利害关系人，尚不具备我国《行政诉讼法》规定的原告主体资格条件。但如果说检举告发无人理睬，是否就任由行政违法行为存在呢？答案当然是否定的。但此时又有什么方法来改变这一行政违法行为呢？在这种情况下，行政公诉的出现可谓是及时雨，解决了检举告发无门的困境。只有通过行政公诉，由代表国家利益以国家法律监督者身份出现的检察机关来提起行政诉讼，才能将此类行政违法行为诉诸司法审查，及时纠正行政机关的违法行为。相对于私人利益而言，一方面，公共利益较少为公民、法人和其他组织等行政管理相对人所关心和重视，特别是在个人利益只占到公共利益很小的比例时，个人对政府的失职和侵权行为的普遍往往“事不关己，高高挂起，”不愿为了自己可能是微不足道的私人利益而花费大量的时间和精力去提起一场对自己不甚重要的行政诉讼；另一方面，人们也担心提起诉讼后就存在败诉的可能性，还不一定能达到诉讼目的，即使最后胜诉也要付出相当精力，甚至为诉讼而倾尽所有。由于这样得到的正义只能是迟到的正义，而迟到的正义也并非真正意义上的正义，所以，人们从其理性出发，从经济学角度去分析，当诉讼成本超过可能获得的利益补偿时，行政管理相对人往往不愿提起行政诉讼，以免把自己拖进诉讼的漫漫长路。此时需要站出来勇敢挑重担的只能是代表国家身份的国家机关，而只有检察机关才是最适合、最能代表公益的国家机关。

我国目前有着许多由于行政机关的某种行政行为侵害国家利益或公共利益却无法找到原告的情况，如国有资产的流失、对环境的破坏等。据国家国有资产管理局的统计和预算，从1982年到1992年，由于各种原因造成国有资产流失、损失高达5 000多亿人民币，平均每天流失1.3亿元人民币。如此庞大的数字，不禁让人触目惊心，说明保护国有资产已刻不容缓。2001年3月，最高检察院召开座谈会，研讨如何强化检察职能、保护国有资产的问题。为了更加有效地防止国有资产的流失，检察机关在加大打击犯罪力度、提起刑事附带民事诉讼的同时，应通过民事行政检察监督保护国有资产，如依法办理民事行政抗诉案件，保护国有企业的合法权益，或依法支持起诉，保护国有资产。在实践中，可以通过检察建议的方式，要求直接受到损害的机关、企业、事业单位作为原告向人民法院提起诉讼；也可以与国有资产管理局配合，支持受损单位或国有资产管理局提起诉讼。另外，检察机关还可以探索如何对侵害国家利益的民事、行政违法行为提起民事诉讼和行政诉讼，积极推进立法。在损害国有资产的诉讼中，相对于行政诉讼的停步不前，检察机关在民事诉讼方面迈出了可喜的一步。1998年，河南省新野县人民检察院就曾代表国家以原告身份提起民事诉讼，保护了即将流失的国有资产。1996年1月，河南省新野县施庵卫生院以更新医疗设备、偿还欠款为由，将卫生院的部分房地产以8.5万元的价格卖给王某。1997年2月，卫生院职工向检察院反映了此事。经调查发现，该卫生院未经国有资产管理部门批准，也未对出售房屋进行评估，擅自将国有资产出售给个人，有可能造成国有资产的流失。为查清情况，检察院委托国有资产评估事务所对双方买卖的房地产进行评估，评估结果是该房地产评估价值合计为人民币14.25万元。该次房地产的出售直接造成国有资产流失5.75万元。新野县人民检察院为了保护国有资产，于1998年4月29日向新野县人民法院递交民事起诉状，请求法院判令施庵镇卫生院与王某的房地产买卖关系无效。经审理，法院作出判决，被告未经国有资产管理部门批准，擅自出售国有资产，且非法出售土地，其行为违反了法律规定，是无效的民事行为。原告为了维护国家利益，请求确认二被告买卖房地产行为无效，理由正当，依法予以支持。从法院的判决可以看出，检察机关在该民事诉讼中是处于原告的地位，是整个民事诉讼的发起人，法院对检察机关充当民事诉讼的原告并不持异议。这是一次大胆的飞跃，它跳出了原先检察机关只适宜刑事公诉的条条框框的限制，不失为一次有益的探索。面对检察机关在民事诉讼中的大胆举措，与公共利益联系更为紧密的行政诉讼就更应该及时引入公诉制度，使得违反公共利益的行政行为能进入公诉领域，接受司法审查。但是，从法治的角度看，尽管新野县检察机关的勇气可嘉，其出发点也是为了维护国家利益，但检察机关提起民事诉讼的行为毕竟超过出了法律所赋予检察机关的职权，毫无疑问是一种越权行为。对于这种“良性违宪”的越权行为，我们是应该制止、放任、鼓励还是采取其他态度呢？从维护社会主义法制的统一性和权威来看，放任、鼓励这种违法行为应是不足取的。然而，从法制动态发展和进步的角度考虑，制止这种“良性违宪”又不完全符合发展和完善社会主义法制的需要。法律作为建立在经济基础上的上层建筑的一部分，是对社会客观作出的反映，它无疑永远滞后于社会的发展。在改革过程中，对原有的框框架架有所突破永远无法避免，关键是在突破后能及时进行补救和完善。《行政诉讼法》制定于1989年，现行的许多规定已不适应我国经济和社会发展的需要，对此进行修订已是形势使然。

（三）行政管理相对人起诉不能等情形的案件

从我国法制建设情况来看，虽然我国的法治状况有了长足的进步和发展，但还不能适应我国经济和社会发展的需要。我国悠久的历史值得我们自豪，但同时又给我们带来了负担。长期的封建专制造成了人民民主意识的缺乏，“官贵民贱”的观念一时之间难以完全消除。老百姓在受到行政机关不法行为侵害时往往忍气吞声，即使是自己完全在理，也宁愿自己吃亏了事，不敢与行政机关争讼。在有些地区，行政机关为了谋求良好的政绩，对行政诉讼采取打压的手段。老百姓一旦提起诉讼，就有无数人员登门游说其撤回诉讼。而且，即使行政管理相对人与行政机关真的对簿公堂，在强大的行政机关面前，双方力量对立也是不均衡的，相对人往往显得有心无力，难以将行政诉讼坚持到底。鉴于行政管理相对人的弱者地位，借助其他社会力量来支持行政管理相对人从事行政诉讼就很有必要。所谓支持弱者原则，是指对于侵害国家利益、社会利益和行政管理相对人合法权益的行政行为，行政管理相对人由于处在弱者地位而不愿、不敢、不能起诉，或起诉后又不得不撤诉，或开庭后不愿、不敢、不能出庭诉讼时，利益相关的机关、团体、企事业单位可以支持弱者向人民法院提起诉讼，并参与诉讼，以保护国家利益、社会公共利益和行政管理相对人的合法权益，实现诉讼价值。

有人担心，检察机关提起这一类行政诉讼固然可以为那些确实不知或不敢提起行政诉讼的行政管理相对人提供诉讼援助，但同时也必然会在客观上鼓励那些并非不知或不敢提起行政诉讼的行政管理相对人将这麻烦的讼累转嫁给检察机关，而使自己处于较为超然的第三人的地位。也有人认为，如果把这种情况也列为检察机关提起行政诉讼的范围，那检察机关将面临繁重的诉讼任务，以其目前的人力、物力和财力根本无力承担起这个重担，而且由于疲于应付各类行政诉讼，检察机关的刑事公诉等其他职能的履行不可避免地受到影响。其实这种顾虑根本就没有任何事实的根据。在《行政诉讼法》制定过程中，也有人担心一旦允许行政机关成为被告，放开行政诉讼，法院受理的案件就会剧增，就会被铺天盖地的诉讼所包围。但实际情况是法院的行政诉讼案件并没有出现人们所预想的情况。我国公民长期以来由于存在这样或那样的顾虑，害怕提起行政诉讼与行政机关对立后，容易引起与行政机关的矛盾冲突，招致行政机关的报复，一直坚持忍让的原则，非不得已不愿主动提起行政诉讼。据《2000 年最高人民法院工作报告》的统计，1999 年全国法院审结的行政案件共 98 759 件，每个行政庭每年平均受理的行政案件为 20 件，因行政案件稀少，许多法院的行政庭还兼受理民事案件。可以这么说，虽然近几年来行政案件的绝对数目在不断上升，但相对于全国各级法院行政庭的设置数量来说，行政诉讼还远未达到社会主义法治的要求。而检察监督的行政案件更是屈指可数，赋予检察机关这种公诉的范围只会把行政诉讼从不景气的状况中解脱出来，根本不会造成行政公诉一窝蜂的现象。

另有一些学者认为，是否提起行政诉讼是行政管理相对人可以处分的权利，检察机关对此不应多加干涉。如果由检察机关来提起行政公诉，不免有越俎代庖之嫌，而且有可能违背行政管理相对人的真实意思。提起或放弃行政诉讼都可由行政管理相对人自行决定，行政管理相对人有其充分理由决定该如何保护自己的权益。行政管理相对人不敢、不知、不愿提起行政诉讼或在起诉后有撤诉的情况虽然存在，但经过多年的法制宣传以及社会的不断进步，人们的法律意识已大为增强，上述情况正在逐步改变。而且，检察机关又如何判断行政管理相对人的真实意思确实是不敢、不知或不愿提起行政诉讼呢？检察机关判断的标准又是什么呢？这些难题如不能解决，检察机关又怎能名正言顺地提起行政公诉呢？确实，目前还没有很好的标准和尺度去判断行政管理相对人的内心真实意思，但我们不能因噎废食。我国国家根本大法《宪法》明确规定：“一切国家机关和武装力量、各政党和各社会团体、各企业事业组织都必须遵守宪法和法律。一切违反宪法和法律的行为，必须予以追究。”行政公诉的设想正是本着这一精神提出来的。在行政执法和行政管理过程中，发生一个违法的具体行政行为，除了包含着对行政管理相对人合法权益的侵犯，同时还意味着对国家法律的违反，必须予以追究。所以，即使当行政管理相对人对一些违法的具体行政行为自由地处分了诉权（包括不愿起诉和不敢起诉），还是应当由一定的机构如国家检察机关出面代表国家追究行政管理者的违法责任。

（四）社会影响重大、情节复杂的案件

在具有重大社会影响、情节复杂的行政案件中，由于案件本身具有复杂性，由行政管理相对人提起行政诉讼不免有些力不从心，检察机关挑起行政公诉的重担，可以解决行政管理相对人有心无力的窘境。对于什么是具有重大社会影响、情节复杂的行政案件，最高人民法院在其2000年发布的《最高人民法院关于执行〈中华人民共和国行政诉讼法〉若干问题的解释》的第八条中认为，被告为县级以上人民政府，而且基层人民法院不适宜审理的案件；社会影响重大的共同诉讼、集团诉讼案件；重大涉外或者涉及香港特别行政区、澳门特别行政区、台湾地区的案件；以及其他重大、复杂案件等都属于《行政诉讼法》所称的“本辖区内重大、复杂的案件”。社会影响重大的案件，最明显的莫过于动迁案件、拆迁案件和规划许可证案件。这些年来，随着城市房地产业的不断攀升，城市规模的扩大以及旧区改造、市政建设事业的飞速发展，因城市房屋拆迁引发的纠纷也有急剧上升之趋势。城市房屋拆迁工程浩大，在一个拆迁诉讼中，小小的一户被拆迁人也往往包括产权人、共有人、承租人、具有常住户口的其他使用人，更不用说此类案件涉及的行政管理相对人动辄数十户，多则几百户，加上利害关系人其绝对人数有时甚至达到上千。被拆迁人如对拆迁许可证有异议，认为拆迁人主体资格不符，提起行政诉讼的原告往往为浩浩荡荡的大军，法院由于其物质条件和审判能力之限制，根本无法保证所有当事人都能直接参与行政诉讼，同时这也给法院的审判工作带来了极大的不便，影响了行政诉讼经济和诉讼效率目标的实现。此外，在该类案件中，由于案件的标的涉及老百姓最为关注的房产利益，行政管理相对人在提起行政诉讼时房屋往往已被拆迁，再加上拆迁人在拆迁时又可能没有完全依法进行拆迁，行政管理相对人的情绪往往比较激动，矛盾容易激化，甚至造成与行政机关的对立。由于涉及人员为绝对的多数，社会影响也较大，处理不好容易产生不良后果，对法院和行政机关的威信产生影响，甚至造成社会的不稳定。对于此类案件，由检察机关来提起行政公诉，对具体的行政管理相对人来说，可以避免重复提起行政诉讼，节省诉讼成本，又能增加案件得到公正处理的机会，有利于化解社会矛盾；从宏观上说，还能保障社会稳定，产生积极而深远的社会影响。

四、行政公诉的举证责任

在民事诉讼中，原告和被告都有义务举出证据证明自己的主张，也即谁主张谁举证，这体现了民事诉讼当事人之间法律地位平等、权利义务相等的原则。而《行政诉讼法》则有着一个与民事诉讼不同的特殊原则，那就是被告负举证责任的原则。由被告承担提供证据以证明案件事实的责任，如果被告不能提供确切的证据证明自己的主张，就要承担败诉的风险。根据《行政诉讼法》第三十二条规定："被告对做出的具体行政行为负有举证责任，应当提供做出该具体行政行为的证据和所依据的规范性文件。"但这并不是说原告在行政诉讼中就没有一丝一毫的证明责任，如证明其起诉符合条件，在行政赔偿诉讼中证明因受被诉行为侵害而造成的损失。之所以在《行政诉讼法》中规定行政机关负举证责任，主要是因为行政诉讼的当事人虽然具有同等的法律地位，但在实际中行政机关和行政管理相对人的实力对比悬殊，行政机关有着坚实的人力物力支持，有能力收集到必要的证据，而行政管理相对人则相对处于弱势地位。由于我国没有建立完善的行政公开制度，信息流通不顺畅，行政管理的相对人想从行政机关一方获得必要的材料和证据是一件可望而不可即的事，所以，由行政机关来承担举证责任，有助于诉讼天平两端的当事人保持一定的平衡状态。

但如果由检察机关来提起行政公诉，这种举证责任的承担是否会发生变化呢？有人指出，在行政公诉中，原告是检察机关或有关社团组织，在能力、水平、经济实力、社会关系、技术等方面基本上与行政机关保持平等的地位，因此，行政公诉应实行谁主张、谁举证的原则，以示公平。我们对此不敢苟同。在行政诉讼中规定举证责任由被告行政机关承担，不仅是因为双方当事人之间实力对比悬殊，更重要的是从行政公诉的宗旨和目的、行政行为的性质，以及行政公诉判决的形式等内容来看，行政公诉理应由被告承担举证责任。最高人民法院《关于执行〈中华人民共和国行政诉讼法〉若干问题的解释》也指出，行政机关不提供或者无正当理由逾期提供作出具体行政行为的证据、依据的，应当认定该具体行政行为没有证据、依据。但这并非是说检察机关提起行政公诉不需要提供任何证明，而是说它要提起行政公诉同样需要证明提起公诉是以事实、法律为依据，是符合法定要件的。

（一）行政公诉的宗旨和目的决定被告负举证责任

《行政诉讼法》第一条开宗明义地指出，行政诉讼的宗旨和目的是“为了保证人民法院正确、及时审理行政案件，保护公民、法人和其他组织的合法权益，维护和监督行政机关依法行使行政职权”。其核心内容就是保障行政管理相对人的合法权益，而监督行政机关依法行政最终也是为了保障公民、法人和其他组织合法权益。行政诉讼从本质上来说是被管理方对管理方的行为不服，而向社会的仲裁者——人民法院提起的诉讼，要求纠正管理方的违法行为，以维护其合法权益不受违法行为的侵害。行政公诉作为行政诉讼制度的一个重要组成部分，其宗旨和目的并未发生实质变更，仍然是为了维护国家利益、社会公共利益和行政管理相对人的合法权益。以这一宗旨和目的为基础，即使是由检察机关提起行政公诉，行政公诉所要保护的仍然是行政管理相对人的利益以及社会公共利益，被告必须对影响社会公共利益或私人利益的被诉具体行政行为作出说明，对其符合法定要件承担证明责任，如果由具体行政行为的相对方来承担举证责任，就谈不上对行政公诉宗旨和目的的维护。

（二）行政行为的内容确定被告负举证责任

行政行为作为国家行政权行使的具体表现形式，必然要正确反映国家行政权的运作过程和运作结果。行政机关之所以作出这样一个行政行为，而不是作出另外一个行政行为，是因为根据现有的已得证据就能够证明它所作的行政行为完全符合法律的规定。也就是说，如果行政机关作出一个行政处罚行为，是因为它已掌握了行政管理相对人违法的证据，能够充分证明当事人违法的事实，否则行政机关做出该行政行为就是违法行政。就像刑事诉讼一样，检察机关提起刑事公诉的原因就在于它认为已经掌握了犯罪嫌疑人违法的证据。根据无罪推定原则，犯罪嫌疑人在法庭上无须证明自己是否清白，是否违反了刑事法律规范。同理，只要行政机关不能举出有力的证据证明自己所作的具体行政行为确实合法有效，行政机关就是违法行政，该具体行政行为就可以被判撤销，行政机关就要承担败诉的责任，行政处罚的行政管理相对人无须证明自己违反了行政法律规范。因此，行政机关的行政行为为行政作为时，检察机关只需证明行政机关确实对行政管理相对人作出了某一具体行政行为，该具体行政行为确实存在即可，证明行政行为违法的责任仍旧由被告承担。在行政不作为的行政公诉中，检察机关只需要证明行政管理相对人确实提出了申请或完成了法律所要求的其他条件，证明行政不作为存在即可，证明行政不作为合法的责任仍然在被告。

（三）行政判决形式支持被告负举证责任

《行政诉讼法》第五十四条对行政判决的形式作出了明确规定，即维持原具体行政行为、撤销或部分撤销具体行政行为、履行法定职责和变更显失公正的行政处罚四种。判决被告履行法定职责实际上是针对行政机关不履行或拖延履行法定职责的行政不作为所作出的判决，而变更显失公正的行政处罚这种判决只限于行政处罚，从内容上来说，也是对行政行为有限撤销的一种表现形式。因此，行政判决最重要的基本形式只有两种，即维持判决或撤销判决。与维持判决和撤销判决相对应的就是行政行为的合法和违法，被诉行政行为要么合法，要么违法，二者必居其一。每一个行政机关作出的行政行为都是建立在已收集到的证据基础上，必须以事实为根据，以法律为准绳，即使是违法的行政行为也是错误地认定了事实或错误地适用了法律，并非没有事实及法律适用。如此，以行政作为为例，在行政管理的相对人启动诉讼程序后，行政行为早已完成，行政机关就必须对已结束的行政行为是否合法作出说明，以坚持自己的主张，举证责任自然而然就成了行政机关的义务。在检察机关提起行政公诉后，行政判决的形式并未发生变化，原先由行政机关承担的举证责任同样不发生变化。

五、行政公诉之公诉方败诉责任

在反对行政公诉的理由中，有人提出：如果行政公诉由检察机关提出，而检察机关又不是实体意义上的原告，它不享有任何实体上的权利，一旦行政公诉败诉，这个败诉的责任该由行政管理相对人还是提起公诉的检察机关来承担？其实并不需要这么担心最后责任的承担问题。通常而言，检察机关既然提出行政公诉，应该可以相信一个成熟、理性的检察机关只有在掌握了足够的证据证明行政行为违法以后才会提出行政公诉。退一步讲，如果检察机关确实败诉了，败诉的责任就应该由原来行政行为所指向的行政管理相对人承担。因为败诉的结果充分证明了法院认定行政机关所提出的证据证明其所作的行政行为合法有效，检察机关所提出的证据尚不足以推翻行政行为的合法有效性。如同在刑事诉讼中，检察机关也有败诉的可能性。如果检察机关确实败诉，犯罪嫌疑人即被宣告无罪，而无须检察机关去承担什么败诉责任。那么同理可证，在行政公诉中，原先由行政机关作出的行政行为在具有公定力以后更增添了法院判决的证明力。当然，由行政管理相对人来承担败诉责任的前提就是检察机关在行政公诉中尽到了谨慎义务，并不存在导致败诉的主观因素。

在提起针对抽象行政行为的行政公诉中，由于行政管理相对人是普通的、非特定的公民、法人和其他组织，如果检察机关败诉，那么该抽象行政行为就被确认为合法的行政行为，该抽象行政行为的结果即具有普遍约束力的规定就应得到贯彻执行，根据该规定而实施的具体行政行为也就被认为是具有法定依据的，如果该具体行政行为还具备其他合法构成要件，行政管理相对人就应当履行该具体行政行为所确定的义务。而在提起针对损害公共利益的行政行为的行政公诉中，同样没有直接的行政管理相对人，如果检察机关败诉了，那该行政行为就被确认为并不损害公共利益，该行政行为就应得到执行。但在行政管理相对人起诉不能的案件及社会影响重大、情节复杂的行政案件中，由于存在直接的行政管理相对人，检察机关败诉后的责任就由行政管理相对人承担。由于检察机关提起行政公诉可能在一定程度上排斥了行政管理相对人提起行政诉讼的诉权，而败诉的直接后果又由行政管理相对人承担，这就出现了一个矛盾，即如何保障行政管理相对人的利益和公诉权行使相统一的问题。我们认为，从审判效益和逻辑角度考虑，在检察机关依法提起行政公诉后，法律将不再赋予行政管理相对人再次提起行政诉讼的权利。首先，对行政管理相对人不敢起诉、不愿起诉或在起诉后放弃诉讼的案件，检察机关如果接手了该类案件，就类似于行政管理相对人将诉权委托给检察机关行使。检察机关首先应明确相对人确实是不敢或不愿起诉，必要时还需与行政管理相对人签订协议，以明确相对人的真实意思；其次，检察机关需要在行政公诉的操作实践中把握好重大社会影响、情节复杂的尺度。对属于重大社会影响、情节复杂的案件，提起行政诉讼的诉权已由行政管理相对人转移到检察机关；检察机关败诉后的责任应由行政管理相对人承担，而且行政管理相对人也不得以自己的名义提起行政诉讼，只能通过检察机关提起抗诉和审判监督。

六、行政公诉的特定程序规则

检察机关提起行政公诉作为一种特殊的行政诉讼形式，除了应遵循行政诉讼的一般规则之外，检察机关提起行政诉讼时还应在程序上遵守相应的特殊性规则。这些特殊规则主要有以下几方面。

（一）检察机关应当具有相应的调查取证权

作为公诉机关的检察院同时又是国家的法律监督机关，因而应当享有调查取证的权力。具体地说，检察机关在受理行政公诉案件后，有权向有关单位和个人调查、收集证据，包括询问作为被告的行政机关，还可以询问证人；向取证对象收集书证、物证、视听资料；指派或聘请专家鉴定。当然，检察机关有权取证与行政诉讼中被告承担举证责任原则之间并不矛盾。作为被告的行政机关或其他行政主体仍应该根据法律的规定，对其做出某一特定行政行为的事实和法律依据进行举证。

（二）行政公诉案件应当设置前置程序

具体地说，检察机关在提起行政公诉前，应先行以书面形式通知要求行政机关在一定期限内纠正其违法或不当行政行为，如果行政机关举证纠正，检察机关再提起行政公诉，这样有利于减少行政机关、检察机关、法院的讼累，同时也有利于明确举证责任。[①] 在涉及行政机关对行政相对人的违法行为或不作为的公诉案件，如果检察院不事先通知行政机关并要求其纠正违法或不作为，而直接诉诸法院的话，那么行政机关则完全有可能以它不知道相对人行为违法为借口，推卸其法定的举证责任。

（三）行政管理相对人应追加为第三人

在行政公诉案件中，如果有行政管理相对人的，应该由人民法院追加该相对人作为第三人参加诉讼。这样的规定有利于查明案件事实。

（四）检察机关起诉的级别和管辖规定

为了避免检察机关在行政公诉案件中受到同级地方政府的制约和牵制，诉讼程序应规定，对地方政府提起的行政公诉案件，应由被诉政府的上一级检察机关向同级人民法院提起。

（五）关于行政公诉案件的诉讼费问题

由于行政公诉案件是由作为国家公诉机关的检察机关代表国家向人民法院提起的，因而在这种情形下，检察机关尽管是行政诉讼案件的原告，但是系代表国家行使公权力，而且诉讼的目的是为了国家利益和社会公共利益，故在起诉时，人民法院不应对此类收取任何诉讼费用。

七、相关配套制度的立法与完善

法律制度设计的最终环节就是要通过国家的权力机关或立法机关将相应的制度设计及理论上构想全面贯穿和体现在相应的法律文件之中。本章结合前面对行政公诉制度的研究和制度设计的总体思路，并结合现行的法律规定提出以下几个方面的建议。

（一）行政诉讼的类型化方面的建议

从行政诉讼的功能和行政诉讼的实践出发，结合我国国情，我国的行政诉讼

① 武乾．试论行政公诉［J］．法学评论，1999（5）．

类型可以进一步划分为：①执行诉讼，即现行法律中规定的行政机关请求法院强制执行的诉讼；②国家监督诉讼，具体表现为检察机关提起行政公诉；③其他主体为公共利益的目的提起的行政诉讼，即公民个人或社会团体提起的行政公益诉讼。具体做法是在《行政诉讼法》第二条的规定后面增加一款："行政机关和行政机关工作人员的行政行为违法，侵犯国家权益和社会公共利益的，检察机关有权依照本法向人民法院提起诉讼。"

（二）完善行政公诉机关有关规定的建议

现行《中华人民共和国人民检察院组织法》（下称《人民检察院组织法》）是于1979年制定的，当时的社会背景和法律思想都和现在大不相同，所以许多规定都明显带有局限性，其中对人民检察院职责的规定与《宪法》规定的检察机关是国家的监督机关相一致，但对于民事行政活动的监督完全没有提及。因此，《人民检察院组织法》有必要明确地规定检察机关提起和参与行政公诉的权力，将宪法赋予检察机关的法律监督职权具体化、明确化。具体做法如下：

第一，在《人民检察院组织法》中明确规定检察机关提起行政公诉的权力。在第五条关于人民检察院职责的规定中，将第四项后段"对人民法院的审判活动是否合法，进行监督"删除，因为这一规定定位于"对刑事案件提起公诉，支持公诉"之后，容易令人产生误解，关于检察机关对法院审判活动进行监督的职权应当另列一项规定，即在第四项后增加第五项："对人民法院的刑事审判活动、民事审判活动和行政审判活动进行监督"，原第五项改为第六项，增加规定第七项："代表国家利益和社会公共利益提起行政诉讼，参与有关国家利益和社会公共利益的重要行政诉讼案件。"

第二，将第十五条中"案件"改为"刑事、行政案件"，同时将第十六、十七条中的"案件"改为"刑事案件"，以明其本义，在第十五条后面增加第二款："人民检察院提起行政诉讼，除法律另有规定的外，依《行政诉讼法》规定的程序进行。"①

关于行政公诉机关的规定，应该对现行《行政诉讼法》的第四章"诉讼参加人"进行相应的修改，在第二十四条后增加一条为第二十五条，具体内容是：人民检察院认为行政行为侵害国家利益和社会公共利益的，可以向人民法院提起行政公诉。自然人、法人或其他组织认为行政机关侵害国家利益或社会公共利益的，可以申请人民检察院提起行政公诉。

① 段厚省．再论检察机关提起民事诉讼［J］．上海检察调研，2004（3）．

（三）行政公诉的受案范围方面的建议

从法治发达的国家来看，行政行为可受司法审查是原则，排除司法审查则是例外。相比较而言，我国法律对行政受案范围的规定显得过于狭窄，因此扩大受案范围是我国行政诉讼所要解决的第一个问题，和行政公诉有关的、应扩大的受案范围主要是授益性行政行为和抽象行政行为。

基于上述理由，应把现行《行政诉讼法》第二条中规定的“具体行政行为侵犯其合法权益”改为“行政行为违法”，从总体上确立违法行政行为的一般可诉性，然后再在第二章“受案范围”内以明文规定的方式排除不可诉的行政行为，在不可诉的行政行为范围中删除第二项关于抽象行政行为的规定外，其余仍可沿用《行政诉讼法》第十二条的规定。关于对抽象行政行为提起诉讼方式的问题，可以参照《行政复议法》的相关规定并加以适当改动，增加一条：“检察机关、公民、或其他组织认为行政机关的具体行政行为所依据的下列规定不合法，在对具体行政行为提起行政诉讼时，可以一并向法院提出对该规定的审查：①国务院部门的规定；②县级以上各级人民政府及其工作部门的规定；③乡镇人民政府的规定。”

（四）相关法条设计

综上所述，我们倾向认为，通过对现行《行政诉讼法》的修改来建立我国的行政公诉制度，有关行政公诉制度的法律条文可以做如下设计。

1. 总则部分增加规定：

第　条　公民、法人或其他组织认为行政机关和行政机关工作人员的具体行政行为侵犯其合法权益，有权依照本法向人民法院提起诉讼。

行政机关和行政机关工作人员的行政行为违法、侵犯国家权益和社会公共利益的，检察机关有权依照本法向人民法院提起诉讼。

2. 受案范围部分增加规定：

第　条　人民法院不受理公民、法人或其他组织对下列事项提起的诉讼：

（一）国防、外交等国家行为；

（二）行政机关对行政机关工作人员的奖惩、任免等决定；

（三）法律规定由行政机关最终裁决的具体行政行为。

第　条　检察机关、公民或其他组织认为行政机关的具体行政行为所根据的下列规定不合法，在对具体行政行为提起行政诉讼时，可以一并向人民法院提出对该规定的审查：

（一）国务院部门的规定；

（二）县级以上地方各级人民政府及其工作部门的规定；

（三）乡、镇人民政府的规定。

前款所列规定不含国务院部、委员会规章和地方人民政府规章，规章的审查依照法律、行政法规办理。

3. 管辖部分增加规定：

第　条　行政公诉案件由被诉行政机关所在地的上一级检察机关的同级人民法院管辖。

4. 诉讼参加人部分增加规定：

第　条　检察机关对于侵犯公共利益的案件应当依照本法提起行政诉讼。

自然人、法人或其他组织认为行政行为侵害国家利益或社会利益的，可以申请人民检察院提起行政公诉，人民检察院也可以自己提起行政公诉。

第　条　同提起行政公诉的行政违法行为有利害关系的其他公民、法人或其他组织，应当由人民法院通知其作为第三人参加诉讼。

5. 举证责任部分增加规定：

第　条　被告对作出的违法行政行为负有举证责任，应当提供作出该违法行政行为的证据和所依据的规范性文件。

6. 诉讼程序部分增加规定：

第　条　人民检察院认为行政行为侵害国家利益或社会公共利益的，或者自然人、法人或其他组织认为行政行为侵害国家利益或社会公共利益的，可以申请人民检察院提起行政公诉的，应当向作出行政行为的行政机关提出要求予以纠正的法律、意见或建议，行政机关应当在一个月内予以纠正或予以书面答复。逾期未按要求纠正、不纠正或不予答复的，人民检察院可以提起行政公诉。

第四章 行政公益诉讼制度的建构

尽管我国的行政公益诉讼案件在《行政诉讼法》实施后不久就已经出现，但长期以来没有引起人们的重视。尽管行政公益诉讼案件中原告方屡战屡败，但行政公益诉讼的案件仍然不时为媒体所披露。自从2001年乔占祥诉铁道部车票涨价案①开始，行政公益诉讼的问题就逐渐成为了行政诉讼研究的热门话题之一。2006年4月3日，湖南一位村民委员会主任蒋石林，以一名普通纳税人的身份将

① 国家计委依据铁道部报送的《关于报批部分旅客列车政府指导价实施方案的函》（铁财函〔2000〕253号），于2000年11月下发了《关于部分旅客列车实行政府指导价有关问题的批复》（计价格〔2000〕1960号）［以下简称“批复”］，批准对铁路部分旅客列车运价实行政府指导价，允许客流较大线路和春运、暑运、“五一”、“十一”等主要节假日期间，客运繁忙线路的铁路旅客列车票价适当上浮；允许部分与高速公路平行、竞争激烈及其他客流较少线路列车票价常年下浮，对团体购票旅客、提前购票旅客等实行下浮，同时规定了浮动幅度、审批权限等。并在2000年12月同意由铁道部颁发铁路旅客票价表，作为旅客列车实行浮动票价的中准价（计办价格〔2000〕931号）。铁道部依据国家计委《批复》，发出《关于2001年春运期间部分旅客列车实行票价上浮的通知》（以下简称“铁道部通知”），规定：节前（1月13日至22日）自广州（集团）公司、北京、上海铁路局始发、节后（1月26日至2月17日）为成都、郑州、南昌、上海铁路局始发的部分直通客车票价上浮，其中新型空调列车上浮20%，其他列车上浮30%。除夕，正月初一、初二不上浮。儿童、学生、现役军人、革命伤残军人票价不上浮。乔占祥购买了2001年1月17日2069次从石家庄到磁县的车票、2001年1月22日2069次从石家庄到邯郸的车票。第一张车票比涨价前多支出了5元票价，第二张车票比涨价前多支出了4元票价。据此，乔占祥认为铁道部关于涨价的通知侵害了其合法权益，于2001年1月18日就不服铁道部通知向铁道部申请行政复议，尔后，在铁道部作出维持的复议决定后，并向北京市第一中级人民法院提起行政诉讼，该法院已受理此案。诉讼过程请参阅本章附录一：《北京市第一中级人民法院行政判决书》和附录二：《北京市高级人民法院的判决书》。

所在的常宁市财政局告上了法庭,① 要求人民法院认定该市财政局超出年度财政预算购买两台小车的行为违法，并将违法购置的轿车收归国库，以维护纳税人的合法权益。② 作为一个平凡的农民，蒋石林的举动让大多数人觉得是在多管闲事，因为这些事情可以由人大监督，有党委、政府部门管理，有纪检、司法部门查处，犯不着由一个普通的公民通过法律途径来和国家机关较劲。如此普遍的想法一方面暴露出了我国公民权利意识的淡薄，因为《宪法》第四十一条规定了公民对于任何国家机关和国家工作人员的违法失职行为，有向有关国家机关提出申诉、控告或者检举的权利。以这样的方式对国家机关进行监督是宪法赋予公民的权利，而绝不是像有人想的那样没事找事；另一方面，从蒋石林的案例可以发现在公益诉讼的问题上我国的法律规定上的缺失。首先遭到质疑的是蒋石林是否具

① 2006年4月3日上午，湖南常宁的一位村主任蒋石林，以一名普通纳税人的身份将常宁市（县级市，隶属于湖南省衡阳市）财政局告上了法庭，要求法院认定该市财政局超出年度财政预算购买两台小车的行为违法，并将违法购置的轿车收归国库，以维护纳税人的合法权益。对此，常宁市财政局局长周年贵反问道：如果每个人都起诉，那岂不是给购车的单位带来很多的麻烦？他同时质疑，原告蒋石林是一个农民，现在已经取消农业税，他是否具有纳税人的资格呢？（据4月5日《中国青年报》）蒋石林当年44岁，初中文化，现任爷塘村村民委员会主任，已有两度“民告官”的经历。蒋石林是自己通过法律手段使村主任这顶“帽子”失而复得的。1999年，蒋石林成为爷塘村第一个通过“海选”当选的村主任。2001年，由于蒋不听从荫田镇领导的工作安排，被镇党委、政府宣布免去村主任职务。蒋不服，一纸诉状将镇党委、政府告上法庭，最终法院判决蒋胜诉，他“官复原职”继续任村主任。从此，蒋石林与法律结缘，经常看《宪法》《行政诉讼法》等书籍以及媒体的法制栏目节目。第一次告状是依法争取自己的合法权益，村民们普遍对蒋石林表示理解；这一次状告财政局，村民们则认为蒋石林是“多管闲事”。早在当年1月18日，蒋石林从一位县人大代表处听说常宁市财政局去年“违法购买了两辆小车”一事后，当即给市财政局寄去了《关于要求常宁市财政局对违法购车进行答复的申请》，认为财政局的湘D72783号别克牌小车和湘D72583蒙迪欧牌小车是违法所购，是对纳税人的钱的不当利用。依据宪法有关规定，他有权要求财政局将对此事的处理情况给予答复。2月16日，财政局党组成员、纪检组长雷柏生一行专程到了蒋石林家里，对他的申请材料进行了简单的面对面答复。但是，蒋石林对雷柏生的答复不满意，于4月3日将一纸诉状递到常宁市人民法院，提出了三条诉讼请求：一、确定被告拒不履行处理单位违法购车和给原告答复的法定职责行为违法；二、确认被告在2005年超政府预算超政府小车编制购买两辆豪华轿车，滥用国家税款侵害纳税人合法权利的行为违法；三、依法将违法购置的轿车收归国库，维护财政“管家”的职责。4月10日，经审查，常宁市人民法院立案庭作出了《行政裁定书》并送达蒋石林。《行政裁定书》说：“起诉人蒋石林所诉事项不属于人民法院行政诉讼受案范围，不符合起诉条件，故法院不予受理。”http：//qzfywxt. fyfz. cn/blog/qzfywxt/index. aspx blogid = 398225，最后访问时间：2008年12月30日。

② 洪克非．一名普通纳税人的公益诉讼［N］．中国青年报，2006：4（5）3.

有原告的资格。根据我国现行诉讼法理论，原告必须是合法权益受到侵害的当事人，这样看来，蒋石林的起诉显然是“不适格”的；即使认为财政局的行为确实侵害了蒋石林起诉中所要保护的国家利益或公共利益，但这样的利益究竟是什么、谁又能作为它的代表者等问题是需要明确的。这起案件涉及行政公益诉讼话题。那么，什么是行政公益诉讼，国外的行政公益诉讼是如何开展的，我们应当如何设计我国的行政公益诉讼制度等等，就是本章中需展开探讨的问题。

第一节 行政公益诉讼制度概述

一、公益诉讼中的“公益”及其代表者

在一般意义上，利益就是“好处”。① 它是社会主体的需要在一定条件下的转化形式，表现为社会主体对客体的一种主动关系，构成人们行为的内在动力。利益包含了四个方面的含义：①需要是利益的基础和始因；②利益是主体对客体的一种主动关系；③利益是人们行为的内在动力；④利益具有客观性。② 利益是倾向于给主体带来快乐、幸福或者倾向于减少主体的痛苦和损失的某种事物。③ 利益“是人类个别地或在集团社会中谋求得到满足的一种欲望或要求，因此人们在调整人与人之间的关系和安排人类行为时，必须考虑到这种欲望或要求。”④

“公益”是公共利益的简称，是与私益，即私人利益的对称，可与英文中的“public interest”互译。公益与私益的关系十分紧密，可以说在公私不分的社会中，无公即无私，既无公益，亦无私益，二者是孪生的，但同时也是相对的。只有在社会利益具有公私观念之后才产生公益和私益的问题。正是在这个意义上，孟德斯鸠指出：“公共利益永远是：第一个人永恒不变地保有民法所给予的财产。”“公共利益绝不是用政治性的法律或法规去剥夺个人财产，或是剥夺哪怕是它最微小的一部分。”“公家需要某一个人的财产的时候，绝对不应当用公私合营政治法采取行动；在这种场合，应该以民法为根据。民法的慈母般的眼里，每一

① 现代汉语词典．(2002 年增补版)，商务印书馆，2002：779.
② 张文显．法理学［M］．北京：高等教育出版社，1999：215.
③ ［英］边沁．道德与立法原理导论［M］．时殷弘译．商务印书馆，2000：58.
④ ［美］罗·庞德．通过法律的社会控制法律的任务［M］．北京：商务印书馆，1984：81.

个个人就是整个的国家。"① 边沁也指出，公共利益绝不是什么独立于个人利益的特殊利益，"共同体是个虚构体，由那些被认为可以说其成员的个人组成，那么，共同体的利益便毫无意义"。② 早在罗马时代，著名法学者西塞罗就提出了"公益优先于私益"的名言，其影响迄今仍然十分明显。但对于究竟什么是公共利益的概念，法学界一直没有达成共识。甚至有学者明确拒绝公共利益这一概念具有任何独立的意义。③ 公益概念之所以没有一个统一的标准，在于其概念内容的不确定性。这种内容的不确定性，主要表现在其利益主体的不明确和利益内容的不确定和不具体。但仍然有学者认为，公共利益中"公共"判断标准至少要具备两个标准：一是非隔离性，即开放性，任何人在任何时候都可以自由加入，没有特别条件限制，并且不封闭也不专门为个人保留；二是在数量上必须达到一定的多数。④ "任何公共利益，因非常抽象，可能人言人殊。"⑤ 笔者认为公共利益应包含有机统一的两个方面：普遍性的个体利益和社会共同体的利益。其中，由于个体之间的同一性和差异性，个体利益又可以分为普遍性的个体利益和个别化的个体利益。而社会共同体的利益也包含了两层含义：第一层为社会公共利益，即为社会全部或部分成员所享有的利益；第二层是指国家利益。个体利益和社会共同体利益之间在大多数情况下是可以区分的，而在某种个人利益具有社会普遍性的情况下，个人利益就成为社会公共利益而不仅仅是个人利益。

公共利益是人们对社会文明状态的一种愿望和需要，它包括：①公共秩序的和平和安全；②经济秩序的健康、安全及效率化；③社会资源与机会的合理保存和利用；④社会弱者利益（如市场竞争社会中的消费者利益、劳动者利益等等）的保障；⑤公共道德的维护；⑥人类朝文明方向发展的条件（如公共教育、卫生事业的发展）等方面。⑥ 我们认为，公共利益是经过对共同体内成员的个体利益的整合而形成的共同体成员共同的利益，是能够满足共同体成员社会合作的需要和其他各项共同需求的现实客体。⑦ 作为公共利益应当具有五个方面的基本特征：

---

① 孟德斯鸠．论法的精神（下）［M］．张雁深译．北京：商务印书馆，1963：190.

② ［英］边沁．道德与立法原理导论［M］．时殷弘译．北京：商务印书馆，2000：58.

③ ［美］布坎南·戈登·塔洛克．同意的计算——立宪民主的逻辑基础［M］．陈光金译．北京：中国社会科学出版社，2000：14.

④ 陈恩仪．论行政法上公益原则．城仲模．行政法之一般原则［C］．中国台湾三民书局股份有限公司，1997：158－159.

⑤ 陈锐雄．民法总则新论［M］．中国台湾：三民书局，1983：913.

⑥ 孙笑侠．论法律与社会利益［J］．中国法学，1995（4）

⑦ 杨临宏等．行政法学新领域问题研究［M］．昆明：云南大学出版社，2006：6.

第一，公共利益具有不明确性的特点。主要体现在：主体不明确性、受益对象不明确、概念内容不明确、享受时的开放性。

第二，公共利益具有非营利性的特点，即公共利益不得直接或间接地以营利为目的，任何有商业利益包含于其中的利益都不是公共利益。

第三，公共利益具有优先保障性的特点，即当个体利益与公共利益发生冲突时，公共利益一般应获得优先保障。

第四，公共利益为社会直接享有。只有社会成员都能够直接享有的利益才属于公共利益。社会成员不能直接享有的利益不能作为公共利益。

第五，公共利益具有社会共享性，即公共利益是开放性的，在享受时不能被某个特定的主体所垄断，而应当由所有的成员所享受。①

谁是公共利益的主体？如果说公共利益是组成社会的全体个人的利益总和，并且公共利益的受益者又是全体个人，那么这一概念本身就是没有意义的法律概念。如果说公共利益是一种独立于个人之外的利益形式，那么，其代表者又是谁呢？是否有脱离个人而存在的"公共"？在权力形式上，公共利益的代表者可以是公民个人、法人、利益阶层或国家。这些主体要成为公益的代表者，必须能够代表公益。具体而言，个人作为公共利益的代表者必须是其自身的个体利益具有社会公共性，即一种普遍性而非特殊性、一种全局性而非局部性、一种大众性而非个人性的个别化的个人利益能够转化为普遍性的社会公共利益；法人作为公共利益的代表者，特指以谋求社会公共利益为目的而设立的法人，如教育机构、学术团体、宗教组织、慈善机构、工会、保护消费者机构、动物保护协会等。公益法人的成立，须具备以公益为目的的积极条件。如果兼具公益和营利目的者，则不是公益法人，而系营利法人；国家作为公共利益的代表者是通过国家的特设机关实现的，如我国的检察机关和外国公益诉讼中的检察官等。国家特设机关提起诉讼，不仅能够使侵害社会公共利益的行为处于严密的监督和有效遏制之下，维护公民、法人和国家的经济利益，还可以"最大限度上保证起诉标准的统一公正，避免私人起诉可能产生的报复和滥诉弊端，实现诉讼的效率与效益"。②

二、公益诉讼的概念和起源

（一）公益诉讼的概念

公益与私益相对应，诉讼包括公益诉讼与私益诉讼。公益诉讼是指与自己没

① 杨临宏等．行政法学新领域问题研究［M］．昆明：云南大学出版社，2006：7.
② 韩志红．我国检察机关应当有权提起民事诉讼［J］．南开大学学报，2000（5）．

有直接的利害关系，诉讼针对的行为是社会公共利益，而没有直接损害原告的利益。① 具体而言，公益诉讼，一般指特定的国家机关和相关的团体组织和个人根据法律的授权，对违反法律、法规并侵犯国家利益、社会利益和不特定多数人的利益的行为，向法院提起诉讼，由法院依法追究其法律责任的活动。简而言之，公益诉讼就是因公共利益发生纠纷而引发的诉讼，私益诉讼就是因私人利益发生纠纷而引发的诉讼。公益诉讼是社会运用诉讼方式维护公益的活动。根据诉讼方式和适用程序的区别，可以将公益诉讼分为民事公益诉讼、刑事公益诉讼和行政公益诉讼等类型。②

（二）公益诉讼的起源

公益诉讼起源于罗马法，在罗马程序式诉讼中，有私益诉讼和公益诉讼之分。私益诉讼是“保护个人所有权诉讼，仅特定人才可提起；公益诉讼用以保护社会公共利益，除法律有特别规定外，凡市民均可提起。”③

意大利法学家彼德罗·彭梵得亦指出：“人们称那些为维护公共利益而设置的罚金诉讼为民众诉讼，任何市民均有权提起它。受到非法行为损害或被公认为更为适宜起诉的人具有优先权。”④ 古罗马的任何市民都可以代表集体直接起诉以维护社会公共利益。

也有称公益诉讼为民众诉讼的。如保罗在《学说汇编·论告示》第八编中说：“维护民众自己权利的诉讼被称为民众之诉。”在《论告示》第一编中说：“如果数人同时提起民众之诉，执法官应选择其中最适当的。”在《论告示》第四十一编中说：“提起民众之诉的人并不被认为会变得更富。”⑤ 还有称公益诉讼为公共诉讼的。如马切尔在《学说汇编·论公共诉讼》第一编中说：“并非一切指控犯罪的诉讼均为公共诉讼，只有那些由有关公共诉讼的法律加以调整的诉讼才

① 梁慧星．关于公益诉讼［J］．载吴汉东主编．私法研究（2），北京：中国政法大学出版社，2002：361.

② 董成威．公益诉讼的概念［J］．载审判监督指导与研究（2002 年第 3 卷），北京：人民法院出版社，2002.

③ 周枏．罗马法原理［M］．北京：商务印书馆，1996：887.

④ ［意］彼得罗·彭梵得．罗马法教科书［M］．黄风译．北京：中国政法大学出版社，1992：92.

⑤ ［意］桑德罗·斯奇巴尼．司法管辖权审判诉讼［M］．黄风译．北京：中国政法大学出版社，1992：37.

是公共诉讼。”①

古代罗马法中的公益诉讼有如下特点：①公益诉讼的原告可以是不特定的人，既可以是无利害关系的人，也可以是有利害关系的人。如果原告有多人，由法官选择的适宜人选作为原告。②原告起诉的目的不是为自己的利益，而是为维护社会公共利益、维护法律的尊严及社会公正。③原告可以起诉的违法行为范围较宽泛，既有民事侵权行为，也有其他违法行为、犯罪行为。④原告在胜诉后可以受到奖励，而不是得到赔偿。⑤公益诉讼的作用是对国家机关执法的补充，而不是取代国家机关的执法。当然，在罗马法时代只有具有罗马公民资格的人才能担任原告，原告的范围并不是很广泛的。②

（三）公益诉讼与私益诉讼的区别

前已述及，公益诉讼是相对于私益诉讼而言的，虽然二者都同为解决纠纷的方式，“没有私益保护机制，保障公益就很难谈上，同样，缺乏公益保护机制也不利于私益的保障。对公共利益的保护不仅有助于促进私益的发展，而且也是实现私益的一个极其重要的途径”。③ 两者的关系是十分密切的，然而，两者毕竟是性质不同的诉讼形式，所以具有明显的区别。两者的区别如表4－1所示：

表4－1

	行政公益诉讼	民事公益诉讼
目的	维护公益	维护私益
功能	既有事后救济性，也有事前预防性	事后救济
主体地位	与案件没有直接利害关系	必须与案件有直接利害关系
诉讼针对者	行政机关	平等民事主体

（四）公益诉讼的基本形式④

纵览各国公益诉讼制度的研究，总的来说，公益诉讼主要呈现出以下几种

① ［意］桑德罗·斯奇巴尼．司法管辖权审判诉讼［M］．黄风译．北京：中国政法大学出版社，1992：91.

② 李刚．外国公益诉讼立法之比较（一）［EB/oL］．载中国公益诉讼网（http：//www. pil. org. cn/article_ view. asp？uid＝5），最后访问时间：2008年8月28日.

③ 高玉珍．论公益诉讼与私益诉讼的关系［J］．社会科学论坛，2007（7）.

④ 本部分内容重点参考了肖建国．民事公益诉讼的基本模式研究——以中、美、德三国为中心的比较考察［J］．中国法学，2007（5）.

形式：

1. 集团诉讼

集团诉讼是美国的法律专家创造出来的颇具特色的成果。其真正价值在于对大众侵权的制约。在集团诉讼中，个人作为原告并不是为了自己，而是要求赔偿集团所属的全部成员所受的损害。比如，因轻信虚假的招股说明书而提起的证券集团诉讼，纳税人因被迫交纳超额的地方税金而提起的税务集团诉讼，消费者因受商业欺诈提起的集团诉讼等。通过这一机制，成百上千人的合法权利从理论上可以由一名义上的原告来代表，然后整个政府项目、机构或公司等都被卷入诉讼，他们运作经营的合法性在诉讼中被质疑并被裁判。集团诉讼的原告们不仅已成功地对诸如飞机失事和建筑物坍塌等“大众事件”进行了侵权集团诉讼，而且也在那些囊括上万人的涉及有害物质的大众侵权案件中，如在石棉和烟草领域的集团诉讼中取得成功。

集团诉讼有效地使公共利益得到了保护。在这一机制中，私人诉讼作为执行公共法律的方法之一，当涉及众多的小额请求时，私人诉讼的目的并不在于获得损害赔偿或是对于个人权利的维护，而更多甚至全部在于通过使作出不当行为的人付出代价，从而为社会的福利作出贡献。也就是说，震慑和改变不当行为人是其主要目标。

在欧洲，类似于美国集团诉讼的是团体诉讼，通过团体提起诉讼来保护社会利益是近年来欧盟国家的一个显著趋向。

2. 告发人诉讼

告发人诉讼是在英美法系国家实行的一种诉讼形式。这是一类允许个人或实体代表政府起诉不法行为人的诉讼。在提起告发人诉讼后，如果胜诉，则该私人告发人可获得对赔偿额的分配。

3. 实验案件诉讼

实验案件是当事人为确定一项重要的法律原则、法律权利或法律的合宪性而提起的诉讼。这种案件形式在普通法国家和大陆法国家都有。从起诉权的实际获得上看，在欧盟国家中，对于实验案件仍然存在类似于团体诉讼中的障碍，仅限于某些机构，如维也纳种族和排外监控中心被授权提起实验案件。

由于实验案件诉讼大多涉及对现有法律的突破，因此，无论是在欧盟国家还是在美国，实验案件的诉讼期限都特别长，而且它的目标非常明确，即获得全社会的关注，从而通过诉讼来促进社会改革。在美国，某些有计划的法律改革甚至是通过实验案件来进行的。

（五）公益诉讼的形态

公益诉讼形态是指公民、法人和其他组织可以提起公益诉讼请求救济并且法院仅在法定的裁判方法范围内裁判的诉讼种类。公益诉讼种类直接与当事人的起诉条件、法院的审理规则和权限以及判决之机会和法院裁判方法之加强或抑制相联系。从一系列的公益诉讼案件来看，较典型的公益诉讼主要包括以下几种：

1. 环境与资源保护诉讼

环境与资源保护诉讼是伴随着环境权这一新兴的公民权利的发展而出现的。由于环境权所具有的整体性和共有性，以及环境行为的公害性，决定了侵权行为人只要侵犯了某一个公民的环境权，就意味着侵犯了群体的环境权和一定的社会利益。因此，有人认为："环境权是一种公益权。因为环境权是环境危机的产物，它所保护的是公共利益，具有公益性，任何只具有自益性的私权都不可能属于环境权。"①

2. 反垄断诉讼

反垄断具有明显的社会性质。在反垄断诉讼中，诉讼形式一般分为两类：一是个别合法经营者和消费者单独提起诉讼；二是竞争者和消费者以群体形式提起诉讼。其中由个别消费者单独提起的公益诉讼具有更强的公益性。

原中国政法大学法学硕士郝劲松，从2004年8月开始，他在不到一年的时间里，一口气与北京铁路分局和北京地铁公司打了六场官司：2004年8月因在火车上买了3元钱矿泉水不开发票向北京一中院提起诉讼；9月向北京市西城区法院提起诉讼，原因是北京地铁大望路站与王府井站厕所不开0.5元发票；2004年9月17日乘坐T109次北京至上海旅客列车时，在餐车消费100元索要发票未果，10月28日向北京铁路运输法院提起诉讼；2004年11月5日在北京站购买到丰台的2.5元火车票，在退票时被收取2元退票费无正式发票，11月8日向北京市东城区法院提起诉讼；北京地铁复八线站内无厕所而存在设计缺陷，乘客被迫使用收费厕所，起诉并责令地铁主管部门作出书面解释，同时要求退还0.5元入厕费，2004年12月4日向北京市西城区法院提起诉讼；最近一场官司是2005年2月5日乘坐北京至太原的N275次列车，在购买水果、袜子和纪念章时索要发票未果，

① 王蓉等．创新环境资源法学、共建绿色新千年——中国法学会环境资源法研究会2000年年会综述［J］．法学评论，2001（3）．

2 月 18 日向北京铁路运输法院提起诉讼。①

3. 消费者权益保护诉讼

2004 年 8 月，天津的消费者李继成提起一场公益诉讼，认为可口可乐生产的“健怡可乐”中加入了受管制的精神药品“安钠咖”。该市民称“健怡可乐”标明的配料中含有咖啡因和苯甲酸钠，而这两者的混合物正是国家严格管制的一类精神药品“安钠咖”，“安钠咖”已被公安部列为新型廉价毒品。诉讼要求“可口可乐”退还购买“健怡饮料”的价款 1.8 元，并赔偿精神损失费 1 元。②

作为社会主体的消费者由于信息不对称等原因，虽身为“上帝”，但比起生产者和经营者，一般处于弱势地位。但消费者的权益涉及每个公民的基本和重要的权益，必须受到有效的保护。如果消费者的纠纷得不到很好的解决，会使消费者对市场失去信心，导致市场经济的恶性循环。另外，消费者的认可和信任是企业重要的无形资产，也是良好的市场秩序和道德环境的要求，如果消费者的纠纷得不到解决或投诉无门，企业的名誉就会受到影响，企业就会遭受更大的损失，从而影响市场的正常运行。

4. 国有资产流失诉讼

国有资产流失是指国有资产的经营者、占用者、出资者、管理者出于主观故意或者由于过失，违反法律、法规及国家有关国有资产管理、监督、经营的规定，造成国有资产损失，或者使国有资产处于流失危险的行为。国有资产是属于全部公民的财产，对国有资产的破坏、侵犯，最终是损害广大民众的利益，因此，国有资产应当纳入公益诉讼的保护范围。③

（六）公益诉讼的基本特征

从实质上而言，公益诉讼无论是在英美法系还是大陆法系国家，都有一些最基本的特征。从上述定义中可以看出，公益诉讼具有几个基本的特征：

第一，公益诉讼的主体具有广泛性。由于公益诉讼的主体不限于直接利害关系人，只要行为人实施了侵权行为，法律规定的主体（包括合法权益受到不法侵

---

① 山西“刁民”七次状告垄断业 公益诉讼乐此不疲［EB/oL］. 载山西新闻网（http://talking.daynews.com.cn/jbftpd/hjs/286756.html），最后访问时间：2008 年 8 月 28 日.

② “安钠咖”健怡可乐还能喝吗？［EB/oL］. 载新华网（http://news.xinhuanet.com/health/2004-09/03/content_1940875.htm），最后访问时间：2008 年 8 月 28 日.

③ 韩志红，阮大强. 新型诉讼——经济公益诉讼的理论与实践［M］. 北京：法律出版社，1999：24.

害者和其他无直接利害关系的公民、法人、机关或其他组织）均可提起诉讼。

第二，从公益诉讼的目的而言，无论是检察机关提起的公诉，还是私人提起诉讼，目的都是为了维护公共利益、国家利益和社会整体利益。与维护个人和组织自身的合法权益的私益诉讼相比，公益诉讼的诉讼目的是为维护公共利益。通过对公民、法人和其他组织的授权，法律赋予了合法的权利主体相应的诉讼权利，通过法院经过法定程序查明事实，正确适用法律，确认权利义务关系并对违法行为做出裁判，以保护国家利益和社会公共利益。起诉者的目的是通过提起公益诉讼，即通过司法程序阻止某些机构、法人、公民或个人的行为侵害公共利益，进而建立和维护良好的社会秩序。正如梁慧星教授所指出，公益诉讼针对的行为损害的是社会公共利益，而没有直接损害原告的利益，因而与起诉人自己没有直接利害关系。所谓“没有直接损害”一语，在这里要作狭义的解释，只是指没有“直接损害”。因为，损害社会公共利益的行为最终是会损害个人的利益，公共利益与个人利益有天然的联系。①

第三，与传统的原告适格理论完全不同的是公益诉讼中的原告可以是与侵害后果无直接利害关系的任何组织或个人，既可以是直接受到违法行为侵害的社会组织或个人，也可以是没有直接受到违法行为侵害的社会组织或个人。当事人适格理论起源于德国，“当事人适格是指特定的诉讼，自己可以成为当事人的资格”。② 公益诉讼对传统的当事人适格理论的一种突破。传统当事人理论采取的是“实体权利人”的概念和标准，认为进入诉讼的当事人必须与案件有直接利害关系，其着眼点就是实体权利的有否，强调当事人与实体主体具有同一性方为适格。而在公益诉讼中，只要违法者的违法行为侵害了国家利益或侵害了社会管理秩序，对国家或不特定的人的合法权益构成损害或具有损害的潜在可能，任何组织和个人都有权利代表国家起诉违法者，以保护国家利益和公共秩序。无任何直接利害关系的人之所以有权起诉违法侵犯国家利益、社会利益的行为，是因为从宪法层面上说，起诉人是国家的主人，管理国家事务、管理社会事务是宪法赋予人们的权利，而维护国家利益又是公民的基本义务。同时，国家、社会、个人或组织的利益从根本上说是一致的，三者关系是互相依存的，不可能绝对的分割开来，侵犯了国家或社会的整体利益，个人和组织的个体利益也必然受到侵害。因

① 梁慧星．关于公益诉讼［J］．载吴汉东《私法研究》（第2卷），北京：中国政法大学出版社，2002：361.

② 李长春．民事公益诉讼原告的多元化［J］．湖南文理学院学报（社会科学版），2004（1）．

此，保护了国家利益、社会利益也就维护了个体利益。

第四，在诉讼标的上，公益诉讼的前提既可能是因为违法行为所造成的现实的损害，也可能是违法行为还未造成现实的损害。传统的民事诉讼、行政诉讼和刑事诉讼一般都必须以已经发生了现实的损害为依据，而公益诉讼的成立及最终裁决则并不要求一定要有损害事实发生，只要存在违法行为，不论其是否已给国家、组织或个人带来损失，都可以被起诉并经审理作出判决，由违法者承担相应的责任。这样做是因为违法行为的对象是国家或社会的公共利益，会给国家和社会带来严重的损害，其损害的强度和广度也一定巨大，而诉讼的目的不是一定要在损害发生以后再起作用，因此如能防微杜渐，尽可能地将违法行为消灭在萌芽状态，就能更加有效地保护国家利益和社会公共利益。

第五，公益诉讼在具体的原则和制度方面也有其特殊性，如它对处分原则有过多的限制。对当事人能否处分程序，究竟能够处分“什么”都需要与许多国家宪法所保障的一般自由裁量权等基本权联系起来考虑。不过，这种基本权也要服从于宪法上的限制。

三、行政公益诉讼

（一）行政公益诉讼的含义

对于什么是行政公益诉讼，理论界一直存在分歧。具有代表性的观点有如下几种：

有学者认为，行政公益诉讼，是指同被诉行政行为无法律上的利害关系的公民、法人或其他组织（包括公诉机关）以与自己的法律上的利益无关的资格提起的，直接以公共利益的维护为目的的行政诉讼。①

有学者认为，行政公益诉讼，严格而言是指公民、法人其他组织认为行政机关的违法行政行为侵害了社会公共利益，在法律法规赋予诉权的情况下，以自己的名义提起行政诉讼的一种诉讼类型。相当于美国的纳税人诉讼、日本的民众诉讼等。②

有学者认为，行政公益诉讼是指特定当事人认为行政机关的行政活动侵犯公共利益，依法向人民法院提起行政诉讼的法律制度。③

有学者认为，行政公益诉讼，是指公民对与自己无直接利害关系的行政机关

① 谢红星. 公益行政诉讼初探［J］. 湘潭工学院学报（社会科学版），2001（4）.
② 龚雄艳. 我国应该建立行政公益诉讼制度［J］. 法学杂志，2001（6）.
③ 解志勇. 论公益诉讼［J］. 行政法学研究，2002（2）.

的不作为或不适当的作为而侵害社会公共利益的行政行为而提起的诉讼。[①]

有学者认为，行政公益诉讼是指当行政机关违法行为或不作为对公共利益造成侵害或有侵害之虞时，法律容许无直接利害关系人为维护公共利益而向人民法院提起行政诉讼的制度，是针对国家公权机关的作为或不作为提起的诉讼。[②]

有学者认为，行政公益诉讼是指公民、公益性团体和特定的国家机关认为行政主体的违法行为侵犯国家、社会公共利益，根据法律授权而向法院提起行政诉讼的制度。[③]

有学者认为，行政公益诉讼是指公民和社会组织以及检察机关认为行政主体的行政行为侵犯了公共利益，依法向法院提起诉讼，法院对被诉讼行政行为依法审查并作出相应裁判的活动。[④]

有学者认为，行政公益诉讼是指当行政机关违法作为或不作为对公共利益造成侵害或有侵害之虞时，公民、法人、其他组织（或称非法人组织、非法人团体）以及检察机关为维护公共利益而向法院提起的行政诉讼。[⑤]

有学者认为，行政公益诉讼具有广义和狭义两种含义。广义的行政公益诉讼是指当行政机关的违法行为或不作为对公共利益造成侵害或有侵害的危险时，法律规定由无利益关系的主体，如个人、法人或其他组织，为维护公共利益而向法院提起行政公益诉讼的制度。狭义的行政公益诉讼是指行政机关实施的违法行为或不作为严重侵害了国家利益或社会利益，而又无具体受害人，或者受害人是不特定多数人的情况下，由机关（检察机关）代表国家和社会公共利益提起公益行政诉讼的制度。[⑥]

从上述列举的各种有关行政公益诉讼的定义中，我们不难发现学者们关于行政公益诉讼的观点除了表述上的差异外，最大的区别有两个：一是对公益的理

---

① 韩良良，李磊．行政公益诉讼制度探析［J］．河南高等商业专科学校学报，2002（5）．

② 蔡虹，梁远．也论行政公益诉讼［J］．法学评论，2002（2）．另外，张明华在《行政公益诉讼制度探讨》一文（载《重庆社会科学》2003 年第 2 期）；叶明蓉在《我国行政公益诉讼的障碍分析及现实选择》一文（载《律师世界》2003 年第 12 期）等中有相同的认识。

③ 凌代郡．行政公益诉讼初探［J］．安徽工业大学学报（社会科学版），2003（5）．

④ 黄学贤．行政公益诉讼若干热点问题探讨［J］．法学，2005（10）．

⑤ 杨海坤，章志远．行政诉讼专题研究述评［M］．北京：中国民主法制出版社，2006：635．

⑥ 胡建淼．行政诉讼法修改研究——《中华人民共和国行政诉讼法》法条建议及理由［M］．杭州：浙江大学出版社，2007：78．

解；二是对原告人范围的认识。因此，如果人们关于行政公益诉讼方面能够在这两个方面达成共识，将对构建符合我国实际的行政公益诉讼制度产生十分积极的影响。我们认为，公益关系到社会公众的利益，因此，维护公益人人有权，也人人有责，但主要责任应当在国家。基于此，我们认为，所谓行政公益诉讼是指具有独立法律地位的公民、法人或其他组织以及法定的国家机关，为了保护社会公共利益免遭行政权力的侵害而依法向人民法院提起的行政诉讼。

（二）行政公益诉讼的特征①

第一，从诉讼的起因看，提起行政公益诉讼是行政权力已经或可能给公益造成现实或潜在的损害。

第二，从起诉的主体看，行政公益诉讼中原告具有不确定性，但被告具有确定性。由于社会公众的利益受到侵害，除了国家机关外，权利直接或间接受到侵害，甚至权利未受到侵害的公众的、个人及公益组织都有提起诉讼的权利，原告的主体范围十分广泛，而造成损害的侵害人却是特定的。②

第三，从原告与所受侵害的利益关系看，非直接利害关系人作为提起公益诉讼的主体。为了使公益获得司法保护，即让公益具有可诉性，没有必要要求原告必须与本案有直接利害关系，因为，原告与公益之间如果具有直接的利害关系，则公益即可具体化为私益，这种诉讼也就不再是公益诉讼，而是普通行政诉讼，因此而应将原告的范围尽可能地扩大。③ 正如印度最高法院大法官 Bhagwaiti 所言：“在一个由于国家或公共当局的行为或疏忽对公共利益造成损害而没有对个人或特定的阶层或群体造成特殊的损害的案件中，谁有权提起一个维护法治、宣告违法行为无效或要求履行公共职责的诉讼？在公益诉讼中，诉讼承担的目的是为了补救公共损害，强制实施公共职责，保护社会的、集体的、扩散的权利或利益，

① 也有学者认为行政公益诉讼的特征包括起诉人往往是与被诉行政行为无直接利害关系的人；诉讼的对象是公共权力部门，侵害公共利益的或有侵害可能的公权力行为；诉讼的目的是为了维护公共利益；诉讼的功能具有明显的预防性质；判决的效力未必仅限于诉讼当事人等一个方面。参阅黄学贤，王太高．行政公益诉讼［M］．北京：中国政法大学出版社，2008：42－47.

② 胡建淼．行政诉讼法修改研究——《中华人民共和国行政诉讼法》法条建议及理由［M］．杭州：浙江大学出版社，2007：77.

③ 因为直接利害关系人是当然的适格主体。原告对侵害自身利益的行为具有完全的诉权，法院理所当然必须受理。而行政权力在侵犯私人利益的同时可能侵犯公共利益或有侵害公共利益的可能性，法律允许原告以利益相关人身份为公共利益提起诉讼，这样就可以增强公民社会责任感和维护公益的意识。

或者维护公共利益。任何公民，只要是出于诚信，或者对争议的主题有‘充分利益’，就应当被授予诉讼资格。"①

第四，从诉讼的标的看，行政公益诉讼既可能是违法的公权力行为（包括作为和不作为、具体行为和抽象行为）造成现实的损害，也可能是尚未造成的损害，允许提起行政公益诉讼能够尽可能地减轻违法行为所带来的财产、生命损失，有利于将违法行政行为纠正于萌芽状态，最大限度地保护社会公众生命权、自由权、财产权及其他合法权益。因此，行政公益诉讼的功能具有一定的预防性质。

第五，从诉讼目的看，行政公益诉讼的目的可以有两种：一是包括维护自身利益的同时自愿、自觉地维护公共利益；二是不考虑自身利益，纯粹是为社会公益而诉。因此，行政公益诉讼的目的，从主总体上来讲是维护公共利益。

四、行政公益诉讼与民事公益诉讼的区别

行政公益诉讼与民事公益诉讼都同属于公益诉讼的范畴，具有一些共同点，但同时也具有明显的区别。行政公益诉讼之所以被从公益诉讼中分离出来作为一种特有的诉讼种类，是因为：

第一，从诉讼当事人的地位看，行政公益诉讼中当事人地位不平等，被告方是有关行政主体。

第二，从当事人承担的责任性质看，公益行政诉讼中当事人承担的责任主体是行政责任。

第三，从产生诉讼的法律关系看，公益行政诉讼中当事人之间的法律关系属行政侵权和国家赔偿法律关系的范畴。

第四，从诉讼中的举证责任看，公益行政诉讼中遵循谁主张谁举证的原则。

第五，从诉讼的目的看，公益行政诉讼中的目的是通过当事人的参与与法院的介入，以督促法律的正确执行，并通过告知义务的履行，调和相对人参与执法程序及行政机关执法的弹性，而不是单纯保护。②

综上所述，行政公益诉讼与民事公益诉讼具有如下几个方面的异同（见表4－2）：

---

① 转引自黄学贤，王太高．行政公益诉讼研究［M］．北京：中国政法大学出版社，2008：43.

② 胡建淼．行政诉讼法修改研究——《中华人民共和国行政诉讼法》法条建议及理由［M］．杭州：浙江大学出版社，2007：77.

表 4－2

内容 / 诉讼性质	起源	起诉主体	功能	性质	诉讼程序	损害后果	被告	争议的法律关系
行政公益诉讼	古罗马程式诉讼	公民、公益组织或特定的国家机关	维护公益	行政诉讼	行政诉讼程序	客观后果与现实威胁	行政主体	行政法律关系
民事公益诉讼	古罗马程式诉讼	公民、公益组织或特定的国家机关	维护公益	行政诉讼	民事诉讼程序	客观后果与现实威胁	非行政主体	民事法律关系

五、行政公益诉讼比较分析

（一）国外及我国台湾地区的行政公益诉讼制度

尽管公益诉讼在古罗马时期就已经形成，但真正在国外及我国台湾地区全面发展起来是在第二次世界大战之后。

1. 美国行政公益诉讼

现代公益诉讼的创始国是美国。公益诉讼在美国被称为公共诉讼。是以“私人检察总长理论”为基础发展而来的。“私人检察总长理论”产生于美国 1943 年的“纽约州工业联合会诉伊克斯案”。①《美国法典》规定：检察官在涉及联邦利益等七种民事案件中，有权参加诉讼。其中包括检察官有权对所有违反 1890 年的《谢尔曼法》或 1914 年的《克莱顿法》而引起的争议提起公诉。根据《美国地区法院民事诉讼法规》第十七条规定：在法定情况下，个人和社会团体在保护别人利益的案件中也可以以美利坚合众国国家的名义提起诉讼。典型的有相关人诉讼、职务履行令请求诉讼和别人禁止令请求诉讼。相关人诉讼是指当司法部长决定不亲自起诉违法行为时，私人可以以司法部长（或国家或州）的名义起诉。如《美国联邦采购法》规定：任何人均可代表美利坚合众国对政府采购中的腐败和有损于美国公众利益的行为提起诉讼，诉讼获胜之后，可以在诉讼收益中获取相应比例作为回报。1863 年颁布的《反欺骗政府法》中规定任何个人或公司在发现

① 王名扬．美国行政法［M］．北京：中国法制出版社，1995：627.

有人欺骗美国政府、索取钱财后，有权以美国的名义控告违法的一方。① 职务令请求诉讼是指法律允许私人在公职人员来履行其义务的时候，以市民的身份并根据其义务的具体内容向法院提起请求发布职务履行令的诉讼；禁止请求诉讼是指纳税人以其纳税人身份提起请求禁止公共资金违法支出的诉讼。

2. 英国行政公益诉讼

行政公益诉讼在英国称为以公法名义保护私权之诉。

英国行政公益诉讼的基本特点：一是起诉主体的广泛性，与一般行政诉讼制度相比，行政公益诉讼中的原告并不局限于具体的合法权利或财产受到损害的特定人（即任何公民、社会组织及特定国家机关均可以原告身份对违法行政行为向法院提起诉讼，检察机关作为国家公诉机关也可以提起公益行政诉讼）；二是利益关系的不特定性，即违法行政行为侵害的对象是公共利益，对普通民众往往只有不利影响，而无直接利益上的损害；三是可诉对象的双重性，即可以提起行政公益诉讼的违法行政行为，不仅包括行政主体作出的只对特定行政相对人发生效力的具体行政行为，也包括不针对特定行政相对人但却侵害了公共利益的抽象行政行为。②

在20世纪以前，由于恪守“无利益即无诉讼”的传统观念，“除非某个人有着自己的个人冤情，否则，法院是不愿意让任何人跨进自己大门的。一般来讲，一个人必须指出他自己的哪些合法权利受到了侵犯或哪些财产受到侵害，他仅是成百或成千的受害者之一，他就没有足够的资格来法院起诉。”③ 可见，在法律传统中英国十分重视个人的权利和自由，但同时也从法律上保护公共利益。

在英国，检察总长代表国王，享有阻止一切违法行为的权力，而且有权依照职权为公共利益而主动请求对行政行为进行司法审查。从法律说，检察总长可以依职权独立行动，但在实践中检察总长一般只应请求人的请求才会采取行动。一般情况下，只有检察总长可以代表公众提起诉讼以倡导公众利益，阻止公共性不正当行为。检察总长参与行政诉讼的方式有两种：一是由检察总长或者由其授权的检察长对行政机关因滥用行政权力而侵害社会公共利益的行为，代表公益直接提起行政诉讼，要求法院发布阻止令或作出确认判决；另一种是由公民告发的行

① 赵许明．公益诉讼模式比较与选择［J］．比较法研究，2003（2）．

② 王学成．英国的行政公益诉讼制度及其启示——兼论我国行政公诉制度的建立［J］．政法学刊，2004（5）．

③ ［英］丹宁勋爵．法律的训诫［M］．杨百揆等译．北京：法律出版社，1999：125.

政诉讼，经检察总长或者是由其授权的检察长审查核实后，可以授权公民以检察总长的名义提起诉讼。但有以下例外：其一，在不正当行为已直接使自己的利益受损或可能受损，而检察总长又拒绝行使其起诉权时，经检察总长同意私人可以提起诉讼，但其目的不是为了其自身而是为了一般公众的利益。其二，英国的《污染控制法》规定："对于公害，任何人都可提起诉讼。"其三，某些组织经检察长同意可以提起环境公共卫生群体诉讼。其四，英国法也赋予某些机构如英国的平等委员会及某些特别公职人员如公平交易局局长等以特别诉权，以维护社会公共利益。这正如韦德所指出："用公法名义保护私权之诉（relator action）是指检察总长在别人要求禁止令或宣告令或同时请求这两种救济时，为阻止某种违法而提起的诉讼。通过为此而出借他的名字，检察总长使得禁止令和宣告令这些基本上是用于捍卫私人权利的救济转而成了保护公共利益的公法救济。这样它们便获得了混合特性公法这一方面它们与特别救济可相提并论。"① 但检察总长是否出借他的名字完全由他自己自由裁判。

以公法名义保护私权之诉可以针对正在越权行事或有越权行动的危险的公共机构而提起，同样，它可以针对以别的方式触犯法律的私人或私人机构提起。在这种诉讼中，被告通常是地方机构。② 在英国，视政府为私人利益与公益的对立面，在诉讼活动中，检察机关作为国家和政府的代表而出现，只有在法律规定的情况下，才代表公益。在法庭审理过程中，出庭的检察官除享有原告的一切权利外，还可以在法庭发表评论，提出意见；对不合法或者不合理的判决向上级提出上诉，要求复审；高等法院提出申请，要求法院审查核实行政机关的违法行为。③

3. 德国行政公益诉讼

德国民事诉讼法规定，检察机关作为社会公共利益的代表，对涉及国家、社会公共利益的重大案件可提起民事诉讼。防止不正当竞争法、专利法、商标法等民事经济法律都规定了有关公益团体（如消费者保护团体、促进工商业利益团体等）可以提起团体诉讼。④

---

① ［英］威廉·韦德．行政法［M］．徐炳等译．北京：中国大百科全书出版社，1997：257.

② ［英］威廉·韦德．行政法［M］．徐炳等译．北京：中国大百科全书出版社，1997：259.

③ 王学成．英国的行政公益诉讼制度及其启示——兼论我国行政公诉制度的建立［J］．政法学刊，2004（5）．

④ 何勤华．德国法律发展史［M］．北京：法律出版社，1999：472.

德国《行政法院法》① 确立了行政诉讼的公益代表人制度，即分别把联邦最高检察官、州高等检察官、地方检察官作为联邦、州、地方的公益代表人。公益代表人在行政诉讼中是参加人，为捍卫公共利益，可以提起上诉和要求变更行政行为。② 公益代表人的任务与职能是无可争议的，③ 只要是属于其参与权限范围内的事务，公益代表人都可以作为相应案件的诉讼参加人。

4. 法国行政公益诉讼

法国大革命以后，法国的检察官在民诉活动和民事活动中不再是国王利益的代表，而是社会公益的维护者。1804《拿破仑法典》规定，检察官可以为了社会公益提起或参与诉讼。1806 年《民事诉讼法典》及后来的《法国新民事诉讼法》也都有相应规范，如后者第四百二十二条规定："法律专门规定的案件中，检察机关作为主要当事人提起诉讼。" 第四在二十三条则更明确规定 "在公法秩序受到损害时，它（检察机关）可以为维护公法秩序而提起诉讼。" 1913 年，法国以判例方式确立了团体诉讼制度。1973 年法国的罗艾依埃（Loi Koyer）法律第四十六条正式给消费者团体以原告资格。④

法国具有行政法母国的美誉，是现代行政法及行政诉讼制度的发源地。其行政诉讼包括完全管辖之诉、越权之诉、解释之诉和处罚之诉，其中最具特色的当属越权之诉。法国的行政公益诉讼称为 "越权之诉" 或 "反越权之诉"。所谓 "越权之诉"，是指 "起诉人请示行政法官检查某项行政决定的合法性并在其非法的情况下撤销该决定"。"是法国行政法中最重要、最著名、最独特的诉讼"。⑤ 越权之诉最初是为了解决两个行政长官之间的管辖权上出现的困难而设立的程序。⑥

---

① 德国《行政法院法》第三十五条第一款规定："在联邦行政法院中设有 1 名检察官，为维护公益，该检察官可以参与在联邦行政法院中的任何诉讼。但不包含纪律惩罚审判庭的案件以及军事审判庭的案件。该联邦行政法院检察官听命于政府。" 第三十六条第一款又规定："根据州政府法规规定的准则，高等行政法院或行政法院内各设一名公益代表人，可一般就特定案件，授权该代表，代表州或州机关。"

② 黎赟．从借鉴到完善——有关我国行政公益诉讼思考 [J]．法制与社会，2006 (1)．

③ [德] 弗里德赫尔穆·胡芬．行政诉讼法 [M]．莫光华译．北京：法律出版社，2003：53.

④ 肖建华．群体诉讼与我国代表人诉讼的比较研究 [M]．复印报刊资料：诉讼法学．司法制度，1999 (9)．

⑤ [法] 古斯塔夫·佩泽尔．法国行政法 [M]．廖坤明、周洁译．北京：国家行政学院出版社，2002：289.

⑥ [法] 古斯塔夫·佩泽尔．法国行政法 [M]．廖坤明、周洁译．北京：国家行政学院出版社，2002：290.

1872年的法律在第九条中规定：行政法院享有审理行政法案件的最高权力并有权根据越权行为无效的原则而宣布各行政机关的行为无效。越权之诉的诉讼价值在于："它是制裁政府部门非法行为的一种手段；人们觉得，为了达到同一目的，这种方式比其他符合法规真凭实据方式更为有效。"①

越权之诉的性质表现为四个方面：①越权之诉是一种诉讼的救济手段，不是行政的救济手段；②越权之诉是当事人在其合法利益受到侵害时当然具有的诉讼救济手段，不需要法律明文规定；③越权之诉属于客观的诉讼，主要目的在于制裁违法的行政行为，保障良好的行政秩序，不在于保护申诉人的主权权利，是一个没有当事人，对事不对人的诉讼；④越权之诉属于撤销之诉，申诉人只能请求撤销违法的行政决定。行政法院不能变更或改正撤销的决定，也不能判决行政主体负赔偿责任。

提起越权之诉，必须具备四个条件：①被攻击的行政决定的性质；②当事人的资格；③申诉的法定期间和形式；④不存在平等的诉讼救济途径。②

5. 意大利行政公益诉讼③

行政公益诉讼在意大利被称为"团体诉讼"，是用来保障那些超个人利益或者能够达到范围很广的利益的一种特殊制度。这种团体诉讼的适用范围最初仅限于不正当竞争的诉讼，后来立法者将其扩大至劳动法、环境法的范围。1986年7月8日发布的第三百四十九号法令规定，行政公益诉讼的范围作了进一步扩大，如果行政行为的许可、拒绝或者不作为违反了对自然的保护及对自然景观的维护，那么某些被认可的团体，尽管其权利并没有受到侵害，也有权利对这一行政行为提起诉讼。

6. 日本行政公益诉讼

在日本，公益诉讼被称为"民众诉讼"。所谓"民众诉讼"，是指国民请求纠正国家或者公共团体不符合法律规定的行为，并以作为选举人的资格或与自己在法律上的利益无关的其他资格提起的诉讼。"由于民众诉讼是请求纠正国家或共同体不符合法规行为的诉讼，因此，其诉讼对象不是当事人之间具体的权利义务纷争，不必于'法律上的争诉'。该诉讼以确保法律规范的正确实施与维持客观

---

① ［法］让·里韦罗、让·瓦利纳．法国行政法［M］．鲁仁译．北京：商务印书馆，2008：788.

② 王名扬．法国行政法［M］．北京：中国政法大学出版社，1988：675－676.

③ 冯勇．现代西方国家公益行政诉讼制度的实践和特征［J］．中州大学学报，2005（4）．

法律秩序作为目的，是以保护一般性的公共利益为目的的诉讼，因此，被称为‘客观诉讼’。"①

根据日本行政诉讼法第四十二条的规定，在日本，民众诉讼只有在特别法作出明确规定时可以提起，因此其范围是受到严格限制的。民众诉讼的类型包括有关选举的诉讼（包括有关选举人名单的诉讼、有关选举效力的诉讼、有关当选的诉讼和有关农业委员会或海区渔业调整委员会选举的诉讼）、地方自治相关诉讼（包括与直接请求有关的诉讼、与居民投票有关的诉讼和居民诉讼②）、基于最高法院法官国民审查法的诉讼（包括有关审查无效的诉讼和罢免无效的诉讼）等。

日本民众诉讼的原告可以是纳税人，也可以是利益受到普遍影响的选举人或者其他公众之一，可以准用抗告诉讼、当事人诉讼的程序。

7. 印度行政公益诉讼③

印度的公益诉讼制度是指如果公民某一特定阶层受到违法行为、越权行为的侵害或被课以非法负担，或存在上述危险，而该公民或阶层因贫穷或能力不足等处于经济或社会的弱势地位，不能进入法院寻求救济时，任何人都有根据宪法第二百二十六条请求高等法院发布适当的令状或指示的权利；如果违法行为侵犯了该公民或阶层的基本权利，任何人都享有根据宪法第三十二条请求最高法院司法救济的权利。该项制度在印度起源于20世纪70年代末80年代初，是从宪法诉讼中转化而来的。印度最高法院在放宽原告资格标准基础上确立其独特的公益诉讼，法院允许采用非正式的起诉程序（启动程序），并且可以调查程序替代对抗式诉讼程序，并放宽原告资格规则，形成了一些新的救济方式。“印度司法机关看起来有在必要时随时都可以改变游戏规则的偏好。诉讼不公可以通过正式卖主的方式启动，而且写给法院或廉价住所，也都可能被视为申请，有报道称，有的法官将所收到的明信片视为申请。甚至将报纸编辑转来的读者来信也视为令状申请。法官因挑起和鼓励公益诉讼而出名”。④

---

① 江利红．日本行政诉讼法［J］．北京：知识产权出版社，2008：617.

② 居民诉讼是指地方公共团体的居民基于地方自治法第242条的规定，对于该地方公共团体的机关或其职员的违法的财务支出、财产取得、管理或处分等财务上的一定行为或事实，请求停止、撤销该行为或确认无效、损害赔偿、返还不当得利等而提起的诉讼。

③ 本部分内容主要参考了何兵，王轩．印度的公益诉讼制度［J］．行政法学研究，2007（3）．

④ 转引自：黄学贤，王太高．行政公益诉讼研究［M］．北京：中国政法大学出版社，2008：204.

8. 韩国的行政公益诉讼

韩国的行政公益诉讼属于客观诉讼的一种，亦称为民众诉讼。在韩国，“民众诉讼是指当国家或公共团体机关作出违反行政法规的行为时，一般选举人、一般居民等在没有和自己的法律上产生利益存在直接关系的情况下，在选举人或居民的位置上，为了要求更正而提起的诉讼”。[①]

韩国民众诉讼的目的是确保行政选举行政及其他行政的正确性，不属于法律上争讼，不解决人与人之间的具体权利、义务上的纷争，只能在法律有明确规定的情况下才可以提起诉讼。

韩国民众诉讼的种类包括四种基本类型，即选举无效诉讼、当选无效诉讼、国民投票无效诉讼和居民诉讼等。

9. 我国台湾地区的行政公益诉讼

我国台湾地区的公益行政诉讼被称为“维护公益之特种诉讼”。是在借鉴日本行政行事诉讼法有关民众诉讼的精神，规定人民为维护公益，就无关自己权利及法律上利益之事项，对于行政机关之违法行为提起行政诉讼。为了防止维护公益诉讼之诉过度扩张，明确规定了必须在法律有特别规定的情况下才能进行维护公益之诉。但是，凡是选举罢免事件的争议，除法律另有规定之外，可以提起维护公益之诉。

我国台湾地区维护公益诉讼需要具备四个基本要件，[②] 即：①须人民为维护公益而提起；②须针对行政机关的违法行为无关原告自己的权利及法律上利益的事项提起诉讼；③提起维护公益诉讼，根据诉讼的性质可以用撤销、确认或给付诉讼有关的规定；④提起维护公益诉讼，必须以法律有特别规定为限。

（二）各国及我国台湾地区行政公益诉讼的共同点

从上述对实行行政公益诉讼制度具有典型性的国家和我国台湾地区的分析比较来看，我们不难看出，不同国家和地区行政公益诉讼制度在称谓、范围、诉讼制度设计等诸多方面都存在明显的差异，但不同国家和地区之间的行政公益诉讼制度也具有一些共同性。其具体表现为：

第一，行政诉讼中利害关系人的范围被扩大，允许权利直接或间接受到行政机关行政行为侵害或可能受到侵害的相对人，抑或是任何人均可以依法享有提起

① ［韩］金东熙．行政法［M］．赵峰译．北京：中国人民大学出版社，2008：576.

② 林腾鹞．行政诉讼法［M］．台湾地区：三民书局股份有限公司，2005：162－163.

行政公益诉讼的权利。

第二，行政公益诉讼中的利害关系不特定。各国及我国台湾地区的行政公益诉讼，违法行政行为侵害的对象是公益，这种侵权行为对社会公众而言只具有不利的影响而无直接的利益损失，如果严格按照一般行政诉讼的要求，社会公众是不能提起诉讼的，但按照行政诉讼公益诉讼的原理和规定在相对人不愿意或不便提起诉讼的时候而由国家（或地区）专门机关、公益组织或个人提起诉讼。

第三，可诉对象具有广泛性，既可以针对具体行政行为提起行政公益诉讼，亦可针对抽象行政行为提起行政公益诉讼。

第四，受案的标准相对比较严格。为了防止原告滥用行政公益诉权而使政府的行政效率受到不必要的影响，各国及我国台湾地区一般规定提起行政公益诉讼必须以法律有特别的规定为前提，即行政公益诉讼不是一种普遍性诉讼，而是一种特殊性诉讼。

第五，各国及我国台湾地区普遍设置代表公众提起行政公益诉讼机构，以保障行政公益诉讼的顺利进行。

第六，多数国家及我国台湾地区一般都规定了公民提起行政公益诉讼的前置程序，即公民提起行政公益诉讼之前，需要首先向行政公益诉讼代表机关提出申请，由代表机关起诉，只有在代表机关不起诉的情况下，公民才能提起行政公益诉讼。

另外，从上面分析中我们不难发现各国及我国台湾地区行政公益诉讼可以分为两种基本模式，即民众诉讼模式和检察机关诉讼模式。这两种模式都是根据本国（或地区）的实际情况而建立的，这对于我国创立行政公益诉讼制度具有较好参考和借鉴意义。

第二节　建立行政公益诉讼制度的必要性和可行性①

一、建立我国行政公益诉讼制度的必要性

（一）建立行政公益诉讼制度是实施宪法的需要

1. 行政公益诉讼制度能够保证实现人民主权

人民主权是指国家中的绝大多数人拥有国家的最高权力。人民主权学说的出

① 本节请参阅杨临宏指导任莉撰写的硕士论文．公益诉讼的宪法思考［D］．云南大学硕士学位论文（2006）．

现，是国家学说发展史上的一大飞跃，也是资产阶级民主思想的核心。自1776年美国《独立宣言》宣布“政府的正当权力得自被统治者的同意”；1789年法国《人权宣言》宣称“整个国家主权的本源寄托于国民，任何团体任何个人都不得行使主权所未明白授予的权力”以来，无论是资本主义国家的宪法，还是社会主义国家的宪法，都无不确认和体现了人民主权原则。一些国家通过宪法明文规定人民主权原则，如日本1946年宪法规定“兹宣布主权属于国民”；有的国家通过规定人民行使国家权力的形式来保障人民主权。如我国《宪法》第二条规定，“中华人民共和国的一切权力属于人民。”“人民行使权力的机关是全国人民代表大会和地方各级人民代表大会”；还有的国家通过规定公民广泛的权利和自由来体现人民主权。公益诉讼制度对于这一宪法基本原则的贡献主要在于丰富了人民行使主权的具体的形式，为人民主权的行使提供了新途径，更为重要的是公益诉讼制度通过法律对组织或个人的授权使人民管理国家事务得到了司法保障。可以说，公益诉讼制度是人民以民诉讼方式实现主权在民的具体表现形式。公益诉讼制度不仅将历来比较抽象而不确定的人民主权转换成为明确而清晰的现实权利，而且通过诉讼使这种权利易于安全行使，具有极强的可操作性，政治意义、经济价值、法治意义都是十分巨大的。由于公益诉讼使任何组织和个人都可以根据法律的授权，代表国家起诉违法行为，以保护国家利益，维护社会秩序，因此，公益诉讼制度的建立是民主在诉讼领域的具体体现，并使民主制度化和法律化。

行政公益诉讼制度能够保障人民对权力行使者进行监督，是人民直接参与到国家事务的管理中，切实成为国家的主人的制度。在权力所有者与使用者相分离的情况下，保留了人民直接对违法行为要求司法救济的权利，保证人民能够真正行使国家主权。行政公益诉讼制度使人民管理国家事务得到了司法保障。司法保障是司法机关通过司法程序审查原告提出的诉讼请求，从而作出最终裁决的制度。当人民管理国家事务的权力和公共公益受到行政机关侵害或者行政机关不法行使行政权力时，人民可以通过程序诉权来实现实体权，即可以作为原告把违反法律、侵犯国家利益、扰乱社会秩序的行为提交司法审判，由司法机关作出最终裁决，从而实现自己管理国家事务的权力。

2. 建立行政公益诉讼制度能够实现对行政权力的制约

权力制约原则是指国家权力的各部分之间互相监督、彼此牵制，以保障公民权利的原则。权力制约是宪法的核心精神之一，在资本主义国家的宪法中一般表现为分权制衡原则，在社会主义国家则主要表现为监督原则。

在现代国家中，行政权渗透到了社会生活的各个方面，拥有非常广泛的行政管理权和行政执法权，行政权明显呈现出扩张，无限扩张的趋势，势必对三权的平衡与制约造成破坏，有必要对行政权加以限制。如果只是以行政权内部制约为依靠，会造成这样的一种情况：如果将一项行政权授予一个行政机关行使，要制约它，就需要再设立一个享有监督权力的机关进行控制，但如果监督的行政机关滥用权力又怎么办？按照理论上的推论，又需要设置第三个机关来干预。如此循环反复，就会造成行政机构的膨胀，势必造成社会资源的浪费。正是由于行政权内在制约的先天不足，司法权对行政权的制约显得尤为重要。就广义而言，行政与司法，都是执行法。然而其执行法的方式和目的不同。行政的目的是实现国家政策、国家目的，因而以统筹、决策、执行为特征，以“治事”为中心，它对法律的遵守和执行，可以说是附属为之；而司法的功能体现为维护、恢复法的秩序，它以中立、判断和救济为特征，它将抽象的法规适用于具体的事件，以决定合法、违法或确定法律义务关系，即以法的适用为中心。① 它在直接维护法治的同时还对行政起着重要的法律制约作用。

司法权对行政权的制约可以体现在很多的方面，具体到公共利益的保护上就是公益诉讼制度。在实行代议民主制条件下，公民不能直接行使自己拥有的公共权力，而由代议制机关来使用这些权力，公共权力所有者和使用者的分离使得行政机关在很多时候都是以公共权力机关的姿态出现的。在法律上，作为个人基于绝对的所有权可以在法律规定的范围内自由地处分自己的权利。但行政机关作为一个公共权力机关就不能这样无约束地行使公共权力，只能为了公共利益的合法目的行事。无约束的自由裁量权的整个概念是不适宜于为公共利益而使用权力的公共权力机关的。“所有的自由裁量权都可能被滥用”，这仍是一条至理名言。现实生活中行政机关往往会垄断公共权力，权力如果得到合理利用就是对公共利益的保护，但情况并不总是这样，权力被滥用的事情比比皆是，在这种情况下，作为权力行使者的行政机关就变成了公共利益的破坏者，也就不能有效地保护公共利益。

出于上述理由，行政公益诉讼制度正是这样一种既能够保护社会公共利益，同时也能起到制约行政权的司法制度的作用。行政公益诉讼制度赋予组织或个人的公益诉权，是一种司法权，它的实质是公民对公益违法行为的救济权，即只要公民认为违法行为对公共利益造成了侵害或有可能造成侵害，均可以向人民法院

---

① 史尚宽．司法权与法官的涵义之演进［C］．宪法论丛．台湾地区：荣泰印书馆，1973：305.

提起诉讼，即使这样的侵害是由行政机关造成的。行政机关造成公益侵害是因为作为或不作为造成的，前一种如错误的行政决策致使公共利益的受损，后一种是指具有行政执法权的行政机关对于公益的违法行为、不依法作为或怠于作为，如工商行政管理机关不积极行使管理权，致使大量有质量问题的商品在市场出现，这样既破坏了社会经济秩序，又损害了消费者的利益。这时，对于行政机关与厂商的不法行为，任何人都可提起公益诉讼，以自己的名义起诉行政机关或者厂商，以实现社会正义。可见，无论是司法机关的监督权，还是公民或组织的诉权，都打破了行政机关对公共权力的垄断，通过对诉权的行使，司法审判机关依法作出裁判，利用裁判权的政策引导功能和强制威慑功能来促进行政权的依法行使，使行政机关既不能滥用职权谋取私利，也不能因怠于行使而使行政执法出现盲区，从而实现司法权对行政权的制约。当然，根据三权分立的原则，这样的权力制约应仅限于国家、社会公共利益遭到损害的场合，不能够任意超越，否则，也会构成对行政权的侵犯。

行政公益诉讼制度通过诉讼主体积极行使诉权，由司法审判机关对公共权力机关的公益违法行为进行判决，有效地保护了社会公共利益，体现了司法权对行政权的制约，同时在公共利益保护的诉讼领域实现了宪法权力制约的基本原则。

3. 建立行政公益诉讼制度能够推进法治进步

法治也称“法的统治”，是一种源远流长的意识形态、治国方略和社会文化现象。1959 年在印度召开的“国际法学家会议”上通过的《德里宣言》将法治大致概括为三条原则：一是立法机关的职能在于创设和维护使每个人保持“人类尊严”的各种条件；二是不仅要为制止行政权的滥用提供法律保障，而且使政府能有效的维护法律秩序，借以保证人们具有充分的社会和经济生活条件；三是司法独立和律师自由是实施法治原则必不可少的条件。① 我国《宪法》第五条第一款规定：“中华人民共和国实行依法治国，建设社会主义法治国家”，奠定了法治原则的宪法基础。

按照法治原则的要求，在立法的过程中必须经过法定的程序，由立法机关进行法律的制定，有了依法而立的法才能“依法而治”；行政管理中，行政机关运用立法机关所制定的法律管理国家行政事务，行政权力的行使必须符合法律规定即依法行政；而司法更是体现法治精神最好的平台。正如美国著名法学家德沃金所说，法治不是靠政府，而是靠独立自治的法院建立起来的。在一个法治国家，

① 王人博，程燎原．法治论［M］．济南：山东人民出版社，1989：31.

法院有权对一切问题作终极的司法审查。法院是“法律帝国的首都”。[①] 司法具有权威性和终局性的特征。“社会中发生的几乎任何一种矛盾、争议，尽管经过各种各样的决定仍不能得到解决可以被诉讼、审判所吸收或中和。”“由于司法所具有的诸如把一般问题转换为个别问题、把价值问题转化为技术问题等特殊的性质和手法，因发生争议或矛盾从而可能给政治及社会体系正统性带来的重大冲击得以分散或缓解。”因此，“司法在政治及社会体系中占有的是一种可称之为‘平衡器’的特殊位置；或者说，司法作为维持政治及社会体系的一个基本支点发挥着正统性的再生产功能。”[②] 在法治国家里，接受司法裁判权是人民享有的一项由宪法保障的最基本权利。宪法赋予人民享有接受司法裁判权是因为，在法治国家中，人们之间的关系是受法律支配的而不是受人支配的，要解决人民之间发生的纠纷就必须保障人民接受司法审判的权利；再者，国家权力的分离和制约是法治的要求，为了保障人民的自由和权利不受违法的或不当的行政行为侵害，确立与行政权相分离的司法权，并在此基础上赋予人民有请求司法救济的权利，就成了贯彻法治的基本条件；最后，宪法作为一国的根本大法，司法权作为国家权力的一个组成部分，由于国家权力的行使必须以法律为依据，因此行使司法权进行的诉讼必须是依法进行的裁判。

诉讼是人们保护自己权利的最基本形式和最后保障。随着司法制度的逐步健全，诉讼已发展成为我国公民保护个人权利的常用方式。行政公益诉讼根据法律，通过对组织和个人授予行政公益诉权，对违反法律，侵犯国家利益、社会公共利益的行为向法院起诉，由法院追究违法者的法律责任，是运用诉权保护社会公共利益的一种司法活动。行政公益诉讼制度不仅为人民参加国家事务的管理提供了新途径，而且将其成功地嫁接到了诉讼制度上，体现了司法的终局性和权威性，在行政公益诉讼领域实现了宪法的法治原则。

行政公益诉讼将公民个人对国家事务的治理权从一种有名无实的权利进化成一种具体的看得见、摸得着的权利，将人民对国家的管理权转换成了行政公益诉权，通过诉讼保障了人民的管理权，这不仅是一种诉讼制度的创新，而且提供了一条通过公益诉讼推进民治的坦途。首先，对于提起行政公益诉讼的主体而言，行政公益诉讼是有实效的，一旦提起诉讼，就会自动启动司法审查程序，对所诉

① [美] 德沃金．法律帝国 [M]．李常青译．北京：中国大百科全书出版社，1996：361-362.

② [日] 谷口安平．程序的正义与诉讼．王亚新译．北京：中国政法大学出版社，1996：1.

行政行为进行审理，而不需要通过特别的审批程序，而且司法机关会依法定期做出裁决结果。比起传统的举报、控告等执法、监督方式，个人是以诉讼主体的身份始终置身于诉讼过程中，避免了做“局外人”的尴尬，因为对被举报或被控告的调查处理往往成了与举报者无关的事，举报者或控告者无法了解、参与其过程，同时，由于公益诉讼作为一种诉讼制度，有法定的诉讼期限，就克服了传统监督方式久拖不决的痼疾；其次，行政公益诉讼对国家而言是经济的，不需要付出太多的成本去另起炉灶建立一个自上而下的庞大机构，利用现有的司法资源，只要通过立法赋予公民公益诉权以提起公益诉讼。对于公民个人，提起行政公益诉讼不仅可以保护公共利益，以较小的诉讼成本投入获得较大的诉讼收益。行政公益诉讼制度在经济上为公民执法提供了制度保障，使行使监督权成为一件真正既利于国家又利于监督者个人的一举两得的好事。

行政公益诉讼正是这样的一种制度，公民通过提起诉讼对违法侵犯国家利益、社会公共利益的行为，要求法院进行司法审判并最终作出判决，以司法方式最终解决公益纠纷。同时，行政公益诉讼不仅将比较含糊而不确定的人民主权转换成了明确而清晰的现实权利，而且通过诉讼使这种权利易于安全行使，具有极强的可操作性，实现了民治的理念，在公益诉讼领域实现了宪法的法治原则。

（二）建立行政公益诉讼制度的现实必要性

1. 建立行政公益诉讼制度是完善我国行政诉讼体系的需要

我国《行政诉讼法》第一条规定：“为了确保人民法院正确、及时审理行政案件，保护公民、法人和其他组织的合法权益，维护和监督行政机关依法行使职权，根据宪法制定本法。”由此可知，我国行政诉讼法的立法宗旨一是保护公民、法人和其他组织的合法权益；二是维护和监督行政；三是保证人民法院正确、及时地审理行政案件。这里保护公民法人和其他组织的合法权益，既可以包括合法的个人的私权，也应当包括合法公权；这里维护和监督行政机关依法行使职权，其中监督应当是全方位的，既保护对侵犯私权益的监督，也应当包括对侵犯公益的监督；这时确保人民法院正确、及时地审理行政案件，既包括正确、及时地审理因私益纠纷引起的案件，也包括审理因公益纠纷引起的案件。因此，在行政诉讼体系内设立相应的行政公益诉讼制度对行政机关的某些违法行为予以限制和纠正，符合我国行政诉讼法的立法宗旨，是将立法宗旨具体化，可以弥补我国现有行政诉讼制度的缺陷。

2. 建立行政公益诉讼制度是保护公共利益的需要

当前，我国现实生活中存在着大量公共利益被侵害而得不到司法救济的情况，主要有：①国有资产流失；②环境被污染和破坏；③土地开发中不合理利用问题严重；④政府在公共工程、政府采购等领域违法招标、发包，违法审批无效工程、豆腐渣工程，给国家造成重大损失；⑤电信、铁路等行业的垄断现象，致使服务价格居高不下，甚至出现随意提高价格的现象。这些问题发生的根本原因在于没有切实有效的法律制度有针对性地保护社会公共利益，这充分说明建立公益诉讼制度已非常紧迫。①

3. 建立行政公益诉讼制度是贯彻诉讼经济原则的需要

诉讼经济原则是指以较小的诉讼成本，实现较大的诉讼效益，换言之，诉讼经济就是指为了实现特定的诉讼目的，应当选择成本最低的方法或手段。由于国家的司法资源是有限的，行政公益诉讼不以单个受害个体提起诉讼为前提，能够将许多可能需要单独处理的案件集合起来一并处理，这就节约了有限的司法资源，节约了人们单独进行诉讼所必须要支付的人力、物力和财力，同时行政公益诉讼能够有效地预防行政行为可能对公益造成的损害（即节约了公共利益），因此，开展行政公益诉讼是符合诉讼经济的原则的。

二、建立我国行政公益诉讼制度的可行性

建立我国行政公益诉讼制度的可行性主要表现为：

第一，就国际法律实践而言，国外的行政公益诉讼实践已经总结出许多的成功经验，可供我国参考和借鉴。

第二，就国内法律实践而言，我国开展刑事公诉、行政诉讼和行政抗诉制度的成功经验也为建立我国行政公益诉讼制度积累了经验，奠定了基础。

第三，尽管建立行政公益诉讼制度可能会出现滥用诉权的现象，但这绝对不会是普遍现象，而且依法行政产生的利益和对公共利益进行保护所产生的利益，应当远远而超过可能出现的滥诉所产生的不利益。

第三节　我国行政公益诉讼制度的立法构想

一、建立我国行政公益诉讼制度需要解决的问题

（一）行政公益诉讼的受案范围

从概括式方面而言，我们认为，公益诉讼的受案范围的确定主要包括以下四

① 楚静．构建我国行政公益诉讼制度的思考［J］．法制与社会发展，2007：(5)．

种情况：一是行政机关作出的侵害或可能侵害社会公共利益而又没有特定受害主体的违法具体行政行为；二是行政机关不履行法定职责，致使公共利益受侵害或可能受侵害而又没有特定的受害主体的消极行政行为；三是行政机关不当的行政行为对公共利益已造成或可能造成损害而又没有特定的受害主体；四是违反宪法、法律法规的规定，侵害或可能侵害到公共利益的抽象行政行为。

确定这些的受案范围，解决的具体案件包括：①公害案件；②不正当竞争和消费者权益保护案件；③国有资产流失的案件；④违法使用国土资源案件。

当然，建立公益诉讼制度不是仅仅针对以上四种类型的案件，在实际的司法实践中，公益违法行为的形式是多种多样的，只是在现阶段的中国，以上的三类案件较为突出，急需公益诉讼制度来对违法行为进行制裁而已。公益诉讼的目的是通过诉讼，对违法侵害国家利益、社会公共利益的行为进行制裁，因此，只要是与公共利益的保护有关的方面都是需要实施公益诉讼制度的。

（二）行政公益诉讼的原告资格的确定

前已述及，公益诉讼的原告人范围是扩大了的。在各国的立法实践中，提起诉讼的主体虽然各有不同，但一般都包括个人、组织和检察机关三类。因此，我们认为，我国行政公益诉讼的原告人范围应当在借鉴别国经验和总结我国自身实践的基础上进行，故此我们同意多数学者的观点，在创立我国行政公益诉讼制度时将行政公诉诉讼的原告范围分为三类：一是机关之诉。指负有维护公益职责的机关（如人民检察院）有权以国家的名义对侵害国家利益、社会公共利益、公众或群体公共利益和公共秩序的违法行为向法院提起公诉。二是团体之诉。指企事业单位、社会团体（包括具有法人资格和不具有法人资格的社会组织），有权以自己的名义对侵害国家利益、社会公共利益、公众或群体公共利益和公共秩序的违法行为向法院提起诉讼。三是公民之诉。指公民（包括与本案有直接利害关系和与本案无直接利害关系人）以自己的名义对侵害国家利益、社会公共利益、公众或群体的公共利益和公共秩序的违法行为向法院提起诉讼。①

对如何解决公民、法人或其他组织提起行政公益诉讼的原告资格问题，即如何使公民、法人或其他组织提起行政公益诉讼原告资格的合法化的问题，有学者建议采用通过立法（如《监督法》、《行政程序法》、《行政诉讼法》、《环境保护

① 楚静．构建我国行政公益诉讼制度的思考［J］．经济与社会发展，2007（12）．

法》等直接确认）和司法解释两种方式加以明确。①

（三）关于行政公益诉讼中的举证责任问题

我国《行政诉讼法》第三十二条规定："被告对作出的具体行政行为负有举证责任，应当提供作出该具体行政行为的证据和所依据的规范性文件。"这就确立了行政诉讼中举证责任倒置的原则，这样规定的原因在于相对人与行政机关相比其举证能力较弱。对行政公益诉讼中应否继续坚持举证责任倒置的原则问题，我们认为，应当区别不同情况确定举证责任问题，即区别由两种情况进行规定：一是由检察机关提出的公益诉讼，其举证责任应由公诉人负责，理由是检察机关具有公诉职能，享有侦查权，收集证据处于有利地位；二是由法人、非法人组织或公民提起的公益诉讼，应采用举证责任部分倒置的原则，理由与一般行政诉讼相同。另外，还有学者主张，对于规章以下的抽象行政行为损害公共利益的案件，由于检察机关对抽象行政行为无权主动调查，因而无论是检察机关还是公民法人或其他组织均不承担任何举证责任，但是起诉人应就规章以抽象行政可能与上位法存在抵触的方面作必要的说明。②

（四）关于前置程序问题

在提起行政公益诉讼的前置程序问题上，我们主张借鉴美国的司法审查强调"穷尽行政救济"原则来创立我国的行政行为公诉前置程序，即当事人没有利用一切可能的行政救济之前，不能申请法院裁决对他不利的决定。在具体制度构建上可以考虑当事人在寻求救济时，首先必须利用行政内部的救济手段，然后才能请求检察机关提起公益行政诉讼。只有在穷尽行政救济程序，且检察机关又不愿意提起公益诉讼时，才允许公民、法人或其他组织向人民法院起诉。

之所以规定穷尽行政救济原则，其理由是：一方面可以给行政机关自我纠错的机会；另一方面也可以减轻法院的诉讼负担。当事人认为行政机关的违法行为侵害或危及社会公共利益时，可先以书面形式说明行政机关违法的具体内容，告知原行政机关，以便让其了解自己违法之所在，并给予行政机关对违法行为采取必要措施的机会。对原行政机关采取的措施不服的，当事人可向上级机关申请复议。对复议决定不服或复议机关在规定的期限内不作复议决定的，当事人可以向

① 黄学贤，王太高．行政公益诉讼研究［M］．北京：中国政法大学出版社，2008：222.

② 黄学贤，王太高．行政公益诉讼研究［M］．北京：中国政法大学出版社，2008：250.

人民法院提起行政公益诉讼，请求判令其执行。

之所以规定先向检察机关申诉，其理由是：检察机关是国家的法律监督机关，对于行政机关的行政行为是否侵害公益，在一般情况下会比普通民众更具有判断能力。由于先进行审查，一方面能够保障民众的诉权；另一方面又能够防止民众滥用诉讼而影响行政效率和增加司法负担，加大司法成本。

总之，公益诉讼是一把双刃剑，一方面，它有利于保护公共利益、集体利益和社会利益，有利于保护弱者，有利于强化对依法行政的监督；但另一方面，公益诉讼又可能使司法权过于具有能动性，而易于导致滥诉。为了防止原告滥用诉权，在公益诉讼制度建立的同时，应当设置一些前置程序进行防范是十分必要的。

（五）关于行政公益诉讼的诉讼费用问题

按照现行诉讼法，诉讼费用一般由败诉方承担，原告先行支付。然而公益诉讼一般涉案标的较大，如果按照现行收费标准，诉讼费用将会是一个不小的数目，所需要的诉讼费用并非公民一人能够承受。如果由于诉讼费用的问题使原告被迫放弃对公益的诉讼或由于诉讼费用被法院拒之门外的话，实质上也是对公民公益诉权的剥夺。因此，可以借鉴其他国家及地区的先进经验，适当减轻公众提起公益诉讼所承担的费用，对诉讼费的分担作有利于原告的规定。比如在法国，当事人提起越权之诉，事先不交纳诉讼费用，败诉时再按标准收费，数额极为低廉。①

（六）关于原告胜诉后奖励的制度问题

公益诉讼不是为个人利益而是为公共利益，提起公益诉讼不仅要浪费大量时间、精力和金钱，而且还要承担巨大的精神压力和风险，给予胜诉原告重奖，一方面是对原告付出的弥补；另一方面，也有利于鼓励更多的人支持公益诉讼，维护公共利益。胜诉原告的奖金可以从被告的赔偿金中支出。

原告胜诉后，进行奖励的制度应该是公益诉讼区别于其他诉讼的最有特色的一大制度。早在古罗马时代，具有造法效力的大法官敕令中就规定，具有公民权的罗马市民可以以自己的名义向法院提起基于公众利益的诉讼，赋予公民以诉权。同时规定公职人员提起公益诉讼获得法庭判决支持的，被告所支付的罚金归国库，但起诉者可以得到一定的奖金。市民提起公益诉讼成功的，罚金归起诉者所有；几个人对同一事实起诉的，由法官选择其中一人担任原告。现代国家中，美国也有这样的规定，奖励公益诉讼中胜诉的原告。在违反垄断法的案件中，美

① 王名扬．法国行政法［M］．北京：中国政法大学出版社，1988：669.

国为了奖励个人诉诸司法救济，1914 年就有法律规定，被判违反反垄断法的行为侵害其事业或财产的人，不论是谁都能向违法者请求三倍的赔偿额，而且，无论被告的行为是故意或过失，或是否有恶意，都不能成为妨碍赔偿的理由。

我国的现行法律法规中也规定了奖励揭发、检举行为有功的单位和个人。例如，《中华人民共和国税收征收管理法》第十三条规定："任何单位和个人都有权检举违反税收法律、行政法规的行为。收到检举的机关和负责查处的机关应当为检举人保密。税务机关应当按照规定对检举人给予奖励。"《中华人民共和国统计法》第六条第二款规定："统计工作应当接受社会公众的监督。任何单位和个人有权揭发、检举统计中弄虚作假等违法行为，对揭发、检举有功的单位和个人给予奖励。"既然揭发、检举违法行为应当得到奖励，那么公民作为原告对违法主体及其行为提起公益诉讼，在胜诉后得到一定奖励就是不容置疑的。公益违法行为损害的是社会公共利益，意味着对社会秩序和正义的践踏，公益诉讼中的原告出于对正义的追求，对完美、和谐社会生活的需要，要求司法机关惩恶扬善，体现了高度的民主意识和社会责任感，这样的行为当然应当受到奖励。

（七）行政公益诉讼的判决方式

判决方式是与诉讼请求、受案范围紧密相关的制度，根据《行政诉讼法》关于受案范围的规定和我们关于行政公益诉讼诉讼制度受案范围的构想，我们认为行政公益诉讼的判决方式可以分为：驳回诉讼请求判决，撤销判决和限期履行法定职责判决等三种基本形式。

以上仅是对我国建立公益诉讼制度的过程中需要面临的众多问题中的几个比较有特点的问题进行的讨论。在实际的制度设计的过程中必然还会面对更多的问题，但这些都不能够成为阻碍我国公益诉讼制度建设进程的原因，在公共利益急需保护的当代中国，建立公益诉讼制度是诉讼实践的必然趋势。在这个过程中，有必要借鉴海外的成功经验，并结合我国的实际情况，建立适合我国法治发展的公益诉讼制度。

二、国内学者有关公益行政诉讼制度的设计

我们把国内学者有关公益行政诉讼制度的设计构想归纳如下（见表 4－3）：

表4－3

胡建淼建议稿	马怀德建议稿	杨小君建议稿
第六条第二款　人民检察院有权提起公益诉讼。	第二十四条第三款　公益行政诉讼的原告资格不受本条规定的限制。 第二十六条　人民检察院认为行政行为侵害国家利益或社会公共利益的，可以向作出行政行为的行政机关提出要求予以纠正的法律意见或建议，行政机关应当在一个月内予以纠正或予以书面答复。逾期未按要求纠正、不纠正或不予答复的，人民检察院可以提起公益行政诉讼。 自然人、法人或其他组织认为行政行为侵害国家利益或社会公共利益的，只可以申请人民检察院提起公益行政诉讼。人民检察院在两个月内不提起诉讼的，自然人、法人或其他组织可以以自己的名义提起公益行政诉讼。 法人或其他组织提起公益行政诉讼，应当与其团体章程或业务相关，并以行政行为涉及团体集体利益为前提。	公民、法人或其他组织有权对关于环境保护、税收减免、公益事业价格调整以及属于行政诉讼受案范围的抽象行政行为提起公益诉讼。

从上述三个关于行政诉讼法的修改建议文稿中，我们可以看出，三者共同之处都在于对公益诉讼都采取了模糊的方法，不在条文中进行明确界定。但三者的建议存在诸多的差别，具体表现为：

第一，在原告人资格上。胡建淼教授的建议稿将行政公益诉讼的原告限定为人民检察院；杨小君教授的建议稿则将行政公益诉讼的原告限定为公民、法人或其他组织；马怀德教授的建议稿所界定的原告范围既包括人民检察院，也包括自然人、法人或其他组织。

第二，在行政公益诉讼的范围上，胡建淼教授和马怀德教授的建议稿没有明确列举行政公益诉讼的范围，而杨小君教授的建议稿则明确列举行政公益诉讼的范围是关于环境保护、税收减免、公益事业价格调整以及属于行政诉讼受案范围的抽象行政行为。

第三，在提起行政公益诉讼的程序上，胡建淼教授的建议稿和杨小君教授的建议稿没有设定提起行政公益诉讼的程序，而马怀德教授的建议稿特别规定人民检察院提起行政公益诉讼的行政机关先行处理程序和自然人、法人或其他组织提起公益行政诉讼先行向人民检察院申请的程序，只有在人民检察院不提起行政公益诉讼的情况下，自然人、法人或其他组织才有权提起行政公益诉讼。

三、相关法条设计

第一条 对于侵害公共利益的行政行为，人民检察院、自然人、法人或其他社会组织均有权向人民法院提起行政公益诉讼。

第二条 人民检察院认为行政行为侵害国家利益或社会公共利益的，可以向作出行政行为的行政机关提出要求予以纠正的法律意见或建议，行政机关应当在十五个工作日内予以纠正或予以书面答复。逾期未按要求纠正、不纠正或不予答复的，人民检察院可以提起公益行政诉讼。

自然人、法人或其他组织认为行政行为侵害国家利益或社会公共利益的，应当首先向作出行政行为的行政机关提出撤销或者更正的申请，行政机关应当在十五个工作日内予以纠正或予以书面答复。逾期未按要求纠正、不纠正或不予答复的，可以申请人民检察院提起公益行政诉讼。人民检察院在十五个工作日内不提起诉讼或不予答复的，自然人、法人或其他组织可以以自己的名义提起公益行政诉讼。

法人或其他组织提起公益行政诉讼，应当与其团体章程或业务相关，并以行政行为涉及团体集体利益为前提。

第三条 公益行政诉讼由中级人民法院管辖。

第四条 对于行政公益诉讼，人民法院不得收起诉讼费用。

第五条 对于在行政公益诉讼中胜诉的自然人、法人或其他组织，人民法院应当给予适当的奖励。

附录一：①

北京市第一中级人民法院

行政判决书

（2001）一中行初字第149号

原告：乔占祥，男，35岁，汉族，河北三和时代律师事务所律师，住河北省石家庄市华兴小区20—3—502室。

被告：中华人民共和国铁道部，住所地：北京市海淀区复兴路10号。

---

① http：//qzone.qq.com/blog/622007831 - 1229929491 [EB/oL]，最后访问时间：2008年12月30日.

法定代表人：傅志寰，部长。

委托代理人：张长江，北京市正平律师事务所律师。

委托代理人：刘莘，女，中国政法大学研究生院副教授。

第三人：北京铁路局，住所地北京市海淀区复兴路6号。

法定代表人：李树田，局长。

委托代理人：朱敏，女，北京铁路局干部。

第三人：上海铁路局，住所地上海市天目东路80号。

法定代表人：陆东福，局长。

委托代理人：沈国平，男，上海铁路局干部。

第三人：广州铁路（集团）公司，住所地：广东省广州市中山一路151号。

法定代表人：张正清，董事长。

委托代理人：陈唯真，男，广州铁路（集团）公司干部。

原告乔占祥不服被告中华人民共和国铁道部（以下简称铁道部）关于2001年春运期间对部分旅客列车实行票价上浮的行为，于2001年4月9日向本院提起行政诉讼。本院受理后，依法组成合议庭，公开开庭审理了本案。原告乔占祥，被告铁道部的委托代理人张长江、刘莘，第三人北京铁路局的委托代理人朱敏、上海铁路局的委托代理人沈国平、广州铁路（集团）公司的委托代理人陈唯真到庭参加了诉讼。本案现已审理终结。

2000年12月21日铁道部向有关铁路局发布了《关于2001年春运期间部分旅客列车实行票价上浮的通知》（以下简称《票价上浮通知》）。原告认为该通知侵害其合法权益，向铁道部提起行政复议。2001年3月19日铁道部对原告作出铁复议（2001）1号《行政复议决定书》（以下简称《复议决定》），该《复议决定》维持了《票价上浮通知》。

原告诉称：依据《中华人民共和国铁路法》（以下简称《铁路法》）第二十五条、《中华人民共和国价格法》（以下简称《价格法》）第二十条规定，制定火车票价应报经国务院批准，而此次涨价只有国家发展计划委员会（以下简称国家计委）批复，故该《票价上浮通知》的作出缺乏法律依据。其次，依据《价格法》第二十三条的规定，票价上浮应召开有消费者、经营者和有关方面参加的价格听证会，但被告未提供价格听证会的有关文件。故被告作出的票价上浮行为违反了法定程序，属于违法行为。另，在对《票价上浮通知》申请复议时，其一并提出了对国家计委计价格（2000）1960号批复（以下简称《计委批复》）的效力予以审查或转送有关部门审查的请求，但被告未履行转送职责，属于不履责行为。故请求本院判决：1. 撤销《复议决定》，并责令被告履行《中华人民共和国复议法》（以下简称《复议法》）规定的审查或转送审查的法定职责；2. 请求判决撤销《票价上浮通知》。

被告辩称：《票价上浮通知》是针对不特定的对象发布的，且是可以反复适用的行为，故该通知属于抽象行政行为，依法不能提起行政诉讼。其次，《复议决定》是维持《票价上浮通知》的行为，依据《中华人民共和国行政诉讼法》（以下简称《行政诉讼法》）的有关规定，原告不能对维持原行政行为的复议行为提起诉讼。第三，《票价上浮通知》是依法作出的，未侵害原告的合法权益，且与原告也没有法律上的利害关系，故请求法院依法予以支持。

第三人北京铁路局认为：《票价上浮通知》对原告没有行政强制力，不是具体行政行为，应属于抽象行政行为，不可诉，乔占祥亦不具有原告主体资格。铁道部所作的《票价上浮通知》是合法的。故请求判决驳回原告诉讼请求。

第三人上海铁路局认为：《票价上浮通知》是合法合理的，请求判决予以维持。第三人实施《票价上浮通知》的行为属于铁路运输企业经营行为，其合法权益应予法律保护。

第三人广州铁路（集团）公司认为：《票价上浮通知》是合法的，应判决予以维持。第三人的铁路运输经营行为亦是合法的，应予以法律保护。故请求判决驳回原告诉讼请求。

庭审中被告所举证据有：

1. 铁道部铁财函（1999）428 号《关于 2000 年铁路春运票价浮动的函》。

2. 国家计委计价格（2000）8 号《关于 2000 年春运期间对部分铁路旅客列车实行浮动票价问题的批复》。

上述证据 1、2 用以证明铁路票价上浮的惯例。

3. 铁道部铁财函（1998）305 号《关于下放部分铁路客票价格定价权限的函》，用以证明铁道部向有关部门建议，随着市场经济的发展，铁路客运价格应当以及如何引入市场调节机制的问题。

4. 国家计委计价格（1999）1862 号《关于对部分旅客列车运输实行政府指导价的请示》，用以证明国家计委向国务院请示，拟将原由国务院行使的制定火车票价的审批权部分授予国家计委的意见。

5. 国务院办公厅（1999）办 2921 号批复。

6. 国务院办公厅国办发（1993）81 号《国家行政机关公文处理办法》。

上述证据5、6用以证明国家计委计价格（1999）1862号的请示得到国务院的批准。

7. 铁道部铁财函（2000）253号《关于报批部分旅客列车政府指导价实施方案的函》，用以证明铁道部根据国家计委计价格（1999）1862号文的要求，向国家计委上报拟定对部分旅客列车实行政府指导价，其中包括在春运期间票价上浮的有关实施方案。

8. 国家计委计价格（2000）1960号《关于部分旅客列车票价实行政府指导价有关问题的批复》，用以证明国家计委对上述铁道部铁财函（2000）253号方案同意的批复意见。

9. 铁道部《关于2001年春运期间部分旅客列车实行票价上浮的通知》，用以证明铁道部根据国家计委计价格（2000）1960号批复，向各有关铁路局发布2001年春运期间部分旅客列车票价实行上浮的通知。

10. 铁复议（2001）1号《复议决定》，用以证明铁道部对乔占祥所提《票价上浮通知》的复议申请予以维持的结论。

11. 国家计委办公厅计办价格（2000）931号《关于颁布铁路旅客票价有关问题的复函》，用以证明铁路旅客票价颁布的有关程序问题。

12. 铁路旅客运输管理规程之旅客票价表，用以证明铁道部公布票价的职责、程序等问题。

13. 国务院国办发（1998）85号《关于印发铁道部职能配置内设机构和人员编制规定的通知》，用以证明有关铁道部职责权限及铁路局性质等问题。

14. 国务院《关于重要生产资料和交通运输价格管理暂行规定》。

15. 国家物价局关于颁布《国家物价局及国家有关部门分工管理价格的重要商品和交通运输目录》。

上述证据14、15用以证明铁路客运价格的性质。

16. 国民经济和社会发展第十个五年计划纲要。

17. 国家领导人有关铁路发展、体制改革、经营管理等方面的讲话。

上述证据16、17用以证明铁路价格管理体制的性质以及随着市场经济发展所发生的变化状况等。

18. 历年春节期间铁路运输繁忙紧张的有关新闻报道，用以证明涨价的必要性。

19. 国务院国阅（1996）43号《关于研究铁路协议运输及收费问题的会议纪要》，用以证明国务院及其有关所属部门针对市场经济多元化发展的状况，研究建立铁路运价管理新体制的思路。

20. 铁道部铁财（1996）120号《关于铁路运价管理体制改革建议的报告》。

21. 铁道部铁财（1997）37号《关于铁路运价体制总体改革建议方案的报告》。

上述证据20、21用以证明改革铁路运价体制的必要性及基本思路。

22. 城乡居民家庭人均收入增长与铁路旅客票价上涨对比表，用以证明票价上浮幅度的可行性。

23. 有关2001年春运情况与近年春运情况的对照资料。

24. 有关铁路局春运客流调查报告。

上述证据23、24用以证明春运期间对部分高峰线路采取旅客票价上浮以缓解运能压力的必要性。

25. 乔占祥在提起行政复议时提供的1月17日石家庄开往磁县、1月22日石家庄开往邯郸火车票各一张。被告认为仅以该火车票不能证明原告乘坐了上述列车，因此不能证明原告与被诉行政行为有法律上的利害关系。

庭审中原告所举证据有：

1. 铁复议（2001）1号《复议决定》，用以证明铁道部对其所提《票价上浮通知》的复议申请予以受理并维持的具体行政行为。

2. 被告出具的收到原告提交的两张火车票的收据，用以证明其乘坐了涨价的火车。庭审质证时，原告对被告提供的证据1、2、3、16、17、18、19、22提出异议，认为该8份证据与本案无关或与证明被诉行政行为合法性无直接关系。对证据4、5、6、7、8、12、20、21提出异议，认为不能证明本案所争议的旅客票价上浮行为经过了国务院的批准，亦不能成为旅客票价上浮的依据。对证据11提出异议，认为不属于计委的批复。对证据13、14、15提出异议，认为不能证明旅客票价上浮行为合法。对证据23、24提出异议，认为数据片面，只有上浮对比，没有下浮对比，缺乏说服力。对证据25没有异议，并认为被告的推断没有根据。被告对原告的异议予以辩驳，认为证据1—16能够证明其调整客运价格的行为符合有关法律规定及程序规定。证据17—24能够证明其调整客运价格的行为具有事实依据，合法适当，不是任意行政行为。被告对原告提供的证据的真实性无异议。

经庭审质证，本院认为被告提供的证据4、5、6能够证明国务院根据全国铁路客运业在市场经济发展的影响下所发生的根本变化，为促进铁路客运市场的健康发展与合理竞争，将其依法行使的部分客运价格调整与制定的审批权授予国家计委。被告提供的证据7、8、9、11、12能够证明铁道部2001年春运期间调整部分旅客列车票价上浮所履行的拟定、申报、审批、公告程序。被告提供的证据23、24能够证明历年春运期间均出现客运高峰，对此有针对性地通过部分旅客票价上浮的行政调节措施，从而缓解旅客流量、流向高度集中与运能有限的矛盾与压力。被告提供的证据13能够证明铁道部与铁路局的职责权限以及铁路局的机构性质等。被告提供的证据25不能否认原告没有乘坐涨价后的列车。被告提供的证据10能够证明被告依法作为复议机关，受理了原告向其提起的复议申请并对该申请作出维持的决定。对上述证据本院依法予以采信。被告提供的证据14、15、16、17、18、19、20、21、22能够说明我国铁路客运价格管理体制的性质，以及随着市场经济的发展，铁路客运在运力、服务等多方面出现的不相适应和有关部门为适应市场经济多元化发展的需要，研究改革和建立铁路运价管理新体制的思路等有关情况。虽然对本案定性与裁判无直接关系，但可以作为本案裁判的参考资料。被告提供的证据1、2、3与本案所诉行政行为的合法性审查无直接关系，本院不予评价。

本院根据以上有效证据认定以下事实：1994年以来，随着市场经济的加速发展，铁路客运市场形势发生了根本性的变化。为适应市场经济的发展，促进铁路客运与公路、民航的合理竞争和全国运输市场的健康发展，国务院及其所属的铁路行政主管部门和国务院其他有关所属部门开始逐步改革并试行引进新的客运价格行政管理体制。为此，1999年11月8日，国家计委以计价格（1999）1862号文件向国务院请示关于对部分旅客列车运价实行政府指导价的有关问题。在该请示的第二部分中请示了“允许部分铁路客运票价适当浮动”，如“（一）允许客流较大线路、经济发达地区线路和春运、暑运、节假日客运繁忙线路的铁路旅客票价适当上浮”等问题，并请示拟将原由国务院行使的制定和调整铁路客运票价的审批权部分授予国家计委的有关问题。如“（四）跨局行驶的旅客列车，由铁道部负责确定浮动的区域、线路和时间，报国家计委批准后实施”等请求授予权限的问题。同月，国务院以（1999）办2921号批复批准了该请示。2000年7月25日，被告根据国务院批准的计价格（1999）1862号请示的要求，以铁财函（2000）253号《关于报批部分旅客列车政府指导价实施方案的函》向国家计委上报，拟定对部分旅客列车实行政府指导价，其中包括在春运期间实行票价上浮的有关实施方案。同年11月8日，国家计委依据国务院的授权，以计价格（2000）1960号《关于部分旅客列车票价实行政府指导价有关问题的批复》批准了被告的上述实施方案。同年12月21日，被告根据国家计委计价格（2000）1960号批复作出《票价上浮通知》。该通知确定2001年春节前10天（即1月13

日—22日）及春节后23天（即1月26日—2月17日）北京、上海铁路局、广州铁路（集团）公司等始发的部分直通列车实行票价上浮20%—30%。为此，原告购买的2001年1月17日2069次列车到磁县的车票多支付5元，购买的1月22日2069次列车到邯郸的车票多支付4元。

本院认为，依据《行政诉讼法》第二条、第十二条第（二）项，最高人民法院《关于执行〈中华人民共和国行政诉讼法〉若干问题的解释》（以下简称《最高法院解释》）第三条的规定，人民法院应当受理对具体行政行为不服而提起的行政诉讼。《票价上浮通知》是针对有关铁路企业作出并设定和影响有关铁路企业经营权利和义务的行为，故该《票价上浮通知》应认定为具体行政行为，对其提起的行政诉讼应当属于人民法院受案范围。原告作为购票乘客，虽不是《票价上浮通知》所直接指向的相对人，但因有关铁路企业为执行《票价上浮通知》而实施的经营行为影响到其经济利益，依据《最高法院解释》第十二条的规定，其与《票价上浮通知》有法律上的利害关系，有权就《票价上浮通知》提起行政诉讼。被告和第三人北京铁路局关于《票价上浮通知》不是具体行政行为，不能对此提起行政诉讼及乔占祥不具备原告主体资格的意见缺乏法律依据，本院不予支持。

被告所作的《复议决定》，因其认定的事实、适用的依据、论述的理由及复议的结论均与原行政行为相一致，没有改变或作出新的行政行为。故应认定该《复议决定》是维持原行政行为的行为。依据《行政诉讼法》第二十五条第二款、《最高法院解释》第五十三条第一款的规定，原告对维持原行政行为的复议决定不服的，应当以作出原行政行为的行政机关为被告，对原行政行为提起行政诉讼。原告坚持对《票价上浮通知》和《行政复议》同时提起行政诉讼的请求缺乏法律依据，本院不予支持。原告关于确认被告在复议期间未根据其一并提起的审查申请，将《票价上浮通知》所依据的《计委批复》转送有关机关审查属于不履责的请求，因相关复议行为不属于本案审查范围，故该请求本院不予支持。根据《铁路法》第二十五条“国家铁路的旅客票价率……由国务院铁路主管部门拟定，报国务院批准”，《价格法》第五条“国务院价格主管部门统一负责全国的价格工作。国务院其他有关部门在各自的职责范围内，负责有关的价格工作”，第二十条“国务院价格主管部门和其他有关部门，按照中央定价目录规定的定价权限和具体适用范围制定政府指导价、政府定价；其中重要的商品和服务价格的政府指导价、政府定价，应当按照规定经国务院批准”等的规定，被告有对全国铁路客运价格调查拟定和管理实施的法定职责。近年来随着国家经济的全面发展，全国范围内的人口流动数量越来越大，致使历年春节期间铁路旅客运输量骤增、骤减的状况越来越突出，在一些重点城市已经造成一些严重的社会问题。因此，调整和缓解春运期间客运量与铁路运能的突出矛盾，是保证铁路客运正常发展的客观需要。为此，被告根据《价格法》第二十一条“制定政府指导价、政府定价，应当依据有关商品或者服务的社会平均成本和市场供求状况、国民经济与社会发展要求以及社会承受力，实行合理的购销差价、批零差价、地区差价和季节差价”的规定，依职权拟定的《票价上浮通知》包含了市场需求、地区差别、季节变化和社会承受力等因素，符合上述法律规定及客运市场的价值规律。但是，由于铁路客运价格关系广大群众切身利益，属于国家重要的服务性价格，为保证其统一和规范，保证国家和广大群众的利益，客运价格依法纳入了政府定价、政府指导价范畴，其制定和实施均应当经过法定程序申报和批准。被告作出的2001年春运期间部分旅客列车价格上浮的决定，是经过有关程序作出的，即被告经过有关市场调查、方案拟订、报送国家计委审查，国家计委在国务院授其批准的权限范围内予以批准，被告依据国家计委的批准文件作出《票价上浮通知》的程序未违反有关法律规定。原告认为被告所作的《票价上浮通知》未经国务院批准，被告未能提供已组织价格听证会的证据，因而应判定被诉行为违反法定程序的诉讼请求缺乏事实依据和法律依据。且依据《价格法》第二十三条的规定，主持价格听证会不属于被告的法定职责，故本诉并不涉及价格听证及其相关问题。原告据此认为被告所作《票价上浮通知》程序违法，要求予以撤销的诉讼请求本院不予支持。

上所述，依照《中华人民共和国行政诉讼法》第二条、第十二条第（二）项、第二十五条第二款，最高人民法院《关于执行〈中华人民共和国行政诉讼法〉若干问题的解释》第三条、第十二条、第五十六条第（四）项，《中华人民共和国铁路法》第二十五条，《中华人民共和国价格法》第五条、第二十条、第二十一条，判决如下：

驳回原告乔占祥的诉讼请求。

本案案件受理费80元，由原告乔占祥负担（已交纳）。

附录二：①

北京市高级人民法院
行政判决书

（2001）年高行终字第39号

上诉人（一审原告）乔占祥，男，36岁，汉族，河北三和时代律师事务所律师，住河北省石家庄市华兴小区20－3－502室。

被上诉人（一审被告）中华人民共和国铁道部（以下简称铁道部），住所地北京市海淀区复兴路10号。

法定代表人傅志寰，铁道部部长。

委托代理人刘莘，女，中国政法大学研究生院副教授。

委托代理人张长江，北京市国源律师事务所律师。

一审第三人北京铁路局，住所地北京市海淀区复兴路6号。

法定代表人李树田，局长。

委托代理人朱敏，女，北京铁路局干部。

一审第三人上海铁路局，住所地上海市天目东路80号。

法定代表人陆东福，局长。

委托代理人沈国平，男，上海铁路局干部。

一审第三人广州铁路（集团）公司，住所地广东省广州市中山一路151号

法定代表人张正清，董事长。

委托代理人陈唯真，男，广州铁路（集团）公司干部。

上诉人乔占祥因铁路旅客票价管理一案，不服北京市第一中级人民法院（2001）一中行初字第149号行政判决，向本院提起上诉。本院依法组成合议庭，公开开庭审理了本案。上诉人乔占祥；被上诉人铁道部法定代表人的委托代理人刘莘、张长江；第三人北京铁路局法定代表人的委托代理人朱敏；上海铁路局法定代表人的委托代理人沈国平；广州铁路（集团）公司法定代表人的委托代理人陈唯真出庭参加了诉讼。本案现已审理终结。

北京市第一中级人民法院判决认定，原告作为购票乘客与铁道部所作《关于2001年春运期间部分旅客列车票价上浮的通知（以下简称"通知"）》有法律上

① 本判决书来自北京法院网 http：//bjgy. chinacourt. org/public/paperview. php id = 38366。最后访问时间：2008年12月30日.

的利害关系，有权提起行政诉讼。原告坚持对《通知》和《行政复议》同时提起行政诉讼的请求缺乏法律依据。被告作出的2001年春运期间部分旅客列车价格上浮决定是经过市场调查、方案拟订、上报批准的，程序未违反有关法律规定。并以（2001）一中行初字第149号行政判决，驳回原告的诉讼请求。

上诉人乔占祥认为一审判决没有对被诉具体行政行为的合法性进行全面审查，铁道部所作《通知》未举行听证会，未经国务院批准，违反法定程序；在复议过程中铁道部未履行其转送审查国家计委1960号批复的请求，属不履行法定职责。向本院提起上诉，请求二审法院撤销一审判决，撤销铁道部所作《通知》，判决确认被上诉人未履行转送职责的行为违法。

被上诉人铁道部答辩认为其作出《通知》符合法定程序，上诉人提出对国家计委1960号批复的转送请求不符合转送条件，故一审判决正确、合法，请求二审法院驳回上诉，维持原判。第三人均同意被上诉人铁道部的答辩意见。

经审理查明，2000年7月被上诉人铁道部向国家计委上报了《关于报批部分旅客列车实行政府指导价的实施方案（以下简称实施方案）》，即：铁财函（2000）253号。《实施方案》中表述，根据经国务院批准的国家计委《关于对部分旅客列车运输实行政府指导价的请示》，我部拟订了对部分旅客列车实行政府指导价的实施方案。其中关于春运票价上浮方案为“春节前（除夕除外）14天，自哈尔滨、上海、广州、北京等局始发，到达指定局（省）的部分列车，春节后23天（初一、初二除外）自北京、上海、广州等局始发到达指定局（省）的部分旅客列车实行票价上浮。春运期间票价最高上浮幅度原则上不超过国务院批准的上浮标准，即：旅行速度100公里以下30%、100公里以上40%”。同年11月8日，国家计委以计价格（2000）1960号文批准了铁道部的《实施方案》。铁道部于12月21日作出《关于2001年春运期间部分旅客列车票价上浮的通知》，通知决定2001年1月13日至22日、1月26日至2月17日，春运期间在北京铁路局、上海铁路局、广州铁路（集团）公司等始发的部分直通列车的票价上浮20%至30%。该通知经公布于2001年春运期间实施。上诉人乔占祥于1月17日、1月22日，分别购买了2069次列车从石家庄到磁县、石家庄到邯郸的火车客票两张，支付票款37元，比上浮前多支付人民币9元。为此，乔占祥以铁道部所作《通知》程序违法为由诉至一审法院，一审判决后乔占祥不服上诉。

在二审审理过程中，上诉人与被上诉人对铁道部所作《通知》的合法性争议和举证、质证的主要内容是：

(1) 铁道部所作《通知》的法律依据问题

被上诉人铁道部向法庭出示的证据是：证据1. 国家物价局有关部门分工重要商品的目录，证明旅客票价为政府定价范围；证据2. 国家计委对部分旅客列车实行国家指导价的请示（计价格［1999］1862号）；证据3. 国务院对国家计委［1999］1862号请示的批复（国办［2921号］），证明旅客票价由政府定价改为政府指导价已经国务院批准并授权国家计委行使审批权；证据4. 国家公文处理办法（国法办［1993］81号），证明国家计委［1999］1862号请示和国务院的批复符合国务院公文处理的相关规定；证据5.《实施方案》，证明铁道部履行了报批程序；证据6. 国家计委对铁道部《实施方案（［2000］253号）》的批复，即：计价格（2000）1960号《关于部分旅客列车票价实行政府指导价有关问题的批复》，证明铁道部关于2001年春运旅客列车票价上浮所作的《通知》内容已经得到有权机关批准；证据7. 国家计委就有关问题的复函；证据8. 附件2. 客运价目表，证明铁道部经调查对旅客列车票价实行政府指导价的条件已经具备。上诉人乔占祥表示上述证据材料在一审时交换过，但认为证据1与《中华人民共和国铁路法》(以下简称铁路法)、《中华人民共和国价格法》（以下简称价格法）相抵触，证据2未经听证，未获国务院批准；证据3只有领导圈阅，没有明确签署意见不能证明国务院批准授权国家计委审批，且没有证据证明证据来源合法；证据4国务院办公厅批复不符合国务院公文处理办法规定；证据5与证据6，因为不存在国务院授权的行政法律行为不能证明证据5的合法性；证据7，该函内容应由国家计委行使而不是国家计委办公厅；证据8无异议。

本院确认被上诉人提供的上述证据合法有效，能够证明其所作《通知》符合《价格法》和《铁路法》规定的实行政府指导价的范围，得到了有权机关的批准。

(2) 铁道部作出通知的程序合法性问题

被上诉人认为铁路旅客票价不是依法应当听证的三种价格，证据1. 国务院关于重要生产资料和交通暂行规定、证据2. 第10个五年计划纲要。上诉人乔占祥认为，证据1仅仅指三种定价，不能证明不属价格法二十三条的范围；证据2中规定的听证会铁道部没有按照办理。

本院确认上述证据对本案没有直接的证明效力，不予采用。

(3) 铁道部在复议过程中是否存在不履行职责的问题

上诉人乔占祥提供的证据1. 行政复议申请书，证明其要求铁道部转送审查国家计委（2000）1960号文的合法性；证据2. 铁道部国复［2001］2号行政复议书，证明铁道部没有履行转送职责。被上诉人铁道部经质证认为证据1中乔占祥没有提出转送要求，证据2中铁道部经复议认为不符合转送条件，不存在不履职的问题。

本院确认上述证据不能证明上诉人的要求成立。

本案认定的事实，有以上证据材料和庭审笔录在案佐证，可以作为定案的根据。

本院认为，铁道部所作《通知》，是铁路行政主管部门对铁路旅客票价实行政府指导价所作的具体行政行为，该行为对于铁路经营企业和乘客均有行政法律上的权利义务关系。乔占祥认为该具体行政行为侵犯其合法权益向人民法院提起行政诉讼，是符合行政诉讼法规定的受案范围的。但在对原具体行政行为提起诉讼的同时一并请求确认复议机关不履行转送的法定职责，不符合行政诉讼法的规定，且其在复议申请中亦未提出转送审查的请求，故一审判决驳回上诉人的该项请求并无不当。

铁路列车旅客票价直接关系群众的切身利益，依照《价格法》第十八条的规定，政府在必要时可以实行政府指导价或者政府定价。根据《铁路法》第二十五条“国家铁路的旅客票价……由国务院铁路主管部门拟订，报国务院批准”的规定，铁路列车旅客票价调整属于铁道部的法定职责。铁道部上报的《实施方案》所依据的计价格（1999）1862号文已经国务院批准，其所作《通知》是在经过市场调查的基础上又召开了价格咨询会，在向有权机关上报了具体的实施方案，并得到了批准的情况下作出的，应视为履行了必要的正当程序。虽然，《价格法》第二十三条规定：“制定关系群众切身利益的公用事业价格、公益性服务价格、自然垄断经营的商品价格等政府指导价、政府定价，应当建立听会证制度。”但由于在铁道部制定《通知》时，国家尚未建立和制定规范的价格听证制度，要求铁道部申请价格听证缺乏具体的法规和规章依据。据此，上诉人乔占祥请求认定被上诉人铁道部所作《通知》程序违法并撤销该具体行政行为理由不足。综上，一审判决认定事实清楚，适用法律正确，程序合法。上诉人上诉理由不足，其诉讼请求本院不予支持。依照《中华人民共和国行政诉讼法》第六十一条第一项的规定，判决如下：

驳回上诉，维持原判。

本案上诉诉讼费80元，由上诉人乔占祥负担。

本判决为终审判决。

审判长　王振清

审判员　吉罗洪

审判员　何谢忠

第五章　行政民事关联诉讼制度的建构

公私法的相互渗透及现代社会行政权不断扩张越来越多地介入到私权领域，致使行政民事关联案件出现并呈上升趋势。在我国，现行的法律中并没有对该类案件的处理作明文规定。司法实践对其处理也是多种多样的，有的法院将关联案件中的行政争议和民事争议分开审理，各自裁判；有的法院采取"先行后民"的方式，先解决行政争议，再解决民事争议；有的法院则一律采取行政附带民事诉讼的方式等。理论的分歧、立法的缺失以及司法的不统一都无法公正、效益地应对现实的需要，致使法院作出的判决相互矛盾，损害了司法的权威与公正，也使案件陷入循环诉讼，从而增加了当事人的讼累和诉讼成本，影响了社会的稳定。因此，建立一种有效的诉讼模式不仅必要，而且必须。本章试图构建"民事附属行政审查＋行政附带民事诉讼＋当事人诉讼"的多元模式，并从理论上对其予以论证，以期为解决行政民事关联案件在司法实践中所遇到的困境提供一个突破口，更好地实现程序公正和诉讼效益的目标。

第一节　行政民事关联诉讼制度概述

要想构建行政民事关联案件的处理模式，就必须对行政民事关联案件有深入的认识。什么是行政民事关联案件，行政民事关联案件是规范的法律术语还是学界理论研究术语，行政民事关联案件的成因，行政民事关联案件在实践中的表现形式有哪些，该做何种类型化分析，这些都是我们在进行处理模式探究之前所要一一阐释清楚的问题。

一、行政民事关联案件界说

行政民事关联案件是指同时存在于审理过程中的行政争议和民事争议，二者在法律事实上互相联系，或者在处理结果上存在一定程度的牵连或者在处理程序上互为前提的案件。行政民事关联案件并非规范的法律术语，它只是理论界对于同时牵涉行政争议和民事争议的案件进行理论研究所使用的一个学术术语。学界对此并无统一的定义，有的学者将其视为“行政民事争议重合案件”,① 有的学者称其为“民事与行政争议交叉案件”,② 有的学者称其为“行政、民事争议交织案件。”③ 本章采纳“行政民事关联案件”说，之所以取“关联”之名，在于“关联”二字更能贴切地反映行政争议与民事争议之间互相牵连的关系。行政民事关联案件与前述学者的定义只存在表述的差异，并无实质差别。此类案件可能存在于行政诉讼中，也可能存在于民事诉讼中。行政民事关联案件的特征是：①法院受理的一个案件中存在两个争议，一个是行政争议，而另一个是民事争议。②行政争议和民事争议联系在一起，具有关联性，此为行政民事关联案件的本质特征。二者的关联性表现为以下三种形式：一是两者在法律事实上相互联系，行政争议因民事争议产生或者民事争议因行政争议产生；二是两者在处理结果上存在一定程度的牵连；三是两者在处理程序上互为前提，一个争议的判决依赖于另一个争议的解决，后一个争议虽不构成前一争议的主要标的，但却决定着前一争议的判决结果。

二、行政民事关联案件成因分析

（一）行政民事关联案件成因之一——公法与私法的关联

主张公法和私法在性质上有明显的区别，以公法为权力服从关系的法，私法为对等者相互关系的法的学说，把公法和私法划为截然不同的两个系统，以为公法的法律关系在内容上全部都是公法的，不但没有私法的要素夹杂其间，即其发生变更和消灭的原因亦都是公法的；同样，对于私法的法律关系，亦以为是整个法系与私法的分野，毫无公法的要素夹杂期间。④ 日本著名宪法学家、行政法学家美浓部达吉认为，把公法与私法全然置于隔绝的关系上，实未得当。私法的法

① 薛刚凌．处理行政、民事争议重合案件的程序探讨［J］．法律科学，1998（6）．

② 廖永安．论我国民事与行政争议交叉案件的协调处理［J］．中南大学学报，2005（6）．

③ 韩磊，石长春．附带诉讼：行政、民事争议交织案件的解决［J］．安徽警官职业学院学报，2004（2）．

④ ［日］美浓部达吉．公法与私法［M］．黄冯明译．北京：中国政法大学出版社，2003：149.

律关系有时因公法的行为加入私法而发生，而公法的法律关系却有时因私法的行为而发生。有时私法和公法的结合，如所谓“私法公法化”，表现出私法而同时又为公法的现象，内容上具有财产的价值的公法关系，是其财产关系之特点，与私法关系有类似的性质，所以在某种程度内适用私法的规律。那种具有财产价值的公法关系若加以某种法律原因，即转化为私法关系。① 美浓部达吉认为公私法存在差异的同时，具有关联性。

公私法存在差异的同时，具有紧密的关联性。公法、私法的关联，是关联案件出现的理论根源。行政法属于公法，而民法属于私法，它们分别调整着行政法律关系和民事法律关系。然而在复杂的社会生活中，法律关系在很多情况下并不总是以单一的形式出现的，而是呈现出多种法律关系相关联的情形，如刑事法律关系与民事法律关系相关联，行政法律关系与民事法律关系相关联。行政法律规范与民事法律规范调整对象、方式等的交叉导致了行政法律关系与民事法律关系相关联，因而产生不同性质案件的关联。比如当事人的同一违法行为同时违反了行政法和民法的相关规定，引起了两种不同的法律后果，既要承担行政责任又要承担民事责任，这就决定了行政争议和民事争议的相互关联，从而产生行政民事关联案件。行政法与民法的相互关联成为关联案件的成因之一。

（二）行政民事关联案件成因之二——行政权对私权的介入

现代社会，行政权力不断扩张，越来越多地介入到私权领域。近代以来的法律一个明显的特征是公法被充分重视，且在公法上既确认公权力，又确认私权利。宪政的现实造就了近代法律的这一变化。关于行政的法律属于公法，它不局限于对公权力的授予，而且还规定了私权利的公法保障。因为传统的私法已经不能有效地保障私权利了，更为主要的原因是，行政活动需要把公权力与私权利联系在一起来看待，需要用私权利来限制公权力。② 这段话中隐含着行政权力与私权利的紧密关系，一定意义上揭示了行政权力对私权的介入。随着社会的发展，行政权力挣脱夜警国家时代的消极性，积极主动地将权力矛头指向社会生活，以实现福利国家的目标。这使得行政权力效能性日益强化，经济职能扩大。行政权作用领域、活动范围的显著扩大，行为方式的日趋多样化，同时利益的多元化和复杂化，使社会生活中存在大量民事纠纷，这么多的民事纠纷不可能全部依赖法

---

① ［日］美浓部达吉．公法与私法［J］．黄冯明译．北京：中国政法大学出版社，2003：150－151.

② 孙笑侠．法律对行政的控制——现代行政法的法理解释［M］．济南：山东人民出版社，1999：49.

院解决。于是，行政机关以其专业化和技术性优势，开始承担了部分司法职能，从而更多的民事活动被置于国家的管理和约束之中。行政权对民事活动的介入，使普通的民事案件变成了复杂的牵连行政争议的关联案件。最为典型的是行政裁决权的出现使平等主体之间的民事争议由于行政权的介入而变得复杂，成为行政民事关联案件。行政权对私权的介入是行政民事关联案件的又一成因。

三、常见的行政民事关联案件

行政民事关联案件通常是由行政行为引发或介入而引起的，完全的私权纠纷不会产生行政民事关联案件。从司法实践来看，常见的行政民事关联案件主要有行政确认行为、行政许可行为、行政处罚行为、行政裁决行为引起的关联案件。

（一）因行政确认行政引起的关联案件

行政确认行为是指行政主体依法对行政相对人的法律地位、法律关系或有关法律事实进行甄别，给予确认、认定证明（或否定）并予以宣告的具体行政行为。[①] 行政确认行为主要包括权属的确认、火灾事故的认定、交通事故的认定、工伤事故的认定等。行政确认行为易引发行政民事关联案件，因为该行为通常会涉及民事主体权利和义务的认定。如行政机关对火灾事故作出了责任认定，因对责任认定行为不服提起行政诉讼同时引发的民事赔偿争议，就属于行政民事关联案件。

（二）因行政许可行为引起的关联案件

行政许可行为是指行政机关根据公民、法人或其他组织的申请，经依法审查，准予其从事特定活动的行为。[②] 在行政管理领域，由于行政机关的许可行为与民事行为主体的资格相关联，在决定民事主体参加行政活动资格时作出的许可行为有可能涉及相关人的权益，如果相关人对此不服提起诉讼，所引发的案件就属于行政民事关联案件。如建筑许可引发的相邻权争议。

（三）因行政处罚行为引起的关联案件

行政处罚行为是指国家行政机关依法对违反行政管理秩序而尚未构成犯罪的公民、法人或其他组织所实施的一种惩戒行为。[③] 因为行政处罚行为引发的行政

① 姜明安．行政法与行政诉讼法［M］．北京：北京大学出版社、高等教育出版社，1999：197.

② 见《中华人民共和国行政许可法》第二条。

③ 应松年．当代行政法［M］．北京：中国方正出版社，2005：840.

民事关联案件在治安管理处罚中很常见。如环境、卫生和治安处罚中的被处罚人或受害人对行政处罚和民事赔偿有异议而起诉所引发的关联案件。

（四）因行政裁决行为引起的关联案件

行政裁决行为是指行政机关依照法律授权，对当事人之间发生的、与行政管理活动密切相关的、与合同无关的民事纠纷进行审查，并作出裁决的行政行为。①从现有法律规定看，行政裁决行为引发的行政民事关联案件，主要存在于权属纠纷裁决，侵权纠纷裁决及土地、房屋征用补偿纠纷裁决引发的争议中。如双方当事人对土地使用权的归属发生争议，依法请求有关行政机关确认裁决，经裁决后，一方当事人对行政机关作出的行政裁决不服，向法院起诉，并请求一并解决争议土地使用权的归属的案件。

四、行政民事关联案件类型化分析

行政民事关联案件与刑事民事关联案件②相比要复杂得多，要有效地解决行政民事关联案件，探寻一种既能体现诉讼公正又能体现诉讼效益的诉讼机制，就必须先对行政民事关联案件进行类型化分析。

行政民事关联案件从理论上可分为以下三类。

（一）以民事争议为主，涉及行政争议的关联案件

以民事争议为主，涉及行政争议的关联案件通常出现在民事诉讼中。在诉讼中，民事争议的解决取决于行政行为合法与否，行政行为的效力成为民事争议解决的前提条件或附属问题，但案件的实质在于民事争议，民事争议是焦点，民事争议的解决是当事人诉讼的目的所在。如在房屋产权纠纷案中，一方当事人对另一方当事人据以主张权利的房屋产权证书的效力提出异议，并提出相关证据证明自己才是该房屋的所有人。该案件中诉讼标的是房屋的产权，但当一方当事人对房屋产权证书的效力向法庭提出异议时，解决房屋产权的争议就必须首先解决房地产管理部门颁发房屋产权证书的行为是否合法的问题。行政机关颁证的行为就

---

① 姜明安．行政法与行政诉讼法［M］．北京：北京大学出版社、高等教育出版社，1999：202.

② 这里刑事民事关联案件是指因同一违法行为既造成刑事犯罪又侵犯公民的人身权和财产权而产生刑事责任与民事责任并存的案件。我国刑事诉讼法规定了刑事附带民事诉讼制度，由犯罪行为引起的民事赔偿，由审判刑事案件的审判组织一并审理解决。

构成了民事诉讼的前提条件或附属问题。除了涉及行政登记①的民事争议案件外，部分行政许可的民事争议也是以民事争议为主，涉及行政争议的关联案件。

以民事争议为主，涉及行政争议的关联案件具有以下两个特点：第一，该类争议案件通常发生在平等民事主体之间，在本质上是民事争议案件，只是因为行政行为的介入才使得争议变得复杂成为行政民事关联案件；第二，在该类案件中，行政争议具有重要地位，它构成民事争议解决的前提条件。行政争议是民事诉讼中不能回避的问题，该问题不解决，必然会影响民事案件的最终处理结果。如果将行政争议与民事争议截然分离，分别审理和判决，将可能导致民事判决与行政判决相互冲突矛盾。在这里必须说明的是，此处所说的行政争议指的是具体行政行为合法与否的争议，不包括抽象行政行为的争议。根据我国现有法律的规定，法院不能对抽象行政行为进行司法审查，对于法院能否对其进行审查的学理上的讨论，我们在这里不予涉及。

（二）以行政争议为主，涉及民事争议的关联案件

以行政争议为主，涉及民事争议的关联案件通常出现在行政诉讼过程中。如当事人对行政机关作出的具体行政行为不服而提起行政诉讼的同时，又请求法院审理与行政争议相关联的民事争议。在此类关联案件中，民事争议与行政争议有着一定联系，即民事争议的解决一定程度上取决于行政争议的解决，行政争议对民事争议有预决的作用。例如在行政处罚案件中，一方当事人因与另一方当事人斗殴而被打伤，公安机关对致害方处以罚款的行政处罚，另一方当事人认为处罚太轻不服公安机关作出的行政处罚，向法院提起行政诉讼，同时请求法院判令对方承担民事赔偿责任。再如，在行政许可案件中，某建筑公司按照规划局颁发的建筑规划许可证建房时，相邻的居民认为新建的房屋侵犯其采光权及通风权，要求建筑公司停止建房，而建筑公司声称建房是经规划局许可并向其出示建筑规划许可证，相邻方对规划局颁证的行为不服，向法院提起行政诉讼，同时请求法院判令建筑公司停止侵害、排除妨害。另外，某些行政确认行为中的责任认定也属于以行政争议为主、涉及民事争议的关联案件。上述三种案件，民事权益纠纷的解决均在一定程度上取决于行政争议的处理。

以行政争议为主，涉及民事争议的关联案件具有如下特点：

① 行政登记行为属于行政确认行为的范畴，作为民事诉讼中的关联行政争议比较常见。《中华人民共和国物权法》的颁布实施后，因行政登记行为引发的行政民事关联案件还将呈不断增加的趋势。

第一，该类案件既存在行政争议又存在民事争议，但两者在案件中的地位不同，行政争议处于主导地位，民事争议处于从属地位。

第二，该类案件中行政争议和民事争议具有关联性，这种关联程度不像以民事争议为主、行政争议作为附属问题的关联案件那样紧密，行政争议和民事争议可以分开审理，民事争议在一定程度上以行政争议的解决为前提。

（三）行政争议与民事争议并重的关联案件

行政争议与民事争议并重的关联案件是指因同一法律事实而引发的行政争议和民事争议之间不存在主次之分的案件。此类案件通常出现在行政诉讼中，主要是指行政机关对平等主体之间民事争议作出的行政裁决案件。如城市房屋拆迁纠纷中，某旅游公司为修建停车场等设施对某居民居住的房屋进行拆迁，双方达不成拆迁安置补偿协议，于是请求该区主管部门作出房屋拆迁裁决。在主管部门作出拆迁裁决之后，某居民对该裁决不服，向法院提出行政诉讼，请求撤销该房屋拆迁裁决，并且一并解决裁决所涉拆迁安置补偿争议。行政争议与民事争议并重的案件还包括涉及土地房屋等行政确权裁决等引起争议的案件。

行政争议与民事争议并重的关联案件具有如下特点：

第一，民事争议是一开始就存在的，是原始争议，是因为行政机关行使行政裁决权，介入民事争议的处理才产生的，而行政争议是继发争议。

第二，该类案件诉讼的标的是行政争议，但行政争议的解决自始至终却是围绕民事争议的，民事争议既是起点又是归宿，民事争议是实质争议，解决民事争议是最终目的。行政争议的解决只具有形式上的意义，是因为行政机关依据法律法规授权行使准司法权的结果。

行政争议与民事争议并重的关联案件和以民事争议为主，涉及行政争议的关联案件之间的区别在于，前者行政争议是由民事争议产生的，不对民事争议进行审查判断，便无法解决行政争议，最终也就解决不了民事争议；而后者的民事争议是由行政行为引起的，民事争议的解决有赖于行政争议的解决。此外，行政争议与民事争议并重的案件中当事人对行政裁决行为本身提出了异议，法院必须一同解决行政争议和民事争议，当事人提起诉讼的目的才能实现。正是基于这个意义，我们说它是行政民事争议并重的关联案件。而在以民事争议为主、涉及行政争议的关联案件中当事人是将具体行政行为作为其抗辩理由的，法院必须先解决行政争议，对行政行为的效力予以认定，才能最终正确解决民事争议。①

① 薛刚凌．处理行政、民事争议重合案件的程序探讨［J］．法律科学，1998（6）．

第二节　行政民事关联诉讼案件处理模式比较分析

一、行政民事关联案件处理模式域外考察

（一）各国诉讼制度述评

在对国外行政民事关联案件处理模式进行考察时，我们首先对世界各国的诉讼制度作一简要述评。各国的诉讼体制概括起来主要有三类：一元制（单轨制）、二元制（双轨制）和混合制。一元制存在于以英国为代表的普通法系国家。普通法系国家历来不存在公私法的划分，认为一切诉讼包括行政诉讼在内都属于司法权的范畴，应由普通法院管辖。① 普通法院受理各类诉讼案件：民事、刑事和行政案件。虽然为了满足实际需要设置了一些专门管理行政事项的裁决机构，如英国设立的行政裁判所，但它们并没有组成一个和普通法院相平行的体系，并且这些裁决机构作出的裁决必须接受普通法院的审查监督或者可以上诉到普通法院，它们的存在并不妨碍普通法院对行政诉讼的管辖权。② 换言之，它是作为普通法院的辅助机构存在的，不属于法院管辖的行政诉讼的范畴。这种一元体制是与普通法系国家的历史背景和法律传统分不开的。二元制存在于以法国为代表的大陆法系国家。大陆法系国家存在公私法的划分，两种法律体系各自调整不同的社会关系，适用不同的法律原则进行审判，因此存在两套法院系统——普通法院和行政法院。普通法院受理民事和刑事案件，行政法院受理行政案件。普通法院与行政法院是各自独立相互平行的，所以被称为二元制或双轨制。混合制指的是日本的诉讼体制。日本的诉讼体制比较有特色，二战前采用的是欧洲大陆制度，建立普通法院和行政法院分别适用不同的诉讼程序受理民事案件和行政案件。二战后，受美国影响，取消了行政法院的设置，行政诉讼由普通法院管辖，但却保留了大陆制度的传统，普通法院之下分设不同的审判庭分别审判民事案件和行政案件。这种混合模式与我国的诉讼体制很相似。

（二）国外及我国台湾地区对行政民事关联案件的处理

在对世界各国的诉讼体制进行简要述评之后，我们来考察一些国家和地区在遇到行政民事关联案件时是如何处理的。

---

① 王名扬．法国行政法［M］．北京：中国政法大学出版社，1988：551.

② 王名扬．法国行政法［M］．北京：中国政法大学出版社，1988：557.

在英国，由于实行的是一元制的诉讼体制，因此普通法院受理各类案件。当公民或组织的权益遭到行政机关侵害时，可以请求法院给予救济：行政机关对公民的侵害，如果构成普通法上的诉讼原因，公民可以通过提起一般的诉讼得到救济。在行政机关的侵害行为不能纳入一般诉讼原因或依普通诉讼不能得到完全的救济时，公民还有另外两种方式向普通法院请求救济：①有时制定法中明文规定可以向普通法院上诉；②在没有制定法的规定时，英国最高法院（高等法院及上诉法院）根据普通法院和下级法院和行政机关具有的监督权，公民可以请求高等法院撤销和禁止行政机关的越权行为，以及命令行政机关履行法定义务。[①] 最后一种方式即司法审查，是公民权益受到行政机关侵害时最重要的救济方式。司法审查中的救济手段可分为公法上的救济手段和私法上的救济手段两种，也称为“特权的救济手段”和“一般的救济手段”。过去二者在程序上有严格的区别，不能在同一诉讼中同时适用，但1978年以后，这种区别在一定范围内已经取消，这两种不同的救济手段可能在同一诉讼中同时使用或交替使用。[②] 行政行为合法性问题可能在普通的民事诉讼或刑事诉讼程序过程中由法院裁决。同样，由公共当局作出的某一行政行为的合法性也可能与某一合同或侵权行为的私法诉讼有关。[③] 公私法的界限发生模糊时，英国的判例法发展出了一些普通原则来解决公私法关联案件的问题。具体包括：①作为附属问题（Collateral issue）的权力滥用。公法问题和私法问题往往会出现在同一案件之中，一旦出现这种情况就会产生问题：争议应当通过何种程序得到解决？通过 Roy V Kensington（1992）一案，上议院认为在私法程序中对公法决定加以审查并不会构成程序的滥用，如果诉讼程序启动的最主要目的是为了对一项私法权利进行救济。换句话说，如果公法上的决定对于私法上的权利救济而言是附属问题时，这项公法决定就没有必要通过提起司法审查而对之加以审查，而可以在普通程序中一并审查。②作为抗辩理由（defence）的权力滥用。普通法院接受行政行为的无效可以在刑事和民事诉讼程序中被用做抗辩的理由，在 R. V. Jenner（1983）一案中，上诉法院（刑事庭）撤销了对 Jenner 的定罪，原因是 Jenner 未被允许在抗辩中对某一项行为是否有效予以质疑，法院并不认为对行政行为加以质疑的唯一方法是申请司法审查，而是在刑事诉讼程序或民事诉讼程序中对被用作抗辩理由的行政行为的有效性直接进行

---

① 王名扬．英国行政法［M］．北京：中国政法大学出版社，1987：132－133.
② 王名扬．英国行政法［M］．北京：中国政法大学出版社，1987：179－180.
③ 张越．英国行政法［M］．北京：中国政法大学出版社，2004：34.

审查。①

在法国，由于存在两个审判系统，有时一个行政法院受理案件的解决依赖于另一个属于普通法院管辖的问题；或者是一个普通法院诉讼的解决，依赖于一个属于行政法院管辖的问题，这两种情况说明一个案件本身的判决依赖于另外一个问题，后面这个问题不构成诉讼的主要标的，但是决定诉讼的结果，这个问题称为附属问题。附属问题可以发生在两个不同系统的法院之间，也可以发生在同一系统内部的两个法院之间。对附属问题的管辖权有两种解决方式：①根据管辖权完整原则，有权管辖案件本身的法官，也有权管辖附属问题，附属问题的管辖权合并到诉讼案件本身的管辖权内，作为先决问题解决。②根据分权原则，附属问题由另一系统的法院作出决定，诉讼案件本身等待附属问题裁决后才进行。这时附属问题称为“审判前提问题”，但不是一切附属问题都可能成为审判前提问题。它必须符合两个条件：①附属问题确实存在困难，必须由另一系统的法院作出决定，若无困难，即由案件本身有管辖权的法院作为先决问题作出决定，不成为审判前提；②附属问题的解决对于诉讼案件的判决必不可少。如果虽有困难的附属问题存在而困难的解决对于案件的判决无关，这类附属问题不构成审判前提问题。这种情况通常表现为一个判决已经具有可以作为结论的理由，其他帮助作为判决理由的附属问题不再构成审判前提问题。同一审判系统内部法院之间的附属问题由对案件本身具有管辖权的法院作为先决问题作出决定，不同审判系统法院之间的附属问题因涉及分权，可能成为审判前提问题。在法国，行政审判中的附属问题都属审判前提问题，由普通法院作出决定，司法审判中的附属问题，有的是审判前提，由行政法院作出决定；有的是先决问题，由普通法院作出决定。②对附属问题有管辖权的法院，必须就原审法院所提问题作出明确决定。答复的范围不超过原审法院所指定的审判前提问题。如果被请求作出决定的法院认为自己有管辖权时可能出现消极的权限争议，由权限争议法庭裁决有管辖权的法院。③普通法院在附属问题管辖权方面，根据权限争议法庭的判例，对行政条例有解释权，因为行政条例的实质是法律，但对具体的行政行为不能作解释，必须作为审判前提问题由行政法院作解释。如果具体行政行为的意义明确、没有争议时，不构成审判前提问题。对国际条约的解释，由受诉法院请示外交部作解释，对行政

① 马怀德．行政诉讼原理［M］．北京：法律出版社，2003：28－30.
② 王名扬．外国行政诉讼法制度［M］．北京：人民法院出版社，1991：46－47.
③ 王名扬．法国行政法［M］．北京：中国政法大学出版社，1988：594.

行为问题的判断上，民事法院对一切行政行为，不论其为具体的行政处理或普遍性的行政条例，都无权判断它的合法性，都必须作为审判前提问题，由行政法院裁决。对行政条例有一例外，即对于侵犯公民的自由和财产权利的条例，根据司法机关和财产权的保护人的原则，在防止可能发生暴力行为的限度内，民事法院可以判断其合法性。上述附属问题管辖权的原则是由权限争议法庭的判例形成的，为法国学界大多数人所接受。①

在德国，法院的设置与法国有较大不同，根据分权原则和专门原则，分设了五种专门司法管辖法院：普通法院、行政法院、劳动法院、社会法院和财政金融法院，另外，联邦各州还设有宪法法院。行政争议和民事争议分别由行政法院和普通法院依行政诉讼程序和民事诉讼程序审理，在出现类似于法国的附属问题即关联案件时，采取的做法与法国稍有不同。据《行政法院法》第九十四条，对诉讼争执的判决一部或全部取决于另一法律关系的是否存在，而该法律关系为另一具有诉讼系属的案件的标的，或须由一个行政机关作出确认的，法院将诉讼中止，直至另一诉讼审结或行政机关作出所有决定。符合诉讼集中原则时，法院也可根据申请，将审理中止，以便对程序及形式瑕疵作出补正。② 在遇到行政行为构成民事诉讼先决问题时，德国普通法院不能直接审查判断，须将诉讼中止，将其交由行政法院处理。不过如该行政行为无效时，普通法院可直接否定其效力，而无须交由行政法院。有特别严重瑕疵的行政行为根据法律本身无效，无须撤销或确认其无效，对这一点向来就有共识。③《德国联邦行政程序法》第四十三条三款规定：无效行政行为始终不产生效力。在德国的国家赔偿诉讼中，由于国家赔偿是由普通法院进行裁判的，普通法院可以直接审查行政行为的合法性，而无须将此先决问题交由行政法院作出决定。④

在日本，行政案件由普通法院审理，由行政庭适用行政诉讼程序处理，民事案件由民事审判庭适用民事诉讼程序处理。行政案件的诉讼分为抗告诉讼、当事人诉讼、民众诉讼及机关诉讼。与其他国家相比，在处理行政与民事争议相关联

---

① 王名扬．外国行政诉讼法制度［M］．北京：人民法院出版社，1991：48.

② ［德］平特纳．德国普通行政法［M］．朱林译．北京：中国政法大学出版社，1999：289.

③ ［德］平特纳．德国普通行政法［M］．朱林译．北京：中国政法大学出版社，1999：136.

④ 在德国，国家赔偿被纳入民事诉讼，案件会涉及行政行为效力的认定，放在这里阐述正是基于这个意义也属于民事行政关联案件。

的案件时，所确立的当事人诉讼可谓独具特色。日本的当事人诉讼是指有关确认或形成当事人之间法律关系的处分或裁决的诉讼，是依法令的规定以该法律关系的一方当事人作为被告的诉讼，以及有关公法上法律关系的诉讼。前者为形式当事人诉讼，后者为实质当事人诉讼。如果认为，形式当事人诉讼是有关确认或形成当事人之间法律关系处分或裁决不服的诉讼，那么其性质本来就可以说是一种抗告诉讼，但立法政策上，是依法令将具有直接利害关系的该法律关系的当事人作为诉讼上的当事人诉讼。形式当事人诉讼的事例如土地征用损失补偿纠纷的诉讼。在该诉讼中，可以直接提起给付或确认的诉讼，而与行政厅的处分或者裁决效力本身没有关系。实质当事人诉讼是有关对等当事人之间的公法上的法律关系的诉讼，是针对"有对行政厅先例公权力不服诉讼"即抗告诉讼而言，其性质类似于民事诉讼。如确认公务员身份关系存在的诉讼等公法上的地位和身份的确认诉讼，行政上的损失补偿请求诉讼等。① 形式当事人诉讼，其诉讼形式与民事诉讼类似，原则上程序援用民事诉讼程序。不过它仍然是行政诉讼，因为仍是当事人对行政厅处理的行为不服提起的诉讼。形式当事人诉讼中，相对人以民事争议的对方当事人为被告，行政厅作为第三人参加到诉讼中。《行政案件诉讼法》第三十九条规定：在确认或形成当事人之间法律关系的处分或裁决的诉讼中，依据法令规定以其法律关系当事人一方为被告而提起诉讼时，法院将该处分或裁决的内容通知行政厅。法院在案件审理过程中对行政行为合法性认定一般适用民事诉讼程序，必要时部分适用行政诉讼的规定，但不能直接否定行政行为的效力，而必须通过撤销诉讼的方法予以解决。但在无效行政行为的认定上，日本与德国一样，不承认无效行政行为的公定力。如日本学者南博方指出："行政行为一旦付诸实施，除无效的情况外，在被有关机关撤销之前，不仅对方，而且国家机关、一般第三者也必须承认其为有效，并服从之。"② 无效行政行为不存在公定力这一观点，广泛地被学说和判例所承认。③ 另外，日本也将国家赔偿纳入民事诉讼，涉及行政行为效力时，是否需要经过撤销诉讼尚不定论，但大多数学者认为，损害的赔偿，是着眼于因国家的违法行为导致现实损害这一事实而请求弥补的制

① ［日］室井力．日本现代行政法［M］．吴微译．北京：中国政法大学出版社，1995：233－234.

② ［日］南博方．日本行政法［M］．杨建顺译．北京：中国人民大学出版社，1988：41.

③ ［日］室井力．日本现代行政法［M］．吴微译．北京：中国政法大学出版社，1995：96－97.

度，因此，请求国家赔偿时，没有必要经过行政行为的撤销诉讼，可以直接提起该请求。也就是说，国家赔偿的请求不受公定国等行政行为的法律效力的妨碍。①

在我国台湾地区，行政案件与民事案件分别划归行政法院和民事法院审判，且依不同的诉讼程序。在行政诉讼中牵涉先决问题或其他诉讼中涉及先决问题时的处理方式，依是行政先决问题还是民事先决问题而有所不同。我国台湾地区的《行政诉讼法》第十二条规定："民事或刑事之裁判，以行政处分是否无效或违法为据者，应依行政争讼程序定之。""前项行政争讼程序已经开始者，于其程序确定前，民事或刑事法院应停止其审判程序。"第一百七十七条规定："行政诉讼之裁判须以民事法律关系是否成立为依据，而该法律关系已经诉讼系属尚未终结者，行政法院应以裁定停止诉讼程序""除前项情形外，有民事、刑事或其他行政争讼牵涉行政诉讼之裁判者，'行政法院'在该民事、刑事或行政争讼终结前，得以裁定停止诉讼程序。"也就是说，如果普通法院在受理民事案件的过程中涉及行政先决问题时，行政先决问题必须通过行政诉讼途径解决。而如果是在行政法院受理行政案件的过程中涉及民事先决问题时，依是否进入诉讼程序而分为两种情形：一是先决问题已经处于民事诉讼过程之中尚未终结的，那么行政法院应当裁定中止诉讼程序；二是先决问题尚未进入民事诉讼程序的，行政法院可以不裁定中止诉讼程序，而对先决问题予以处理，也可以裁定中止诉讼程序。

另外，对于无效行政行为效力的认可，德国、日本的做法相同，民事法院可以直接否定无效行政行为，无须提交行政法院。此外，在国家赔偿方面，案件由普通法院管辖，除适用国家赔偿法之规定外，适用民事诉讼法之规定。在国家赔偿诉讼中，会涉及普通法院对成为国家赔偿诉讼先决问题之行政处分之违法性，对此能否予以审查，不同的学者有不同的观点。有的认为"行政处分之公定力，于国家赔偿诉讼并无适用，因此民事法院得自行审查行政处分之违法性而不受其拘束"；有的基于"公定力推定适法，公定力于国家赔偿诉讼仍有适用"，"行政法规日趋复杂法、专业化，民事法院对行政领域完全陌生，如由民事法院判断行政处分之违法性，必倍感困难"等观点，认为民事法院应受行政处分之拘束。②在实务上，因行政诉讼不发达，一般否定法院受行政处分的拘束。不过后来有所改变，在相关国家赔偿的判决中，民事法院均自行认定行政处分之适法与否。③

① 杨建顺．日本现代行政法通论［M］．北京：法制出版社，1998：657.
② 翁岳生．行政法（下册）［M］．北京：中国法制出版社，2002：1652.
③ 翁岳生．行政法（下册）［M］．北京：中国法制出版社，2002：1652－1653.

通过上述对行政民事关联案件处理模式的域外考察，不难发现，不同诉讼体制背景的国家或地区对关联案件的解决是有着差别的。我们从中可以得出以下几点认识：第一，与实行二元制的大陆法系国家相比，实行一元制的英美法系的国家虽然不存在普通法院与行政法院的区分，但处理涉及公私法问题的关联案件时在适用程序上表现出更大的灵活性。如在英国，作为附属问题的权力被滥用时——公法上的决定对私法上的权利救济而言是附属问题，可在普通程序中一并审查而无须通过提起司法审查的方式予以审查。第二，在实行二元制的大陆法系的国家中，由于存在着普通法院和行政法院之分，行政争议和民事争议区分相对严格，分别适用不同的诉讼程序，在处理涉及附属问题（先决问题）时，原则是让原来的诉讼程序中止，待附属问题由其他法院依其相应程序处理完毕后，再恢复本案的审理，并将附属问题的处理结果作为依据作出判决。如法国对审判前提问题的处理和我国台湾地区民事诉讼对先决问题的处理。这里需要注意的是同为二元制的国家和地区中，在处理先决问题时做法也是不完全一致的，这是因为对普通法院与行政法院性质的认定存在的不同。在法国及我国台湾地区，行政法院系属行政系统，行政法院与普通法院彼此独立平行，在处理附属问题时，互不侵犯的原则表现得较为明显。而在德国，普通法院与行政法院同属于司法系统，在处理附属问题时，采取的方式就更为灵活。① 另外，在国家赔偿案件中涉及行政行为效力认定时，德国、日本等是通过民事诉讼途径来处理的，民事法院在审理国家赔偿案件时，是可以审查行政行为合法性的。而在法国，国家赔偿问题是由行政法院予以解决，行政行为合法性的问题是由行政法院来予以审查判断的，因此国家赔偿案件不存在先决问题。

二、国内行政民事关联案件处理的理论学说及现状分析

对于行政民事关联案件的处理，我国并没有明确具体的法律规定。我国《民事诉讼法》第一百三十六条规定，本案必须以另一案的审理结果为依据，而另一案尚未审结的，中止诉讼。1999 年《最高人民法院关于执行〈中华人民共和国行政诉讼法〉若干问题的解释》第五十一条规定：在诉讼过程中，有下列情形之一的，中止诉讼：案件的审判须以相关民事、刑事或者其他行政案件的审理结果为依据，而相关案件尚未审结的，按第六十一条规定：“被告对平等主体之间民事争议

① 廖永安．论我国民事与行政争议交叉案件的协调处理［J］．中南大学学报，2005（6）

所作的裁决违法，民事争议当事人要求人民法院一并解决民事争议的，人民法院可以一并审理。”

仅有的几条法律规定简单而又笼统，具体操作规则的缺失及片面难以有效应对司法实践处理行政民事关联案件的需要，这就使得法院在审理此类案件时问题迭现。同时，理论界也没有就如何处理行政民事关联案件达成统一权威的理论共识。因此，我们将在下文对理论界与此相关的学说及司法审理现状予以分别论述，再作深入、具体的分析，以期为后文构建行政民事关联案件处理模式奠定理论基础。

（一）行政民事关联诉讼模式的理论学说及述评

1.“行政附带民事诉讼”模式

持构建“行政附带民事诉讼”模式论点的学者一般从诉讼效益、诉讼公正及客观现实的基础来对行政附带民事诉讼的模式予以阐释。有的学者认为，如果法院将民事争议与行政争议割裂开来分开审理或只审理一个争议，势必造成事实不易查清、责任不便分清的后果，还会造成重复调查、反复诉讼，浪费人力、物力和财力的问题；甚至有可能出现行政判决和民事判决相互矛盾的状况。这不仅不利于当事人进行诉讼以及法院对案件进行审理，也不符合诉讼效益原则和判决的确定性与严肃性原则。① 持这种观点的学者在论述建立行政附带民事诉讼制度时，直接对该项制度的概念、特征、适用条件、受案范围、必要性、可行性进行论述。另外，在这里要指出的是，持与这种观点相对的“行政附带民事诉讼质疑论”的学者在将刑事附带民事诉讼制度与行政附带民事诉讼进行分析比较后，指出建立行政附带民事诉讼在实践中存在混乱与困难。因为在行政附带民事诉讼中，主诉讼即行政诉讼是行政机关的具体行政行为引起的，解决的是行政争议，而从诉讼即附带民事诉讼要解决的是民事争议。行政诉讼与民事诉讼的法律事实不相同，“主诉讼”所查明认定的法律事实与“从诉讼”所查明认定的事实既不同一也无必然联系，因此，作为“主诉讼”的行政诉讼就无法为作为“从诉讼”的民事诉讼解决前提问题，即解决事实问题。同时，行政诉讼附带民事诉讼根本无法实现效益原则，而且会产生诉讼管辖、诉讼时效、举证责任、判决结果和执行上的混乱。②

① 严本道．行政附带民事诉讼有关问题探讨［J］．法商研究，1998（5）．

② 何文燕，姜霞．行政附带民事诉讼质疑［J］．河南省政法管理干部学院学报，2002（2）．

2. “民事附带行政诉讼”模式

“民事附带行政诉讼”模式主要针对以民事争议为主，涉及行政争议的关联案件。持这种观点的学者认为，在民事审判中，会遇到对具体行政行为效力进行事先认定的问题，即民事诉讼中的附属问题，如果一贯地遵循行政审判优先原则会存在诸多困难。采用民事附带行政诉讼的模式，在民事诉讼的过程中，由民事争议的一方当事人在人民法院作出就民事审判前提的行政争议向民事审判庭提出行政诉讼，由民事审判庭就行政争议与民事争议一并作出审理和裁决。该种模式能方便当事人诉讼，节省诉讼成本，提高审判效率，避免不同审判结果之间的矛盾，从而彻底解决纠纷，维护法律关系与社会秩序的稳定。① 在民事案件审理过程中，对涉及民事裁决的行政行为的合法性通过司法途径一并作出审理的诉讼模式和制度能真正保障当事人的合法权益，维护社会的正义和秩序，从而彰显法治的终极关怀。②

3. “附带诉讼”模式

持这种观点的学者认为，行政民事关联案件在实践中的情形是各不相同的，针对不同的情况应采取两种模式予以解决：一是行政附带民事诉讼；二是在民事诉讼中解决行政附属问题。采用附带的模式来解决行政民事争议关联案件，既减少了当事人的讼累，又符合诉讼经济的原则。在具体适用上采用具有预决力的诉讼作为主诉优先审理的模式。③ 有的案件中行政争议和民事争议完全可以分开处理，应根据不同情况分别适用相应的处理程序；对行政争议与民事争议并重的关联案件，其行政诉讼与民事诉讼完全可以分别进行；对于以民事争议为主，涉及行政争议的关联案件和以行政争议为主，涉及民事争议的关联案件，则适用民事诉讼中解决行政附属问题和行政附带民事诉讼的合并处理模式。④

4. “分别进行＋行政附带民事诉讼”模式

持这种观点的学者认为，行政争议与民事争议相关联的案件尽管外在表现大致相同，但基本属性却不相同。行政争议和民事争议关联案件有的可以分开审理，有的必须分开审理，分别采取行政附带民事诉讼或分开审理的模式处理。行

---

① 翟建光. 论民事附带行政诉讼制度的建立［J］. 司法论坛，2004（1）.

② 赵德铸，李秋第. 民事附带行政诉讼探析［J］. 运城学院学报，2004（4）.

③ 韩磊，石长春. 附带诉讼：行政、民事争议交织案件的解决［J］. 安徽警官职业学院学报，2004（2）。

④ 江伟，范伟如. 民事行政争议关联案件诉讼程序研究［J］. 中国法学，2005（3）.

政争议和民事争议相关联的案件相当复杂，因此，在设计处理程序时不可能整齐划一，而应当依据争议发生的先后、争议本身对案件的重要性及诉讼效率等多方面因素，针对不同情况分别设计处理程序：一种是行政诉讼与民事诉讼分别进行，但在审判进行过程及判决效力方面有先后之别；另一种是行政附带民事诉讼。①

5. "分开审理＋附带诉讼"模式

持这种观点的学者认为，就行政民事关联案件而言，不同案件关联情况不同：有的案件形式上是民事争议而实质上是行政争议；有的案件形式上是行政争议而实质上是民事争议；有的案件中行政争议与民事争议完全可以分开审理，应根据不同情况分别适用相应的处理程序：对行政争议与民事争议并重的关联案件，其行政诉讼与民事诉讼完全可以分别进行；对于民事争议为主，涉及行政争议的关联案件和以行政争议为主，涉及民事争议的案件，则适用民事诉讼中解决行政附属问题和行政附带民事诉讼的合并处理模式。②

6. "主诉讼吸收关联诉讼"模式

持这种观点的学者认为，在审理民事行政争议关联案件时，应根据民事争议和行政争议相互关联的不同情形，以为主的争议性质确定主诉讼程序，将相互关联的争议及其诉讼吸收到主诉讼程序之中，由审理主诉讼的同一审判组织对两个争议一并进行审理和裁判，相关当事人均参加诉讼，并受法院裁判约束。此种诉讼模式能比较彻底、全面地解决行政民事争议的关联案件。③

7. "直接移送审理＋行政附带民事诉讼＋当事人诉讼"模式

持这种观点的学者认为，民事行政重合案件（也即行政民事关联案件）主要分为三类：以民事争议为主，行政问题作为附属问题的重合案件；以行政争议为主，民事问题作为附带问题的重合案件；行政争议和民事争议并重的重合案件。对这三类案件分别建立直接移送审查制度、行政附带民事诉讼制度和当事人诉讼制度。④

---

① 马怀德，张红．行政争议与民事争议的交织与处理［J］．法商研究，2003（4）．

② 江伟，范伟如．民事行政争议关联案件诉讼程序研究［J］．中国法学，2005（3）．

③ 王韶华．建立我国民事行政争议关联案件处理模式的构想［J］．研究与争鸣，2004（10）．

④ 张晓茹．多种法律关系引起的纠纷与诉讼程序的适用［J］．河南省政法管理干部学院学报，2002（3）．

以上各种理论学说各有其合理的一面，但也存在一定的不足。如单一的“行政附带民事诉讼”模式具有很大的局限性，它并未具体分析实践中所出现的行政民事关联案件的复杂情形，只停留在较浅的层面上，对处理现实生活中不断增多的关联案件来说，显得片面而单一，无法满足实际需要。“民事附带行政诉讼”模式，由民事审判庭对与民事争议关联的行政附属问题通过行政诉讼程序进行审判，由于民事审判庭较之行政审判庭并不精通行政法原理和行政审判业务，在遇到行政附属问题属实质审查行政行为时，对行政行为效力作出改变或否定，将有可能作出错误或不当的裁决。因此，采用民事附带行政诉讼来处理以民事争议为主，行政争议作为附属问题的关联案件存在不妥之处。“主诉讼吸收关联诉讼”模式，要求当事人须同时提出两个诉讼，其中一个诉讼吸收另一个诉讼，如果当事人未提出关联诉讼，就视为对关联争议没有异议，仅就主争议予以审理和裁决。此种方式规避了关联争议本身存在错误的事实，可能导致法院作出错误的裁决，违背诉讼公正原则，也与法律的有关规定相去甚远。“直接移送审查＋行政附带民事诉讼＋当事人诉讼”模式是在对行政民事关联案件作出类型化分析的基础上，针对不同的关联案件分别提出不同的处理模式。与其他几种模式相比，它更合理可行。不过，以民事争议为主，行政争议作为附属问题的关联案件采用直接移送审查的模式予以处理也存在着不足，如存在着直接移送审查，行政审判庭受理案件的依据何在、程序该如何启动的问题。

（二）行政民事关联案件处理的司法现状及分析

综观司法实践对行政民事关联案件的处理，具体的是多种多样的。有的由法院行政审判庭审理，通过行政附带民事诉讼的模式将行政民事争议一并解决。有的由法院民事审判庭审理，但在涉及行政争议作为民事争议附属问题时，各个法院的做法又各不相同：有的不让行政庭涉及进来，也不与行政庭沟通，对涉及具体行政行为的，则由行政机关自行解决，法院不对其进行任何审查，直接依据行政裁决或行政确认行为作出民事裁判；有的采用民事诉讼中止的做法，由当事人先行起诉，就相关联的行政附属问题由行政审判庭作出裁决，然后恢复民事诉讼，以该行政判决为依据，作出关于民事争议的裁决；还有的对民事审判中涉及行政行为效力的问题，采用的模式视当事人是否提出相应的行政诉讼而定，如果当事人未对关联的行政争议提起行政诉讼，民事审判庭就对民事争议与行政争议问题合并管辖审理，但只是对行政行为作形式上的审查，如果外在形式表现内容合法就将其作为定案依据；如果当事人在民事诉讼中向行政审判庭提起了行政诉讼或者在提起民事诉讼的同时提起了行政诉讼，那么，依行政判决效力优先于民事判决效力的原则，中止民事诉讼，由行政审判庭对行政争议作出裁决之后再恢复民事案件的审理，作出的民事判决不能与行政判决相抵触。有的将行政民事关联案件分为两个案件，由行政审判庭和民事审判庭分别同时审理，但做法又不相同：一种是互不影响，各自作出裁决；另一种是行政诉讼先行，民事诉讼中止，待行政案件审理终结，再恢复民事诉讼，以行政裁判为依据作出民事裁判。

无论采取哪一种做法来处理行政民事关联案件，如果不考虑关联案件中行政争议和民事争议关联性的不同特性，不对不同情形加以具体的分析，采取的处理方式都有可能导致法院作出相互矛盾的判决，损害司法权威和公正，也可能使案件陷入循环诉讼从而增加当事人的讼累和诉讼成本，浪费司法资源，影响社会稳定。

第三节　我国行政民事关联案件处理模式的立法构想

一、行政民事关联案件处理模式构建的理论基础

不同性质的法律纠纷需要适用不同的诉讼程序予以解决，而选择什么样的诉讼程序则取决于立法者依据一定的价值取向来创造和设计。因此，行政民事关联案件处理模式的构建首先必须从理论出发，从法律价值层面进行阐释。

（一）程序公正

程序公正是以程序正义为其精神和理念，并以具体制度和操作方式加以体现的法律程序活动。[①] 那么，什么是程序正义呢？美国著名的哲学家罗尔斯对此有相关的精辟阐述。首先，他把正义分为实质正义、形式正义以及介入实质正义和形式正义之间的程序正义。实质正义是指制度本身的正义，形式正义是指法律和制度的公正和一贯的执行，而不管它的实质原则是什么。[②] 程序正义要求规则在制定和适用中具有正当性，即程序正义的总的价值标准只有一个，即符合正当性原则。不公正的程序，一般来说是难以实现实体公正的，因此，无论对于执法者还是对于当事人来说，首先要关心的是程序本身是否公正。[③] 程序正义和程序公正基本上是一回事，如果正义和公正有什么区别的话，那就是前者更倾向于内

① 樊崇义．诉讼原理［M］．北京：法律出版社，2003：6.

② ［美］E. 博登海默．法理学——法律哲学与法律方法［M］．邓正来译．北京：中国政法大学出版社，1999：120.

③ ［美］约翰·罗尔斯．正义论［M］．何怀宏译．北京：中国社会科学出版社，1988：225.

容，后者更倾向于形式；前者是灵魂，后者是躯体；前者更贴近理想，后者更贴近现实。程序正义理论探讨的主要是法律程序的内在特质，即体现什么样的正义观和正义价值，是否具备“有利于保障人权”的特点。换言之，程序正义是指程序的设置和运作都要以先进的正义价值观为指导，程序正义又往往是一种深层次的法律精神或理念，贯穿于程序制度的各项原则之中，它是一种法律理想；程序公正理论探讨的主要是程序设置和运作的外在形式，它要求法官公平、无私地运用诉讼程序武器解决各种纷争和矛盾，它往往是一种表面和现实的东西。①

程序公正观念肇始于英国，被表述为“自然正义”（natural justice），具体内容包括：①任何人不能自己审理自己或与自己有利害关系的案件；②任何一方的诉辞都要被听取。② 这两项原则一直被确立在英国司法制度中。自然公正的内容也并非是一成不变的。英国大法官丹宁勋爵在扩大自然公正的适用方面起了很大的作用。在他的努力下，自然公正开始适用于行政程序等非司法程序，改变了以往仅适用于司法程序的状况，法院也有权就行政机构对当事人所作之裁决予以司法审查。后来，自然公正的观念被美国所继承和发展，自然公正观转变为“正当程序”。正当程序（due process）最早是由詹姆斯·麦迪逊在起草《权利法案》的时候提出来的，并被美国宪法确立为一项基本原则。它有三个特点：①有权向不偏听偏信的裁判所和正式的法院陈述案情；②有权知道被指控的事由（事实和理由）；③有权对控告进行辨别。③ 美国宪法第五条修正案规定：“非经正当法律程序不得剥夺任何人的生命、自由或财产。”该法第十四条修正案对各州也提出了相同的要求。从以上条款可以看出，美国宪法中正当程序包含实质性正当程序和程序性正当程序两方面，而后者要求争议的解决必须公正合理。美国权威的《布莱克法律辞典》对于“程序性正当程序”是这样描述的：任何权益受判决结果影响的当事人都享有被告知和陈述自己的意见并获得听审的权利……合理的告知，获得庭审的机会以及提出主张和抗辩等等都包含在“程序性正当程序”一语中。④ 美国学者认为，程序性正当程序体现了正义对法律程序的基本要求，换言之，满足正当程序才是合乎程序公正要求的；同理，合乎程序公正要求的程序就

① 鲁千晓，吴新梅．诉讼程序公正论［M］．北京：人民法院出版社，2004：15.

② ［英］戴维·M. 沃克．牛津法律大辞典［Z］．“自然正义”词条．北京：光明日报出版社，1988：628.

③ 龚祥瑞．西方国家司法制度［M］．北京：北京大学出版社，1993：128.

④ 陈瑞华．刑事审判原理论［M］．北京：北京大学出版社，1997：57.

是正当程序。因此，程序性正当程序所表达的价值就是程序公正。[①] 程序公正的观念从出现到发展，英美法也形成了重程序的传统，即不是以某种外在的客观标准来衡量判决结果正当与否，而是通过充实和重视程序过程本身来保证判决结果能够获得当事人的接受，这就是程序公正的精神实质。[②]

我国传统重实体轻程序，程序和程序公正不被重视，加上诉讼程序机制的构建方面又存在诸多弊端和矛盾，随着经济社会的发展，这种弊端和矛盾越发显得突出，从而最终导致实体公正也不复存在。对此该如何予以矫正已成为诉讼法学理论界和司法界众多人士所关注的问题。我们认为，无论采取的是哪种诉讼模式，都应彰显程序公正。

（二）诉讼效益

诉讼效益与程序公正二者都属于诉讼的内在价值。如果说程序公正是诉讼的首要价值目标之一，那么诉讼效益这一价值也有与其同等重要的价值。如果说传统法学理论过度重视程序公正而忽略诉讼效益价值有其存在的社会背景，那么，在现代社会，对程序的经济成本与经济收益进行实证分析，是诉讼程序所无法回避的。

效益是表示成本（投入）与收益（产出）之间关系的范畴，诉讼效益也是如此。诉讼效益包括两个基本要求：经济成本与经济收益。经济成本是指程序主体在实施诉讼行为的过程中所耗费的人力、物力、财力和时间等司法资源的总和。在诉讼中，经济成本主要包括以下四个方面的内容：人力资源、物力资源、财力资源、时间资源。另一个要素是经济收益，对法院而言，经济收益是指收取的诉讼费用的数额；对当事人而言，则是指预期利益的实现或预期不利益的避免。诉讼效益这一概念反映的是经济成本与经济收益之间的函数比值关系。[③] 应当注意的是，诉讼效益与诉讼效率是不一样的。诉讼效率强调要以最少的时间耗费解决纠纷，它仅仅反映了诉讼效益含义中时间这一方面，即诉讼效率是包含在诉讼效益之中的。

效益是当代西方法学派尤其是西方经济法学派所追求的价值。经济分析法学派将经济效益的原理运用到法律部门进行分析和验证，其代表人物波斯纳将诉讼程序问题同市场竞争相联系和类比，把诉讼程序看做是分配权利资源的市场，并对法律分配和市场分配作了比较分析。他认为诉讼程序中各主体的行为如同市场

① ［日］谷口安平．程序的正义与诉讼［M］．北京：中国政法大学出版社，1996：4－5.

② 樊崇义．诉讼原理［M］．北京：法律出版社，2003：166.

③ 樊崇义．诉讼原理［M］．北京：法律出版社，2003：185－186.

竞争一样，彼此地位平等，机会相同，同时都要作出成本支付才能获得相应的收益。恰当的审判程序不仅应当通过裁决使资源分配达到效益极大化，而且审判程序本身必须做到尽可能减少成本，提高判决收益。①

既然诉讼效益与程序公正同属于诉讼的内在价值，且有如此之作用。那么，任何一种诉讼程序的设计及运作都应当尽可能地考虑诉讼效益，最大限度地实现诉讼主体的利益。这两个因素主要是：①通过降低费用（如诉讼费用），减少法院在人、财、物等方面的司法供给；②通过缩短诉讼周期简化诉讼程序。诉讼效益既可以通过成本政策加以实现，也可以在成本不变的情况下通过程序收益的提高来实现。程序收益的提高意味着一项诉讼程序能够解决多个当事人的纠纷或一个当事人的多个不同的诉讼请求，意味着诉讼制度功能的扩大。② 其中诉的合并不失为一种有效的方法，如刑事附带民事诉讼、行政附带民事诉讼以及民事附带行政诉讼等。这样就可以实现在一个诉讼程序中解决当事人多种诉讼请求的问题。这有利于减轻当事人的诉讼负担，防止法院作出相互矛盾的裁决，扩大诉讼解决纠纷的功能，对实现诉讼效益极有意义。

二、建构行政民事关联案件处理模式应考虑的因素

就行政民事关联案件而言，不同案件中行政争议与民事争议关联的情况是不同的：有的案件以民事争议为主，涉及行政争议；有的案件以行政争议为主，涉及民事争议；还有的案件是行政争议与民事争议并重的案件。因此，在行政民事关联案件处理模式选择上应根据不同的情形考虑以下因素，分别适用相应的处理模式。

第一，把握好行政民事关联案件的基本属性。正确把握行政民事关联案件的基本属性是选择处理模式要考虑的因素之一。基本属性不同，那么，诉讼所要达到的目的也就不相同，在对各类关联案件审理时就应当适用不同的程序。有的关联案件以行政争议为主，民事争议的解决一定程度上取决于或者附带于行政争议的解决；而有的关联案件以民事争议为主，只是因为行政行为的介入才变得更为复杂。因此，必须对不同类型关联案件的基本属性作一正确把握，以避免简单化、一刀切的处理。

第二，尊重当事人的选择权。这主要是出于对当事人诉权的尊重。诉权是当

① 顾培东．法学与经济学的探索［M］．北京：中国人民公安大学出版社，1994：10.
② 顾培东．法学与经济学的探索［M］．北京：中国人民公安大学出版社，1994：188.

事人依法享有的一项权利，当事人有权行使诉权，也有权放弃诉权，还可以决定采取哪种方式行使。比如在有民事侵权被害人的行政处罚案件中，被害人有权决定是采取行政附带民事诉讼的方式还是采取分别提起行政诉讼和民事诉讼的方式来维护自己的合法权益。当然尊重当事人的诉权并不意味着行政民事关联案件完全依赖于当事人对诉权的行使，不同类型案件基本属性是各不相同的，采取哪一种方式更能达到公正效益的目标，需要具体分析。比如，在以民事争议为主、行政争议作为附属问题的关联案件中，民事争议的解决以行政争议的解决为前提条件，法院不能基于尊重当事人诉权的考虑，以遵循司法审判“不告不理”的原则及以当事人未起诉为由放弃对该行政争议的审理，这种做法有违法律公正。当然，能否对行政争议进行主动审查，应视情况不同而定。

第三，诉讼职能分工原则。诉讼职能分工的原则在这里是指行政民事关联案件处理模式的构建不能与我国在法院内部分别设立不同审判庭初衷的原则相背离。诉讼职能分工、审判专业化更有利于不同纠纷的解决。行政审判庭与民事审判庭都属于法院内部的分工，行使的都是司法权，相互之间并不是矛盾对立的关系，内部分工主要是为了更好地审理案件。如果在处理行政民事关联案件时，行政审判庭可以在进行行政诉讼的过程中附带解决关联民事争议，有利于公正、效率地处理争议，那就可以采取一个审判庭解决两个诉讼的方式。这也并不与法律相违背。因为我国法律并没有规定民事诉讼必须由民事审判庭审理、行政诉讼必须由行政审判庭审理。但如果关联民事争议复杂，采取行政附带民事诉讼的方式只会增加案件审理的难度，不利于争议的解决，在这种情况下就应该由当事人就民事争议单独提起诉讼。同样，在一定情况下，民事审判庭也可以对某些行政附属问题进行审查。不过民事审判庭可以审查哪些问题，还需要具体分析。行政诉讼与民事诉讼在诉讼原则和规则之间存在较大差异，我国民事审判庭对行政诉讼的诉讼原则和规则及行政审判业务并不精通，若审理实质行政行为，不利于正确和有效地解决问题，所以遵循诉讼职能分工的原则有利于保证审判公正和效率。

第四，确保裁判的统一。确保裁判的统一是选择行政民事争议关联案件处理模式时必须考虑的一个因素。因为确保裁决统一不仅是法制统一的要求，更是解决争议、保障当事人合法权益的需要。同时，如果就同一个问题法院作出了相互矛盾的判决，将有损司法的权威和公正。

第五，有利于实现诉讼经济。无论是何种纠纷，在处理方式上都应该考虑经济的原则，诉讼程序也概莫能外。由于行政民事关联案件既涉及行政争议又涉及民事争议，比较复杂，所以选择哪种处理模式就更应该注重诉讼效益，尽可能缩短诉讼周期，简化诉讼程序。换句话说，就是处理模式既要考虑方便当事人诉讼，避免烦琐的程序、过长的周期等造成当事人人力、时间、精力、金钱的不必要的浪费，又要考虑减轻法院的负担，考虑法院内部之间的合理分工，充分利用司法资源。

第六，立足于我国现实，借鉴域外可行模式。对于行政民事关联案件的处理，我国并没有现成的模式可以适用，但我们可以将视野投向国外，寻找可资借鉴的方式为我所用。英美法系的国家无行政法院和普通法院之分，普通法院内部也无行政审判庭和民事审判庭之分。所有类型的案件，都是由同一法院审理，对于关联案件采取的是先解决公法问题再解决私法问题的方式予以处理。大陆法系国家及地区有行政法院与普通法院之分，对于关联案件，他们选择行政争议与民事争议分开审理的方式，将附属问题作为前提问题先交由对方审理，之后再以该法院的判决为依据作出本诉的审理。日本当事人诉讼对于类似关联案件的处理也颇具特色。总之，它山之石，可以攻玉，我国应借鉴其中合理之处，结合实际，确立我国行政民事关联案件的处理模式。

三、行政民事关联案件处理模式的建构

（一）以民事争议为主，涉及行政争议的关联案件的处理模式

随着社会的发展，各种法律关系呈现出多样化、复杂化的特点，行政权介入民事活动领域的情形日益增多，使不少的行政民事关联案件进入民事审判程序，出现了民事诉讼要解决民事争议问题必须先解决所涉行政争议——行政行为效力的问题。那么，在民事诉讼中的过程中，法院能否审查作为民事争议前提条件或附属问题的具体行政行为的效力呢？应该采用何种模式来处理此类关联案件才更为有效呢？我们对第一个问题的回答是：能。对第二个问题的回答是：民事附属行政审查模式。

1. 民事附属行政审查模式构建的必要性

（1）现有模式存在之不足及评价

对以民事争议为主、涉及行政争议的关联案件的处理主要存在着以下几种模式：

第一，民事中止、行政先行。在民事诉讼中，所涉及行政行为效力产生争议，人民法院应告知当事人先提起行政诉讼，中止民事诉讼，待行政争议解决后，再恢复民事诉讼程序，以行政裁判为依据作出民事裁判。如果当事人不提起行政诉讼，对该行政行为不作审理，直接作为民事审判的依据，或者规避对行政行为作出处理，根据所查明的事实作出民事判决。

第二，直接移送审查。在民事诉讼中，所涉及行政行为效力产生争议时，由民事审判庭将该行政争议直接移送行政审判庭，由行政审判庭先行处理。这种模式类似于法国处理附属问题的做法。

第三，对具体行政行为进行形式审查。在民事诉讼中，出现所涉及行政行为效力产生争议时，民事审判庭对具体行政行为进行形式上的审查，只要外在表现形式上合法，就将其作为民事案件定案的依据。

第一种模式存在的不足在于其不分具体情形一律中止民事诉讼，行政先行太绝对。当民事诉讼中所涉行政争议的行政行为为无效行政行为时，由于无效行政行为不具有公定力，任何机关、个人可不受其约束，通过中止民事诉讼，另行提出行政诉讼的模式来处理关联行政争议，既造成不必要的司法资源浪费，又给当事人带来诉讼负担。另外，在当事人不愿提出行政诉讼的情况下，直接将有争议的行政行为作为民事案件的审理依据，将有可能导致作出错误的裁判，这与司法公正、法治所追求之目标完全背离，实在不可取。并且如果行政争议得不到有效解决，民事争议也将无法最终解决。

第二种模式直接移送审查的不足在于直接移送审查依据的缺失，根据“不告不理”原则，诉讼程序应由当事人启动，直接移送审查与这种原则相违背。另外，不分关联案件的具体情形，将所有的行政附属问题交由行政审判庭处理，也不符合诉讼效益的原则。同时，持这种观点的学者认为，直接移送审查模式可有效地防止民事审判权对行政权的干预。其实不然，从司法权与行政权的关系来看，根据“司法最终解决原则”，司法权在一定意义上优于行政权。司法权可以通过一定的程序介入对行政行为的审判。尽管现行法律将这种职能赋予了行政审判庭，但行政审判庭与民事审判庭的划分属于法院内部分工，分工是为了更好地审理案件，行政审判庭和民事审判庭都代表国家行使审判权。

第三种模式只要具体行政行为形式上合法就将其作为民事审判的依据，这种模式的不足之处是很明显的。因为形式审查完全不涉及行政行为所涉及法律关系的内容，如果行政机关并未对该行政行为所涉内容进行实体审查，那么，就可能存在行政行为所认定的权利义务与实际的权利义务状况不一致的情况。因此，若只进行形式审查，就不能保证行政行为所涉及的内容合法，一旦行政行为被撤销或确认违法，当事人又得再启动相关程序对行政行为进行重新审查，这样就不仅导致法院的权威和公正受损，而且使当事人陷入讼累的泥潭，其合法权益就得不到及时有效的保护。

（2）民事附属行政审查模式之优势

第一，方便当事人诉讼，减少当事人的讼累。民事诉讼所涉及之行政行为民事审判庭有条件地对其进行审查，一定程度上可以省去当事人另行提起行政诉讼所必须承担之诉讼成本，对当事人来说更为便利。

第二，节约司法成本，在一个诉讼中解决两个争议，可缩短诉讼周期、简化诉讼程序，节约司法成本，符合诉讼效益的原则。

2. 民事附属行政审查模式构建的可行性

我国最高人民法院的有关司法解释为民事诉讼中处理和解决行政附属问题提供了法律依据。如2001年《最高人民法院关于审理专利纠纷案件适用法律问题的若干规定》第二十五条：人民法院受理的侵犯专利纠纷案件，已经过管理专利工作的部门作出侵权或者不侵权的认定的，人民法院仍应当就当事人的诉讼请求进行全面审查；2001年《最高人民法院关于民事诉讼证据的若干规定》第七十七条中关于对国家机关依职权制作的公文书证（包括行政决定书）的认定，表明最高人民法院倾向于认同法院在民事案件的审理过程中对所涉及的行政争议予以审查或处理；最高人民法院1987年1月给安徽省高级人民法院《关于三代以内旁系血亲之间婚姻关系如何处理问题的批复》中指出，当事人隐瞒近亲关系骗取结婚登记，其婚姻关系依法不应保护；最高人民法院2002年12月4日作出的《关于适用〈中华人民共和国婚姻法〉若干问题解释（一）》第十四条规定，人民法院根据当事人的申请，依法宣告婚姻无效或者撤销婚姻的，应当收缴双方的结婚证书并将生效的判决书送达当地婚姻登记机关。这说明，法院在审理婚姻纠纷案件时，可以审查民政部门办理结婚登记、颁发结婚证的行政行为是否合法。再如2002年5月21日最高人民法院针对北京市高级人民法院请示所作的《关于专利法、商标法修改后专利、商标相关案件分工问题的批复》中明确指出："对于人民法院受理的涉及专利权或商标不服专利复审委员会的无效宣告请求复审决定或商标评审委员会的裁定而提起诉讼的行政案件，由知识产权庭审理；不服专利复审委员会或者商标评审委员会的复审决定或者裁定的其他行政案件，由行政审判庭审理。该批复将专利商标民事纠纷中的行政案件交由知识产权庭一并审理。"对此，有学者指出，尽管该批复表明此类案件的管辖权仅适用于北京市高级人民法院和中级人民法院，是意在按审案内部分工，"既要严格执行有关法律规定，又要照顾当前审判实践，避免对涉及同一知识产权的行政审判与民事审判结果发生矛盾"而作出的，但毕竟它开创了在专利商标民事纠纷诉讼中一并审理行政案件的先河。① 以上的司法解释均表明：民事诉讼中，在一定情况下法院可以对所涉及行政争议进行审理。

我国的司法体制实质上属于一元制模式，不设行政法院，由普通法院分设各个审判庭来审理各类案件，如行政案件由行政审判庭来审理，民事案件由民事审判庭审理。但是行政审判庭与民事审判庭的分立仅属法院的内部分工（这一点前面已有论及）。另外，在行政诉讼法的有关司法解释中，如《最高人民法院关于执行〈中华人民共和国行政诉讼法〉若干问题的解释》第六十一条之规定明确了行政诉讼中可以将行政民事争议案件一并审理，那么，在民事诉讼中当行政争议成为审判前提问题时，结合行政效力差异情况的不同，一定情况下也应当允许民事审判庭对行政争议进行一并审查，作出相应裁判。一元体制及现行法律的相关规定为我国法院在民事诉讼中处理和解决行政争议提供了制度支持和法律依据。

3. 民事附属行政审查相关问题探讨

民事附属行政审查是指人民法院在民事案件的审理过程中，在对与民事争议相关联的行政行为效力的合法性进行审查并作出认定的前提下对民事争议予以解决的诉讼模式。以民事争议为主涉及行政争议的关联案件，通常发生在民事诉讼中，行政争议即行政行为效力问题本身并不是案件的诉讼标的，但却决定着民事争议的正确解决。此时，行政争议就是民事诉讼的附属问题。

(1) 行政附属问题在民事诉讼中的分类

依行政行为效力差异可将行政附属问题分为无效行政行为和非无效行政行为，非无效行政行为可分为形式审查的行政行为和实质审查的行政行为。② 无效行政行为指重大且明显违法的行政行为。形式审查的行政行为指行政机关在作出行政行为时，对该行为所涉之内容只进行了形式层面的审查，而未对其进行真实、合法和有效性审查的具体行政行为。实质审查行政行为是指行政机关在作出行政行为时，对该行为所涉之内容不仅进行了形式层面的审查，还对所涉法律关系进行实体审查的具体行政行为。三种不同的行政行为存在效力差异，决定了在民事诉讼过程中对行政附属问题审查也存在着差异。

---

① 杨荣馨．民事诉讼原理［M］．北京：法律出版社，2003：738－740.

② 我们借鉴有关学者在论述相关问题时对行政行为所作的此种分类，对行政行为不作无效行政行为与有效行政行为之分，因为无效行政行为与有效行政行为不是完全相对应的。某一行政行为虽然不是无效行政行为，但也不能因此说就是有效行政行为，因为该行政行为有可能是可撤销的行政行为等。参见方世荣，羊琴．行政行为作为民事诉讼先决问题之解决［J］．中国法学，2005（4）．

（2）民事附属行政审查程序标准

以依行政附属问题在民事诉讼中可否审查为标准，可将民事附属行政审查程序分为民事诉讼审查与民事诉讼外审查。对于无效行政行为，无论是一元制国家还是二元制国家，各国的通例是在民事诉讼中，法院可以直接进行审查判断，否定其效力。形式审查行政行为由于行政主体未对有关材料的真实性进行审查，故行政行为对权利的限制状况的真实性是不能确定的。对法院来说，在行政行为内容真实性的判断当然不受拘束。因此，在民事诉讼中，法院可对形式审查行政行为进行审查判断，无须受形式审查行政行为形式上所确认的民事法律关系的拘束。而实质审查行政行为是行政主体对事实材料的真实性进行判断后作出的已经由行政主体依法进行了实质审查的行政行为。因此，该行政行为非由法定机关并经法定程序不被改变或撤销，这说明在民事诉讼中，法院不能对实质审查行政行为进行判断，而只能选择民事诉讼外的程序，将行政附属问题交由行政机关或行政审判庭处理。

（3）民事附属行政审查问题解决思路

根据上文对行政附属问题的分类及所确立的审查程序标准，法院在民事诉讼中对于关联行政争议可作出如下处理：

第一，对于行政附属问题属无效行政行为的情形。在民事诉讼中，一方当事人提出对无效行政行为的抗辩，民事诉讼中无效行政行为的抗辩由于无效行政行为不具有公定力，不会发生行政行为的法律效果，所以就不需要要求当事人就其向有关行政机关或者通过提出行政诉讼来予以解决，而直接由审理民事案件的法庭宣告该行政行为无效，并依据所查明的事实及法律对民事争议作出判决。这也是各国处理相同或类似问题的通例。

对于无效行政行为，我国法律中有相关的提法，[1] 但对于哪些属于无效行政行为以及通过何种程序宣告无效并没有明文规定。不过理论界较为一致的观点认为，行政行为无效的条件有：①行政行为具有特别重大的违法情形；②行政行为有明显的违法情形；③行政行为的实施将导致犯罪；④不可能实施的行政行为；⑤行政主体受相对人胁迫或欺骗作出的行政行为；⑥行政主体不明确或明显超越

① 按《行政处罚法》第三条第二款的规定，行政机关实施行政处罚没有法定依据或者不遵守法定程序的，该行政处罚无效。该法没有规定哪些是无效行政行为以及通过何种程序否定其效力。

相应行政主体职权的行政行为。[①] 确定行政行为的无效条件，这也是将来的立法趋向。[②] 对于以上列举情形以外的行政行为，法院在民事诉讼中不宜直接作出无效宣告。这是因为相对行政审判而言，民事审判庭对于行政法的原理和行政审判业务不是十分精通，如果民事审判庭因认为行政附属问题存在着重大明显的瑕疵、属于无效行政行为而作出无效宣告，可能会造成本来不属于无效行政行为的行政行为被宣告无效。

第二，对于行政附属问题属于形式审查行政行为的情形。对于形式审查行政行为（大多数行政登记行为属于形式审查行政行为，如房屋登记、结婚登记等，还有部分行政确认行政行为），由于登记机关在作出登记行为时只对有关材料是否符合法定的形式要求进行审查，而不对材料的真实性、合法性和有效性予以审查，所以民事审判可以审查其内容的真实性，但不得宣告该行政行为违法或予以撤销。如果要对其进行处理，应通过行政程序或行政诉讼程序来予以解决。下文以行政登记行为为例作一探讨。

从我国有关登记的法律规范来看，大多数法律对登记行政机关只规定了形式审查的义务。如 2001 年《城市房屋权属登记管理办法》第十七条第二款规定："申请转移登记，权利人应当提交房屋权属证书以及相关的合同、协议、证明等文件。"此条规定申请人申请转移登记时应提交哪些材料，房屋登记机关须对所提交材料是否齐全完整进行审查，而对于材料的真实性——房屋所有权是否清楚、交易行为是否有瑕疵等无须进行实质审查。再如 2003 年《婚姻登记条例》第五条第一款规定办理婚姻登记的内地居民应当出具下列证件和证明材料：①本人的户口簿、身份证；②本人无配偶以及与对方当事人没有直系血亲和三代以内旁系血亲的签字声明。第七条规定：婚姻登记机关应当对结婚登记当事人出具的证件、证明材料进行审查并询问相关情况。对当事人符合结婚条件的，应当当场予以登记，发给结婚证；对当事人不符合结婚条件不予以登记的，应当向当事人说明理由。这些规定也可以说明婚姻登记机关只对当事人提交材料进行形式审查，只要当事人提交的材料符合规定，就予以登记发证。当然，也存在一小部分登记行为是实质审查行政行为，如企业登记行为。《企业法人登记管理条例施行细则》第五十五条规定："登记主管机关审核登记注册和程序是受理、审查、核准、发

① 姜明安．行政法与行政诉讼法［M］．北京：北京大学出版社、高等教育出版社，1999：159－160.

② 参见 2004 年 11 月应松年主持起草的《中华人民共和国行政程序法（试拟稿）》第一百零七条的规定。

照、公告。(一）受理申请登记的单位应提交的文件、证件和填报的登记注册书齐备后，方可受理，否则不予受理；(二）审查提交的文件、证件和填报的登记注册书的真实性、合法性、有效性，并核实有关登记事项和开办条件……”很明显，企业登记行为属实质审查行政行为，登记机关须在对材料真实与否作出判断的情况下才能予以登记。

形式审查行政行为的性质与效力，决定了在民事诉讼中可以对其进行审查。如果该行为认定的权利状况与实际权利状况不一致，法院可以直接作出实际权利义务状况的判决，但不应对行政行为作出具体处理，如改变或撤销。针对民事诉讼判决中对所涉及实际权利义务内容与形式行政行为所认定的内容不一致的情况，权利人可依法院生效判决要求行政机关改变相关权利状况，而不必再提出行政诉讼以增加讼累。此举可有效地避免司法实践中所出现的因此种关联案件而引发的循环诉讼。

第三，对行政附属问题属实质审查行政行为的情形。实质审查行政行为是行政机关对该行为所涉之内容不仅进行形式层面的审查，而且还对所涉法律关系进行实体审查后作出的非由法定机关依法定程序不能改变或否定的行政行为。因此，在民事诉讼中，遇有行政附属问题属实质审查行政行为时，民事审判庭应采取民事诉讼外的程序来予以解决，具体做法是裁定中止民事诉讼，告知当事人将行政附属问题向有关行政机关①或行政审判庭提出，待该问题解决之后，再恢复民事诉讼，依行政机关或行政审判庭作出的决定或裁决作出相应的判决。②

(4）其他问题

在民事诉讼中，当事人就行政附属问题即关联行政争议已经向人民法院行政审判提起了行政诉讼，由于该附属问题是民事争议解决的前提条件，且依据《民事诉讼法》第一百三十六条的规定：“本案必须以另一案的审理结果为依据，而另一案尚未审结的，中止诉讼。”民事审判庭应当裁定中止民事诉讼，由行政审判先行，待行政裁决作出之后，再恢复民事案件的审理，并以行政诉讼的裁判为依据作出民事诉讼的裁判，即行政诉讼的判决效力优于民事诉讼。

---

① 在专利侵权民事案件中，被告对原告的专利提出异议，根据《专利法》的规定，对于专利是否有效的问题，应当由专利复审委员会作出认定，在专利复审委员会对专利的效力作出裁定前，不能直接通过行政诉讼的途径解决。所以，在有些情况下，行政行为效力问题必须由有关行政机关先行解决。

② 方世荣，羊琴．论行政行为作为民事诉讼先决问题之解决［J］．中国法学，2005(4)．

与民事争议相关联的具体行政行为，如果已经经过行政判决确认，应当直接作为民事案件的事实证据。因为该行政行为已经在实体上受到了法院的审查，如果不予以认可将会违背司法统一的原则。此时，在此种情况下，法院不再对其进行附属审查。如果判决确有错误，可通过启动审判监督程序予以解决。

(5) 相关法条设计

在对民事附属行政审查进行理论探讨之后，我们结合国内外法律及司法解释的相关规定，基于我国司法体制，就民事附属行政审查程序如何在现实中运作提出立法建议，设计若干相关法条，希望能更好地为法律实践服务。参考法条见表5-1、表5-2，设计法条见表5-3。

表5-1 我国大陆地区相关法律及司法解释

我国相关法律及司法解释	《中华人民共和国民事诉讼法》	第一百三十六条：有下列情形之一的，中止诉讼：(五) 本案必须以另一案的审理结果为依据，而另一案尚未审结的；
	《最高人民法院关于审理专利纠纷案件适用法律问题的若干规定》	第二十五条：人民法院受理的侵犯专利权纠纷案件，已经过管理专利工作的部门作出侵权或者不侵权认定的，人民法院仍应当就当事人的诉讼请求进行全面审查。
	《最高人民法院关于民事诉讼证据的若干规定》	第七十七条：人民法院就数个证据对同一事实的证明力，可以依照下列原则认定： (一) 国家机关、社会团体依职权制作的公文书证的证明力一般大于其他书证；
	《最高人民法院关于适用〈中华人民共和国婚姻法〉若干问题的解释（一）》	第十四条：人民法院根据当事人的申请，依法宣告婚姻无效或者撤销婚姻的，应当收缴双方的结婚证书并将生效的判决书寄送当地婚姻登记管理机关。

此外，还有《最高人民法院关于专利法、商标法修改后专利、商标相关案件分工问题的批复》、《最高人民法院关于三代以内旁系血亲之间婚姻关系如何处理问题的批复》等。

表 5－2　国外及我国台湾地区相关法律条文

德国	《行政法院法》	第九十四条：对诉讼争执的判决一部或全部取决于另一法律关系的是否存在，而该法律关系为另一具有诉讼系属的案件的标的，或须由一个行政机关作出确认的，法院将诉讼中止，直至另一诉讼的审结或行政机关作出所有决定。符合诉讼集中原则时，法院也可根据申请，将审理中止，以便对程序及形式瑕疵作出补正。
	《德国联邦行政程序法》	第四十三条第三款：无效行政行为始终不产生效力。
台湾地区	《行政诉讼法》	第十二条规定："民事或刑事之裁判，以行政处分是否无效或违法为据者，应依行政争讼程序定之。""前项行政争讼程序已经开始者，于其程序确定前，民事或刑事法院应停止其审判程序。"

表 5－3　设计之法条

民事附属行政审查	第一条：本法所称的"附属问题"是指在民事诉讼中作为民事争议解决前提条件的行政争议。 第二条：本法所称的"形式审查行政行为"是指行政机关在作出行政行为时，对该行为所涉之内容只进行了形式层面的审查，而未对其进行真实、合法和有效性审查的具体行政行为。 第三条：本法所称的"实质审查行政行为"是指行政机关在作出行政行为时，对该行为所涉之内容不仅进行了形式层面的审查，还对所涉法律关系进行了实体审查的具体行政行为。 第四条：民事诉讼过程中，人民法院有权审理与民事争议相关的有关附属问题。 第五条：附属问题具有下列情形之一的，人民法院有权依法宣告其无效： （一）行政行为具有特别重大的违法情形； （二）行政行为有明显的违法情形； （三）行政行为的实施将导致犯罪； （四）不可能实施的行政行为； （五）行政主体受相对人胁迫或欺骗作出的行政行为； （六）行政主体不明确或明显超越相应行政主体职权的行政行为。 第六条：附属问题如果属于形式审查行政行为，民事审判庭有权依法予以审查，但不得宣告该行政行为违法或予以撤销。 第七条：附属问题如果属于实质审查行政行为，则民事诉讼中止，人民法院告知当事人将该附属问题向有关行政机关或行政审判庭提出，由其先行审理。 第八条：民事诉讼过程中，当事人已经就附属问题向人民法院提出了行政诉讼，则民事诉讼中止。 第九条：行政附属问题已经经过诉讼程序为生效判决所确认的，人民法院应当将其作为民事案件审理的依据。

（二）以行政争议为主，涉及民事争议的关联案件的处理模式

对于行政民事关联案件中的第二类案件，以行政争议为主，涉及民事争议的关联案件，是指既存在着行政争议，又存在着民事争议，但行政争议处于主要地位，民事争议与行政争议有一定关联但居于次要地位的案件。这类案件中行政争议和民事争议的解决是可以分离的，行政审判不以民事争议的解决为前提。这与以民事争议为主，行政争议作为附属问题的关联案件不同。在这里需指出的是，行政争议与民事争议虽然可以分离，但分离审判可能会使法院的裁判相互矛盾、冲突，同时也会使诉讼成本增加，造成当事人更多人力、物力、时间的损耗。如某造纸厂违反环保法的规定排放污水，使河流被污染，从而造成农民张所承包的鱼塘中的鱼大量死亡，张某损失严重。环保部门对造纸厂的违法行为处以罚款2 000元的处罚，造纸厂对此不服，向法院提起行政诉讼。农民张某因权益受损，想要提起民事诉讼，那么，张某采取哪一种方式既能保障受损权益得到充分的救济又最大限度地实现诉讼效益呢？这就涉及下文将要谈到的行政民事关联案件处理模式之二的行政附带民事诉讼问题。

对于行政附带民事诉讼模式，我国学界持两种态度：一种是反对态度，一种是肯定态度。持肯定态度的学者占绝大多数。对此两种态度的观点在前面我们已有阐述，在这里就不再赘述。下文将就行政附带民事诉讼模式予以分析论证。

1. 采用行政附带民事诉讼模式的必要性

第一，采用行政附带民事诉讼模式是解决以行政争议为主，涉及民事争议关联案件的现实需要。现实生活中，关联案件大量存在，如果行政、民事两种争议分别由行政审判庭和民事审判庭审理，就很容易出现两个审判组织对关联问题作出的裁判不相一致、彼此冲突、相互矛盾的情况，从而损害法院判决的确定性和权威性。采用行政附带民事诉讼模式正好可以克服“分案审理”的弊端。作为一种纠纷的解决方式，行政附带民事诉讼将具有内在关联的争议合并审理，可以有效地避免有关问题的出现。

第二，采用行政附带民事诉讼模式有利于实现诉讼效益和诉讼目的。把关联的两种争议放在同一个诉讼中一并予以解决，既可以减少审理内容的重复，降低诉讼成本，缩短诉讼时间，提高诉讼效率，缓解法院的办案压力，又可以为当事人节省人力、物力、时间，减轻当事人的讼累，实现诉讼效益，同时也能有效地达到诉讼之目的——维护当事人的合法权益。

2. 采用行政附带民事诉讼模式的可行性

刑事附带民事诉讼模式为行政附带民事诉讼模式提供了可借鉴的经验。行政

附带民事诉讼与刑事附带民事诉讼在产生原因、诉讼程序上都存在着许多相似之处。有的学者可能会说，行政附带民事诉讼与刑事附带民事诉讼是不同的，行政附带民事诉讼根本不具备刑事附带民事诉讼的特征，刑事可以附带民事诉讼但行政不应当附带民事诉讼。其实这种观点有些机械，因为行政附带民事诉讼借鉴刑事附带民事诉讼的地方及意义所在是本质，也即附带诉讼的特征：同一诉讼程序包含两种不同性质的诉讼；两种诉讼之间存在着内在关联；两种诉讼中有一种是主诉讼，另外一种是从诉讼。刑事附带民事诉讼，取得了诉讼经济和判决确定的效果，且积累了丰富的经验，使两种诉讼系列协调一致，这些经验可以为行政附带民事诉讼提供借鉴。

在司法实践中，已经有不少法院采取行政附带民事诉讼的模式来解决以行政争议为主，涉及民事争议的关联案件，并收到了良好的社会效果。① 因此，行政附带民事诉讼处理模式是可行的。

3. 行政附带民事诉讼相关问题探讨

（1）行政附带民事诉讼含义及特点

行政附带民事诉讼是指在行政诉讼过程中，人民法院在审理行政争议的同时，根据当事人或利害关系人的请求，合并审理与被诉行政争议相关联的民事争议的诉讼方式。它具有以下几个特点：

第一，行政诉讼与民事诉讼两种不同性质的诉讼存在于同一诉讼程序当中。行政诉讼的目的是解决行政主体的具体行政行为是否合法适当，而民事诉讼的目的是解决平等主体之间的民事争议。

第二，行政诉讼与民事诉讼两种诉讼之间具有关联性。行政诉讼和民事诉讼的关联性在于民事争议的解决取决于行政争议的解决。在审理上，法庭要先解决行政争议，再在此基础上对民事争议作出处理。

第三，在两种诉讼的关系上，行政诉讼占据主导地位，是主诉讼，而民事诉讼占据次要地位，是从诉讼。也就是说，诉讼的主要目的在于解决行政争议，民事争议是附随于行政争议解决之后才解决的。民事诉讼的成立以行政诉讼的成立为前提条件。当事人没有提出行政诉讼或行政诉讼不成立，民事争议的当事人就只能单独提起民事诉讼。行政诉讼成立后，民事争议当事人若未提出民事诉讼，

① 在“袁雅琴不服上海市房屋土地管理局核发房屋所有权证”一案中，上海市普陀区人民法院做了一次大胆尝试，通过行政附带民事诉讼的方式解决了一起因房屋买卖纠纷而引起的案件。参见上海市高级人民法院主编．上海法院典型案例丛编［M］．上海人民出版社，2001：138－141.

就不为行政附带民事诉讼，法院就不能对案件所涉及的民事争议作出裁判。

第四，行政附带民事诉讼当事人的诉讼法律地位具有双重性。在行政诉讼中，被告是作出具体行政行为的行政主体，原告是行政相对人。附带民事诉讼原告可能是行政诉讼中的原告也可能是行政诉讼中与原告有民事争议的第三人，而民事诉讼中的被告可能是行政诉讼中的原告也可能是与该原告有民事争议的第三人，但绝不可能是行政诉讼的被告。

（2）行政附带民事诉讼的适用条件

民事争议在什么样的条件下才能附带在行政诉讼中与行政诉讼一并审理，这是建立行政附带民事诉讼应该明确的问题。并不是所有的以行政争议为主，涉及民事争议的关联案件都可以适用行政附带民事诉讼的方式来予以解决。行政附带民事诉讼应当符合以下条件：

第一，行政诉讼已经成立。行政诉讼已经成立是行政附带民事诉讼成立的前提条件。如果行政诉讼不成立，当事人提起附带民事诉讼就失去了存在的基础和条件，附带民事诉讼的起诉方就只能提起单独的民事诉讼。

第二，两种不同性质的诉讼存在关联性。行政附带民事诉讼是人民法院在行政诉讼过程中附带地与解决行政争议相关联的民事争议的诉讼活动。之所以附带解决，是因为民事争议与行政争议相关联，被诉具体行政行为处理的事项涉及当事人之间的民事权利义务关系。如果不涉及民事争议，就不会有附带民事诉讼存在的空间。

第三，当事人须在提起行政诉讼的同时或在行政诉讼过程中提出民事诉讼。民事诉讼遵循“不告不理”的原则，如果民事争议的当事人没有在行政诉讼过程中提起民事诉讼，法院不能依职权主动对与行政争议相关联的民事争议予以审理并作出裁判。民事争议当事人对是否在行政诉讼中提出民事诉讼有选择权，如果当事人不愿意提起，人民法院不能强迫。另外，当事人应当在一审程序中提出，如果未在一审程序中提出，一旦行政争议进入二审程序，当事人就不能再提出民事诉讼了，这是因为存在两级终审的缘故。

第四，附带民事诉讼符合民事诉讼法所规定的起诉条件，也就是说附带民事诉讼本身能够成立。

（3）行政附带民事诉讼与现行诉讼法存在之冲突及解决思路

由于行政诉讼与民事诉讼具有不同的诉讼目的，在诉讼程序上有着不同的设置，因此，构建行政附带民事诉讼制度必须协调处理程序上可能存在的冲突，如管辖、范围、诉讼时效等问题，才能使此项制度从应然走向实然。

第一，行政附带民事诉讼管辖。按照管辖理论和我国诉讼法的有关规定，行政诉讼和附带民事诉讼应属于同一个法院管辖，法院才有权同时受理附带民事案件。但由于现行法律关于行政诉讼和民事诉讼管辖的规定不一致，如我国行政诉讼管辖的原则是行政案件由最初作出具体行政行为的行政机关所在地法院管辖，经复议的案件，复议机关改变原具体行政行为的，也可以由复议机关所在地的法院管辖。然而民事诉讼的管辖原则一般是“原告就被告”原则。这就有可能产生受理行政争议的法院是甲，而有权受理民事争议的法院却是乙的问题。那么，该如何确定管辖法院呢?

这一点可借鉴法国附属问题管辖权的有关做法。附属问题的管辖权由受理主要诉讼标的案件的法官决定。也就是说，我们可采取“民事诉讼就行政诉讼”的做法，即受理行政诉讼的法院同时也是受理民事诉讼的法院。当然，这是基于当事人提出附带民事诉讼为前提条件的。另外，如果民事争议属于特定管辖时，一般就不宜提起行政附带民事诉讼，因为这与我国法律规定特殊管辖的目的不相符。

第二，行政附带民事诉讼的范围。对于行政附带民事诉讼的范围学界的分歧较大。有的学者认为，行政附带民事诉讼包括对行政裁决不服提起的诉讼、存在着民事侵权行为的被害人的行政处罚案件以及行政相对人实施行政机关已经许可的某种行为时，第三方认为其侵犯了自己的民事权益，在提起行政诉讼过程中要求法院附带解决民事争议的行政许可案件。① 有的学者认为，行政附带民事诉讼包括行政处罚案件和行政机关作出的关于权属争议和侵权赔偿的裁决案件。② 有的学者认为，行政附带民事诉讼包括：部分行政裁决案件、部分行政处罚案件、行政许可和行政确认中直接影响平等民事主体之间合法权益实现的案件。③ 还有的学者认为，行政附带民事诉讼包括三种情形的行政处罚案件：被处罚人不服行政处罚决定而向法院提起行政诉讼，受害人在行政机关没有对相关损害赔偿作出裁决的前提下，要求法院解决损害赔偿的案件；受害人认为行政机关对被处罚人的处罚太轻而向法院起诉，同时要求被处罚人给予自己赔偿的案件；受害人和受处罚人均对行政处罚的决定起诉，受害人同时要求被处罚人给予自己赔偿的案件。④

我们认为，行政附带民事诉讼的范围包括三类案件：一是存在着侵权受害人

① 马怀德，张红．行政争议与民事争议的交织与处理［J］．法商研究，2003（4）．
② 严本道．行政附带民事诉讼有关问题探讨［J］．法商研究，1998（5）
③ 余涛．行政附带民事诉讼制度研讨［J］．湖北警官学院学报，2004（2）．
④ 杨伟东．行政附带民事诉讼探略［J］．行政法学研究，1998（1）．

的行政处罚案件；二是因对行政确认行为不服提起行政诉讼，关联民事争议当事人请求一并解决民事纠纷的案件；三是行政相对人实施行政机关许可的某种行为时，第三方认为自己的民事权益受到该行为的侵犯，向法院提起行政诉讼的过程中要求附带解决民事争议的案件。理由在于：首先，对于行政裁决不服提出的诉讼不宜纳入行政附带民事诉讼。对于行政裁决案件，我们在对行政民事关联案件进行类型化分析时认为它属于行政民事并重的关联案件。当事人对此类案件提出诉讼的根本目的不在于纠正行政机关的行政裁决行为，而在于请求法院满足自己的民事诉求。诉讼的整个过程自始至终都是围绕着当事人的民事权利义务关系来审查认定行政裁决的合法性，法院对行政裁决的正确合法与否的判断是以民事争议为中心来进行的。在行政裁决诉讼中对行政争议和民事争议的审理，并不存在谁为主诉谁为前提的问题，行政争议的解决要涉及民事争议的审查和确认。行政裁决诉讼根本不符合附带民事诉讼“附带”的本质与特征。对于该类案件，应作为一种特殊的诉讼来处理，我们认为这类诉讼可借鉴日本的当事人诉讼对其进行审理会更为有效，对此本章将在下一部分予以阐述。其次，对行政确认行为不服提起行政诉讼，当事人要求法院一并解决相关联民事争议的案件。如房屋产权纠纷中，一方当事人认为自己才是房屋的所有人，对房产管理部门将房屋产权证颁发给他人的行政行为不服，向法院提起行政诉讼，并要求法院一并解决关联的民事争议——房屋产权归属的案件。我们认为，这类案件可纳入行政附带民事诉讼。因为通过一个程序解决两种争议符合诉讼效益原则，有利于法院查明事实，有效地解决争议。再次，对因不服行政许可行为提出行政诉讼的同时要求人民法院一并解决关联民事争议的案件，采用行政附带民事诉讼模式的意义在于民事争议的解决取决于行政许可行为效力的认定。在整个诉讼中，对行政许可行为合法性的审查处于主诉地位，并且具有相对的独立性。民事争议的解决在某种程度上对其具有依赖性。如某公司按规划局颁发的建筑规划许可证建房时，相邻的居民认为新建的房屋影响其采光和通风，要求该公司停止建房，该公司以持有建筑规划许可证来证明自己的建房行为合法，居民对规划颁发建筑规划许可证的行为不服，向法院提起行政诉讼，并且请求法院判令该公司停止侵害、排除妨害。此外，对于存在侵权行为被害人的行政处罚案件，行为人实施的一个行为既违反了行政法律法规又违反了民事法律法规，他既要受到行政处罚又必须对侵害他人民事权益的后果承担民事赔偿责任，采用行政附带民事诉讼模式就比分开诉讼更能实现诉讼效益的目的。[①] 在这里需要明确的是，并不是所有的行政处罚案件都可适用行政附带民事诉讼的模式来予以解决的，我们认为，只有存在民事侵权被害人的行政处罚案件才予以适用。如某餐馆出售腐烂变质的食物给顾客，造成顾客食用后中毒入院治疗，卫生防疫站接到举报，经调查之后，对该餐馆作出罚款三千元、停业三个月的处罚。该餐馆不服，向法院提起行政诉讼，受害的顾客同时向法院提起民事诉讼，要求餐馆赔偿医疗费、营养费、误工费等损失。在这里，餐馆出售质量不合格食品的行为既违反了行政法律，引起了行政处罚，又违反了民事法律，侵害了他人的民事权益——身体健康权。在这种情况下，当事人可通过行政附带民事诉讼的方式来一并解决行政争议和民事争议。

第三，行政附带民事诉讼的时效。行政诉讼法规定的诉讼时效为三个月，即相对人在知道或应当知道作出具体行政行为之日起三个月内可提起行政诉讼。对于行政复议不服的，可以在收到复议决定书之日起或复议期满之日起十五日内向法院提起行政诉讼，逾期不起诉的，将丧失请求法院司法保护的权利。而在民事诉讼中，当事人向法院提出权益保护要求的诉讼时效一般为两年，特殊情况下为一年。可见行政诉讼与民事诉讼关于诉讼时效的规定不一致。那么，该如何协调两种诉讼之间的时效冲突呢？应该以行政诉讼时效还是以民事诉讼时效为准？我们认为，应当以行政诉讼时效为准提起附带民事诉讼。理由在于：行政诉讼时效一过，当事人便不能再提起行政诉讼，即使提出也会被法院依法予以驳回。行政诉讼不能成立，民事诉讼就无所谓附带，当事人就只能单独提起民事诉讼。

第四，行政附带民事诉讼中的举证责任。行政诉讼中的举证责任与民事诉讼的举证责任是不一样的。在行政诉讼中，被告行政机关要对被诉具体行政行为承担举证责任，民事诉讼则遵循“谁主张谁举证”的原则。有学者认为，当行政诉讼原告与附带民事诉讼原告为同一人时，行政诉讼原告不承担举证责任，因为在附带民事诉讼中原告如承担举证责任，会导致举证责任混乱。其实不然，在行政诉讼中，原告承担有限的举证责任，被告对被诉具体行政行为承担提出事实和证据加以证明的责任，而在民事诉讼中，原告对自己所提出的主张承担举证责任，两个诉讼的举证责任是不会出现混乱的。

第五，行政附带民事诉讼的审判组织。行政诉讼中行政案件由合议庭审理，不存在适用简易程序的规定。而民事诉讼法对于事实清楚、权利义务关系明确、

---

① 廖永安．论我国民事与行政争议交叉案件的协调处理［J］．中南大学学报，2005(6).

争议不大的案件可适用简易程序审理。在行政附带民事诉讼中，审判组织应遵循民事诉讼就行政诉讼的原则，由审理行政争议的同一审判组织采用合议庭的方式审理附带民事诉讼。

另外，对于附带民事诉讼能否调解、被告可否反诉的问题，我们认为可以。因为行政诉讼虽不适用调解，但因附带民事部分本质是民事诉讼，故仍然可以适用民事诉讼法的有关原则和制度，反诉也同理。

对于行政附带民事诉讼的其他相关问题，限于篇幅，在这里就不作一一探讨，在下文法条设计部分中会全部涉及。

(4) 相关法条设计

理论研究是基于实践之需求，我们结合国内有关立法，立足于司法现状，就行政附带民事诉讼程序设计了若干相关法条，以期为未来行政诉讼法之完善尽绵薄之力。参考法条见表5－4，设计法条见表5－5。

表5－4　我国相关法律及司法解释

《最高人民法院关于执行〈中华人民共和国行政诉讼法〉若干问题的解释》	第五十一条：在诉讼过程中，有下列情形之一的，中止诉讼：(六) 案件的审判须以相关民事、刑事或者其他行政案件的审理结果为依据，而相关案件尚未审结的；
《中华人民共和国刑事诉讼法》	第七十七条：被害人由于被告人的犯罪行为而遭受物质损失的，在刑事诉讼过程中，有权提起附带民事诉讼。 如果是国家财产、集体财产遭受损失的，人民检察院在提起公诉的时候，可以提起附带民事诉讼。 人民法院在必要的时候，可以查封或者扣押被告人的财产。 第七十八条：附带民事诉讼应当同刑事案件一并审判，只有为了防止刑事案件审判的过分迟延，才可以在刑事案件审判后，由同一审判组织继续审理附带民事诉讼。

续 表

最高人民法院关于执行《中华人民共和国刑事诉讼法》若干问题的解释	第八十四条：人民法院受理刑事案件后，可以告知因犯罪行为遭受物质损失的被害人（公民、法人和其他组织）、已死亡被害人的近亲属、无行为能力或者限制行为能力被害人的法定代理人，有权提起附带民事诉讼。 第八十八条：附带民事诉讼的起诉条件是： （一）提起附带民事诉讼的原告人、法定代理人符合法定条件； （二）有明确的被告人； （三）有请求赔偿的具体要求和事实根据； （四）被害人的物质损失是由被告人的犯罪行为造成的； （五）属于人民法院受理附带民事诉讼的范围。 第八十九条：附带民事诉讼应当在刑事案件立案以后第一审判决宣告以前提起。有权提起附带民事诉讼的人在第一审判决宣告以前没有提起的，不得再提起附带民事诉讼。但可以在刑事判决生效后另行提起民事诉讼。

表5－5　设计之法条

行政附带民事诉讼	第一条：行政附带民事诉讼适用于以下案件： （一）存在着侵权被害人的行政处罚案件； （二）因行政确认行为引发一方当事人与第三人之间民事争议的案件； （三）因行政许可行为引发的被许可方与第三人之间民事争议的案件。 第二条：附带民事诉讼以行政诉讼的成立为前提，并应当符合民事诉讼法所规定的起诉条件。 第三条：附带民事诉讼由受理行政诉讼的人民法院统一管辖，但不得违反民事诉讼关于级别管辖和专属管辖的规定。 第四条：当事人可以在提起行政诉讼的同时一并提出附带民事诉讼，也可以在行政诉讼的过程中提出附带民事诉讼。当事人未在一审程序中提出附带民事诉讼的，在二审程序中不得再提出。 第五条：附带民事诉讼双方当事人可以自行和解。 第六条：审理附带民事诉讼，可以调解。调解应当在自愿合法的基础上进行。经调解达成协议的，审判人员应当及时制作调解书。

续 表

行政附带民事诉讼	第七条：附带民事诉讼过程中，当事人对自己提出的主张，有责任提供证据。 第八条：附带民事诉讼的被告有权就民事部分提出反诉。 第九条：附带民事诉讼适用行政诉讼法关于诉讼时效的规定。如果提起行政诉讼被人民法院以超过诉讼时效为由驳回，当事人可另行提起民事诉讼。 第十条：附带民事诉讼应当同行政案件一并审理，如果一并审理将导致行政案件审判的过分迟延，则可以在行政案件审判后，由同一审判组织继续审理附带民事案件。 第十一条：行政案件与附带民事案件一并审理的，应当一并作出行政附带民事诉讼判决；分开审理的，应当分别制作相应的行政判决书和民事判决书。 第十二条：附带民事诉讼的审理期限适用于民事诉讼法的相关规定。 第十三条：附带民事诉讼当事人对附带民事部分的判决不服，有权提出上诉，由上一级法院民事审判庭受理。如果附带民事诉讼当事人同时是行政诉讼的原告，对全部判决不服提出上诉，由上一级法院行政庭受理。 第十四条：行政附带民事诉讼的判决、裁定，一方当事人如果拒绝履行，人民法院应另一方当事人申请，可以采取强制执行措施。 如果不履行判决、裁定的是公民、法人或其他组织，人民法院可以依据《中华人民共和国民事诉讼法》第二百二十一条至二百二十三条的规定采取强制执行措施。 如果不履行判决、裁定的是行政机关，人民法院可以依据《中华人民共和国行政诉讼法》第六十五条的规定予以处理。 第十五条：本法未尽事宜，适用行政诉讼法和民事诉讼法的相关规定。

（三）行政民事争议并重的关联案件的处理模式

1. 行政民事关联案件分析

行政争议与民事争议并重的关联案件是指因同一法律事实而引发的行政争议和民事争议之间不存在主次之分的案件。这类案件与前两类行政民事关联案件有某种相似之处，都涉及行政争议与民事争议的关联，但它又有着自身独特的特点，这点在前面进行行政民事关联案件类型分析时已经作出论述，此处不再赘述。行政民事争议并重的关联案件通常出现在行政诉讼中，主要是行政机关对平等主体之间民事争议作出行政裁决的案件，包括权属纠纷裁决、征用拆迁补偿裁决等案件。

行政裁决案件具有以下特点：

第一，民事争议的解决是行政裁决之争的关键。民事争议是原始争议，行政争议是继发争议，民事争议的解决是行政争议解决的起点与归宿，脱离了对民事争议的解决，行政争议的解决便成为空中楼阁。

第二，行政裁决之诉本质属于行政诉讼。当事人提出诉讼是基于对行政机关作出的行政行为不服，如果不对行政争议进行处理，民事争议也就得不到解决。

第三，行政裁决案件的诉讼，只有一并解决行政争议和民事争议，当事人提起诉讼的目的才能实现。所以，行政裁决之诉与一般的行政诉讼不同，它是一种特殊的行政诉讼。

2. 当事人诉讼的必要性与可行性

行政裁决案件涉及行政争议和民事争议，当事人提起的是行政诉讼，那么，能否适用行政附带民事诉讼的方式来解决此类案件呢？理论界有不少学者对此持肯定的态度，司法实践中也大多采取此种方式。理由在于，1999 年《最高人民法院关于执行〈中华人民共和国行政诉讼法〉若干问题的解释》第六十一条规定：被告对平等主体之间民事争议所作的裁决违法，民事争议当事人要求人民法院一并解决民事争议的，人民法院可以一并审理。此条规定被大多数学者及司法工作者视为我国行政附带民事诉讼的依据。我们认为其实不然，尽管在司法实践中，大部分法院采取行政附带民事诉讼来处理行政裁决案件，但仅凭“一并审理”并不能就据此认定它属于行政附带民事诉讼的规定。并且，行政裁决案件是适用行政附带民事诉讼还是采用其他程序来解决更为适宜，需要具体分析论证。

我们认为，行政裁决案件不宜采取行政附带民事诉讼的方式来予以解决。因为行政裁决案件的特点决定了采取行政附带民事诉讼与附带诉讼的性质和宗旨不相符。行政附带民事诉讼中有主诉讼和从诉讼之分，行政争议的解决是诉讼的主要目的，民事争议是附带解决的，可以与行政争议分开审理。而行政裁决诉讼中，行政争议从始到终围绕民事争议的解决来进行，不解决民事争议，行政争议就无法解决，不对行政裁决作出裁决，法院就无法作判。从这一意义上说，行政争议与民事争议的解决是并重的。只有二者同时都能解决，当事人的诉讼目的才能实现。

对于行政民事并重的关联案件，究竟应该采取何种处理模式才能更好地解决行政和民事争议呢？把视线投向国外，我们发现，日本的当事人诉讼制度为我们提供了可供借鉴的经验。在本章第二部分中我们对日本的当事人诉讼已有述及。它指的是有关确认或形成当事人之间法律关系的处分或裁决的诉讼，是依法令的规定以该法律关系的一方当事人作为被告的诉讼以及有关公法上法律关系的诉讼。它分为实质当事人诉讼和形式当事人诉讼。形式当事人诉讼性质上是一种抗告诉讼，但是诉讼双方为有直接利害关系的法律关系的当事人，像土地征用损失补偿纠纷一类的案件都为形式当事人诉讼。实质当事人诉讼是有关对等当事人之间的公法上的法律关系的诉讼，是针对“有对行政厅先例公权力不服诉讼”即抗告诉讼而言的，其性质类似于民事诉讼。如确认公务员身份关系存在的诉讼等公法上的地位和身份的确认诉讼，行政上的损失补偿请求诉讼等。① 日本的当事人诉讼颇具特色，这类诉讼以公权的主张为诉讼标的，但是却将有直接利害关系的法律关系的当事人作为诉讼中的原被告，作出行政行为的行政机关作为诉讼参加人参与诉讼，法院的裁判效力及于三方主体。

可以说，日本的当事人诉讼模式具有有效解决行政裁决案件的优势。首先，行政裁决是行政机关依职权对平等民事主体之间的民事争议作出的裁决，由此形成了双重法律关系，一是行政机关与当事人之间的行政法律关系，另一个是当事人之间的民事法律关系。行政法律关系是因为当事人之间的民事争议而产生的，如果不对行政争议作出处理，它所拘束的民事权利义务关系的状态就无法改变，当事人的民事争议就得不到解决。所以，诉讼的标的应当是行政机关作出的行政行为——行政裁决。但是诉讼的最终目的却是要解决民事争议，整个诉讼过程也都是围绕民事争议进行的。因此，如果以行政机关作为被告显得不太适宜。采用日本当事人诉讼模式正好可以避免这种不妥情况的出现。其次，当事人诉讼模式符合司法最终解决的原则。法院的判决具有最终的效力，既对当事人双方有拘束力，又对行政机关产生拘束力。再次，当事人诉讼符合法律的宗旨。当事人提出诉讼，如果以行政机关为被告，会加重当事人的压力，甚至当事人可能会因惧怕行政机关而不愿起诉，这不利于维护当事人的权益，也与法律的宗旨和法治的精神背道而驰。另外，当事人诉讼也有利于行政机关更好地行使法律赋予的裁决权，不会因为担心被作为被告和败诉而不去或少去解决民事纠纷，从而能更有效地发挥行政职能。

3. 当事人诉讼相关问题探讨

(1) 当事人诉讼的含义和特点

我们认为，当事人诉讼是指公民、法人或其他组织对行政机关作出的行政裁

① ［日］室井力．日本现代行政法［M］．吴微译．北京：中国政法大学出版社，1995：233－234.

决案件不服，以行政裁决所涉民事争议的另一方当事人为被告，行政机关为第三人，向法院提起行政诉讼，法院将行政裁决与关联民事争议一并审理并作出判决的诉讼方式或制度。

当事人诉讼具有以下的特点：

第一，当事人提起的是行政诉讼，以行政裁决为诉讼标的，但行政机关不是被告，而是第三人；

第二，诉讼原告与被告是民事争议的双方当事人；

第三，法院审理当事人诉讼主要适用民事诉讼程序，但在解决行政裁决合法性上适用行政诉讼程序。

（2）当事人诉讼的解决思路

第一，管辖权。在当事人诉讼中，虽然原被告是民事争议的双方当事人，行政机关是第三人，但当事人诉讼的标的是行政裁决。因此，当事人诉讼实质上是行政诉讼。鉴于此，根据行政诉讼法关于管辖的相关规定，当事人诉讼由作出行政裁决的行政机关所在地的人民法院管辖。

第二，当事人。当事人诉讼虽然从本质上来说是行政诉讼，但它与行政诉讼或行政附带民事诉讼又存在差别。在当事人诉讼中，原告和被告是行政裁决所涉民事争议的双方当事人，行政机关是第三人。

第三，审理程序。当事人诉讼设计的宗旨在于通过一个诉讼解决两种争议，一种是民事权益争议，另一种是行政裁决的效力，两种争议的性质不一样，适用的程序也不一样。民事争议适用于民事诉讼法的相关规定，行政裁决效力的解决适用行政诉讼法的相关规定：①举证责任。民事争议的解决遵循民事诉讼法关于“谁主张谁举证”的原则。因此，民事争议的双方当事人对自己所提出的主张有责任提供证据并加以证明。而作为第三人的行政机关则负有对所作出的行政裁决提出事实和法律依据来证明的责任。②调解。人民法院审理行政裁决所涉民事争议可以进行调解。这不仅符合民事诉讼相关法律规定，更有利于争议的解决。调解应当在自愿、合法的基础上进行。经调解达成调解协议且行政裁决又无违法、失当的情形的，人民法院可以在作出维持行政裁决判决的同时，将达成的调解协议在判决书中予以明确。达不成调解协议的，人民法院应当依法及时做出判决。

第四，审判组织。根据《行政诉讼法》第四十六条的规定，人民法院审理行政案件，由审判员或者由审判员、陪审员组成合议庭。行政诉讼法规定陪审员可以参加行政案件第一审程序的审理。我们认为，当事人诉讼要解决两种争议，所涉及的事实认定和法律适用较为复杂，因此，当事人诉讼一审由三人以上的审判员组成合议庭更为妥当。

第五，审判原则。行政诉讼中，人民法院原则上只对被诉具体行政行为的合法性进行审查，而不涉及其合理性。但行政处罚显失公正的除外。而对当事人诉讼，人民法院需要对行政裁决和民事争议一并作出处理。因此，我们认为，当事人诉讼应采用合法性审查与合理性审查相结合的原则。人民法院不仅要审查行政裁决是否合法，还要审查行政机关对民事争议所作出的行政裁决是否合理、适当。

第六，判决。当事人诉讼与行政诉讼适用不同的审判原则，相应的二者在判决方面也存在着差异。人民法院对行政裁决所涉民事争议应根据不同情况，分别作出不同的判决。如果行政裁决证据确凿，适用法律、法规正确，符合法定程序，对民事争议处理适当，人民法院可作出维持判决。如果行政裁决存在着主要证据不足，适用法律、法规错误，违反法定程序，超越职权，滥用职权或对民事争议处理失当的，人民法院可以判决撤销或部分撤销或变更，并依法对所涉民事争议作出相应处理。

(3) 相关法条设计

古人云："它山之石，可以攻玉"。我们借鉴日本当事人诉讼制度，结合国内司法实际，就当事人诉讼设计了若干相关法条，为更好地解决行政民事并重案件提供一个新的突破口。参考法条见表5-6、表5-7，设计法条见表5-8。

表5-6　国内相关法律及司法解释

《最高人民法院关于执行〈中华人民共和国行政诉讼法〉若干问题的解释》	第六十一条：被告对平等主体之间民事争议所作的裁决违法，民事争议当事人要求人民法院一并解决相关民事争议的，人民法院可以一并审理。

表5-7　国外相关法律

日本	《日本行政案件诉讼法》	第四条：本法所称的"当事人诉讼"，是指关于形成或确认当事人之间法律关系的处分或裁决的诉讼，是根据法令的规定以法律关系的一方当事人为被告的以及关于公法上的法律关系的确认之诉等有关其他公法上法律关系的诉讼。 第三十三条：撤销处分或裁决的判决，就该案件，拘束于作出处分或裁决的行政机关及其他有关行政机关。

续 表

日本		第三十九条：在有关确认或形成当事人之间法律关系的处分或裁决的诉讼中，根据法令的规定，在提起以该法律关系的当事人一方为被告的诉讼时，法院应当通知作出该处分或裁决的行政机关。 第四十条：法令中有起诉期间规定的当事人诉讼，除非其他法令有特别规定，有正当理由的，即使在该期间经过后，仍可提出。 第十五条之规定，准用于法令中有起诉期间规定的当事人诉讼。与抗告诉讼有关的规定的准用第四十一条、第二十三条、第二十四条、第三十三条第一款及第三十五条之规定，准用于当事人诉讼；第二十三条之二之规定，准用于当事人诉讼中能厘清处分或裁决的理由的资料的提交。将当事人诉讼和与目的请求有关联请求关系的诉讼移送各自所系属的法院时，准用第十三条之规定；这些诉的合并，准用第十六条至第十九条之规定。

表5－8　设计之法条

当事人诉讼	第一条：本法所称的当事人诉讼是指行政裁决案件所涉民事争议的一方当事人对行政裁决不服，以民事争议的另一方当事人为被告，行政机关为第三人而向人民法院提起的诉讼。 第二条：公民、法人或其他组织对行政机关作出的行政裁决不服，有权向人民法院提起当事人诉讼，人民法院应当依法予以受理。 第三条：当事人诉讼由作出行政裁决的行政机关所在地的人民法院管辖。 第四条：依本法的规定，在提起以民事争议另一方当事人为被告的当事人诉讼中，法院应当通知作出行政裁决的行政机关参加诉讼，行政机关必须参加。 第五条：民事争议的当事人对自己提出的主张，有责任提供证据。 第六条：人民法院审理当事人诉讼，由审判员组成合议庭，合议庭成员应当是三人以上的单数。 第七条：人民法院审理当事人诉讼，对所涉民事争议可以进行调解。调解应当在自愿、合法的基础上进行。经调解达成协议的且行政裁决又无违法、失当情形的，人民法院可以在作出维持行政裁决判决的同时，将达成的调解协议在判决书中予以明确。达不成调解协议的，人民法院应当依法及时做出判决。

续 表

当事人诉讼	第八条：人民法院经过审理，根据不同情况，分别作出以下判决： （一）行政裁决证据确凿，适用法律、法规正确，符合法定程序，对民事争议处理适当的，判决维持； （二）行政裁决有下列情形之一的，判决撤销或部分撤销或变更，并依法对所涉民事争议作出相应处理： 1. 主要证据不足； 2. 适用法律、法规错误； 3. 违反法定程序； 4. 超越职权； 5. 滥用职权； 6. 对所涉民事争议处理失当。 第九条：当事人诉讼的原告、被告和第三人对一审判决不服，均有权上诉。 第十条：人民法院对于行政裁决的上诉案件，一律开庭审理。 第十一条：人民法院审理上诉案件，按照下列情形，分别处理： （一）原判决事实清楚，适用法律、法规正确的，判决驳回上诉，维持原判； （二）原判决事实清楚，但适用法律、法规错误的，依法改判； （三）原判决认定事实不清，证据不足，或者由于违反法定程序可能影响案件正确判决的，或对所涉民事争议处理失当的，裁定撤销原判，发回原审人民法院重审，也可以查清事实后改判。 第二审人民法院依法改判的，应当同时对被诉行政裁决及民事争议作出判决。 当事人对重审的判决、裁定可以上诉。 第十二条：当事人诉讼的判决、裁定，一方当事人如果拒绝履行，人民法院应另一方当事人申请，可以采取强制执行措施。 如果不履行判决、裁定的是公民、法人或其他组织，人民法院可以依据《中华人民共和国民事诉讼法》第二百二十一条至二百三十三条的规定采取强制执行措施。 如果不履行判决、裁定的是行政机关，人民法院可以依据《中华人民共和国行政诉讼法》第六十五条的规定予以处理。 第十三条：本法未尽事宜，适用行政诉讼法和民事诉讼法的有关规定。

第六章　特别权力关系行政诉讼制度的建构

特别权力关系理论起源于19世纪的德国，是为了维护君主对官员及军队的统治权而发展起来的法学理论，它使作为君主支柱的军队及官僚系统得以摆脱法治主义的支配。后来这一理论逐步拓展到监狱、学校等其他行政领域。日本和民国时期的中国借鉴了这种理论，并在各自的法学理论研究和立法司法实务中不断发展完善，在适用范围及适用强度上甚至有超过德国的倾向。第二次世界大战以后，由于受实质法治国精神、人权保障理念的冲击，这些国家与地区在理论与实践上都对特别权力关系作了很大的调整和修正，特别权力关系理论开始出现萎缩的势头，有的学者甚至主张全面取消特别权力关系理论。

新中国自创立行政法学以来，虽然在理论上没有明确确立特别权力关系这一概念，但在立法与司法实践中，多采用特别权力关系理论的相关做法，这些内容广泛地分散于各个领域的法律、法规、规章及其他规范性文件之中。特别是在其他国家逐渐开始反省并修正、完善特别权力关系理论的同时，我们的法律制度对相关领域的调整仍停留在传统的特别权力关系理论阶段。对这种现状进行必要的修正与改进，是现代社会行政法治和人权保障的共同要求。

第一节　特别权力关系理论概述

一、特别权力关系理论之起源

“特别权力关系”理论可追溯到19世纪君主立宪时代的德国，后传入日本及我国台湾地区，对行政法的理论与实践，特别是对行政行为的司法救济制度，产生了广泛而深远的影响。

"特别权力关系"理论之雏形是由德国学者波尔·拉班德（Paul Laband）建立的，而后由奥托·梅耶（Otto Mayer）集其大成，构建了完整之理论体系。[①] 为了更加充分地了解特别权力关系理论的源起，首先有必要了解一下德国19世纪的历史、政治背景。德国从10世纪起到19世纪中期，一直处于四分五裂的状态。封建割据严重阻碍着国内统一市场的形成，资本主义的发展举步维艰。随着工业革命的发展，统一问题重新摆上日程。当时普鲁士凭借其强大的经济军事实力，在首相俾斯麦的"铁血政策"指导下，于19世纪60～70年代先后进行了三次王朝战争，完成了统一大业，建立了君主立宪制的资产阶级国家（君主立宪制是指以君主或国王为国家元首，国家最高权力实际上或名义上由君主一人掌握的政权组织形式。实行君主立宪制的国家，作为国家元首的君主是世袭的、终身的，拥有一定的国家权力，但这些权力的行使依照宪法的规定受到一定程度的限制。一般来说，君主立宪制是资产阶级和封建势力相妥协的产物，也是资产阶级革命不彻底的表现）。[②] 设立了联邦议会和帝国议会，帝国议会还是从普选中产生的，并颁布了《德意志宪法》。德国作为一个统一的近代民族国家在欧洲崛起，王朝战争不仅解决了德意志的民族统一问题，也是一场结束封建割据的革命，为德国资本主义经济的发展铺平了道路。但是由于德国资本主义发展起步较晚，资产阶级软弱，而封建军阀势力仍很强大，同时德国的统一不是"由下而上"地由人民决定的，而是"自上而下"地由普鲁士王国通过国内外战争来实现统一的，贵族和主要由贵族阶层人士组成的军官团在社会中的地位始终举足轻重，因此，德国在实现统一后相当长的时期里，貌似民主的议会其实没有民主的权力，重大的决策几乎全由行政首脑决定，保留了浓厚的专制主义和军国主义传统。这些为特别权力关系理论的产生提供了政治和经济基础。

波尔·拉班德是德国19世纪后半叶的著名公法学家，波尔·拉班德生前就被誉为"当时最大的国法学家"（在近代德国的法学史上，所谓"国法学"，相当于公法学，或现在的宪法学[③]），其代表性著作是《德意志帝国国法》。自18世纪末，德意志法学开始进入了流脉颇为错综复杂的时代。由于普鲁士启蒙绝对君权主义的发展，16世纪以来的德意志自然法学与西欧其他国家的自然法学为民主政

① 翁岳生．论特别权力关系之新趋势．行政法与现代法治国家［C］．台北：台湾大学法学丛书编辑委员会，1990：132.

② 许崇德．宪法［M］．北京：中国人民大学出版社，1999：104.

③ 转引自：法律实证主义方法的故事——以拉班德的国法学为焦点［J］．浙江学刊，2004（3）．原文出自［日］小林孝辅．德意志宪法史．学阳书房，1980：160.

治作出贡献的进路不同，曾一度积极介入立法活动的实践，并居然成为君主制的拥护者。与此不同，由于受洛克、孟德斯鸠，特别是卢梭的自然法思想的影响，当时也存在反对专制主义的立宪主义思想。有趣的是，一批公法学家则从这种立宪主义的立场出发，对现实的宪法结构进行实证的分析。曾被誉为“德意志公法学中的实证主义方法的始祖”或“德意志国法之父”的莫泽尔（Johann Jakob Moser，1701—1784）以及与之齐名的普特尔（Johann Stephan pütter，1725—1807）等人，就是其中的重要代表。他们的学说中所体现出的那种由自然法学提供的立宪主义立场与法律实证主义的方法的奇妙结合，成为后来贯穿于19世纪德国实证主义宪法学的源流。① 而拉班德正是19世纪德国实证主义宪法学的一位大师级人物。

拉班德首先明确地提出了特别权力关系的概念，并以此说明官吏对国家的勤务关系。在1876年出版的《德意志帝国国法》一书中，他指出，人民对国家发生的勤务上之义务有三种情形：一是基于双方的契约合意而构成的私法上的雇佣关系，在这种关系中，虽然雇主是国家，雇员是公务员，但它们之间的地位是平等的；二是基于纯粹的权力关系而发生的勤务关系，它无须经过当事人的同意，这是一种命令与服从的管理关系；三是前两种情形的结合，即关系的构成取决于当事人自由意志的同意，但关系的内容具有权力性，不存在当事人的自由选择。②波尔·拉班德认为，官吏与国家之间是基于双方的合意而形成的一种具有公法性质的契约：国家必须表明愿意接受特定人为其服务，而官吏也应当有表明同意加入这种勤务关系的意思；双方形成契约后，官吏产生了特别的服从、忠诚等义务，国家则负有保护和支付所约定的薪俸责任。行政主体拥有权力与行政相对人自愿加入是特别权力关系的基本要素和基本特征。③ 波尔·拉班德的这一理论为德国特别权力关系提供了最原始的理论基础。

奥托·梅耶继承了波尔·拉班德的特别权力关系理论，并对其有了更深入的发展。他认为，一方面，人民与国家之间存在着一种人人都适用的权利义务关系，如人民有获得国家保护的权利，但同时人民又有依法纳税的义务。这种关系属于普通、综合性的关系。但另一方面，特定的人民与国家基于法律事实会构成一种特别的权力关系。这种特别权力关系就是：“为达成公共行政之特定目的，

---

① 转引自：法律实证主义方法的故事——以拉班德的国法学为焦点［J］．浙江学刊，2004（3）．原文出自［日］小林孝辅，前引书，第82~88页。

② 胡建淼．特别权力关系理论与中国的行政立法［J］．中国法学，2005（5）．

③ 吴庚．行政法之理论与实用［M］．台北：三民书局股份有限公司，1996：196-197.

使所有加入所定特别关系的人民，处于（比一般人）更加从属的地位。"① 他将特别权力关系分为以下几种类型：公法上的勤务关系、公法上的营造物利用关系以及公法上的特别监督关系等。其中公法上的勤务关系是指公法调整的国家公务人员和其所供职的国家机关或其他公共组织之间存在的勤务关系；在对公法上的营造物利用关系下定义之前，我们应先理解"公法上的营造物"（又称公营造物）的概念。公营造物是德国法、日本法建构的概念，其名称是直接从日本的名词中引用而来的。关于公营造物的概念，台湾学者吴庚教授将其界定为：行政主体为达成公共行政上的特定目的，将人与物作功能上的结合，以制定法规作为组织的依据所设立的组织体，与公众或特定人之间发生法律上的利用关系。公营造物在组织上是独立的，设立公营造物的行政主体依计划对其加以领导并监督，从而确保公营造物的利用者应有的权益。营造物利用关系，主要包括公立学校与学生之间的关系、公立医院与患者之间的关系及监狱与罪犯之间的关系等。目前，我国大陆地区将"公营造物"称为"事业单位"。在上述的这些关系中，人民负有特别的服从义务，自由受到特别的限制。奥托·梅耶同时指出，在特别权力关系中，依法行政、法律保留等原则不再适用，国家方可以在没有法律授权的情况下限制行政相对人的自由，而相对人不得对此提起争诉。

波尔·拉班德构建特别权力关系理论仅限于国家官吏制度领域，着重说明官吏对国家的勤务关系。而奥托·梅耶则将特别权力关系拓展到人民与国家之间广泛的关系领域，其范围更广，且奥托·梅耶在建构特别权力关系理论时直接排斥法治行政和法律保留原则的适用。由于奥托·梅耶在德国法学界的权威地位以及特别权力关系理论非常符合德国当时的历史背景与民族意识，这使得特别权力关系理论能够支配德国行政法数十年之久，尤其在纳粹德国时期，特别权力关系的范围还进一步扩大。例如，1931 年公布的《符登堡行政法典草案》即吸收了他的观点，规定特别权力关系内所作出的处分或决定都不属于行政处分，因而不适用法律救济。②

德国特别权力关系的理论基础是 19 世纪的宪政国家法和行政法理论。③ 根据

① 翁岳生．论特别权力关系之新趋势．行政法与现代法治国家［C］．台北：台湾大学法学丛书编辑委员会，1990：135.

② 杨海坤，章志远．中国行政法基本理论研究［M］．北京：北京大学出版社，2004：165－166.

③［德］哈特穆特·毛雷尔．行政法学总论［M］．高家伟译．北京：法律出版社，2000：114.

这些理论，服务于公共或国家利益的当事人的本身利益被看成是一种国家的内部利益关系；而19世纪德国的法律功能主要是处理国家与人民的关系，以保障人民的自由与权利，至于国家的内部关系则不受法律调整，[①] 而特别权力关系正被看成是不受法律调控的国家内部关系。这种理论目的在于维护绝对主义的君主及高级官吏阶层的特权以及官僚主义的行政权的优越性。

第二次世界大战之前，特别权力关系理论不仅通行于德国，还对其他国家和地区产生了不同程度的影响，其中日本和我国台湾地区受其影响最深。在介绍日本传统特别权力关系理论之前，还是应首先了解一下日本当时的社会历史背景。

在19世纪中期，日本处于最后一个幕府——德川幕府时代。掌握大权的德川幕府所实行的苛政，不时激起众多以务农为业的百姓的反对。同一时期，在日本一些经济比较发达的地区，开始出现家庭手工业或手工作坊，作坊内出现了“雇用工人”制，形成资本主义的生产体系。在商品经济形态的快速扩展下，商人阶层特别是金融事业经营者的力量逐渐增强，商人们感觉到旧有制度严重制约着他们的发展，于是开始呼吁改革政治体制。此时具有资产阶级色彩的大名（藩地诸侯）、武士和要求进行制度改革的商人们组成政治性联盟，与反对幕府的基层农民共同形成“倒幕派”的实力基础。19世纪60年代末，在人民群众的推动下发动了武装倒幕，建立了以天皇为首的新政府，并在政治、经济和社会等方面实行大改革，促进日本的现代化和西方化，这也就是日本的明治维新。在社会文化方面，提倡学习西方社会文化及习惯，翻译西方著作；在司法方面，仿效西方制度，例如于1882年订立法式刑法，于1898年订立法、德混合式民事法，于1899年订立美式商法。日本在明治维新以后迅速地、全面地引进欧洲的法律制度，因此，从法律制度的角度来看，明治以前的日本古代法和明治以后的近代法之间完全没有连续性。明治维新后的日本，形式上完全变成一个立足于欧洲近代市民法的法治国家。明治政府在政治上神化天皇的绝对权威，建立“华族”制度以维护旧藩主、公卿的特殊地位，并把维新功臣、财阀列入华族，培植特权阶层；在经济上扶植带封建性的财阀和寄生地主；在意识形态上宣扬神道、皇道、儒学，并引进德国唯心主义哲学。19世纪70～80年代，日本发生了反对专制政治、争取资产阶级自由民主权利的自由民权运动。明治政府通过暴力镇压和政治分化瓦解了这一运动，并于1889年颁布《明治宪法》，1890年开设国会，从而确立了专制主义的君主立宪制，即日本近代天皇制。可见日本与德国有某些相似的社会政治

① 于安．德国行政法［M］．北京：清华大学出版社，1999：33.

背景，这也就是为什么日本能全盘继受德国特别权力关系理论，甚至将特别权力关系范围进一步扩大的原因。

德国的特别权力关系理论在20世纪初就开始被移植到日本。日本最早论述特别权力关系理论的学者应当首推一木喜德郎。他在1909年《特别权力关系》一文中指出，官吏或学生与一般人民不同，他们的行为由于其身份而会受到特别的拘束，如宪法上规定的迁徙、居住及结社权利，一般人民理所当然地可以拥有，而他们可以被主管部门在没有法律依据的条件下以维持纪律为由而加限制。① 其后日本20世纪的著名公法学家美浓部达吉进一步细化了日本的特别权力关系理论，但基本上没有跳出德国理论的怪圈。

日本行政法同样认为，特别权力关系是指人基于特别成立原因（法律上的直接规定或当事人的自主同意），服从于国家或公共团体的一种特殊的、概括性的支配权的关系。他们将特别权力关系归结为四类：一是公法上的勤务关系，即公务员与国家之间的关系；二是公法上的营造物利用关系，学校与学生、医院与患者、监狱与受刑人之间的关系均属此类；三是公法上的特别监督关系，如在电、煤气等方面国家对特许企业者的监督关系；四是公法上的组合关系，如土地改良区与互助员、公共团体与团体成员之间的关系等。② 在特别权力关系中，国家或公共团体对相对人一方拥有概括性的命令权与惩戒权，而且行使这些权力无须法律依据，并不进入司法救济。③

我国台湾地区由于深受德国法与日本法的影响，早在20世纪的二三十年代，德国的特别权力关系理论经日本传入中国，至今我国台湾地区的行政法所述特别权力关系理论与德国、日本的描述基本一致。④ 我国台湾地区的行政法学者认为："特别权力关系指基于特别之法律上原因（法律之规定或本人之同意等），为达成公法上之特定目的，于必要之范围内，一方取得概括的支配他方之权能，他方对之负有服务之义务，以此为内容之关系。"⑤ 这种关系之成立，或系直接根据法律的情形（如军人强制服兵役）而发生，或系根据相对人同意之情形（学生入学）

① 杨海坤，章志远．中国行政法基本理论研究［M］．北京：北京大学出版社，2004：166.

② ［日］室井力．日本现代行政法［M］．吴微译．北京：中国政法大学出版社，1995：39.

③ ［日］和田英夫．现代行政法［M］．倪建民、潘世圣译．北京：中国广播电视出版社，1993：62.

④ 林纪东．行政法原论（上）［M］．台北："国立编译馆"，1966：165.

⑤ 翁岳生．行政法［M］．北京：中国法制出版社，2000：89.

而发生。特别权力关系在中国台湾地区同样被归结成四种：①公法上的勤务关系，如公务员、军人与国家的关系；②公法上营造物之利用关系，如学生与学校的关系等；③公法上特别监督关系，如国家与公共团体、特许企业之间的关系等；④其他，如团体与团员之间的关系。传统特别权力关系理论认为，在此特别权力关系内，排除依法行政原则尤其是法律保留原则之适用，作为特别权力主体之行政机关，即使欠缺个别具体之法律依据，亦得对于处于特别权力关系内部之人动以公权力，加以命令强制，限制其基本权利。[①]

综上可见，传统意义上的特别权力关系，属于行政法律关系中的一个特殊种类，它相对于一般权力关系而言。这种关系是直接根据法律或当事人的自主意思而发生，在行政主体与行政相对人之间形成一种特别的权利义务关系，相对人负有一种法律以外的特别服从义务。特别权力关系主要表现为个人与国家之间的服务关系；事业单位中的公权力主体与相对人之间的关系；国家在特定领域（如电、气等）中对特许企业的特别监督关系等。这种关系内的管理行为无须直接的法律授权，且所生争议不适用行政与司法救济。

二、特别权力关系理论的衰落和修正

特别权力关系理论的形成与发展已在地球上经历了一个多世纪，而当中国正想吸收该理论用以将某些管理领域排除到法律救济以外时，世界上的一些原本提倡该理论的国家与地区早已开始批判、修正甚至摈弃了该理论。

第二次世界大战之后，世界各国都致力于实践严格的依法治国原则，由于传统特别权力关系理论排除司法救济，因而它遭到了广泛、激烈的批判，人们开始对传统特别权力关系理论进行反思和修正。

第二次世界大战的惨痛教训警示人们应当重视人权、尊重公民的基本权利，于是二战后的德国主张法院对行政行为拥有完全的审查权，以保障人权，使人们不至于再次被迫害。1949 年，在二战结束的特定历史背景下，德国制定了《德意志联邦共和国基本法》（该法于 1949 年 5 月 8 日由联邦德国议会通过，以下简称为《基本法》），《基本法》强烈要求国家在各个方面贯彻法治与人权原则，因而有许多规定直接冲击传统的特别权力关系理论。例如《基本法》第十九条规定任何人的个人权利在遭到公共权力的侵害时，皆有权诉请法院进行救济。此外，第二次世界大战的爆发和战争所带来的创伤，以及战后资本主义经济的高速发展，

① 翁岳生．行政法［M］．北京：中国法制出版社，2000：91.

使单个的社会成员更显得软弱无力，国家的职能尤其是行政职能随之日益扩大，行政法随之活跃起来，且战后德国的行政诉讼法对受案范围作了概括性的规定。这些成文立法大大冲击了传统特别权力关系理论中排除司法救济的观点，然而当时的行政法还不至于彻底否定特别权力关系理论，于是就引发了学者们对这一理论的修正。

第一个对特别权力关系理论进行修正的是德国著名公法学家乌勒（C. H. Ule）。乌勒在1956年“德意志公法学者年会”上提出一篇名为《论特别权力关系》的论文中，开始检讨该理论，并提出了一种区分“基础关系”与“管理关系”的理论，以此来取代特别权力关系理论。① 这种理论认为：既不能绝对地将特别权力关系纳入诉讼范围，也不该将它完全排除在司法救济以外，而应区分特别权力关系中的“基础关系”与“管理关系”，再决定是否适用司法救济。“基础关系”是指直接关系到特别权力关系产生、变更和消灭的事项，包括身份上的关系和财产上的关系，身份上的关系如公务员资格的取得、免职、退休、学生入学许可、退学及开除等，财产上的关系如薪俸、抚恤及退休金等。“管理关系”是指行政主体为实现行政上的目的所采取的管理措施，如公务员的工资、学生的住宿、奖学金等；在“基础关系”中，行政主体所作出的行为视作行政处分，适用法律保留和司法救济，而行政主体在“管理关系”中的行为，则不适用法律保留和司法救济。

由于乌勒所提出的“基础关系”与“管理关系”之间的界限很难划分，以及在“管理关系”中的某些行为涉及作为基本权利的财产权，如工资福利等，将它排除在司法救济之外，显然与《基本法》相悖，于是一种新的理论，即“重要性理论”便应运而生，且在1972年德国联邦宪法法院判决一个案件之后，这一理论的应用范围进一步扩大了。②“重要性”是由所规范事物的内容、范围、比例等是否对整体具有重要性的意义来决定的，而基本人权的保障是决定是否具有“重要性”的最关键因素。因而在特别权力关系中，无论是“基础关系”还是“管理关

---

① 陈新民．中国行政法学原理［M］．北京：中国政法大学出版社，2002：66.

② 此案例就是著名的1972年监狱服刑案判决。某监狱经检查发现一名受刑人在写给其亲友的书信中有侮辱监狱的言辞，故监狱方以其违反了监狱的内部勤务和执行规章为由没收了此信，受刑人不服遂提起诉讼。宪法法院在判决中认为，通讯自由权是宪法所保障的基本人权，须得经由法律或法规的授权才可对其进行限制，而不能仅仅以监狱的内部规定作为限制依据。如果没有有关法律的授权，监狱内部管理规定不可以限制受刑人的通讯自由权及其他基本权利。

系”，只要涉及“重要性”事项，即涉及当事人基本权利的，就应当适用法律保留与司法救济；相反，对于“非重要性”事项，就不适用法律保留与司法救济。这一理论显然比前者更靠近《基本法》的精神。虽然“重要性理论”中的“重要性”标准也是模糊的，但它大大缩小了“特别权力关系”的适用范围，以张扬人权与民主思想。

二战后，日本对特别权力关系理论进行重新检视，态度发生了巨大的转变。这种转变取决于两个方面：一是受德国法的影响，日本有学者提出，特别权力关系内的行为可分为外部行为与内部行为，外部行为是指涉及行政相对人的权利义务的行为，这种行为适用司法审查；内部行为是指不涉及相对人权利义务，单纯为特别权力关系内部的行为，对内部行为不能提起行政诉讼。这种观点显然与德国乌勒的“两分法”理论非常接近；二是作为战败国受到战胜国法律，特别是美英法律的影响，主张普通法院拥有完整的司法审查权。但是，对于特别权力关系理论到底应当彻底摈弃还是进行一定的修正，在日本依然是仁者见仁、智者见智。日本公法学家南博方认为，特别权力关系“这一观念没有继续存在的意义了”，但作为与一般公法关系不同的“特别公法关系”应当是存在的。在“特别公法关系”中，当事人基本权利受到一定的限制是必要的，关键是掌握“程度”。[①] 而日本的和田英夫认为，原本产生于19世纪德国的特别权力关系理论，目的在于维持绝对主义的君主及高级官吏阶层的特权以及官僚主义的行政权的优越性。这种理论完全适合于日本旧宪法下的天皇制官僚国家的情况，但在日本新宪法颁布后，在其指导下，必须从全新的角度和观点重新研讨这一理论。他指出，德国的四种特别权力关系在日本的表现已经发生变化，但对特别权力关系与其全面否定，不如重构。他主张将特别权力关系划分为“特殊的公法权力关系”与“特殊的社会机能的法律关系”，前者如国家与特许企业之间的关系，后者如律师协会与律师之间的关系；前者适用司法救济，后者不然。日本的室井力教授同样认为，特别权力关系理论是19世纪末德意志立宪君主国的理论产物，现在必须持强烈的批判态度。

我国台湾地区的行政法对特别权力关系理论的态度同样从接受转向质疑。行政法学者林纪东先生率先质疑特别权力关系理论，接着翁岳生教授也顺应时代潮流对特别权力关系理论进行全面反思，他认为台湾地区并不存在德国产生该理论

① ［日］南博方．日本行政法［M］．杨建顺，周作彩译．北京：中国人民大学出版社，1988：74.

的社会背景，并且台湾地区所颁布的《行政诉讼法》一直采用概括主义，而非德国当时采用的列举主义，因而全盘引入该理论，似乎与法律的规定不符。此外，在我国台湾地区，特别权力关系的发展演变也是通过司法院大法官所作的一系列判决来完成的。例如1984年5月18日的“释字第一百八十七号解释”，它首次承认公务员申请核发服务年资或未领退休金之证明遭到拒绝时，有权提起行政诉讼。随后的第二百四十三、二百九十八、三百八十二、三百四十号解释中分别承认针对公务员身份的处分决定、学校对学生的处分决定，以及军人身份关系的处理等行为，都可以提起行政诉讼。自此台湾地区实务界对传统特别权力关系理论的修正已相当完善，修正范围涵盖了公勤关系、学校与学生之间的关系、军队关系等特别权力关系的大部分领域，修正的程度也很深入，涉及身份方面的行政处分和惩戒处分等。

三、现代社会特别权力关系理论的特点与发展趋向

特别权力关系理论最初是将法治国中的“法律优位”、“法律保留”等原则排除在外的，但是随着时代的发展，特别是第二次世界大战之后，战争的惨痛教训以及战后宪政思想的不断深入发展，传统的特别权力关系理论与宪政体制下的人权保障背道而驰，与依法治国的理念发生矛盾，因而战后德国、日本等国又纷纷对传统特别权力关系理论进行修正，以促使其适应社会的发展需要。于是就出现了两个新名词，即“传统特别权力关系理论”和“修正后的特别权力关系理论”。随着社会的不断发展进步，法治理念研究不断深入，人们对特别权力关系理论的争论仍在继续，且特别权力关系理论也呈现出新的发展趋势，具体表现在以下几方面。

（一）特别权力关系理论所界定的范围不断缩小

随着时代的进步，特别权力关系日见软化，并有部分已被废除，特别权力关系理论所界定的范围呈现紧缩的趋势。

1. 关于特别监督关系

传统的特别权力关系理论对特别监督关系范围界定得不明确，而且该关系所针对的对象是特许企业和自治团体，一般不直接涉及公民个人的基本权利，现在各国的理论界和实务界已很少将此类关系放在特别权力关系中加以研究，而是将其放在其他理论或问题中加以研究。

2. 关于事业单位中的公权力主体与相对人之间的关系

传统的特别权力关系理论把事业单位中的公权力主体与相对人间的关系的范

围界定得很广，如邮政、博物馆、图书馆等利用关系均属于特别权力关系。但现代社会理论上一般仅承认学校与学生之关系、监狱与受刑人之关系为特别权力关系。

3. 关于公勤关系

现代公法上的勤务关系的界定，在范围上基本没有改变，与传统理论基本保持一致，包括公务员关系和军职关系。

总之，现代社会中特别权力关系理论所界定的范围已比以前大大缩小，在未来的发展中亦会呈现不断紧缩的趋势。①

（二）法律保留原则逐渐适用于特别权力关系，且更加注重保障公民的基本人权

法律保留原则指当行政主体行使公权力时，如果涉及公民权利义务方面的事项，只有在法律明确授权的情况下才可进行。法律保留原则是依法行政原则的重要内容。按照传统的特别权力关系理论，法律保留原则不适用于特别权力关系，即使没有个别、具体的法律根据，权力主体也可以通过制定内部规则进行限制、剥夺相对人的基本人权或者增加相对人的义务。此外，传统特别权力关系理论还完全否认了对基本人权的保护，权力主体可以通过制定内部规则、实施内部措施来限制相对人的基本人权，相对人没有任何法律上的保障，变成了受任意宰割的客体。随着社会的不断发展，出于依法行政的和人权保障的需要，基本人权完全不适用于特别权力关系的桎梏慢慢开始松动。现在的立法、执法更加注重保障公民的基本人权。

（三）相对人权利救济的途径不断增加

现代法治社会提倡“有权利必有救济”，当权利受到侵害时应有法律救济的途径，以保障权利的实现。任何法律上之争议，都应由法院最终裁判。然而传统特别权力关系理论排除了法院对特别权力关系内所有争议的审查。但是事实上相对人在特别权力关系内所享有的权利的重要性，并不亚于一般权力关系下相对人所享有的权利。如公务人员的任免、辞退，学生的入学、退学、学位证毕业证的授予等等，都是相对人最基本的权利，它们对当事人的重要性，并非一般的财产权可以比拟。随着对传统特别权力关系理论的不断修正，法院司法审查的范围日渐扩大。虽然目前我们还不能将所有特别权力关系领域内的争议都纳入司法救济范围，因为特别权力关系毕竟有着特殊的目的与功能，应该允许权力主体享有一

① 刘雪梅．特别权力关系理论与中国行政法［D］．北京：中国政法大学，2002.

定的不受司法干预的自治权限。但这种自治权限必须受到合理的限制，当特别权力关系中权力主体的行为已经侵犯了相对人的基本权利利益时，司法应当进行干预。今后随着法治理念的不断深入，对特别权力关系下相对人权利救济的途径必将得到不断扩大与完善。

四、对特别权力关系理论性质及存废的再认识

关于特别权力关系理论的存废问题，行政法学界主要有“改良说”（或者称为“肯定说”）与“否定说”两种观点。“改良说”认为传统的特别权力关系理论虽不符合现代社会法治发展的要求，但其仍有一定的现实意义与存在基础，所以应将传统特别权力关系理论不断加以修正，以适应现实社会的需要。[①] 在对特别权力关系理论进行修正与改进的过程中，不少学者主张“特别权力关系”这一名称本身就是专制内容的体现，认为在现代法治国家，国家与人民之间的关系都是法律关系，即权利义务关系，而不是依靠“权力”来维持的“权力关系”，多数学者倾向将特别权力关系改为“特别法律关系”。“否认说”则主张特别权力关系理论是警察国时代维护封建统治的工具，与现代保障人权、依法治国的理念已格格不入，应彻底抛弃。认为其他的替代术语“不但无助于说明问题，反而会产生这种危险：为特别权力关系的传统观念提供借口”，容易使“特别权力关系以另一种名目并且加上法治国家的修饰而复活”。[②]

第二节　我国特别权力关系法律救济的现状

一、特别权力关系的概念、特征、类型

要弄清特别权力关系的概念，必须先明确行政法律关系概念。行政法律关系概念是对行政法各种权利义务及其运行过程的高度抽象，是对行政法性质的规定

① 具有类似主张的学者及其论文有：杨临宏．特别权力关系理论研究［J］．法学论坛，2001（4）；沈寿文．关于特别权力关系理论的争鸣［J］．云南大学学报（法学版），2004（6）；秦惠民．当前我国法治进程中高校管理面临的挑战［J］．清华大学教育研究，2001（2）；吴万得．德日两国特别权力关系理论之探讨［J］．政法论坛，2001（5）；杨昌宇．特别权力关系之于我国高等学校与学生［J］．黑龙江省政法管理干部学院学报，2002（1）；王成栋．特别权力关系与中国行政法［J］．行政法论丛，第6卷等．

② 主张否定说的还有：胡建森．特别权力关系理论与中国的行政立法［J］．中国法学，2005（5）．

性的深刻揭示，能用来分析各种复杂的行政法现象。长期以来，我国行政法学界对行政法律关系概念形成了诸多不同的认识，大致有以下几种观点：观点一认为：行政法律关系是指由行政法规范调整的，因实施国家行政权而发生的行政主体之间、行政主体与行政人员之间、行政主体与行政相对人之间的权利义务关系。① 观点二认为：行政法律关系是指由行政法规范调整，受国家强制力保障的行政关系。② 观点三认为：行政法律关系是行政法规范对行政主体在实现国家行政职能范围内的各种社会关系加以调整而形成的行政主体之间以及行政主体与其他方之间的权利义务关系，具体包括行政权力配置法律关系、行政管理法律关系和监督行政法律关系。③ 观点四认为：行政法律关系是指行政机关在实现国家行政职能过程中，因行政职能的配置、行政职权的行使和对行政的监督，经行政法调整之后所形成的权力机关与行政机关之间、行政机关之间、行政机关与公务员之间、行政机关与行政相对人之间、行政机关与各监督主体之间的权利义务关系。④ 以上几种观点虽具体表述不同，但却达成下列共识：即认为行政法律关系是法律关系的一种具体形式，是由行政法律规范确认和调整的行政主体在实现国家行政职能的过程中所形成的各种社会关系。

行政法律关系具有以下几种类型：①以法律关系主体的隶属关系或行政权力的作用范围为标准，将行政法律关系划分为外部行政法律关系和内部行政法律关系。外部行政法律关系是指行政主体与无隶属关系的行政相对人之间因外部行政活动而形成的权利义务关系。在通常情况下，外部行政法律关系所引起的纠纷最终可通过司法审查解决，而内部行政法律关系所引起的纠纷则由行政系统内部解决而不能诉诸法院。②以法律关系的属性为标准，将行政法律关系划分为行政实体法律关系和行政程序法律关系。行政实体法律关系是指受行政实体法规范的调整而在行政主体与行政相对人之间所形成的实体上的权利义务关系；行政程序法律关系则是指受行政程序法规范的调整而在行政主体与行政相对人之间形成的程序上的权利义务关系。例如，税务机关与纳税人之间的征税权力与纳税义务关系就是行政实体法律关系，而税务机关在征税过程中所具有的调查权和纳税人接受

---

① 胡建淼．行政法学［M］．北京：法律出版社，1998：27.
② 罗豪才．行政法学［M］．北京：中国政法大学出版社，1996：9－10.
③ 袁曙宏．行政法律关系研究［M］．北京：中国法制出版社，1999：7.
④ 王成栋．行政法律关系基本理论问题研究［J］．政法论坛，2001（6）．

调查的义务、纳税人的申辩权和税务机关听取意见的义务则属于行政程序法律关系。[①] ③按照行政权力的性质来划分，将行政法律关系可划分为一般权力关系和特别权力关系（也可称之为一般权利义务关系和特别权利义务关系）。一般权力关系是指基于国家对公民在法律上的一般管辖权而与公民之间所形成的权利义务关系；而特别权力关系是基于特别的法律原因、为实现特殊目的而在行政主体与具有特定身份的行政相对人之间所引发的权利义务关系。一般权力关系是行政主体依据一般的行政权力而引发的，如行政主体可依法进行行政处罚、行政强制。而特别权力关系则存在于特定的行政主体与行政相对人之间，其发生或基于法律的特殊规定或因相对人的自愿、或因特定事实的发生，如医疗机构为阻止传染病的蔓延与扩散，对传染病患者进行强制隔离治疗过程中所形成的特殊权利义务关系。在一般权力关系中，双方当事人之间发生纠纷可通过司法审查去解决，而在特别权力关系中，双方当事人的权利义务呈现出明显的不对等，作为特别权力主体的一方享有更多的优越权，而相对方则负有更多的服从义务，其之间发生纠纷一般不能通过诉讼去解决。对行政法律关系的这种区分盛行于德、日等大陆法系国家及我国的台湾地区。[②]

（一）特别权力关系的概念

"特别权力关系"一词，译自德文"Besondere Gewaltverhaltnissc"，是由德国行政法学者奥托·梅耶（Otto Mayer）所构建起来的，奥托·梅耶将其定义为："经由行政权之单方措施，国家可合法地要求负担特别之义务，为有利于行政上特定目的的达成，使加入特别关系的个人处于更加附属的地位。"[③] 日本学者田中二郎认为：特别权力关系是指基于特别之法律上的原因（法律规定或本人同意等），为达成公法上的特定目的，于必要范围内，一方取得支配他方之权能，他方负有服从之义务，以此为内容的关系。[④] 我国台湾地区学者翁岳生将特别权力关系定义为：特别权力关系是指基于特别的法律原因，为达成行政法上的特定目的，在特定范围内行政主体有支配相对人的权力，而相对人则具有服从义务的行

① 杨海坤，章志远．中国行政法基本理论研究［M］．北京：北京大学出版社，2004：157.

② 杨海坤，章志远．中国行政法基本理论研究［M］．北京：北京大学出版社，2004：159.

③ 吴万得．德日两国特别权力关系理论之探讨［J］．中国政法大学学报，2001：（5）．

④ 刘恒．论特别权力关系［J］．山西政法学院学报，2006：（4）．

政法律关系。这一定义包含如下几层意思：①特别权力关系是一种行政法律关系。特别权力关系是在一般权力关系的基础之上进一步建立和发展起来的一种特殊的行政法律关系。②特别权力关系的建立目的在于实现特定的行政法目的。如学校的目的在于教授学生科学文化知识，并使之将科学文化知识运用到实践中，建设祖国；国家公务员的目的则是具体贯彻国家法律规章，实现行政管理的目的，维护社会的正常运转。③特别权力关系要遵守特别之法律规定。特别权力关系以特殊法令加以规定，不适用一般的法律规范。④特别权力关系是以特定范围内的相对人为对象的，而且其相对人通常要具备一定的资格条件。如高等院校学生，必须以取得学籍为前提条件才能与学校发生关系。⑤特别权力关系具有特殊的权利义务内容。即出于实施特别行政目的需要，一方对他方具有概括的支配权，而另一方则负有服从的义务。

（二）特别权力关系的特征

在特别权力关系中，作为特别权力主体一方享有更多权力，处于明显的优越地位，而行政相对方则负有更多的服从义务。根据学界通说，特别权力关系具有以下几方面的特征：

1. 行政相对人义务的不确定性

由于特别权力主体在为实现特定行政目的的范围内，可以随时限制行政相对方的权利并可以对其科以新的义务，因而行政相对方在此范围内就负有不能事先确定的服从义务。例如，当学生进入公立大学之后，他除了要遵守国家的法律法规之外，还要遵守校规校纪，且学校还可以随时基于特殊管理需要，要求学生遵守其他规则，对学生科以新的义务。

2. 当事人地位不对等

在特别权力关系中，作为特别权力主体的一方当事人总是处于优越地位，有权对相对人实施强制或处罚，而相对一方则处于服从的地位。例如国家、社会团体或学校等在特别权力关系中处于特权主体地位，有权强制、命令相对人及对相对人实施处罚，而相对人对此则必须承担服从之义务。

3. 法律保留原则被排除适用

在特别权力关系中，即使没有明确的法律规定或授权，特别权力主体仍然可以自行设定特别的规则来约束行政相对方，对其享有的权利进行限制，并对违反特别规则者进行惩罚。

4. 在纠纷解决方面，一般不得提起法律争讼

在传统理论和法制之下，有关特别权力关系事项，不得以民事诉讼或行政争

讼（行政复议或行政诉讼）为救济手段，只能向主管机关或上级机关申诉，这就排除了特别权力关系受司法审查的可能性。但随着民主法治观念日益深入人心，司法审查的范围也在逐步扩大，特别权力关系所产生的争议不得通过诉讼方式解决的观念已经开始动摇，且受司法审查的趋势已经日益明显，并为德国、日本等国家的司法实践所认同。在我国，这方面的案例也不断出现。如通过司法审查解决学校与学生之间的纠纷就是一个有力的例证。

（三）特别权力关系的类型

将特别权力关系理论与我国目前的实际情况结合起来，特别权力关系在我国主要有以下几种类型：一是公务员与行政主体之间的关系；二是公立学校与学生之间的关系；三是实施强制隔离时医疗机构与传染病人之间的关系；四是强制戒毒机构与戒毒人员之间的关系；五是监狱与在押犯人之间的关系；六是军队与军人之间的关系；七是劳教单位与被劳教人员之间的关系。

二、特别权力关系的法律救济

“有权利必有救济”的原则是现代法治国家的一项基本原则，法律法规规定的行政系统内部的救济手段，并不能排斥相对人进行司法上的救济，因为它不足以充分保障相对人的合法权益，只有地位超然的法院才是实现人类正义的最后一道屏障。随着法治观念的进步和尊重公民基本权利意识的增强，特别权力关系排除司法审查的传统已受到越来越多的质疑。在特别权力关系中，权力主体基于特殊的目的要求，为保障其正常的管理秩序，在法律法规的授权规定下，可以自行制定管理规定，并要求特别权力关系中的相对人服从。一般认为在为实现其关系所设定的目的的必要限度内，应尊重其自主性的裁量权，司法审查不介入其出于维护基本的秩序而进行的惩戒处分，但是对于涉及公民的基本权利和自由的事项，不应排除司法审查。

目前，我国对特别权力关系中相对人权利的救济途径大多是采用行政内救济的方式，即依靠行政系统内部的复核、申诉和控告等手段，拒绝进行行政诉讼。此外，由于我国法律法规对内部的申诉控告程序规定得很笼统、不具体，缺乏可操作性，且不公开、不透明，极易滋生腐败。这种仅依靠内部的申诉控告程序为特别权力关系中的相对人提供的保障和救济，不足以保障其合法权益。

由于我国在特别权力关系方面的立法比较薄弱，理论研究也滞后，致使特别权力关系中发生的争议在救济方式的选择上较为混乱。例如，在学校与学生之间发生争议诉诸法院时，过去法院要么驳回起诉，要么以民事救济手段解决。然而随着田永诉北京科技大学案的审理和判决，特别是《最高人民法院公报》刊载的《田永诉北京科技大学拒绝颁发毕业证、学位证行政诉讼案》表明："在我国目前情况下，某些事业单位、社会团体，虽不具有行政机关的资格，但是法律赋予它行使一定的行政管理职权。这些单位、团体与管理相对人之间不存在平等的民事关系，而是特殊的行政管理关系。他们之间因管理行为而发生的争议，不是民事诉讼，而是行政诉讼。"这无异于为处于特别权力支配下的学生选择法律救济途径提供了依据，但由于在我国判例不是法的渊源，《最高人民法院公报》公布的案例因其不具有法律拘束力而不能作为审理案件的法律依据，但这一判决结果却对建立我国特别权力关系的法律救济制度有着重大启迪，它说明对特别权力关系中涉及相对人基本权利的事项进行司法审查是具有可行性的。

这一学校与学生的争议案件可谓是一石激起千层浪，一时间理论界风起云涌，从《从审判角度谈受教育权的保护与法官责任》的研究，到对《学校、公务法人与行政诉讼》的探讨，再到对《受教育权可诉性研究》的呼吁，从理论上进一步肯定了"权利需求与司法回应"的关系。学者们一致赞同把学校与学生争议纳入行政救济的范围，为立法的发展和完善奠定理论基石。① 而且在其他特别权力关系的法律救济方面，特别是在《行政诉讼法》的修改过程中，同样，很多学者也在呼吁对其进行司法救济，提出在关系相对人的基本权利事项方面允许其进行行政诉讼的建议。

三、特别权力关系法律救济的制度构建

（一）特别权力关系法律救济的原则

1. 有权利，必有救济原则

"有权利，必有救济"是一个可追溯至罗马法的流传已久的法律谚语。最早对权利救济问题加以研究的学者当首推古希腊著名的学者亚里士多德。亚里士多德在其著名的《伦理学》中将正义分为分配的正义和改正的正义，其所说的改正的正义就包含权利救济的意思。在古代和中世纪的法律中，通常是反过来说的，即"有救济才有权利"，如果没有救济权，其所对应的原有权利也就不能得到保障。直到19世纪，在英格兰法律中，救济法主要被视为程序法，并且救济方法先

---

① 饶亚东（北京市海淀区人民法院行政庭审判员）曾发表：从审判角度谈受教育权的保护与法官责任［J］．人民司法，1999（9）；温辉．受教育权可诉性研究［J］．行政法学研究，2001（3）；石红心．权利需求与司法回应［J］．行政法论丛，2000（8）；马怀德．学校、公务法人与行政诉讼［M］．行政法论丛，第3卷．

于权利这一原则得到普遍承认。资产阶级推翻封建专制后，为了保卫胜利成果，纷纷通过立法将各种权利明确和固定下来，并将权利的保障奉为至上的原则。1789年法国著名的《人权与公民权利宣言》列举了一个清单，其中第十六条规定："凡权利无保障的社会便无宪法可言。"法国《人权与公民权利宣言》影响了近现代各国宪法的制定，注重权利救济已成为近现代各国宪法立法的模式。①

现代权利救济理论已有非常明确的内容。权利救济理论认为，有权利必有救济，没有救济就没有权利；立法机关在授予权利的同时，应设置各种救济手段，使权利在受到侵犯时能凭借这些手段消除侵害，获得赔偿或补偿。特别权力关系基于公法上的特别目的与功能，在司法实践中具有一定的特殊性，但是特别权力关系本质上仍是行政法律关系的一种，不能因其"特殊"，就放任特别权力主体滥用或扩大特别权力，而恰恰相反，正因为特别权力主体享有比一般行政主体更多的特权，所以更需要对特别权力进行规制和约束。特别权力主体在行使特别权力时，必须充分考虑到特别权力相对人基本权利的客观状况和现实需求，并以此作为行使特别权力的界限，不能以侵害特别权力相对人的基本权利为代价，去实现所谓公法上的特别目的。② 当特别权力相对人的基本权利受到侵害时，理应得到权利救济。

2. 行政内救济优先原则

行政内救济是指由行政主体自身解决本系统内部的行政争议的制度或程序。③行政内救济也被称为"行政机关救济"或者"行政救济"。行政内救济主要包括行政复议、行政申诉、控告等救济途径。行政内救济优先原则是指与司法救济途径相比，行政内救济应当处于优先地位。对某一个行政争议，除法律另有规定的以外，相对人应当首先通过行政内救济途径加以解决；行政内救济途径不能解决或当事人对行政内救济途径解决不满意的方可向法院申请救济。④

特别权力关系的法律救济采取行政内救济优先原则有利于发挥特别权力主体处理纠纷的专业性优势，且通过行政内救济解决纠纷具有简便、效率的特点。目前，不少国家或通过立法或通过判例确立了行政内救济优先原则。例如，美国通过一系列判例确立了行政内救济优先原则。这一原则包括三个相互关联的原则，

① 林莉红．中国行政救济理论与实务［M］．武汉：武汉大学出版社，2000：15.

② 周春华．我国特别权力关系基本理论问题探讨［J］．福建行政学院学报，2007（2）．

③ 袁明圣，罗文燕．行政救济法原理［M］．北京：中国政法大学出版社，2004：7.

④ 林莉红．中国行政救济理论与实务［M］．武汉：武汉大学出版社，2000：19.

即首先管辖权原则、成熟原则和穷尽行政内救济原则。首先管辖权原则是指法院和行政机关对某一案件都有原始管辖权时，由行政机关首先行使管辖权，法院只在行政机关作出决定后才进行审查。成熟原则是指行政程序必须发展到适宜由法院处理的阶段，即必须达到成熟的程序，才能进行司法审查。穷尽行政内救济原则是指当事人没有利用一切可能的行政救济以前，不能申请法院裁决对他不利的行政决定。当事人在寻求救济时，首先必须利用行政机关内部存在的简便的救济手段，然后才能请求法院救济。① 如德国也规定了行政内救济优先原则，德国的行政内救济手段主要是行政复议制度，该制度作为一种诉前必经程序，被规定在1960年颁布的《联邦德国行政法院法》之中。②

3. 司法审查有限介入的原则

由司法逐步对特别权力关系提供救济，已成为现代行政法治发展的一个明显趋势。但这并不意味着司法审查的广度和深度就不会受到限制，为了尊重特别权力关系的价值，防止司法权对行政权的不当侵犯，在对特别权力关系进行司法救济时应遵守有限介入的原则。

“有限介入”体现在审查的程序、范围和强度上：

第一，在程序方面，如上所述应遵守行政内救济优先的原则，以行政内救济前置作为对特别权力关系进行审查的前置程序，特别权力关系内部发生纠纷后，应首先采取调解、行政复议、行政申诉等救济方式解决，只有在穷尽这些救济方式之后，才能请求司法审查，提起行政诉讼。

第二，在审查的范围方面，只有涉及特别权力相对人重要的基本权利和自由的事项，或涉及特别权力关系产生、变更和终止的事项，以及对于权力主体违反法定程序滥用裁量权的事项，法院才有权进行司法审查。

第三，在审查的强度方面主要体现在两个方面，一是突出程序性审查，兼顾实体性审查。对于特别权力主体的自治行为是否符合正当程序、是否履行法定程序，甚至是否符合特别权力主体或者其上级机关制定的特别规则，法院应当严格审查。对于实体决定本身，审查特别权力主体自治行为的妥当性和比例性，即审查特别权力主体采取的自治行为能否最大限度地避免或者减少对特别权力相对人的权益造成损害，对违规的特别权力相对人的惩戒是否体现妥当性，特别权力的

① 林莉红．中国行政救济理论与实务［M］．武汉：武汉大学出版社，2000：20.

② 袁明圣、罗文燕．行政救济法原理［M］．北京：中国政法大学出版社，2004：33.

行使对特别权力相对人所造成的损害是否远远小于实现公法上特定目的所获得的利益。二是侧重事实性审查，附带评价性审查。对于事实性问题，应当首先审查特别权力主体作出自治行为的证据，由特别权力主体负举证责任，对特别权力主体所举证据是否能够证明特别权力相对人具有应给予不利处分的事实进行严格审查。对于评价性问题，为了尊重特别权力主体的自治权，只审查特别权力主体自治行为的必要性，即审查特别权力主体在制定特别规则或者对特别权力相对人进行命令、管理、处罚时是否符合特别权力关系存在的目的，是否以公法上的特定目的作为这些自治行为的重要依据。①

（二）特别权力关系法律救济的范围

因为特别权力关系毕竟有着特殊的目的与功能，应该允许权力主体机关享有一定的不受司法干预的自治权限，司法对特别权力关系的介入应当是有限介入。如果特别权力关系中权力主体的行为没有影响到相对人个人的权利义务，司法不能进行干预，应保持行政权的完整性。司法审查的范围可以分为以下几类：①涉及相对人重要的基本权利和自由的事项，如人身权、财产权、平等权、政治权利和自由、教育权等宪法赋予的基本权利，法院有权进行司法审查；②涉及特别权力关系产生、变更和终止的事项，如公务员的录用、任免、撤职等，学生的入学、开除，军人的入伍、退伍等，法院有权进行司法审查；③对于权力主体违反法定程序、滥用裁量权的事项，法院有权进行司法审查。如果特别权力关系中的权力主体的行为没有涉及相对人的重要权利义务，司法则不能进行干预，应保障行政权的完整性。如公务人员执行职务命令时，如果对该命令的合法性产生疑问，则只有陈述异议权，不能对其提起行政诉讼。

（三）特别权力关系法律救济的程序

如前所述，特别权力关系的法律救济应遵守行政内救济优先原则，将行政内救济作为诉前的前置程序，只有在穷尽了行政内救济手段之后，才可以向法院提起行政诉讼。

行政内救济主要包括行政复议、行政申诉、控告、调解等。行政复议制度是指行政相对人认为行政主体的行政行为侵犯了自己的合法权益，而依法向法定的行政机关提出申请，要求其对被申请复议的行政行为进行审查并重新作出处理的制度。《行政复议法》对申请复议的范围和程序等都作了具体规定。行政申诉是指行政相对人在受到国家机关，包括行政机关及其工作人员的不公正处理或待

---

① 黄学贤．特别权力关系法治化研究［J］．江南社会学院学报，2007（1）．

遇，或者认为其行为侵犯了自己的合法权益，而向有关国家机关表示不服，请求有关机关重新进行处理的制度。我国宪法确立了公民的申诉权，其他各法律法规也确立了申诉制度。如《教师法》第三十九条明确规定："教师对学校或者其他教育机构侵犯其合法权益的，或者对学校做出的处理不服的，可以向教育行政部门提出申诉，教育行政部门应当在接到申诉的30日内做出处理。教师认为当地人民政府有关行政部门侵犯其根据本法规定享有的权利的，可以向同级人民政府或者上一级人民政府有关部门提出申诉，同级人民政府或者上一级人民政府有关部门应当做出处理。"《教育法》第四十二条明确规定："受教育者对学校给予的处分不服向有关部门提出申诉。"《行政监察法》第三十七条明确规定："国家公务员和国家行政机关其他人员对主管行政机关做出的行政处分决定不服的，可以自收到行政处分之日起30日内向监察机关提出申诉，监察机关应当自收到申诉之日起30日内做出复查决定，对复查决定仍不服的，可以自收到复查决定之日起30日内向上一级监察机关申请复核，上一级监察机关应当自收到复核申请之日起60日内做出复核决定。"

四、我国特别权力关系法律救济制度的完善

由于受传统特别权力关系理论的影响，我国特别权力关系领域内发生的纠纷，大多排除法院的司法审查。我国《行政诉讼法》第十二条第三项的规定就是特别权力关系理论在行政诉讼受案范围问题上发生影响的证明。《行政诉讼法》第十二条第三项规定："对行政机关工作人员的奖惩、任免等决定属于不可诉的行为。"《最高人民法院关于执行〈中华人民共和国行政诉讼法〉若干问题的解释》第四条规定，不管行政决定是否涉及有关公务员的基本权利，一律排除在司法审查范围之外（目前该项规定已被限制解释，仅在一定范围内发生作用）。《现役军官法》在有关军官的职务任免、奖励和处分、退出现役方面，只规定了相关条件和批准权限，对有关争议的处理或救济未作任何规定。《中国人民解放军纪律条令》第五章关于控告和申诉的八条规定中，也没有提到行政诉讼。可见特别权力关系的法律救济排除司法审查的情况较普遍。

而申诉控告的救济方式也往往是较薄弱的环节，常常不能必然引起某种程序，所以，行政系统内部的法律救济途径也很不完善。例如《行政复议法》规定，行政主体对其所属国家公务员作出的行政处分或其他人事处理决定，属于内部行政行为，被处分人不服，不能申请复议，只可提出申诉。没有将特别权力关系纳入统一的行政复议制度中去，给相对人寻求权利救济造成了很大的障碍，不

利于特别权力关系中特定目标的实现与特定功能的发挥。按我国的传统理论与实践的做法，学生与公立学校、公务员与政府、军人与国家、服刑人员与监狱等之间的关系同一般行政法律关系不同，这些人的权利义务关系受到了更多的限制，当其权利受到影响时不能寻求正常的复议救济和司法救济。①

随着“田永诉北京科技大学案”、“刘燕文诉北京大学案”的审理，特别权力关系的法律救济有了新的进展，但由于我国不实施判例制度，所以在其他领域仍很难提起行政诉讼。随着法治观念的不断增强，我国特别权力关系的法律救济制度一定会得到不断的完善和发展。

第三节　我国特别权力关系诉讼制度的立法构想

一、公务员的权利救济

（一）公务员的权利概述

1. 公务员的含义

当今世界有六十多个国家普遍实行公务员制度。“公务员”这一概念最初来源于英文“Civil Service”，从字面意义上看，其更偏重于服务的意思，主要指文职人员。在英国，公务员享有一般人所不具有的某些特权，他们有自己统一的服装、住宅等，但同时他们又是君主的仆人、英王的服务人员。

我国正式使用“公务员”这一称谓是在1987年党的十三大报告中。十三大报告将公务员定义为“政府中行使国家行政权力，执行国家公务的人员”。1993年国务院颁布的《国家公务员暂行条例》第三条规定：“本条例适用于各级国家行政机关中除工勤人员以外的工作人员。”也就是说，在国家行政机关中，除了工勤人员，剩下的工作人员统称为公务员。2005年颁布实施的《公务员法》第二条规定：“本法所称公务员，是指依法履行公职、纳入国家行政编制、由国家财政负担工资福利的工作人员。”从这个规定可以看出，作为公务员，必须同时符合三个条件：一是依法履行公职。即以宪法、法律、行政法规、地方性法规和规章为依据从事公务活动；二是纳入国家行政编制。我国现行的人员编制可分为行政、事业、企业、军队等，而我国的公务员须纳入行政编制；三是由国家财政负担工资福利，即由国家为他们提供工资和福利保障。

① 杨解君．行政法学［M］．北京：中国方正出版社，2002：55.

从行政法的角度看，公务员具有公民和国家公职人员的双重身份，公务员本身就是某一国的公民，经过法定程序和方式进入国家公务员队伍后，其公民身份仍不会因此丧失。因此，公务员仍然具有公民的法律地位，他既享受宪法赋予公民的基本权利，又需履行其基本义务。当一普通公民进入公务员队伍后，他们就成为国家公职人员，基于行政职务和行政管理的关系，可以代表国家行使行政管理职权。公务员的这种双重身份，使得他们一方面有作为公民的基本权利；另一方面则有作为行政权力的实施者所具有的职权和职责。目前法学界更多的是关注如何防范行政机关和公务人员对普通民众权利的侵害，而对公务员这一群体的个人权利保障却未引起足够的重视。

2. 公务员权利的含义

公务员权利是指“国家法律对公务员在履行职责、行使职权、执行公务过程中，可以作出或不作出一定行为的许可及要求他人作出或不作出某些行为的保障”。①

根据各国公务员法律规定，公务员权利的设置主要以保障公务员个人的身份、工作条件和物质权益为内容。例如，日本的盐野宏将公务员的权利概括为职务执行权、财产性权利、基本人权和保障请求权四个部分。其中职务执行权是指公务员享有其官职不被随意剥夺，非因法定事由，不能被免职的权利；财产性权利则包括接受工资、退休金、公务灾害补偿等权利；基本人权即公务员作为自然人享有宪法赋予的基本权利；保障请求权在于承认公务员的职务行为请求权、财产性请求权以及当权利受侵害时有请求救济的权利。法国法律将公务员权利界定为三个方面，即任职保障、物质利益和公共自由三种权利。② 其中公共自由权利包括意见自由、结社自由和罢工自由的权利。

我国《公务员法》第十三条规定公务员依法享有以下基本权利：一是获得履行职责应当具有的工作条件的权利；二是非因法定事由、非经法定程序，不被免职、降职、辞退或处分的权利；三是获得工资报酬，享受福利、保险待遇的权利；四是参加培训的权利；五是对机关工作和领导人员提出批评和建议的权利；六是提出申诉和控告的权利；七是申请辞职的权利；八是法律规定的其他权利。

（二）特别权力关系理论对我国公务员权利救济制度的影响

特别权力关系理论在德国兴起有其特定的历史背景，且适合当时德国民众的

① 张柏林．中华人民共和国公务员法教程［M］．北京：中国人事出版社，2005：60.

② 王名扬．法国行政法［M］．北京：中国政法大学出版社，1989：276.

心理及国家制度。随着社会的发展、权利意识的增强，传统的特别权力关系理论不能适应社会的发展要求，于是学者们纷纷对传统特别权力关系理论进行修正，使之得以继续发展。从表面上看，我国的行政法学并没有明确提出“特别权力关系理论”，但是在我国的行政法理论以及我国具体的行政法律制度和司法实践中是渗透了这一理论的。我国在理论上将行政法律关系分为内部法律关系和外部法律关系，所谓内部法律关系，是指双方当事人均属国家行政系统的行政法律关系，这种关系反映了国家的自身管理。① 这种内外之分更侧重于对内部行政法律关系进行特别的管制和约束。在我国，公务员和行政机关的关系是典型的内部行政法律关系，公务员对行政机关对其的奖惩、任免等人事处分不服的，不得提起行政诉讼，只能通过申诉、控告等行政救济途径解决。这种制度实际上与特别权力关系理论的实质没有什么区别。

我国能够接受特别权力关系理论，有着其内在的原因。首先，从历史上看，我国的行政权一直占据主导地位，且为人们所接受。“普天之下，莫非王土；率土之滨，莫非王臣”、“君要臣死，臣不得不死”，以及革命战争时期的一些口号，如“我是革命一块砖，党搬哪里站哪里”，这些都体现出我国行政权的强大，而传统特别权力关系理论就强调行政权的特殊性，认为特别权力关系应排除依法行政和法律保留的原则，由此可见，我国一直以来强调的强大的行政权力也正是传统特别权力关系理论所倡导的。其次，新中国成立之初，改革开放之前，我国长期实行计划经济体制，与之相适应的政治体制在人事管理方面便是传统的干部人事制度。计划经济体制下的社会是身份社会，全社会的公民被分为“干部”和“群众”两大类别，公务员则属于“干部”身份。在国家垄断城市就业的体制下，国家对公民、单位对个人、上级对下级居于支配地位，占据着影响和支配他人命运的有利地位。在这种体制作用下，“干部”们的录用、考核、任免、职务的升降乃至薪金等生活保障的提供，都受主管机关及其上级部门的管辖，公务员的权利都被吸收到所属机关或单位内部，失去了法律上的独立人格的“干部”们的行为准则只能是“唯上是从”，而这与特别权力关系理论下的情形别无二致。② 最后，由于政治上的原因，我国一直实行“党管干部”的原则（我国《公务员法》第四条明确规定要坚持党管干部的原则），即国家机关领导人员的任免、升降等涉及职务身份的事项，都由党的组织部门推荐、考察并作出最后决定。而党组织

① 应松年．行政法学新论［M］．北京：中国方正出版社，2004：41.

② 罗俊梅．我国公务员权利救济制度研究［D］．成都：四川大学，2006.

不是行政机关，它的行为不属于行使国家公权力的行为，因而法律对这些行为并不能进行约束，再加之党的纪律对党员干部的约束，使得这一领域一直远离法律的规范与约束，这与传统特别权力关系理论也有某些一致之处。此外，干部与党之间的关系是服从和忠诚的关系，我国的公务员制度是直接脱胎于党的干部制度的，公务员要全心全意为人民服务，干部和党之间并没有确立法律关系，也就没有权利义务之规定，无权利也就谈不上救济，对公务员的权利救济就成了无本之木、无源之水。因为我国没有经过西方的启蒙运动，没有类似契约理论影响西方国家的公务员权利义务的这一历史进程，这是我国没有将公务员权利救济内容纳入行政诉讼制度接受司法审查的主要原因。

（三）我国公务员权利救济的立法历程

我国有关公务员权利救济的法律法规，最早出现于1957年10月26日国务院颁布的《国务院关于国家行政机关工作人员的奖惩的暂行规定》（以下简称《奖惩暂行规定》）中，《奖惩暂行规定》第十二条规定："国家行政机关工作人员对所受纪律处分不服的，可在接到通知后1个月内，向处理机关要求复议，并且有权直接向上级机关申诉。国家行政机关对于受处分人的申诉，应当认真处理。对于受处分人给上级机关的申诉书，必须迅速转递，不得扣押。但是在复议或申诉期间，不停止处分的执行。"这一规定对国家行政机关工作人员的权利救济具有积极意义，但同时它所确立的救济范围却是有限的，它只针对行政处分而言。1990年12月9日，国务院颁布了《行政监察条例》，该条例再次肯定了《奖惩暂行规定》所确立的对公务员行政处分的救济制度，并有所发展，即规定了对监察决定和监察建议的行政救济。1991年11月30日监察部发布了《监察机关处理不服行政处分的办法》，该办法对监察机关处理公务员不服行政处分的救济途径作了具体规定。1993年10月1日正式实施《国家公务员暂行条例》，该条例第十六章对公务员权利救济中的申诉、控告制度作了明确规定："国家公务员对涉及本人的人事处理决定不服的，可以向原处理机关申请复核，或者向同级人民政府人事部门申诉，其中对行政处分决定不服的，可以向行政监察机关申诉，国家公务员对于行政机关及领导人员侵害其合法权益的行为，可向上级行政机关或者行政监察机关提出控告。"1995年8月11日人事部发布《国家公务员申诉控告暂行规定》，对公务员申请复核、申诉、控告的范围、受理机关、法定程序及法律责任等作了比较系统完备的规定。1997年8月8日人事部颁布了《人事争议处理暂行规定》，确立了我国的人事仲裁制度。根据该规定，国家行政机关与公务员因录用、调动等发生人事争议的，公务员可以向人事仲裁机关申请仲裁。2006年1月

1日正式实施的《公务员法》，作为一部权威的法律，它对其之前颁布实施的法规、规章中有关公务员权利救济的事项进行了系统的修改和完善。例如它对公务员可以提起申诉、控告的人事处理行为的具体范围作了明确的规定，这使得公务员申诉、控告制度具有更强的操作性。

从1957年颁布的《奖惩暂行规定》到2006年实施的《公务员法》，针对公务员的权利救济的规定在不断完善和发展。目前，我国对公务员的权利救济途径大致有以下几种：复核、申诉、控告、人事仲裁制度。《公务员法》第十五章对复核、申诉和控告制度作了明确的规定，公务员对“处分；辞退或取消录用；降职；定期考核定为不称职；免职；申请辞职；提前退休未予批准；未按规定确定或扣减工资、福利、保险待遇；法律法规规定可以申诉的其他情形”等人事处理不服的，自知道该人事处理之日起30日内向原处理机关申请复核，对复核结果不服的，可自接到复核决定之日起15日内，向同级公务员主管机关或作出人事处理机关的上一级机关申诉，也可以不经复核直接申诉。

（四）公务员权利救济制度存在的问题

1. 权利救济途径单一，缺乏司法救济

20世纪初著有《为权利而斗争》的德国法学家耶林提出“为权利而斗争是权利人对自己的义务”的著名命题，并指出：“法学是权利义务之学。”[①] 法律既然设定了权利，就应有相应的救济措施。救济权是保障原权的重要途径，没有相应的救济渠道，权利就必然仅仅是镜中之花、水中之月，对于权利主体而言，是没有任何意义的。针对公务员权利救济制度，我国已先后制定了很多部法律法规，特别是《公务员法》对于保障公务员的合法权益有着积极的意义。但综观这些法律法规，我们会发现目前我国对公务员权利的救济途径实际上只有一种，即行政救济，具体包括复核、申诉、控告、人事争议仲裁，司法救济仍被排除在外，我国《行政诉讼法》第十二条第三项规定：“人民法院不受理行政机关工作人员对奖惩、任免等决定不服提起的诉讼。”1999年11月24日通过的《最高人民法院关于执行〈中华人民共和国行政诉讼〉若干问题的解释》，其中第四条将“奖惩、任免等决定”明确解释为“行政机关作出的涉及该行政机关公务员权利义务的决定”。目前，我国司法救济之所以被排除在公务员权利救济途径之外，一方面是因为受特别权力关系理论的影响，将行政机关对公务员的管理行为视为内部行政行为，从而排除司法审查；另一方面是基于我国的实际国情。法学界对此给

① 张文显．法理学［M］．北京：中共中央党校出版社，2005：111.

出几点理由，主要有：第一，我国的行政诉讼起步较晚，经验不足，行政诉讼解决行政纠纷的重点仍放在属于外部行政法律关系的争议上；第二，内部人事管理行为对政府机关外部的公民、法人或其他组织不存在权利义务关系，属于机关自身建设问题。人民法院不宜通过审判程序对行政机关的组织建设事务加以干涉。①

正如上所述，目前，我国行政机关工作人员对行政机关所作出的奖惩、任免等决定不服，是不能提起行政诉讼的，即使向法院提起行政诉讼，大都被法院驳回起诉。例如“何智勇诉佛山市人事局行政决定案”，案情简介：原告何智勇参加2003年上半年佛山市录用机关工作人员和国家公务员笔试，经考试、考核、体检合格，被佛山市人事局于2003年8月批准同意录用其为国家公务员，并发给《国家公务员录用通知书》，安排至佛山市国家税务局工作，试用期一年。何智勇于2003年8月11日报到上班。2003年9—10月间，何智勇分别在职工宿舍和家中，两次突发抽搐病症，经医院检查确认其属癫痫患者。经佛山市人事局调查，何智勇以前也发生过类似病症，但在参加公务员录用体检过程中，未如实填写癫痫病史等情况。根据《广东省国家公务员录用体检实施细则》第三章第十一条“有癫痫病史者为体检不合格”的规定，佛山市人事局作出了佛人公2004第7号《关于取消何智勇国家公务员录用资格的批复》，取消了何智勇的国家公务员录用资格。何智勇对该批复不服，于2004年12月3日向佛山市禅城区人民法院提起行政诉讼。

法院经审理认为，根据《行政诉讼法》第十二条第三项“人民法院不受理行政机关工作人员对行政机关的奖惩、任免等决定不服的提起的诉讼”的规定，认为佛山市人事局对国家公务员的录用行为，是行政机关的内部行政行为，故何智勇的请求事项不属于人民法院行政审判权限的受案范围。裁定驳回何智勇的起诉。

何智勇不服原审裁定，提出上诉，佛山市中级人民法院经二审审理，裁定驳回上诉，维持原裁定。②

类似的案例在实践中大多不予受理，但是随着社会的发展进步，法治理念的不断增强，将司法救济仍排除在我国公务员权利的救济途径之外，已越来越不合时宜。越来越多的学者认为，对于涉及公务员法律地位和重要权益的行为应将其纳入行政诉讼的受案范围，这类行为主要包括两类：一是涉及公务员职务关系的

---

① 姜明安．行政法与行政诉讼法［M］．北京：北京大学出版社，1999：320.

② 此案例来自网站 http：//www. law863. com/n7555c8. shtml.

产生、变更、消灭的行为，具体包括：公务员的录用行为；对公务员的降级、降职决定；对公务员的免职、辞退、开除等行为。二是在年度考核中，确定公务员为“不称职”的行为。但出于尊重行政机关专业经验和知识的考虑，对此可以将行政申诉设置为行政诉讼的前置程序。①

2. 公务员权利救济的受理机关缺乏独立性

法治理念中的一个重要原则就是“任何人不得做自己案件的法官”，在行政救济方面仍应强调救济机关的独立性问题。根据目前的相关法律法规，我国公务员权利救济的受理机关主要有原处理机关、人事管理部门、上级行政机关和行政监察机关，这种设置不利于保障对侵权行为的有效救济。理由如下：①原行政机关是作出对公务员不利处分决定或是侵害行政行为的实施者，由其对权益受损的公务员实施救济，难以保证不掺入先入为主、成见在心的因素；②人事管理部门、上级行政机关或监察机关客观上与原行政机关有着千丝万缕的联系，会形成一种无形的干扰力量，同样使案件处理难以做到不偏不倚、客观公正；② ③根据《行政监察法》的规定，监察机关根据调查的结果，认为对公务员的行政处分明显不适当的，应予以纠正，但实际上大多只能以监察建议的方式结案，建议原决定机关变更或撤销处分决定，而监察建议是没有强制执行力的。法律只是规定有关部门无正当理由的应当采纳，事实上主动权和决定权仍掌握在作出处分决定的行政机关手中，并不能真正起到对公务员权利救济的作用，因此也就不是一种有效的救济途径。

3. 对公务员权利救济的受理机关缺乏必要的监督

目前，我国对公务员权利救济途径还只是行政内部救济，这种内部救济缺乏透明度和参与性，无法接受外部监督。因此，应健全监督机制，加强对公务员权利救济的受理机关的监督。

4. 公务员权利救济的程序混乱，缺乏统一性

根据《公务员法》、《行政监察法》等法律法规，公务员对主管部门人事处理决定不服的可以向同级人事管理部门、上一级行政机关、有管辖权的行政监察机关申诉，这些规定就意味着这三个机关都有管辖权，都应设置受理申诉的办事机构，这无疑不利于资源的整合及节约社会成本。机构的重复设置还会导致行政机关机构臃肿，且极易产生对案件相互推诿的问题，影响案件的处理效率。此外，

---

① 胡建淼．行政诉讼法学［M］．北京：高等教育出版社，2003：47.

② 任庆堂．论我国公务员的权利救济［D］．北京：中国政法大学，2006.

受理机构的重复设置会给当事人申诉带来不便，不利于救济权的充分行使。

（五）我国公务员权利救济制度的健全和完善

以上已分析了我国公务员权利救济制度的现状和存在的不足，同时也介绍了西方国家等在公务员权利救济制度方面的先进经验，目的是在分析和借鉴的基础上，结合我国实际国情，健全和完善我国的公务员权利救济制度。

随着现代行政法的发展，世界各国已越来越重视通过行政程序解决行政纠纷和实施行政救济的问题。如前所述，将行政救济作为司法救济的必经的前置程序，已成为一种世界性的经验，同时世界各国也非常注重行政救济与司法救济的科学衔接，如美国制定的穷尽行政内部救济原则。就我国的公务员救济制度而言，目前相关的法律法规只规定了行政救济制度，前面也已分析了目前我国行政救济制度在受理机关、受理程序等方面还存在很多不足之处，所以我们更应该完善我国的行政救济制度。结合存在的不足，我们认为应从以下几方面加以完善。

1. 保障公务员权利救济机关的独立性

目前在我国，当公务员权利受到侵害时，可以向原处理机关、人事管理部门、上级行政机关和行政监察机关提起申诉和控告，这种设置方式的不足前面已详述，在此不再赘述。事实上，在行政救济方面，很多国家都非常重视保障行政内部救济的独立性，并通常设立一个专门的机构处理行政争议。如美国的功绩制保护委员会便是一个独立的控制机构。法国也建立了全国统一的公务员管理机构，而且作为全国公务员最高申诉机关的国家公务员最高委员会由总理直接领导，委员由数目相同的公务员代表和行政机关方面的代表组成。日本则在内阁之下设置了独立的人事院。相比较而言，我国的行政救济机关还缺乏必要的独立性，借鉴西方的先进经验，我们认为，可以考虑加以完善，由国务院设置三级直属机构，即国务院的一个部门、省级行政救济机构、市级行政救济机构，它们完全独立于各行政机关之外，当公务员的权利受到行政机关侵害时，可直接向其所属行政救济机构提起行政救济，此做法有利于充分保障行政救济机构的独立性。

2. 完善公务员权利救济的程序

我国历来有“重实体、轻程序”的传统，在公务员权利救济方面也不例外。尽管我国对公务员的权利救济途径作了相对完善的规定，但对于各种救济途径的具体操作程序的规定却不多，而且大都非常笼统，不利于实践的操作。科学合理的程序设计是一个制度得以从制度本身转化为现实的前提和基础，我国目前公务员权利救济的程序不完善，必然会成为制约我国公务员权利救济制度发展的瓶颈。因此，我们应该树立重视救济程序的观念，加快完善我国公务员权利救济的具体程序，从而使我国公务员权利救济制度能够得到更好的落实。

就申诉控告的程序而言，我们应重视事前程序、审理程序和执行程序三方面的程序设置问题，我国《公务员法》第十五章只是笼统地规定了申诉控告的程序，而对每一个具体程序的设置则没有规定，这使得行政救济的受理机关无法可依，这也会导致行政救济程序出现混乱和随意性。因此，具体规定各个程序，有利于权利救济的有序进行，充分保障公务员的合法权益。具体来讲，我们认为应从以下几方面加以完善：①行政机关在对公务员作出处分决定后，应及时将处分通知书送达公务员本人，公务员在接到处分通知书后方可提起申诉和控告，且行政机关在作出处分决定后，应及时主动地告知公务员可采取的救济途径；②在审理阶段，有关受理机关是否受理申诉和控告，法律上应有明确的界限和详细的规定，还应明确规定设立案卷、核实审查等环节的程序规范，使申诉控告的全部活动都处于程序法的规范之中，此外，对于作出裁决的期限、效力发生的期限等时限问题也应作出相应的规定；③由于申诉控告制度不同于诉讼程序，它是国家行政机关内部对公务员进行管理的一种准司法程序，因此，对于申诉控告处理结果的执行程序应以法律法规的形式确定下来，以保障申诉控告裁决的实际执行。

3. 确立司法救济，并应注重行政内救济与司法救济的衔接

由于受到特别权力关系理论的影响，我国将行政行为分为外部行政行为和内部行政行为，其中内部行政行为不受司法审查，并且目前我国的相关法律法规也没有规定公务员权利的司法救济制度。公务员权利救济完全采用行政内的救济，存在一个难以解决的问题，即救济机关的独立性和中立性问题。我们知道“任何人不得做自己案件的法官”，而我国目前的行政内救济中的原处理机关就是“自己在做自己案件的法官”，人事管理部门、上级机关和行政监察机关等，由于他们与原处理机关之间有千丝万缕的联系，也使得他们在处理案件时的独立性和中立性非常值得质疑。而且，行政机关在作出行为时，具有鲜明的倾向性，德国的著名学者拉德布鲁赫曾说：“行政是国家利益的代表，司法则是权利的庇护者，同一官署忽而忙于维护国家利益，忽而又将国家利益置于一边，忙于维护正义，显然极不协调。”所以，单独的行政内救济对权利遭受侵害的公务员来说是不可靠的，为了更好地保障和救济公务员的权利，我们有必要引入司法审查，确立公务员权利的司法救济制度。

当然，司法救济也不是万能的，相比行政救济手段，它仍存在一些不足。行政机关具有保障国家安全、维护社会秩序、保障和促进经济发展等职责，行政行为则强调其连贯性和高效性，如果将所有的案件都交由司法机关审查，不利于保

障行政机关工作的连续性。因此，我们认为美国的“穷尽行政救济原则”更值得学习借鉴。穷尽行政救济原则是指相对人的合法权益在受到行政机关的侵害后，他应首先寻求行政救济，在没有使用完所有行政救济途径之前，不能向法院提起诉讼。因为行政救济也是行政机关内部自我纠正错误的一个环节，对于其作出的错误决定，应给其一次自我纠错的机会，如果它能自我纠正，这有利于提高行政效率，不断完善行政机关的工作机制。

二、公立高等学校与学生之间的法律关系救济制度

（一）公立高等学校与学生之间的法律关系概述

1. 高等学校的法律性质

为了更加准确地定位高等学校与学生之间的法律关系，首先有必要界定高等学校的法律性质及地位（本部分讨论的高等学校是指公立高等学校，以下简称为“高校”）。对于我国高校的法律性质问题，目前主要有以下几种定位。

（1）事业单位法人

根据国务院1998年10月25日公布的《事业单位登记管理暂行条例》的规定，事业单位是指国家为了社会公益目的，由国家机关举办或者其他组织利用国有资产举办的，从事教育、科技、文化、卫生等活动的社会服务组织。对照这一规定，公立高等学校毫无疑问可被定性为事业单位。《教育法》第一款规定："学校及其他教育机构具备法人条件，自批准设立或登记注册之日起取得法人资格。"《中华人民共和国高等教育法》（以下简称为《高等教育法》）第三十条规定："高等学校自批准设立之日起取得法人资格。高等学校的校长为高等学校的法定代表人。"依据以上规定，我们可以得出结论：高等学校具有法人资格，而且属于事业单位法人。

（2）法律法规授权的组织

法律法规授权的组织是指依据具体法律法规的授权而行使特定行政职能的非国家机关组织。[1] 高校可以根据法律法规的授权履行部分教育行政职权，在依法履行教育行政管理职权时，即被视为行政主体。根据法律法规的授权，高校可以向学生发放毕业证书，并对达到一定要求的学生授予学位，还可以在法律规定的自主权内对学生实施学籍管理、纪律处分等行为。这些行为都是学校单方面作出

① 姜明安．行政法与行政诉讼法［M］．北京：北京大学出版社、高等教育出版社，1999：110.

的，且具有一定的强制性，也是学校行使一定行政职权的体现。

2. 高等学校与学生之间的法律关系

（1）行政法律关系

在法律法规的授权下，高校可依法行使教育管理职权，可以行使招生、学籍管理、制定校规校纪、实施纪律处分以及颁发学历学位证书等权力，这些权力具有明显的单方性和强制性，符合行政权力的主要特征，因而在性质上应当属于行政权力。高校在行使这些权力时与学生发生的法律关系是行政法律关系。

（2）民事法律关系

高校与学生之间的法律关系并不完全是行政法律关系，在一些法律行为中高校与学生的法律地位是平等的，不存在隶属关系，因而这类法律关系就属于民事法律关系。《高等教育法》第三十条第二款对高等学校的民事主体地位作了明确规定："高等学校在民事活动中享有民事权利，承担民事责任。"高校与学生发生的民事法律关系主要涉及因学校设施、设备及建筑物的安全问题而与学生发生的纠纷、教师在教育教学活动中对学生造成人身伤害引起的赔偿纠纷、学校对学生的后勤服务等方面发生的纠纷。在民事法律关系中，将高校与学生双方作为平等主体而对学生进行民事救济，更有利于对学生权利进行充分的保护。

（3）内部关系

高校与学生之间还有一些社会关系不为法律所调整，这些社会关系依靠学校自己制定的内部规则来调整。这些内部规则的内容是除学生法定权利以外的应有权利义务，因此，他们之间所形成的关系不是法律关系，而是一种特殊的内部关系。他们之间的权利义务多受道德规范及高校的内部规则调整。这些内部关系主要涉及课程安排、教科书指定、教师的安排及授课等方面。①

3. 高校学生的权利

高校学生具有双重身份，一方面他们是国家公民；另一方面他们是正在学校接受高等教育的公民。因此，高校学生不仅享有宪法和法律赋予公民的基本权利，同时又享有基于其学生身份而依法享有的权利。高校学生的权利主要包括以下几方面：

（1）参加教育教学活动的权利

我国《教育法》第四十二条第一款规定学生有"参加教育教学计划安排的各

① 王黎．高校的学生管理权与学生权利的冲突及救济［D］．重庆：西南政法大学，2006.

种活动，使用教学设施、设备、图书资料”的权利。这一规定是保障学生受教育的前提和基础，并且这项权利是学生的最基本的权利，任何组织和个人都不得以任何借口非法剥夺学生的这一基本权利。

（2）获得物质帮助的权利

为了使尽量多的人都有受教育的机会并鼓励学生勤奋学习，国家对学生进行经济或物质上的帮助。《教育法》第四十二条第二款规定“按照国家有关规定获得奖学金、贷学金、助学金”，这是学生获得各种经济资助的权利。另外，生活困难的学生也有权利根据国家有关规定享受减免学费的待遇。

（3）获得公正评价的权利

《教育法》第四十二条第三款规定，受教育者享有“在学业成绩和品行上获得公正评价，完成规定的学业后获得相应的学业证书、学位证书”的权利。教育者对受教育者的评价应该客观公正，这既是学生的一项权利，也是对教师师德的要求。教育者应该用全面和发展的眼光看待学生，实事求是，使每个学生获得公正的评价。

（4）人身权

人身权是民事主体依法享有的与其人身不可分离而无直接财产内容的民事权利，一般分为人格权和身份权，具体包括身体权、健康权、生命权、姓名权、肖像权、自由权、名誉权、隐私权等。学生的人身权要求每个人都要尊重他们的人格尊严、人身自由，所以，学校在行使权力时应当尊重学生的人身权，使人身权构成一种对权力的制衡，这对培养学生的权利意识、人权意识将起到重要作用。

（5）财产权

财产权是以财产利益为内容的权利，如学生享有的物权、债权等。公民的私有财产不受侵犯。作为学生，由于处于弱势地位，其权利更容易受到侵害，所以，我们更应当保护学生的合法财产权。由于学校侵犯学生的财产权而导致学生财产受到损失的，应当承担相应的责任。当今，高校乱收学费、住宿费，违法进行罚款，没收学生财物等现象严重侵犯了学生的财产权，保护学生财产权刻不容缓。

（6）组织社团权

高校的学生是一个群体，他们在学校共同学习、共同生活，学习的途径是多重的、生活也应该是丰富多彩的。因此，高校学生为了积极参与学校的民主管理，或为丰富校园文化生活，或为发挥自己特长，或为培养自己各方面的兴趣与能力，或为促进相互之间的交流与交往，或为应用自己所学知识为社会服务，可以在校内组织各种各样的学生社团，如学生会、文学社、法律援助协会等。

(7) 获得救济的权利

高校学生除依法享有的各种实体性权利外，还享有保障实体性权利实现的程序性的救济权利，主要有行政申诉权、申请仲裁权、诉讼请求权等。学生对高校给予的纪律处分及其他一些重大的处理事项不服，对其人身权、财产权等合法权益受到学校、教师的侵犯后，可以向有关单位提出申诉或依法提起诉讼等进行权利救济。

4. 高校的权利

高校的权利在《教育法》第二十八条、《高等教育法》第四十一条、《中华人民共和国学位条例》、《普通高等学校学生管理规定》及《高等学校校园秩序管理规定》中都作了相关规定，高校享有的权利大概有以下几方面：①按照章程自主管理、制定校规校纪、组织实施教育教学活动、招收学生的权利。②高校对学生的管理权。主要包括对学生进行学籍管理、奖励及处分的权利、颁发学业证书权及学位授予权等几个方面。③高校在教学过程中实施的其他管理权。主要包括聘任教师及其他职工，实施奖励或者处分的权利、管理及使用本单位的设施和经费的权利、拒绝任何组织和个人对教育教学活动的非法干涉以及法律、法规规定的其他权利。这些权利中既有行政性权力，又包括学术性权力。前者如高校对学生的纪律处分权，是对学生在校情况的一种较为严重的不利评价，具有明显的公权力性质；后者如对学生的成绩考核、学位授予权。高校在行使这些权利的过程中，不可避免的就会对学生的权益造成影响，有的甚至造成学生权利的永久丧失(比如开除学籍、勒令退学等处分)，有的会间接影响学生的未来发展，因而易引起高校与学生之间的纠纷。

(二) 我国高校学生权利的救济现状及存在的问题

《教育法》第四十二条规定：“学生对学校给予的处分不服，有权向有关部门提起申诉；学生对学校、教师侵犯其人身权、财产权等合法权益的，有权提出申诉或者依法提起诉讼。”我国的《教育法》只是笼统地规定了学生的申诉权利，没有具体规定由哪一机构受理学生的申诉事项及该机构的设置和运作，也没有规定申诉的具体程序。但在其他相关的法律法规中已有了一些程序性的规定，例如2005年9月1日施行的修改后的《普通高等学校学生管理规定》对学生的处分程序作了相应的规定，其中第五十五条规定对学生的处分应当做到程序公正、证据充分、依据明确、定性准确及处分适当。该规定还较为详细地规定了学生申诉的工作流程与路径，具体包括：①权利告知。告知学生享有提出申诉的权利及申诉的期限。②机构设置。学校应当成立学生申诉处理委员会。③人员组成。学生申诉处理委员会应当由学校负责人、职能部门负责人、教师代表、学生代表组成。④受理范围。受理学生对取消入学资格、退学处理或者违规、违纪处分的申诉。⑤申诉时效。其中校内申诉：接到学校处分决定书之日起5个工作日内。申诉复查：接到书面申诉之日起15个工作日内，做出复查结论并告知申诉人。行政申诉：接到学校复查决定书之日起15个工作日内。申诉答复：接到学生书面申诉之日起30个工作日内，应当对申诉人的问题给予处理并答复。⑥申诉期限。从处分决定或者复查决定送交之日起，学生在申诉期内未提出申诉的，学校或者省级教育行政部门不再受理其提出的申诉。① 修改后的《普通高等学校学生管理规定》对学生申诉制度作了较为明确详细的规定，弥补了过去法律法规在这方面规定的不足。由于此规定对学生的申诉制度的规定仍比较宏观，因此，各学校在具体操作过程中应进一步加以细化、完善。

在司法救济方面，由于受到特别权力关系理论的影响，在传统行政法理论中，通常将学校与学生之间的关系视为一种内部关系，从而将它们之间发生的纠纷排除在行政诉讼之外。其理由是：特别权力人拥有制定内部规章制度来限制相对人的“特权”，这种限制不同于普通行政主体对行政相对人的限制，不属于通常意义上的具体行政行为，因而不能成为行政诉讼的对象。因此，当学生的人身权、财产权、受教育权等等遭到侵害时，在过去，学生通常是不能通过诉讼途径来维护自己的权益的。

例如“吴韶宇诉昆明理工大学案”，案情简介：1996年4月17日，被告昆明理工大学认定原告吴韶宇在校期间因打麻将与人冲突，违反学校纪律，根据《昆明理工大学学生违纪处分条例》的规定，给予原告勒令退学处分。原告不服，向昆明市五华区人民法院提起行政诉讼。法院认为：被告既不是国家行政机关，又不是法律法规授权的组织，不属于法院受案范围，以（1997）五法行初字第1号行政裁定书裁定驳回吴韶宇的起诉。② 这种学校不能作为被告的观点，在过去较普遍，因而当学生认为学校侵犯其合法权益时，并不能通过行政诉讼的途径解决问题。

随着法治观念的进步和尊重公民基本权利意识的增强，近年来，随着一系列典型案件的出现，特别是1998年“田永诉北京科技大学案”以及1999年“刘燕文诉北京大学案”的受理和判决，打破了司法实践中对高校与学生之间的纠纷不

① 参见：《普通高等学校学生管理规定》第五十九条至第六十四条。
② 湛中乐．高等教育与行政诉讼［M］．北京：北京大学出版社，2003：282.

予受理的惯常做法。

“田永诉北京科技大学案”案情简介：田永是北京科技大学94级学生，1996年2月29日，田永在参加电磁学课程补考过程中，随身携带写有电磁学公式的纸条。田永考试中途去厕所，纸条掉出，被监考老师发现。监考老师虽未发现其有偷看行为，但还是停止其考试并上报学校。学校根据校发（1994）年第068号《关于严格考试管理的紧急通知》第三条第二项关于“夹带者，包括写在手上等作弊行为者”的规定，认定田永的行为是考试作弊，并根据第一条“凡考试作弊者，一律按退学处理”的规定，对田永作出“退学处理”的决定。但北京科技大学没有给田永办理退学手续，也没有直接向田永宣布处分决定。在以后的两年间，田永仍以北京科技大学学生的身份进行正常的学习，继续缴纳学费，使用学校的各种设施，享受学校补助金，修完了所有学分并完成了毕业论文设计。但在临毕业时，学校通知田永所在院系，田永不能毕业，不颁发其毕业证、学位证和派遣证，理由是田永已被退学。田永不服，认为学校的行为侵犯了其合法权益，于是向北京市海淀区人民法院提起行政诉讼，请求法院判令学校履行发放毕业证、学位证和派遣证的法定职责。北京市海淀区人民法院认为：北京科技大学对田永违反考场纪律的行为所作的处理决定不符合《普通高校学生管理规定》，且未直接向田永本人送达、宣布处分决定，因而不具有合法性。且之后，北京科技大学又给予田永该校学生的待遇，应视为已撤销处理决定。故判决：①被告北京科技大学在本判决生效之日起30日内向原告田永颁发大学本科毕业证书；②被告北京科技大学在本判决生效之日起60日内召集本校的学位评定委员会对原告田永的学士学位资格进行审核；③被告北京科技大学于本判决生效之日起30日内履行向当地教育行政部门上报原告田永毕业派遣的有关手续的职责等。北京科技大学不服一审判决，上诉至北京市第一中级人民法院，二审法院驳回上诉，维持原判。①

“刘燕文诉北京大学案”案情简介：刘燕文原是北京大学92级无线电电子学系的博士研究生，1994年4月27日通过学校安排的笔试考试，并于当年5月10日通过了博士研究生综合考试。1995年12月22日刘燕文提出答辩申请，将其博士论文《超短脉冲激光驱动的大电流密度的光电阴极的研究》提交学校，由学校有关部门安排、聘请本学科专家对该论文进行评阅和同行评议。二者汇总意见为“达到博士论文水平，可以进行论文答辩”。1996年1月10日，刘燕文以全票7票通过了其所在系论文答辩委员会的答辩，1月19日，系学位评定委员会也通过

① 湛中乐．高等教育与行政诉讼［M］．北京：北京大学出版社，2003：274.

表决，建议授予刘燕文博士学位。1月24日，北京大学学位评定委员会召开第41次会议，应到委员21人，实到16人，投票结果是6票赞成，7票反对，3票弃权，会议将3票弃权票计算在反对票中，因而北京大学学位评定委员会不批准授予刘燕文博士学位，只发给刘燕文博士结业证书。刘燕文因此多次向系、校等有关部门查询未获得博士学位的原因，并向国家教育委员会反映情况，均未获得答复。1999年9月24日，刘燕文分别以北京大学和北京大学学位评定委员会为被告，向北京市海淀区人民法院提起行政诉讼，请求授予其博士毕业证和博士学位。法院受理了该案，经过审理后判决：责令北京大学撤销不授予刘燕文博士学位的决定；责令北京大学给刘燕文颁发毕业证书；责令北京大学博士学位评审委员会重新审议是否授予刘燕文博士学位。一审判决公布后，北京大学不服，提起上诉。二审法院撤销了一审法院的判决。①

《中华人民共和国最高人民法院公报》1999年第4期曾做出以下阐述："尽管《行政诉讼法》第二十五条所指的被告是行政机关，但是为了维护管理相对人合法权益，监督事业单位、社会团体依法行使国家赋予的行政管理职权，将其列为行政诉讼的被告，适用行政诉讼法来解决它与管理相对人之间的行政争议，有利于化解社会矛盾，维护社会稳定。"高校在行使学生管理权时，某些对学生身份有重大影响的管理行为，如不予颁发毕业证和学位证、因学生违反校规而被勒令退学或开除学籍等已逐渐被实际纳入司法审查的范围。但由于受传统上理论与实务的影响，以及我国并不是实施判例的国家，因此，在全国范围内，这类案件被法院作为行政案件受理并作出判决的仍只占极少数。对于同样的案件有的法院受理，而有的法院则不予受理。

根据《教育法》第四十二条第四款的规定："学生对学校、教师侵犯其人身权、财产权等合法权益，有权提出申诉或者依法提起诉讼。"但由于学校与学生之间的法律关系比较法律及相关司法解释中对学校与学生之间的冲突受案范围描述并不明确，因此，实践中经常出现学生对高校提起民事诉讼时，法院会以不属民事诉讼受案范围为由拒绝受理，而当学生提起行政诉讼时，法院也会以其不属行政诉讼受案范围为由拒绝受理，这样就使得学生权利救济的途径极为狭窄。

公立高校以公共利益为宗旨，拥有一定的行政职权，例如授予学位、颁发学历证书、内部处罚权等，因此，为了保证高校的职权得到很好的实现和执行，我们认为应以修改《行政诉讼法》的契机，确立高校的公法地位，这样既有利于高

① 湛中乐．高等教育与行政诉讼［M］．北京：北京大学出版社，2003：95.

校名正言顺地行使行政管理职权，同时当行政相对人受到高校行政职权侵害时，也有利其寻求法律救济。

（三）完善高校学生权利救济制度

1. 完善行政复议制度

《教育法》第四十二条规定受处分学生如果对处分不服时，也可以向学校的上级主管行政机关提起申诉。此处的申诉实际是一种行政复议，因此受处分者可以针对学校纪律处分向高校的上级教育主管行政机关提起行政复议，对行政复议决定不服的，还可以依据《行政复议法》向人民法院提起行政诉讼。为了保证高校纪律处分行政复议制度的公正性，应在教育主管部门中设立一个相对独立的学校纪律处分裁判所作为复议机关。该裁判所采用均衡结构，其人员由高校与学生同等数额的代表组成，裁判所主席由当地律师协会推荐一名律师担任。对高校纪律处分裁判所的决定不服时，当事人双方均可向法院提起行政诉讼。具体的教育行政复议程序可按照《行政复议法》的有关规定进行，此处不展开赘述。

向教育行政机关申请行政复议的条件是：①申请人认为学校侵犯了其合法权益；②有具体的复议请求和事实根据；③属于复议范围和受理复议机关管辖；④已经经过申诉程序。学生不服所在高校申诉委员会对其所受处分的处理结果，应在收到处理结果60日内向教育行政机关提出复议申请；因不可抗力或者其他正当理由耽误法定申请期限的，申请期限自障碍消除之日起继续计算。申请行政复议，可以口头申请，也可以书面申请。教育行政机关应当自受理之日起60日内作出行政复议决定。

2. 司法审查的有限介入

高等公立学校作为从事教育教学和科学研究的公益性机构，享有学术研究自主权。我国《教育法》和《高等教育法》都明确规定了公立高等学校享有“依法自主办学”和“按照章程自主管理”的权利，应充分尊重公立高等学校的自主权。高等教育的任务是培养具有创新精神和实践能力的高级专门人才，发展科学技术文化，促进社会主义现代化建设。高等学校可以根据自身条件，自主开展科学研究、技术开发和社会服务。因此，人民法院在对公立高等学校的自主权进行审查时，必须考虑其作为学术研究机构的特殊性，使学术自由不受司法干预的影响，同时也应防止公立高等学校以学术自由为由侵犯学生的合法权益。

法律不是万能的，法庭上的法官也不是全能的。对于学术上的纠纷，当然，学术问题又是一个比较复杂的问题，当发生学术纠纷时，应不排除司法审查，只是在司法审查上有一个度的问题，即司法审查的范围及程度。司法审查的适度性，要求认清公立高等学校自主权中学术自由权和行政管理权并存的现象，分清两者的不同性质，划清两者的运行轨迹，将司法审查的基点落在行政管理权上，避免对学术自由权的不当干涉。恰如审理刘燕文案的北京海淀区法院饶亚东法官在学术沙龙上所宣称的：“对于学术界的理论问题法院能否审理？通过庭审，我们的回答大家应该知道了，法院审的就是法律规定、法律程序。法院判决不能涉及学术领域，学者有自己的自由。”① 对学术水平是否达到学位标准的审查，司法不应介入。假如司法的评价代替了学术的评价，是对学术自由权的侵犯。假如司法做了力所不能及的事情，最终的执行也会成问题。②

司法审查的有限介入，具体应对哪些事项进行审查，哪些事项不能审查，我们认为，当公立高等学校管理侵害到大学生的受教育权利的重要性方面，如入学许可、学位学业证书的获得、退学或开除学籍等直接影响到大学生宪法权利或大学生身份的，法律应给予司法救济。

基于高校的学术自由和学术研究自主权，法院的司法审查应限于对程序性问题的审查，对于一些学术问题，如对论文是否达到硕士或博士论文要求的判断，它属于学术问题，应由学校自主决定，法院不宜进行判定。此外根据《行政诉讼法》的相关规定，法院应审查行为的合法性而不应审查行为的合理性。

基于公立高校的特殊性，司法审查并非排除了大学依法管理学生、实现大学自治的高校自主权。当涉及高校自治事项领域的某些高校自主权行为具有很强的专业性、技术性和政策性的时候，让缺乏相关知识和教育管理经验的法官判断有关事项，无疑是强人所难。因此，有必要设立“申诉前置制度”，即对于上述范围事项的纠纷，纳入行政申诉范畴。学生可以首先在教育系统内部寻求解决途径，提起行政申诉。当上述途径无法公正解决纠纷时，再向法院提起行政诉讼。应当指出，必须在用尽申诉途径而没有得到满意的救济时，才能提起行政诉讼。其原因一是由于《教育法》第四十二条规定了申诉制度；二是尊重学校的自主权，发挥高校自主权应有的功能；三是避免司法不必要和不合时宜地介入高校自主权，从而最终更好地规制公立高等学校自主权、保护学生的合法权益。

（四）相关法条设计

根据上述分析，我们把特别权力关系的法律救济的相关法条和有关专家的修

① 夏民，刘同君．大学自治与司法审查——由学子告母校引发的思考［J］．高等工程教育研究，2003（3）．

② 王锋．刘燕文诉北大案的法律思考［N］．法制日报，2000－1－16.

改建议分析归纳为表6－1。

表6－1

	行政诉讼法法条	马怀德的修改建议稿	江必新的修改建议稿	胡建淼的修改建议稿
关于特别权利关系的法律救济分析①	《中华人民共和国行政诉讼法》第十一条第八款规定：人民法院受理公民、法人和其他组织对认为行政机关侵犯其人身权、财产权的行政行为不服提起的诉讼。 《中华人民共和国行政诉讼法》第十二条规定：人民法院不受理公民、法人或者其他组织对下列事项提起的诉讼：行政机关对行政机关工作人员的奖惩、任免等决定。 《中华人民共和国行政诉讼法》第二十五条规定：公民、法人或者其他组织直接向人民法院提起诉讼的，作出具体行政行为的行政机关是被告；由法律、法规授权的组织所作的具体行政行为，该组织是被告；由行政机关委托的组织所作的具体行政行为，委托的行政机关是被告。	1. 行政诉讼的被告是行政机关和其他公权力主体。 2. 所有国家公权力主体与相对人发生的公法上的争议均纳入行政诉讼的范围。 3. 人民法院不受理自然人、法人或其他组织对下列行为提起的诉讼：人民政府根据宪法和法律的授权，规定行政机关职权的具体行为，决定行政区域的建制和区域的划分，决定行政机构的编制，设立、增加、减少、合并工作部门的行为。	1. 公民、法人或其他组织对行政机关的行政行为或者行政不作为行为和行政机关以外的组织行使公权力的行为不服，可以依法提起诉讼。 2. 公民、法人或其他组织对下列行为不服提起诉讼的，人民法院不予受理：行政机关有关内部行政事务的行为，但涉及公务员的基本权利的行为除外。	1. 公民、法人或其他组织对行政行为不服，依照本法提起行政诉讼，属于人民法院的受案范围。 2. 人民法院不受理公民、法人或其他组织对下列事项提起的诉讼： ①国防、外交等国家行为； ②行政机关制定行政法规、行政规章的行为； ③行政机关决定行政区划与行政机构行为； ④法律规定不予受理的行政行为。

① 参见《行政诉讼法》；马怀德：《司法改革与行政诉讼制度的完善——〈行政诉讼法〉修改建议稿及理论说明书》；江必新：《中国行政诉讼制度的完善——行政诉讼法修改问题实务研究》；胡建淼：《行政诉讼法修改研究》。

我们对《行政诉讼法》关于特别权力关系法律救济的规定的设想是:

关于特别权力关系的法律救济，目前我国的《行政诉讼法》没有进行明确系统的规定，在权益的保护方面只涉及了人身权、财产权的保护，在关于社会公权力主体行使公权力行为的可诉性问题方面也没有进行明确规定。在有关除人身权、财产权以外的其他权利受到行政行为侵害是否纳入行政诉讼受案范围的问题上，同样没有进行规定。结合各法学专家的修改建议稿，针对特别权力关系的法律救济，我们设计了以下法条:

第一条 公民、法人或其他组织对行政机关的行政行为或者行政机关以外的组织行使公权力的行为不服，可以依法提起行政诉讼。

第二条 公民、法人和其他组织认为行政机关或社会公权力组织侵犯其人身权、财产权或其他基本权利的，依法可以提起行政诉讼。

第三条 公民、法人或其他组织对国防、外交等国家行为提起的诉讼，人民法院不予受理。

第七章　行政精神损害赔偿制度的建构

在我国，精神损害赔偿多存在于民事侵权赔偿领域，在行政侵权领域少见其身影。这种做法在很长一段时间内没有引起人们的疑义，但随着社会经济的发展、民主法治及人权理念的进步，越来越多的现象说明，再一味固执地把精神损害赔偿排除在行政侵权赔偿领域之外是极不合理的。这既不利于保护相对一方的合法权益，也不利于对行政行为进行有效的监督、规范，而且与国际上通行的做法背道而驰，不利于与国际接轨。长期以来，精神损害赔偿之所以被排除在行政侵权领域之外，主要是由于以下几个方面的原因：第一，观念方面的原因。①人权意识仍需加强。在我国古代，国家与人民的关系是不科学、不平等的，“普天之下，莫非王土；率土之滨，莫非王臣”就是国民关系的最好写照，重国家、集体权利，轻个人权利，人权观念极其淡漠，新中国成立后，党和国家作了很大努力，人权意识得到增强，但由来已久的负面影响仍未完全消失，人权意识仍需进一步增强。②赔偿理念不强，对精神损害赔偿方面存在错误认识。我国在新中国成立后很长一段时间都认为精神损害赔偿制度是资本主义的产物，是属于资本主义的法律制度，而我们国家是社会主义国家，社会主义国家中，人的尊严是无价的，是不能用金钱来衡量的，例如《中华人民共和国民法基本问题》一书提出：“只有资产阶级才认为感情上的痛苦可以用金钱医治，可以像商品一样换取货币。在社会主义国家里，认为人是社会上最宝贵的财富，人的生命健康不能用金钱估价，所以对人身的损害，只有引起财产损失时，行为人才负赔偿责任。如果对人身的损害没有引起财产上的损失，只能以其他法律责任加以制裁，不负民事责任。”[①] 因此，他认为在法律中规定精神损害赔偿既不合理也无必要。这种观念在

① 中央政法干部管理学校民法教研室．中华人民共和国民法基本问题［M］．北京：法律出版社，1958：339.

很长一段时间内在我国占据着统治地位。第二，经济方面的原因。首先，由于经济发展水平不高，政府财政收入也不高，国家难以支撑庞大的精神损害赔偿费用；其次，由于经济发展水平不高，人们更多地关注的是物质权益，对精神权益给予的关注较少，与之相对应的，是对精神损害赔偿的关注远远低于对物质损害赔偿的关注；最后，经济发展水平的落后，也会导致人们普遍的法律意识的淡薄，这也严重影响到精神损害赔偿制度的建立。第三，受苏联法律观念以及制度的影响。众所周知，由于社会制度的一致性以及受那个时期特定的国际、国内形势的影响，新中国在建立之初就与苏联有着密切的联系，在许多方面深受其影响，法律方面亦是如此。苏联法律在很长一段时间内不承认精神损害赔偿，我国受其影响，当然也不承认之。第四，精神损害本身的无形性难以量化。另外，精神损害赔偿在实践中操作起来极为困难，这也妨碍了精神损害赔偿制度的确立和发展。这些原因，有的在一定的历史阶段有其合理性，但随着社会的发展，这种合理性已渐渐消逝。因此，我们认为，无论是基于现实的需要，还是基于理论的考虑，我们都需要对精神损害赔偿理论以及行政侵权赔偿理论重新进行思考、整合，摒弃传统观念中已不符合现代社会发展的部分，继承发扬传统理论中依然有益于今天的部分，赋予行政精神损害赔偿理论以鲜活的生命。

第一节　行政精神损害赔偿制度概述

一、基本概念释义

（一）精　神

“精神”一词含义十分丰富，哲学上的精神指的是人脑对客观世界的反映，是人们在改造世界的社会实践中通过人脑产生的观念、思想上的成果，人们的社会精神生活即社会意识是人们的社会物质生活即社会存在的反映。可见，哲学上的“精神”包含两个层次：一是精神生产；二是社会精神生活。在范围上主要表现为精神生产、精神生产成果的传播与意识的传播、精神享受。精神享受与精神生产、精神传播三者互相联系，构成一定社会的丰富多彩的精神生活。而医学上涉及“精神”一词的时候，常常指的是“精神健康”或者“精神疾病”，是与“身体健康”或“身体疾病”相对应的概念。至于什么是法律意义上的“精神”，不同的学者有不同的看法。有的学者认为，法律意义上的“精神”指的是主体的心理状态，也就是精神状态。认为精神不属于生理范畴，把精神和生理截然分开。这一定义从静态的角度解释什么是法律意义上的精神。也有学者认为法律意义上的“精神”主要是指精神活动，是与法律上的财产流转活动相对应的活动，包括心理上的活动以及维护精神利益的活动。自然人的精神活动包括上述两项内容。法人作为拟制的法律人格，不存在心理上的精神活动，但存在保持和维护其精神利益的活动。① 这一定义是从动态的角度去解释什么是法律意义上的精神。我们认为法律意义上的精神既指精神状态也指精神活动，是精神状态与精神活动的统一体。因为：第一，精神状态与精神活动是不能截然分开的，在很多情况下，二者相辅相成，你中有我，我中有你。在法律实践中，离开一方去判断另一方是极其困难的。第二，法律作为一种行为规范，它的根本目的是使个人与社会处于一种有序的良好的状态中，而主要手段则是规范人们的行为或活动，目的和手段是不可分的。在精神领域，精神状态与精神活动也是不可偏废、缺一不可的，这是由法律的目的和本质决定的。第三，从各国的法律实践来看，在有关精神损害赔偿的法律制度中，都是既保护精神状态也保护维护精神利益的活动的。

（二）精神损害

对何为精神损害，各国常见的定义有两种：一是法律条文中的定义；一是法学理论上的定义。前者如1978年《南斯拉夫债务法》，该法第一百五十五条将精神损害定义为：“对于他人造成生理的、心理的或者引起恐惧的损害。”② 法学理论上对于精神损害的定义分为广义和狭义的两种，狭义的精神损害仅指心理上的痛苦，而广义的精神损害除了心理上的痛苦之外，还包括精神利益的丧失或减损。③ 在本章中，我们采用广义的精神损害定义，即精神损害应该包括精神痛苦和精神利益的减损两个方面的含义：①精神痛苦。指自然人心理上的悲伤、苦恼、焦虑、绝望等感觉。②精神利益的减损。精神利益包括人格利益和身份利益，是自然人、法人及其他组织人格的基本利益所在。如自然人的肖像权、姓名权、隐私权以及法人的名称权、名誉权、荣誉权等。精神利益的减损是指自然人、法人及其他组织人格利益和身份利益如名誉权、荣誉权受到损害等。自然人的精神损害与法人及其他组织的精神损害存在差异。自然人的精神损害既包括精神痛苦又包括精神利益的减损，法人及其他组织的精神损害只包括精神利益的减损。但是，二者都存在精神损害的可能。不能因为法人及其他组织的精神损害不

---

① 胡平．精神损害赔偿制度研究［M］．北京：中国政法大学出版社，2003：251.

② 梁慧星．中国民法经济法诸问题［M］．北京：中国法制出版社，1999：69.

③ 胡平．精神损害赔偿制度研究［M］．北京：中国政法大学出版社，2003：50－51.

包括精神痛苦就否认法人及其他组织有精神损害，否则就等于否认法人及其他组织的人格，其结果必然使法人及其他组织本身失去存在的依据。

（三）精神损害赔偿

精神损害赔偿对当今的中国人来说，是一个越来越熟悉的概念。一般来讲，它包括广义和狭义两种含义。广义的精神损害赔偿是指赔偿责任主体对受害人的精神损害用财产的或者非财产的方式进行救济的法律制度，具体而言，就是赔偿责任主体对受害人的精神损害用给付赔偿金或者用赔礼道歉、消除影响、恢复名誉、停止侵害等方式进行救济；而狭义的精神损害赔偿是指赔偿责任主体对受害人的精神损害仅仅用给予赔偿金的方式对精神损害加以救济的法律制度。从结构上分析，它是由针对精神痛苦的抚慰金赔偿和针对精神利益减损的赔偿两部分组成的。前者指因侵犯自然人的身体、生命、健康权等物质性人格权造成自然人精神痛苦而采用的法律救济手段。它只适用于自然人，不适用于法人及其他组织。后者指对荣誉权、名誉权、肖像权等精神性人格权造成的精神利益减损的法律救济手段。之所以有这样的划分，是源于人格权的复杂性。人格权划分为物质性人格权和精神性人格权。“对物质性人格权的侵害会造成财产上的损害和精神上的痛苦，因而要赔偿财产损失和抚慰金。对精神性人格权的侵害也会造成一定程度的财产损害（如法人名誉权受到侵害而导致利润的减少），同时造成精神利益的损害。对财产损害当然要进行赔偿，而对于精神利益损害应当用精神损害赔偿的方法进行保护”。① 本章在探讨行政精神损害赔偿时，如非特别指明，指的是狭义的精神损害赔偿。有学者将精神损害赔偿与财产损害赔偿进行比较，认为精神损害赔偿有如下特点：①请求权之专属性，即请求精神损害赔偿的权利只能由受害人行使，一般不得让与或继承。②赔偿标准的主观兼客观性。这源自于精神损害本身兼有主观与客观的双重属性，其主观性是指不同的受害人就同一损害可能发生的精神损害程度不同；客观性是指对精神损害的判断多依社会一般观念来认识。因此，各国在确立精神损害赔偿标准时，不能仅采用主观标准，因为这可能会造成赔偿范围不同、赔偿水平不公的结果，也不能仅采用客观标准，因为仅依社会中立的一般人的立场判断精神损害的赔偿，可能并不符合受害人的实际情况。因此，在确立精神损害的赔偿标准时应兼采用主观与客观标准。③精神损害赔偿因素的多元性。如加害人的主观故意或过失，加害的时间、地点、手段及受害人受到损害的程度等。④赔偿数额的不确定性。精神损害赔偿的主观性导致了

① 杨立新．人身损害赔偿司法解释释义［M］．北京：人民出版社，2004：258.

赔偿数额的不确定性，从各国的法律规定来看，多数国家都不规定精神损害赔偿的确定数额，都重视法官的自由裁量权。①

（四）行政侵权

关于行政侵权的概念，不同的学者有不同的看法。有的学者认为："行政侵权是指行政主体通过公务员实施了违法或不当的行政职权行为，造成了行政相对方'法益'的损害，其结果是由国家通过行政侵权主体对受害的行政相对方给予法律救济。"② 有的学者认为："行政侵权是指国家因行政机关或者工作人员执行职务中违法侵害公民、法人或者其他组织的合法权益而依法承担的赔偿责任。"③有的学者认为："行政侵权是指国家行政机关及其工作人员作出的职权行为侵犯公民、法人或其他组织的合法权益的事实。"④ 还有的学者认为："行政侵权是行政机关及其工作人员在行使职权的过程中违法侵害自然人、法人或其他组织的人身权、财产权等合法权益，并应承担行政赔偿责任的行政行为。"⑤ 分析上述几种定义，我们不难看出，它们的主要区别表现在以下几方面：

第一，行政侵权到底是行为、是状态还是责任；

第二，归责原则到底是违法、不当还是违法兼不当；

第三，受害人受损的权益到底包含什么内容。

我们更倾向于第一种定义，但至于行政侵权是否属于一种国家赔偿责任，我们认为还值得商榷，因为我们认为行为和状态是行政侵权本身，但赔偿责任是行政侵权可能导致的一种结果，如果将行政侵权视为国家赔偿责任，则就把行政侵权等同于行政侵权赔偿责任了。对此，我们认为不论是上述哪一种情况，我们在探讨行政侵权行为时都须把握以下几点：

第一，行政侵权主体只能是行政主体，行政机关的内部机构或者公务员都不能成为行政侵权主体。因此，在我国，行政侵权主体只包括两种：行政机关以及法律、法规授权的组织。

第二，行政侵权只能发生在行政职权行使的过程中，如果一侵权行为不涉及

---

① 郭卫华，常鹏翱等．中国精神损害赔偿制度研究［M］．武汉：武汉大学出版社，2003：150－154.

② 王世涛．行政侵权研究［M］．北京：中国人民公安大学出版社，2005：32.

③ 余凌云．警察行政权力的规范与救济［M］．北京：中国人民公安大学出版社，2002：230.

④ 张步洪．行政侵权归责原则初探［J］．行政法学研究，1999（1）．

⑤ 蔡菁．索赔——行政侵权损害国家赔偿［M］．北京：群众出版社，2006：119－120.

行政职权的行使则不能构成行政侵权。

第三，行政侵权造成了相对人合法权益的受损。这种合法权益应作扩大的解释，即既包括现实的已经造成的损害，也包括将来一定会造成的损害。

（五）行政侵权损害及案例

行政侵权损害是指行政侵权行为主体通过行政侵权行为给行政相对人造成的损失和伤害。一般情况下，行政侵权损害有三种表现形式：财产权益的损害、人身权益的损害、精神权益的损害。在现实生活中，行政侵权损害与民事侵权损害一样，是广泛存在的，但前者的结果在许多情况下，比民事侵权损害更为严重。在阐述这一点之前，我们先看几个案例：

1. 谢洪武被玉林市公安局拘留28年案

1974年7月的某天，谢洪武所在大队的干部怀疑他私藏反动传单，将他扭送到了广西壮族自治区玉林市公安局高峰派出所。办理该案的人员没有发现任何证据，但因有人举报，就把谢洪武转到了看守所。由于工作人员严重不负责任，没有建立卷宗材料。犯人走了一茬又一茬，民警换了一批又一批，谁也不知道谢洪武犯案是怎么回事，谢洪武就这样被一年又一年地关押着。“无卷宗，无判决，无罪名，无期限”。新的《刑事诉讼法》取消收审制度后，广西区检察院派人审查新规定的落实情况，谢洪武的问题才引起了检察官的注意。玉林市公安局于2002年10月30日以撤销案件为由，对谢洪武签署了《释放证明书》。至此，被拘留了二十八年零六个月的谢洪武终于恢复了自由，但是，神志不清的谢洪武并不知道自己重获自由。由于长期被关押并过着与世隔绝的生活，谢洪武不仅健康恶化，而且不能说话，失语失忆，成了一个边缘人。谢洪武刚进医院时，身体痉挛，两腿无力不能自行，脊柱严重弯曲不能躺着睡觉，医务人员每天晚上给他一点镇静剂，让他缓解痉挛，尽量侧卧着进入睡眠。靠医生三年的苦心医治和交流，谢洪武才能含混不清地说出“谢—洪—武”三个字。他本人语言功能恢复后说出的第一句话便是“我要回家”。据他告诉医生：他在那间没有窗户的牢房里，每天都把耳朵贴在铁门上，聆听门外的脚步声，等待着有人路过这里。他最大的愿望是希望门外的人同他讲几句话。然而，二十八年来，没有人注意到他的存在，没有人同他讲几句话。谢洪武被无辜拘留了二十八年零六个月，从一个英俊青年变成了一个白发苍苍的驼背老人，这使他的亲属万分难过，他们认为历史的错误毁了谢洪武的一生，国家应该承担相应的赔偿责任。因此，要求玉林市公安局赔偿谢洪武侵犯人身自由赔偿金328 519元，医疗费10 000元，残疾赔偿金230

540 元，合计 569 059 元。①

2. 麻旦旦卖淫案

2001 年 1 月 8 日，陕西泾阳县蒋路乡派出所干警王某某突然将正在一家美容店看电视的少女麻旦旦带离，要她承认有卖淫行为，并以惩处“卖淫”为由将其拘留 15 天。在麻旦旦申请复议后，咸阳市公安局两次让她到医院进行“处女膜完整”鉴定，结果都证明她仍是处女。事后麻旦旦不服，将泾阳县公安局告上法庭，并索赔精神赔偿 500 万元。咸阳市秦都法院同年 5 月 9 日作出一审判决，认为泾阳县公安局侵犯公民人身自由，麻旦旦获赔 74.66 元。麻旦旦不服上诉，她最终获得 9 135 元的赔偿。但法院依照《国家赔偿法》相关规定，依法驳回了麻旦旦精神损害赔偿请求。②

3. 刘某未婚生子案

江苏省某镇计划生育办公室王某等工作人员根据群众举报，得知未婚女青年刘某已生育过一个孩子，于是强行将刘某带到镇卫生院进行妇科检查。结论是刘某未生育过小孩。此事在当地造成很坏影响。刘某感到自己一个未婚女青年被强迫妇检，无脸见人，精神压力很大。在万般无奈之下，她起诉到法院，要求该镇计划生育办公室王某等人赔礼道歉，消除影响，赔偿名誉损失费 5 000 元。③

4. 尹琛琰诉卢氏县公安局 110 报警不作为行政赔偿案

2002 年 6 月 27 日凌晨 3 时许，原告尹琛琰位于卢氏县县城东门外的“工艺礼花渔具门市部”（以下简称门市部）发生盗窃案。作案人的撬门声惊动了在街道对面“劳动就业培训中心招待所”住宿的旅客吴古栾、程发新。他们叫醒了该招待所负责人任春风。当他们确认有人行窃时，即打电话给 110 向警方报警，前后两次打通了卢氏县公安局“110 指挥中心”并报了案情，但卢氏县公安局始终没有派人出警。20 多分钟后，作案人将盗窃的物品装上一辆摩托车后驶离了现场。尹琛琰被盗的物品为渔具、化妆品等货物，价值总计 24 546.50 元人民币。案发后，尹琛琰向卢氏县公安局提交了申诉材料，要求卢氏县公安局惩处有关责

① 案件来源：刘嗣元，池志勇．论国家赔偿中的精神损害赔偿，http：//www. legaldaily. com. cn/misc/2007 -04/12/content_ 589518. htm.

② 案件来源：刘嗣元，池志勇．论国家赔偿中的精神损害赔偿，http：//www. legaldaily. com. cn/misc/2007 -04/12/content_ 589518. htm

③ 陈明贤、邢光武．未婚女青年被迫作妇检，是民事侵权还是行政侵权［EB/ol］. http：//oldfyb. chinacourt. org/old/public/detail. php? id =22614

任人，尽快破案，并赔偿损失。但卢氏县公安局一直没有作出答复。①

分析上述几个案例，我们可以清楚地看出行政侵权可能造成以下几种损害：

第一，给相对人造成人身损害。如第一个案例中的情形，谢洪武的健康恶化，不能说话，失语失忆，身体痉挛，两腿无力不能自行，脊柱严重弯曲不能躺着睡觉。

第二，给相对人造成财产损害。这里所说的财产损害指仅有物质利益的丧失或减损。如上述第四个案例中的情况，因公安机关的行政不作为，工艺店老板尹琛琰遭到物质利益的减损达 24 546. 50 元。

第三，给相对人造成纯粹的精神痛苦，没有物质利益的减损。这种侵权大多数是侵犯精神性人格权，如名誉权、荣誉权、姓名权以及隐私权等造成的。上述第三个案例就是这种情况，受害人刘某因被怀疑未婚生子而被强行带去作妇科检查，在当地造成了很坏的影响，因此感觉到无脸见人，精神压力极大，这是一种纯粹精神的痛苦。

第四，既给相对人造成财产损害或人身损害，又给相对人造成精神痛苦。这种情形多数是由于侵犯了相对人的物质性人格权，比如生命权、健康权、身体权等造成的。第一、第二个案例典型地反映了这种情况。谢洪武的疾病、人身自由受到的限制，以及麻旦旦的人身自由的受限，给他们造成了财产损失以及人身伤害，同时也使他们在精神上遭受了极大的痛苦。当然，行政侵权的损害不止于此，但不论是什么样的损害，将之进行归类，仍可以归为要么是人身损害、要么是财产损害、要么是精神损害。

（六）行政侵权损害赔偿

行政侵权损害赔偿是指国家对行政主体及其工作人员在实施行政侵权行为给公民、法人或其他组织合法权益造成损害时承担的赔偿责任。行政侵权损害赔偿与民事侵权损害赔偿存在以下明显的区别：

第一，承担责任的主体不一样。前者的主体是国家，有的国家如英国、法国也承认公务员的个人责任，但在我国承担责任的主体只能是国家；后者的主体是民事主体。

第二，产生的原因不一样。前者是因为行政侵权；后者是因为民事侵权。

第三，赔偿费用的来源不一样。前者来源于国家财政；后者由有责任的民事主体自行承担。

---

① 祝铭山．公安行政类行政诉讼［M］．北京：中国法制出版社，2004：13.

当然，二者之间的区别不止这几点，但这几点却是最主要的。因此，对其他的区别就不再一一阐述。

对行政侵权损害赔偿的理解我们必须注意以下几点：

第一，赔偿责任主体是国家，行政侵权损害赔偿责任是一种国家责任。虽然在现实生活中，直接承担赔偿义务的机关是有责任的行政机关或者法律、法规授权的组织，但真正的责任主体在我国仅指国家，所以，有的学者在论述责任主体时，称国家为实质主体，而称行政机关或法律、法规授权的组织为形式主体。

第二，国家承担该责任的前提是行政主体及其工作人员实施行政侵权行为造成了公民、法人或其他组织合法权益的损害。我国目前只对违法的行政行为造成的损害承担赔偿责任，对于不当的行政行为造成的损害尚未纳入国家赔偿的范围，但从世界各国行政侵权损害赔偿制度的规定来看，越来越多的国家认可了不当的行政行为造成行政相对人损害的也是要承担行政赔偿责任的观点。这一点值得我国借鉴。

二、行政精神损害赔偿

（一）行政精神损害赔偿的理论依据

行政精神损害赔偿制度其实是精神损害赔偿制度与行政侵权损害赔偿制度结合的产物，后两者的理论依据必然也是前者赖以存在的基础。因此，我们在论证行政精神损害赔偿的理论依据时，即以精神损害赔偿与行政侵权损害赔偿的理论依据为依托。

1. 精神损害赔偿的理论依据

（1）哲学依据

物质和意识的辩证关系理论是精神损害赔偿的哲学依据。从本质上看，精神是与物质相对应、与意识相一致的哲学范畴，是由社会存在决定的人的意识活动及其内容和成果的总称。马克思主义哲学认为，精神是高度组织起来的物质，即人脑的产物，是人们在改造世界的社会实践中通过人脑产生的观念、思想上的成果。现代哲学揭示：物质可以变精神、精神也可以变物质。物质和精神之间存在着一种质的飞跃现象和内在交换关系。① 侵权行为侵害自然人、法人及其他组织的合法权利造成自然人精神上的痛苦以及自然人、法人及其他组织精神利益的丧

① 温苗，陈光永．论精神损害赔偿的法哲理论基础和社会功能［EB/ol］．http：//www．chinacourt．org/html/article/200309/30/83533．shtml.

失或减损。既然精神和物质之间存在着相互转化的内在规律，那么，这种损害当然可以用物质的方式进行弥补，也即“精神权利物化”。

（2）法学依据

一是公平正义理论。公平正义是法律的终极追求。法学理论认为“有权利就有救济，有损害就有赔偿”是符合公平正义的。法律既然赋予了自然人、法人及其他组织有关的人格权，就必须规定该种权利受到侵害时的救济途径。同样的，当侵权行为侵害受害人的人格权造成受害人精神痛苦或精神利益减损时，受害人就必然有提起精神损害赔偿请求的权利。

二是精神权利和物质权利可以相互转化理论。其一，当精神权利被抽象为法律权利时，精神利益和物质利益之间就存在了密切联系。这种联系表现在，当人的精神利益处于稳定安全状态时，往往能转化为物质利益。否则，就可能丧失这些物质利益。这就是精神利益的物质转化性。其二，精神损害赔偿表现为向受害人支付一定数额的金钱，目的在于帮助受害人建立一个比较充裕的物质基础，帮助受害人战胜精神损害，尽快恢复精神上的平衡，弥补精神利益减损所造成的损失。因为受害人可以将这种物质赔偿作为一种手段，配合自己的努力，在一定时间里，经历一个物质参与过程，进行一定的心理健康和人格恢复活动，能使自己所受的精神损害尽量得以复原。①

（3）义务道德理论

依价值法学的观点来看，法律调整的只是“义务的道德”。那些随意侵犯他人精神利益的行为，就是对人类普适性义务道德的违反。普适性道德是人类维系日常生活秩序、保障人们正常交往的基础，也是人类的自然属性的体现。无论从应然性上讲，还是从实然性上而言，现代法律中的禁止性义务，都是通过禁止的方式对人类普遍道德义务的运行。从这个意义上讲，现代法律强制执行的道德是人类最基本的道德。因此，有人提出“法律为道德的底线”的新道德观，致人精神损害的不法行为往往也是违反人类最基本的道德的行为。法律通过强制性责令侵害人支付金钱赔偿受害人的精神损害，正是法律对人类基本道德的呵护，有利于落实人类普遍的“德性”。以金钱赔偿精神损害，才会对反道德行为予以惩戒，才能够对人的价值提供真正的保护，才符合公共道德准则要求，从而实现对普遍

① 温苗，陈光永．论精神损害赔偿的法哲理论基础和社会功能［EB/ol］．http：//www. chinacourt. org/html/article/200309/30/83533. shtml.

认可的社会道德的维护。①

2. 行政侵权损害赔偿的理论依据

(1) 哲学依据

辩证唯物主义认识论认为，真理有绝对真理和相对真理之分，前者指真理总是人们对客观世界的正确认识，并且每一个真理性的认识都在无限发展的认识之路上前进，可以无限接近对整个物质世界的正确反映；后者指人们对客观世界的认识在广度上是有限的，因此，认识有待于扩展，同时认识在深度上也是有限的，任何真理都是对所反映的客观事物的近似正确的认识，有待于精确化。之所以有这样的划分，是因为人们的认识能力是有局限的，而客观事物是复杂多变的。因此，国家机关工作人员在执行公务的过程中，对事实和法律的认识都存在错误的可能性，所以，给行政相对人造成财产上或精神上的损害也是可能的。这种行政侵权的客观存在使得行政侵权损害赔偿必然会存在和发展。

(2) 法学依据

法治国家理论是行政侵权赔偿的法学理论依据。它的具体内涵在法学界主要分以下几种：

第一，人权保障论。有学者认为，保障人权是法治国家的基本目标和任务之一。我国台湾地区的行政法学家管欧认为："人民权利之保障为国家之基本任务，负责损害赔偿乃法治国家应有的责任。"② "生存权是人民的基本权利之一，若不赔偿其损害，致其生存权受影响时，国家亦必须另负救济之责，不若径予赔偿，反得事理平。"③ 因此，当公民受到国家的侵害时，国家当然有责任对其损害予以赔偿。

第二，国家公法人论。这种理论认为，国家并不是一种超社会的存在，而是存在于社会之中的与自然人和私法人平等的公法人。国家与公民之间的关系也不是天然的被服从与服从的关系，而是一种法律上的权利义务关系。因此，当国家给个人造成损害时，也应该如个人之间造成损害一样，承担损害赔偿责任。

第三，公共负担平等理论。该理论认为，政府的行为是为了公共利益，因此产生的费用应由全体社会成员承担。如果个人因政府的行为而遭受额外损失，其实质是受害人在一般纳税人之外承担的额外负担，这种负担是不能仅由受害人单

① 温苗，陈光永．论精神损害赔偿的法哲理论基础和社会功能［EB/ol］．http：//www．chinacourt．org/html/article/200309/30/83533．shtml．

② 管欧．中国行政法总论［M］．台北：台湾打字排版有限公司，1981：563．

③ 管欧．中国行政法总论［M］．台北：台湾打字排版有限公司，1981：563．

独承担的。因此，因政府行为而遭受损害的受害人应当可以要求国家赔偿以弥补其损失。此理论是无过错原则确立的基础。该理论发展到现在又派生出了“特别牺牲理论”并逐渐为一些国家所接受。

第四，社会保险理论。这种理论认为，国家就如保险公司一样，是全体社会成员的保险人。社会成员纳税就是向国家投保，而行政侵权损害对受害人而言就是一种意外风险。当这种意外风险发生时，受害人就可以向政府索赔。社会保险理论与公共负担平等理论一样，也是以无过错为原则的。

作为行政侵权损害赔偿理论依据的法学理论还有多种，如公平正义论、权利救济有效性保障论等，各种理论都有自己的理由，但没有一种是占绝对统治地位的，它们分别从不同角度反映了行政侵权损害赔偿制度存在的必要性。

行政精神损害赔偿相对于精神损害赔偿来说，它的主体不是一般的民事主体，而是行政主体；相对于行政侵权损害赔偿来说，它的客体不是一般的财产权益，而是非财产权益。但无论如何，它改变不了既是精神损害赔偿又是行政侵权损害赔偿的性质。因此，它既具有精神损害赔偿的特性又具有行政侵权损害赔偿的特性，它依托于精神损害赔偿与行政侵权损害赔偿而存在，所以，精神损害赔偿和行政侵权损害赔偿的理论依据必然成为行政精神损害赔偿的理论依据。

（二）行政精神损害赔偿制度的历史沿革

1. 精神损害赔偿制度的历史沿革

我们通常所说的精神损害赔偿并不是随着赔偿理论的产生而产生的，而是赔偿理论发展到一定阶段的产物，它的产生有着深刻的历史背景。在国外，尤其是在一些西方发达国家，精神损害赔偿有着较为悠久的历史。往上可以追溯到古罗马法时期。查士丁尼的《法学总论——法学阶梯》规定：“侵害行为的构成，不仅可由于用拳头或棍棒殴打，而且由于当众诬蔑，如诬赖他人是债务人而占有他人的财产，而行为人明知他人对他不负任何债务；或写作、出版诽谤性的诗歌、书籍，进行侮辱，或恶意策动其事；或尾随良家妇女、少年或少女着手破坏他人的贞操。总之，很显然，侵害行为有各种不同的方式。”“关于一切侵害，被害人可提出刑事诉讼，也可以提起民事诉讼。在民事诉讼中，应根据以上所述估计一个数额，对行为人处以罚金。”① 这样的规定，明确地反映出当时的罗马法对物质性人格权和精神性人格权的保护。这与当时较为发达的小商品经济以及基于这种

① ［罗马］查士丁尼．法学总论——法学阶梯［M］．北京：商务印书馆，1989：201、203.

经济而产生的平等、自由、人权等理念是分不开的。这不仅反映了法律的进步，更反映了人类对自身认识的深入、对自身价值的尊重以及人类社会的文明和进步。近代西方，精神损害赔偿的发展经历了一些反复，但总体上没有脱离罗马法确立的主线。不过，这一切都还不是真正现代意义上的精神损害赔偿。真正现代意义上的精神损害赔偿是以《德国民法典》的颁布实施为标志的，该法第八百二十三条规定："因故意或过失不法侵害他人生命、身体、健康、自由、所有权或者其他权利者对被害人负损害赔偿的义务。"它不论是在赔偿的范围上，还是内容上较之古代、近代的精神损害赔偿都有了很大的发展。时至今日，精神损害赔偿较之《德国民法典》时期又有了更大的发展，实践在诸多方面都提出了新的课题，如胎儿是否有精神损害赔偿请求权、法人的精神利益受损是否可以得到精神损害赔偿等等。这些问题，虽尚未有定论，但它们无不从一定程度上反映了人们对精神损害赔偿问题更为深入的思考、对人本身价值的更为深切的关怀，以及对人自身权益的更为深切的关注。与西方发达国家相比，我国的精神损害赔偿制度构建起步较晚，它最早见于《大清民律草案》中。该草案第九百六十条规定："侵害他人之身体、自由或名誉者，被害人于不属财产之损害，亦得请求赔偿相当之金额。前项请求权，不得让与他人，亦不得由继承人继承。但依契约认可此项请求权，或已就此项请求权起诉者，不在此限。"这条规定明确了对身体、自由和名誉的保护，同时规定了"得请求赔偿相当之金额"的救济方法，虽没有"精神损害赔偿"字样，但无疑是对精神损害赔偿的认可和肯定。到了"中华民国"时期，《"中华民国"民法》对精神损害赔偿作了更为全面的规定。该法第十八条规定："人格权受侵害时，得请求法院除去其侵害；有受侵害之虞时，得请求防止之。前项情形，以法律特别规定者为限，得请求损害赔偿和慰抚金。"同时，该法第一百九十四条、一百九十五条分别规定了对生命、身体、健康、名誉和自由受到侵害时的赔偿请求权。相较于《大清民律草案》的相关规定，《"中华民国"民法》的规定无疑更加全面，保护的范围也更加广泛一些。新中国成立之后，在相当长的一段时期内，曾不承认精神损害赔偿，因此，在法律中也就没有相关的规定。原因在前面已有论述，这里就不再赘言。这种情况一直持续到改革开放后。《中华人民共和国民法通则》（下简称《民法通则》）是新中国成立后首部规定精神损害赔偿制度的法律。该法第一百二十条规定："公民的姓名权、肖像权、名誉权、荣誉权受到侵害的，有权要求停止侵害，恢复名誉，消除影响，赔礼道歉，并可以要求赔偿损失。"明确了我国法律对姓名权、肖像权、名誉权、荣誉权等精神权利加以保护的态度，并且给予了财产的和非财产的两种救济方法。除了《民法通则》外，我国有关的司法解释以及《消费者权益保护法》等都规定了有关精神损害赔偿的条款，虽不完备，但是该制度已经开始确立起来。只不过就我国的相关规定而言，精神损害赔偿主要集中在民事赔偿领域，行政、司法及刑事赔偿领域还少有涉及。但毋庸置疑的是精神损害赔偿制度在我国民事侵权领域已经发展得较为完善了，作为对精神权益的侵害进行救济的制度，基本上已经具备了一整套较为完整的理论体系。但是，任何事物都是随着社会的发展而发展的，任何的理论也都是随着实践的需要而不断发展完善的。精神损害赔偿制度发展到了现在，随着人们对精神权益的日益关注，随着“人权”、“人本主义”理念的进一步发展，不应该仅仅指民事侵权领域内的精神损害赔偿，而且也应该涉及行政侵权、司法侵权以及刑事侵权等更为广泛的领域了。

2. 行政侵权损害赔偿制度的历史沿革

行政侵权赔偿隶属于国家赔偿，因此，研究行政侵权赔偿制度的历史沿革，就离不开对国家赔偿制度历史沿革的探讨。国家赔偿制度从整体上而言经历了一个较长的发展历程，才成了现今的模样。在 19 世纪 70 年代以前，由于受“绝对国家主权论”、“国家无过失及不能违法论”及“国王不能为非”等理论的影响，不论是大陆法系国家，还是英美法系国家都不承认国家赔偿理论。从 19 世纪 70 年代至第一次世界大战以前，国家赔偿首先在大陆法系国家出现。1873 年法国通过“勃朗戈判例”（法国纪龙德省国营烟草公司的工人开着翻斗车在作业时将勃朗戈的女儿撞伤。勃朗戈认为国营公司工人所犯的过失国家应按民法的有关规定负赔偿责任，并向普通法院起诉。此案后由权限争议法院于 1873 年 2 月 8 日作出判决，明确承认了国家的赔偿责任。）最早承认了国家的赔偿责任。这一方面是由于“天赋人权”、“主权在民”等理论日益深入人心；另一方面也是由于随着行政权力的日益膨胀，违法行政行为侵犯相对人合法权益的现象越来越多，人们迫切希望得到国家的赔偿。第一次世界大战以后，国家赔偿制度取得了长足的发展。主要表现在三个方面：

第一，越来越多的国家承认了国家赔偿责任；

第二，国家赔偿责任出现了法制化的趋势，到目前为止，只有少数几个国家没有确立国家赔偿制度；

第三，国家赔偿责任的范围越来越广泛。开始时赔偿的范围仅限于物质利益的损害，而且还只是赔偿直接损失不赔偿可得利益的损失。后来，从直接损失赔偿扩展到了可得利益的损失赔偿。[①] 到20世纪60年代，国家赔偿的范围又从物质利益的损害赔偿扩大到了精神利益的损害赔偿。到了今天，随着“人权”理念、“人本主义”观念的进一步发展，对国家侵权采用精神损害赔偿已成为时代潮流，越来越多的国家顺应了这一潮流，完善了相关法律。遗憾的是，我国的《国家赔偿法》中却不曾加以规定，这是该法的一大不足，严重影响了国家赔偿制度在现实生活中的运作。

3. 行政精神损害赔偿制度是精神损害赔偿制度与行政侵权损害赔偿制度历史演进的逻辑结果

行政精神损害赔偿如同精神损害赔偿以及行政侵权损害赔偿一样，最早也是出现在西方国家。一般认为，它的发展到目前为止经历了三个阶段。

第一，萌芽阶段。这一阶段从第二次世界大战结束到20世纪50年代末。这一阶段行政精神损害赔偿的赔偿范围十分有限，只对造成了特定物质损害后果的精神损害给予赔偿。同时，在这一时期确立了行政精神损害赔偿制度的国家也极其有限，只有德国等一些大陆法系国家。因此，也有人称这一阶段为限定主义阶段。

第二，发展阶段。这一阶段从20世纪60年代初到20世纪末。这一阶段的行政精神损害赔偿有两个值得注意的发展：一是越来越多的国家确立了行政精神损害赔偿制度。比如英国、美国等英美法系国家通过相关法律开始承认行政侵权的精神损害赔偿制度；二是行政精神损害赔偿的赔偿范围有了很大发展。对许多没有物质损害后果的精神损害也开始给予赔偿。这种做法始于英美法系国家，后来大陆法系国家也采纳了。

第三，全面发展的新阶段。这一阶段从20世纪末到现在。如果说第一、第二阶段的行政精神损害赔偿还局限在西方发达国家，那么这一阶段的行政精神损害赔偿就已经引起了诸多发展中国家的重视了。而且，这一阶段行政精神损害赔偿的范围不断扩展，所采的计算标准日益成熟，程序也越来越科学。行政精神损害赔偿制度的发展水平已成为衡量一个国家民主法治发展水平的重要标志。

（三）行政精神损害赔偿的基本理论

1. 行政精神损害赔偿的概念及特征

我们认为，行政精神损害赔偿定义有广义和狭义两种。广义的定义如下：行政机关及其工作人员就其执行职务，因故意或过失，或执行职务违法，或明显不

---

① 皮纯协，冯军．国家赔偿法释论［M］．北京：中国法制出版社，2004：25－27.

当，导致行政相对人或其近亲属精神痛苦或精神利益的减损，由国家通过给予赔偿金或其他非财产的方法进行救济和保护的法律制度。狭义的定义是指：行政机关及其工作人员就其执行职务，因故意或过失，或执行职务违法，或明显不当，导致行政相对人或其近亲属精神痛苦或精神利益的减损，由国家通过给予赔偿金的方法进行救济和保护的法律制度。

行政精神损害赔偿主要有以下特点：

第一，行政精神损害赔偿从本质而言属于国家赔偿。一般而言，我们说的国家赔偿是指国家对国家机关及其工作人员违法行使职权或不依法履行职责给公民、法人及其他组织的合法权益造成的损害给予赔偿的活动。① 国家赔偿的一个重要特征是，虽然公民、法人或其他组织合法权益的损害是由各种各样的国家机关及其工作人员造成的，但是最终承担赔偿责任的却是国家。当然，这需要满足几个条件，即各种国家机关及其工作人员是在执行职务的过程中给相对人的合法权益造成损害的；国家机关及其工作人员执行职务的行为必须具有违法性，国家机关及其工作人员违法的职务行为与相对人合法权益的受损之间存在因果关系。只有同时满足以上几个条件，国家才须承担赔偿责任。之所以说行政精神损害赔偿从本质上而言是国家赔偿，是因为：①在行政精神损害赔偿案件中，造成相对人或其近亲属精神痛苦或精神利益减损的主体是国家行政机关及其工作人员；②行政机关及其工作人员是在行使行政职权履行行政职责的过程中造成相对人或其近亲属精神痛苦或精神利益减损的；③某些情况下行政精神损害赔偿责任也需要行政机关及其工作人员违法行使职权这一前提存在（这几点，在后面行政精神损害赔偿责任的构成要件部分将详细分析）。所以，当发生行政精神损害赔偿案件时，虽然实际上损害是由各种各样的行政机关及其工作人员造成的，但最终承担赔偿责任的依然是国家。因此，行政精神损害赔偿责任从本质上而言是国家赔偿责任。

第二，从广义上讲，行政精神损害赔偿方式包含财产和非财产两种责任方式。各国法律在规定承担精神损害赔偿责任的方式时，基本上都规定了赔礼道歉、消除影响、恢复原状等非财产的方式以及给予赔偿金的财产的方式。比如我国《民法通则》第一百二十条规定：“公民的姓名权、肖像权、名誉权、荣誉权受到侵害的，有权要求停止侵害，恢复名誉，消除影响，赔礼道歉，并可以要求赔偿损失。法人的名称权、名誉权、荣誉权受到侵害的，适用前款规定。”精神损害赔偿的基本功能就是抚慰受害人受到伤害的心灵，在多数情况下，只有财产的方

① 刘嗣元，石佑启：国家赔偿法要论［M］．北京：北京大学出版社，2005：1.

式和非财产的方式同时采用，才能取得最佳的效果。行政精神损害赔偿作为精神损害赔偿与行政侵权赔偿的产物，也不可避免地继承了精神损害赔偿的这一特色。

第三，行政精神损害赔偿兼有行政侵权赔偿和民事侵权赔偿的双重特点。比如，在责任构成上更趋向于行政侵权赔偿，要求侵权的主体是行政主体，受害人是行政相对人或其近亲属，在归责原则上不采用过错原则而采用违法原则等。但在赔偿责任的计算方法及承担方式上更接近民事侵权赔偿，更多地采用民事侵权赔偿的标准。本章在研究行政精神损害赔偿时，如非特别说明，指的都是狭义的行政精神损害赔偿。

2. 行政精神损害赔偿的功能

行政精神损害赔偿的功能指行政精神损害赔偿有什么样的作用。由于行政精神损害赔偿来源于民事精神损害赔偿，因此，行政精神损害赔偿的功能与民事精神损害赔偿的功能有着密切的联系。有关民事精神损害赔偿功能的观点素来有单一功能说、二重功能说、三重功能说等。持单一功能说的人又有不同的观点，有的人认为满足受害人的心理平衡是精神损害赔偿的功能；有的人认为惩罚侵权人是精神损害赔偿的功能；还有人认为补偿受害人所受的精神损害才是精神损害赔偿的功能等等。持双重功能说的人认为精神损害赔偿或者有补偿和惩罚的功能，或者有补偿和满足的功能。持三重功能说的人认为精神损害赔偿具有填补损害、抚慰受害人、制裁违法三种功能。①

我们认为，精神损害赔偿的功能应是多方面的。上述各种对精神损害赔偿功能的看法都有道理，各自指明了精神损害赔偿在某一方面或某几方面的功能。这些功能无一例外地体现在行政精神损害赔偿中。同时，我们认为在这些所有的功能里面，以下几种是行政精神损害赔偿最为基本的功能：

第一，抚慰功能。受害人由于行政主体的违法行政行为遭受了精神痛苦或精神利益的减损。通过精神损害赔偿使受害人受创的心灵得到抚慰，尽快地恢复心理上的满足与平衡，这是行政精神损害赔偿的一个基本功能。它体现了人类社会越来越重视人本身、越来越重视人的价值的特点，这是人类社会文明进步的表现。

第二，惩罚功能。通过强制违法行政的主体给予一定数额的金钱或为一定的行为，如赔礼道歉、消除影响等，给该行政主体以否定性的评价，让其遭受一定的惩罚，使其以后不会再犯。同时，由于伴随着赔偿制度的追偿制度的存在，也

① 杨立新，朱呈义，薛东方．精神损害赔偿［M］．北京：人民法院出版社，2004：30－31.

使有故意或重大过失的工作人员受到了惩罚，从而最终减少了再犯的可能性。

第三，规范功能。通过惩罚使行政机关及其工作人员明白什么行为可为、什么行为不可为，从而最终起到规范他们行为的功效。

3. 行政精神损害赔偿的归责原则

行政精神损害赔偿的归责原则是指国家据以承担行政精神损害赔偿责任的依据和标准。就目前各国的实践来看，在行政精神损害赔偿责任领域主要使用以下几种原则：

一是违法责任原则。这一原则仅要求行政主体及其工作人员在行使行政职权、履行行政职责的过程中违反法律规定侵犯行政相对人合法权益时，国家就要承担行政赔偿责任。

二是过错责任原则。这一原则要求实施行政侵权行为的行为人在主观上存在故意或过失或者行政行为本身未达到一定的标准。与之相应的，过错原则可分为主观过错和客观过错两种。主观过错是指行为人在实施行政侵权行为时在主观上具有故意或过失的应受非难的心理状态；客观过错主要表现为公务过错，即公务活动欠缺正常的标准。有三种形式：①公务实施不良，如警察抓贼而误伤行人；②不执行公务，即行政机关有作为的义务而不作为；③公务实施迟延，即公务活动没有在合法的或者合理的期限内完成。[①]

三是无过错责任原则。这一原则要求，只要行政相对方的合法权益，受到了行政主体特定行政行为的侵害，不论行政主体有无过错，也不论该行政行为是否违法，国家都必须承担行政损害赔偿责任，无过错责任原则之所以会产生，是因为“随着行政权力的不断扩张，公务活动造成相对方损害的危险逐渐增加。在这种情况下，即使公务员在履行公务时没有过错或不违法，也可能导致公民、法人或其他组织合法权益的损害。因此，完全适用过错原则或违法原则并不能全面地保障相对方的合法权益。此时，有必要寻求较之传统过错原则更为严格的法律救济途径，因此，无过错责任原则就应运而生了。”[②] 这一原则目前也被越来越多的国家采用了。

四是明显不当责任原则。这一原则要求虽然合法但明显不合理的行政行为损害相对方的合法权益时，国家也应该承担损害赔偿责任。一般情况下，明显不当

① 杨临萍．行政损害赔偿［M］．北京：人民法院出版社，1999：137.

② 王世涛．行政侵权研究［M］．北京：中国人民公安大学出版社，2005：119－120.

的行为表现为以下几种形式：失职行为、越权行为、滥用职权行为、程序瑕疵行为、形式瑕疵行为等。① 多数国家在使用上述原则时都不会只使用其中的一种，比如美国《联邦司法法》第1346（b）明确规定："联邦政府之任何人员，于其职务范围内，因过失、不法行为或不行为致人民遭受金钱之损失，财产之损失或丧失，或人身上之伤害或死亡，美利坚合众国应与私人一样，依行为地或不行为地之法律，对请求人负损害赔偿之责任。"又如日本《国家赔偿法》第一条第一款规定："行使国家或公共团体公权力之公务员，就其执行职务，因故意或过失不法加损害于他人者，国家或者公共团体对此应负赔偿责任。"再如韩国《国家赔偿法》第二条第二款规定："公务员执行职务因故意或过失，不法加害于他人者，国家或地方自治团体应赔偿损害。"《奥地利国家赔偿法》亦规定："联邦、各邦、县市、乡镇及其他公法上团体的社会保障机构于该官署之机关执行法律故意或过失违法侵害他人之财产或人格权时，依民法之规定由该官署负损害赔偿责任。"从上述条文我们可以看出，上述各国在确定赔偿责任时，都采用了过错与违法相结合的原则。我国目前在行政侵权损害赔偿领域适用的是单一的违法责任原则。如我国《国家赔偿法》第二条规定："国家机关和国家机关工作人员违法行使职权侵犯公民、法人和其他组织的合法权益造成损害的，受害人有依照本法取得国家赔偿的权利。"毋庸置疑，违法责任原则与其他责任原则相比较有其优势，比如说它更客观、更简便、更易操作，避免了主观随意性。但是其弊端也日益突出，首要的便是"违法"认定标准模糊。对此，章志远博士有较为明确的论述，他认为："我国虽然采取了客观的违法归责原则，但对于何为违法，却没有明确的规定，理论上的认识也极不统一。例如，有人认为'违法'仅仅指违反法律、行政法规、地方性法规、最高人民法院的司法解释以及不与法律、法规相抵触的规章。有人认为'违法'应当包含四项内容：即违反明确的法律法规；违反诚信原则、尊重人权原则及公序良俗原则；滥用或超越行使自由裁量权，提供错误信息、指导及许可批准；没有履行为特定人的法律义务或尽到合理注意的职责。还有人主张'违法'应当包括两层意思：①既指违反严格意义上的法律，如违反宪法、法律，又指违反法规、规章和其他规范性文件；②违法的内容不仅包括实体上的违法，而且包括程序上的违法。违法的种类包括没有事实根据和法律依据的行为；适用法律错误和违反法定程序的行为；超越职权范围的行为；滥用职权的行为；不履行或拖延履行法定职责的行为等。因此，'违法'认定标准的

① 王世涛．行政侵权研究［M］．北京：中国人民公安大学出版社，2005：132.

模糊性使得这一原则本身充满了极大的不确定性。”① 其次便是违法责任原则所辖行为范围过于狭窄，不能满足国家赔偿现实的需要。比如行政主体及其工作人员某些虽不违法但明显不当的行政行为侵犯了相对人的合法权益，相对人就不能依据违法原则得到国家赔偿。这就十分不利于保护相对人的合法权益。同时，许多国家都规定了基于公共营造物设置或管理瑕疵的损害赔偿责任的求偿权。如日本《国家赔偿法》（昭和 22 年 10 月 27 日法律一百二十五号）第二条规定：“因道路、河川或其他公共营造物之设置或管理有瑕疵，致使他人受损害时，国家或公共团体对此应负赔偿责任。”违法责任原则就不能用来衡量此种公共营造物设置或管理瑕疵造成的公民、法人或其他组织的损害。可见，单一的违法责任原则显然是不能完全适应行政侵权损害赔偿的实践需要的。所以，我国应着力构建多元化的行政侵权损害赔偿的归责原则体系，在坚持违法责任原则的前提下，引入明显不当原则、过错责任原则。只有这样，才能更有效地保护行政相对人的合法权益，并且对行政主体及其工作人员的行政行为进行有效地规制。无过错责任原则在目前还不需要纳入我国的归责原则体系，因为我国的行政补偿制度一定程度上可以弥补缺乏这一原则的不足。

4. 行政精神损害赔偿责任的构成

行政精神损害赔偿责任的构成要件，是指国家承担行政精神损害赔偿责任必须具备的条件。承担任何一种形式的赔偿责任都需要具备一定的条件，民事责任如此，刑事责任如此，行政责任亦如此，关于行政精神损害赔偿责任的构成要件，我们从四个方面：主体、行为、结果以及行为与结果间的因果关系进行分析。

（1）主体要件

我们说的主体要件指的是行政侵权行为主体。在讨论行政侵权行为主体时，我们必须弄清两个问题：第一，行政主体、赔偿责任主体、赔偿义务机关以及行政侵权行为主体的界定。严格来说，行政主体并不是一个法律概念，而是一个法学概念，它是行政法学为研究行政法律关系而对关系参加人进行抽象而创造的概念。在我国，目前行政主体包括两个大的种类：行政机关以及法律、法规授权的组织。② 赔偿责任主体是指对行政侵权行为负赔偿责任的组织或个人。在我国仅指国家，公务员个人不承担赔偿责任。赔偿义务机关是指代表国家接受行政赔偿

---

① 章志远．我国行政赔偿制度完善之构想［J］．贵州警官职业学院学报，2005（2）．

② 姜明安．行政法与行政诉讼法［M］．北京：北京大学出版社、高等教育出版社，2003：86.

请求，支付赔偿费用，参加赔偿诉讼的机关。①在我国，主要是指行政机关及法律、法规授权的组织。它和行政主体的范围是一致的。至于行政侵权行为主体，是指具体实施行政侵权行为的组织或个人。一般情况下，行政主体可以成为行政侵权行为主体，但行政侵权行为主体却不一定是行政主体，如公务员个人以及行政机关委托的组织，它们都不是行政主体，但却可以成为行政侵权行为主体。在我国，实施侵权行为的主体必须是国家行政机关及其工作人员、法律法规授权的组织及其工作人员以及行政机关委托的组织及其工作人员。其他的任何自然人、法人或组织都不能成为行政侵权行为的主体。就我国的具体情况而言，国家行政机关及其工作人员是指国务院和地方各级人民政府、国务院各部委，以及直属机构、办公机构和地方各级人民政府的工作部门及在上述机关工作的工作人员；法律法规授权的组织主要指的是各种社会团体（如工会、共青团、妇联、残联等）、各种事业与企业组织（如烟草公司、自来水公司）、基层群众性自治组织（如居民委员会、村民委员会）及有关的技术检验、鉴定机构（如药品管理、进出口商品检验机构等）。行政机关委托的组织及其工作人员可以成为行政侵权行为的主体，但是它本身并不承担行政赔偿责任，而是由委托它的行政机关承担。第二，行政侵权主体与行政侵权行为主体是否应加以区分。对此问题，理论界一直有争议，有的学者将其明确地加以区分，如韩大元教授认为“在我国，行政侵权主体只能是行政主体，公务员不能成为行政侵权的主体”，在研究行政侵权时“必须澄清行政侵权的行为主体、行政侵权主体、行政侵权责任主体和行政赔偿义务机关的关系”。②王世涛博士认为：“行政侵权的行为主体不同于行政侵权主体。行政侵权的行为主体只是行政侵权行为的实施者，其概念的外延比较广泛，可以是行政机关、依法被授权的组织、受行政机关委托的组织、行政机关的内部机构、公务员以及行使行政职权的其他组织或个人。但根据法理，法律行为的实施者并不一定可以成为法律关系的主体，如果认为具有行政执法上的所谓‘资格’即是行政侵权主体的话，不但在理论上造成行政侵权主体范围的任意扩大，还会无限制地加重国家行政赔偿责任的负担。”③但也有学者不将二者加以区分，如杨临萍主编的《行政损害赔偿》一书在论述行政侵权行为主体时，认为：“英国、新加坡、捷克以及匈牙利等国家的法律没有明确地规定与国家有临时雇佣关系或委托

① 杨临萍．行政损害赔偿［M］．北京：人民法院出版社，1999：154.
② 王世涛．行政侵权研究［M］．北京：中国人民公安大学出版社，2005：1.
③ 王世涛．行政侵权研究［M］．北京：中国人民公安大学出版社，2005：71.

关系的组织或个人可否成为侵权主体，公共机关可否成为侵权行为主体。”同时认为：“法国、德国、瑞士以及日本等国法律不要求实施限制侵权行为的主体必须是具有正式公务员身份或领取国家薪金的雇员，而是以其客观上是否执行公务为标准，只要基于法律授权或机关委托从事公务者都可以成为侵权主体。”并且认为：“这类宽泛的限制有利于保障受害人求偿权的充分行使，同时也可以有效地防止国家借口将职务委托给私人而逃避自身的责任。”① 从该书的论述，我们可以看出，该书并没有将行政侵权主体与行政侵权行为主体加以区分。同时，易凤兰，姚锐敏在《简论行政侵权主体》一文中认为：“行政侵权主体是具有代表国家行使一定的行政权力，实施行政管理的法律资格的组织和个人。”② 可见该文也没有将行政侵权主体与行政侵权行为主体加以区分。我们赞同第一种意见，即行政侵权主体与行政侵权行为主体应该加以区分，原因如下：从逻辑上来说，行政侵权主体首先必须是行政主体，而行政侵权的行为主体只要有资格实施行政行为即可，不需要具有行政主体资格。因此，二者之间的区别十分明显：

第一，行政侵权主体应该具有法定的行政职权，但从各国的法律规定来看，行政职权通常都是授予相应的行政机关及有关组织，极少授予公务员个人。

第二，行政侵权主体应当能够以自己的名义实施行政行为。从各国的法律理论和实践来看，许多的行政行为都是由公务员、国家临时雇佣或委托的组织或个人来完成的，不论是公务员还是国家临时雇佣或委托的组织及个人都不能以自己的名义实施行政行为。

第三，行政侵权主体应能由自己承担行政侵权损害赔偿责任，但从各国的法律实践来看，并不是任何的行政侵权行为的主体都能由自己来承担行政侵权损害赔偿责任的。因此，行政侵权主体与行政侵权行为主体是不同的。

（2）行为要件

一种行为要承担行政精神损害赔偿责任必须满足两个条件：一是该行为必须是行使行政职权、履行行政职责的行为。众所周知，行政机关及其工作人员（包括法律、法规授权的组织及其工作人员，以及受行政机关委托的组织及其工作人员）都既可以从事民事活动，又可以从事行政活动。正因为他们具有这样的一种双重身份，所以我们必须严格地区分清楚在什么情况下，他们从事的是民事活动，在什么情况下，他们从事的是行政活动。只有当他们从事的是行政活动时，

① 杨临萍．行政损害赔偿［M］．北京：人民法院出版社，1999：154－155.

② 易凤兰、姚锐敏．简论行政侵权主体［J］．学术论坛，2001（1）.

国家才可能因其违法侵害行政相对人或其近亲属的合法的精神利益而承担行政精神损害赔偿责任。二是该行为必须系违法行为或明显不当行为（此处涉及归责原则，在下文有详细论述）。所谓违法行为，我们赞同最广义的解释，即“违法”不仅包括违反各种规范性法律文件，而且包括各种法律原则、社会公理、惯例；不仅包括违反实体法，而且包括违反程序法。比如我国《国家赔偿法》第三十条规定：“行政机关及其工作人员违法拘留或者违法采取限制公民人身自由的行政措施，造成受害人名誉权、荣誉权损害的”、“行政机关及其工作人员非法拘禁或者以其他方法非法剥夺公民人身自由造成受害人名誉权、荣誉权损害的”，应该“承担精神损害责任”。这条规定非常明确地阐述了在上述两种情况下，行政主体承担行政精神损害赔偿责任的义务。而且，我们从中不难看出，行政行为“违法（非法）”是我国行政主体承担行政精神损害赔偿责任的一个不可或缺的条件。行政不当行为指的是违反行政合理性原则的行政行为。我国的《国家赔偿法》虽然没有将行政不当行为纳入行政损害赔偿责任的范围内，但却有越来越多的国家将其纳入行政损害赔偿范围内，这值得我国借鉴。

（3）结果要件

侵权损害结果的出现，是侵权责任承担的一个必备条件。行政精神损害赔偿责任的承担也是如此。在行政精神损害赔偿责任中必须要有精神损害事实的出现。这种精神损害事实既可以表现为精神上的痛苦，如焦虑、绝望、悲观等；也可以表现为精神利益的减损，如社会评价降低、信誉下降等。而且，在行政精神损害赔偿责任中的精神损害事实既可以出现在行政相对人本人身上，也可以出现在其近亲属身上。只要有精神损害事实，行政相对人及其近亲属都可以要求行政精神损害赔偿。

（4）因果关系要件

因果关系要件要求精神损害事实是由行政侵权行为主体的违法的行政行为引起的。二者之间是原因和结果的关系。因果关系本身异常复杂，但我们认为在确定事实上的因果关系（行为与损害结果之间的因果关系）时，只要该行为是促成结果的一个实质性的要素就可以了；在确定法律上的因果关系（该行为是否要承担法律责任）时，只要在通常情况下，依社会一般观念，该行为也会造成该结果时，就要承担法律上的责任。也就是说，该行为与结果之间有因果关系。

（四）行政精神损害赔偿制度在我国确立的必要性和可行性

1. 行政精神损害赔偿制度在我国确立的必要性

我们认为，行政精神损害赔偿制度在我国确立的必要性目前主要体现在以下几个方面：

（1）实行行政精神损害赔偿是监督行政机关及其工作人员，促使其依法行政的需要

依法行政是社会主义法治建设的重要内容。在当今的中国，依法行政具有重要的意义。因为，随着社会的发展，行政权日益扩张。行政权的扩张有好的一面，比如提高了办事的效率。但也有其不利的影响，比如使得侵犯行政相对人合法权益的现象大为增加。我们认为，要想克服其不利的影响，至少要从两方面入手：一是要增加对行政相对人权益进行救济的途径；二是要加强对行政机关及其工作人员行为的规范、制约和监督。确立行政精神损害赔偿制度无疑能同时实现这两个目的。因为，行政精神损害赔偿虽说是“国家责任”，但我国的国家赔偿费用通常是先由赔偿义务机关垫付，再向同级财政机关申请核拨的。实践中，多数赔偿义务机关都不向同级财政机关核拨，而是用自己单位的经费赔付。因此，通过行政精神损害赔偿制度，可以对违法的行政主体进行惩戒，从而最终有效地制约、规范行政主体的行为。同时，由于有追偿制度的存在，使得有故意或重大过失的行政工作人员受到惩罚，这对行政机关的工作人员来说是一种警戒，从而使他们会尽可能地在法律规定的范围内从事行政活动，真正实现依法行政。

（2）实行行政精神损害赔偿是保护行政相对人合法权益的需要

如前所述，行政权本身具有的命令性、强制性以及与行政相对人直接接触性等特性，使其极易侵犯行政相对人的合法权益。这种合法权益可能是物质利益，也可能是精神利益。物质利益受损应当赔偿，精神利益受损也应当赔偿。因为精神利益虽然是无形的、难以量化的，但是它却是切切实实存在的。从惯例来看，各国在对精神性权益进行救济的时候总是首先体现在民事法律中，而对行政侵权造成的精神损害进行救济，则经历了一个从不赔偿到赔偿，从限定赔偿到非限定赔偿的漫长过程。目前，主要的西方发达国家，如美国、英国、德国、日本等都已较为全面地肯定了行政精神损害赔偿的法律地位。这是国家赔偿法的一个重大发展，也是整个法律理论的一个重大发展，更是人类文明的一个重大发展。但令人遗憾的是，我国《国家赔偿法》却没有全面肯定行政精神损害赔偿制度。该法仅在第二十六条、第二十七条、第三十条有较为零散的规定。这些规定只限于对侵犯人身权利导致的物质利益的损失进行赔偿，对精神痛苦或精神利益减损的赔偿未涉及。而且，第二十六条、第二十七条规定还只涉及人身自由权和生命健康权，对其他人身权利没有规定。这种做法对人身权利的保护是极为不利的。该法第三十条虽然承认某些违法行政行为可能给受害人造成精神上的创伤，应当赔礼

道歉，消除影响，恢复名誉，但可惜的是依然没有涉及抚慰金的给予，这是我国《国家赔偿法》的一大不足。这样规定的原因很多，但不论当时是出于什么理由，社会发展到现在，对行政侵权进行精神损害赔偿是不可避免的，而且在我国现实的法律生活中也有了实践，并产生了良好的效果。（如南京市中级人民法院1995年审理上诉人吴兴旺诉被上诉人江苏省江宁县公安局侵犯人身权纠纷一案，经审理，认为被上诉人江宁县公安局对上诉人吴兴旺收容审查属法律、法规适用错误，收容审查给上诉人吴兴旺造成了严重的精神损失，可以用金钱赔偿，使其精神上得到安慰，一审未判精神损害赔偿不当，判决被上诉人江苏省江宁县公安局赔偿吴兴旺精神抚慰金人民币2 000元。）因此，尽快在相关法律中确立行政精神损害赔偿制度，加强对行政相对人合法权益的保护是十分必要的。

（3）实行行政精神损害赔偿制度是具体落实宪法、行政诉讼法，实现社会主义法治的需要

许多法律，特别是上位法律的规定，在很多情况下需要由其他法律或者下位法律来贯彻落实。我国《宪法》第四十一条第三款规定："由于国家机关和国家工作人员侵犯公民权利而受到损失的人，有依照法律规定取得赔偿的权利。"《行政诉讼法》第一条规定："保护公民、法人和其他组织的合法权益，维护和监督行政机关依法行使职权。"像这样抽象的、原则性的规定在我国法律中还有很多。这样的规定往往需要相关的法律、法规配套实施，才能真正从纸面走进人们的现实生活中。因此，不论是《宪法》对公民权利的保护条款，还是《行政诉讼法》对公民、法人和其他组织的合法权益进行保护的条款，都需要我们将行政精神损害赔偿制度引入《国家赔偿法》或相关的法律法规中，只有这样，《宪法》和《行政诉讼法》的相关规定才不会落空。而且，"法律至上"、"尊重人权"等现代法治理念也要求有损害就必须有救济，否则任何的权利都只能是无法兑现的承诺。可见，将行政精神损害赔偿制度在立法中体现出来既是保护公民合法权益的需要，也是实现社会主义法治的需要。

（4）实行行政精神损害赔偿制度是维护社会稳定发展的需要

对于一个社会来说，有了矛盾就必须解决，不论这个矛盾是个人与个人之间的，还是个人与政府之间的。对于社会的稳定和发展来说，个人和政府之间的矛盾所起的破坏性影响更甚于前者。前文已于多处作过阐述，行政机关及其工作人员的违法行为可能引起行政相对人物质利益的损害，也可能引起行政相对人或其近亲属精神上的痛苦或精神利益的减损。这些物质利益损害和精神利益减损无异于在行政机关及行政相对人之间制造了一个又一个必须加以解决的矛盾。解决得

好，有助于行政机关职权的实施和职务的履行；解决得不好，只会引起行政相对人对行政机关及其工作人员的反感，从而降低行政机关的威信，影响相关法律、法规的实施。更为严重的是，由于行政机关及其工作人员具有特殊身份，即在行使行政职权、履行行政职责时往往代表着国家，如果因行使行政职权造成对行政相对人的损害，还让其得不到相应救济，就会引起公民个人对国家、对政府的不满，就会埋下许多不稳定的隐患，影响社会的稳定和发展。把行政精神损害赔偿制度纳入国家赔偿体系中，有助于更好地解决公民个人与行政机关之间的矛盾，把许多隐患消灭在萌芽之中，从而有助于增进行政相对人对行政机关，进而对国家、对政府的信任，有助于行政法律、法规、政策的顺利实施，有助于社会的稳定和发展。

2. 行政精神损害赔偿在我国确立的可行性

我们认为行政精神损害赔偿制度在我国现阶段之所以是可行的，是因为以下几个方面的原因：

第一，经济的快速发展为行政精神损害赔偿提供了物质基础。国家财力难以支撑素来就是我国不将行政精神损害赔偿纳入国家赔偿体系中的一个重要原因。但这个原因也随着我国经济的快速发展而渐渐淡出了历史舞台。在“十五”时期，我国财政收入不断取得新突破，2003 年突破 20 000 亿元大关，达到 21 715 亿元，增收 2 812 亿元；2004 年在解决 1 288 亿元出口退税陈欠后，又突破 25 000 亿元，达到 26 396 亿元，增收 4 681 亿元；2005 年 1 至 11 月，全国财政收入比上年同期增长 18.5%。其中，中央财政收入 15 560.98 亿元，增长 17.5%；地方财政收入 13 380.92 亿元，增长 19.8%；2006 年仅上半年财政收入就突破 20 000 亿元。[①] 全国财政收入从 10 000 亿元达到 20 000 亿元，用了五年时间，从 20 000 亿元到 30 000 亿元仅用了两年时间，这表明财政收入增长的稳定性进一步增强，财政发展的步伐不断加快。我国经济的这种快速发展，为行政精神损害赔偿制度的实行提供了坚实可靠的物质保障。同时，由于经济的发展和人民生活水平的提高，更多的人开始把注意力从物质生活转移到了精神生活上，这就不可避免地提升了对自身精神性权益的认识。因此，对自身精神性权益的受损就更为重视，也更为迫切地希望得到救济并积极地寻求救济。这一切都为行政精神损害赔偿制度在我国的实行奠定了良好的基础。

第二，民主法治思想深入人心，为我国行政精神损害赔偿制度的实行提供了

① 引自：http：//news. xinhuanet. com.

思想基础。奴隶社会和封建社会产生不了国家赔偿制度，当然也就更加产生不了行政精神损害赔偿制度。原因很简单，在奴隶社会和封建社会中，一切的人都是统治者的臣民，一切的物都归统治者所有，在这种情况下，根本不可能有国家赔偿思想的产生，更遑论国家赔偿制度的确立。但到了近代，民主法治思想的产生改变了这种状况。首先，人们认识到“国家的一切权力是属于人民的”，代表国家的一切机关及个人，包括立法机关及其工作人员、司法机关及其工作人员、行政机关及其工作人员都不是凌驾于人民之上的主体，他们只能在人民授权的范围内管理国家事务，维护社会秩序，为人民谋福祉。他们不再是人民的主人，而是人民的公仆。这种“主权在民”的民主理论的产生，为国家赔偿思想奠定了良好的思想基础。其次，法治思想伴随着民主理论的产生而产生，为国家赔偿制度的确立奠定了法律思想基础。因为法治思想要求在一个社会中，法律成为至高无上的权威，这就意味着：①在国家生活中，法律应当有至上的效力和最高的尊严，国家机关的一切职权根源于法律，而且依法行使；②国家行政机关、司法机关应受立法机关的监督和制约，其决定不得与立法机关的一般性决策相冲突，否则无效；③政党必须在法律范围内活动，政党的政策不得违反宪法和法律；④当国家领导人个人的意志与法律出现矛盾时，法律必须高于领导人的个人意志。否则就会出现法律和国家政策因为领导人个人意志和情绪的转变而改变，出现人治政治体制下经常发生的领导人更替过程中的政局波动和政局危机。① 如果说民主理论的出现为国家赔偿思想的产生创造了条件，那么，法治理念的出现则为国家赔偿制度的产生创造了可能。对于国家赔偿制度来说，民主与法治的结合是其产生的沃土，二者缺一不可。因为民主离不开法治，离开法治的民主必然不是真正的民主。“民主政治并不决然排斥专制”，由人民选举出的政府离开法治也有实行专制的可能。而专制却可能使已然产生的国家赔偿思想永远都只是思想，变不成制度，走不进人们的现实生活。因此，民主与法治的结合是产生国家赔偿制度的沃土。在当今中国，民主与法治理念早已根植于人民心中，《国家赔偿法》的产生就是一个生动而鲜明的体现。同时，随着社会的进步，人们在民主与法治理念的基础上，思想有了进一步的发展。这种发展主要表现为人们对自身权益越来越重视，对自身价值越来越尊重。“以人为本”的思想时时可见、处处可见。在此基础上，国家的各种制度设计也越来越人性化了，精神损害赔偿制度已在民事领域广泛运用，行政精神损害赔偿制度也必将应运而生。

① 张文显．法理学［M］．北京：高等教育出版社，2004：338.

第三，以民主法治思想为基础的政治制度的确立为行政精神损害赔偿提供了政治基础。有了民主法治的思想，并不表示有了民主法治的现实。同样，民主法治人权等理念虽然能促使国家赔偿乃至行政精神损害赔偿观念的产生，但却不能让它们从观念变为现实。因此，真正运行于现实社会的以民主法治为基础的政治体制的确立对国家赔偿及行政精神损害赔偿从理论走向实践是必不可少的。以国民党统治时期为例，民主法治人权等观念早已从西方国家传入我国，国民政府甚至在其1936年颁布的第一部《宪法》中明确规定："凡公务员违法侵害人民之自由或权利者，除依法律惩罚外，应负刑事及民事责任；受害人就其所受损害，并得依法向国家请求赔偿。"后来，国民政府又制定了《国家赔偿法》、《警械使用法》、《核子损害赔偿法》等法律，对国家赔偿问题作出了具体规定。但由于国民政府的统治并不是真正的民主统治，也没有真正实现法治。这一系列的规定也就并没有得到真正的实行。新中国建立后，我国实行"人民代表大会制"，权力真正地属于了人民。虽然在很长一段时期内，由于各种原因，我国的法治建设遭到了极大的挫折，但是，自从改革开放以来，伴随着我国经济建设的快速发展，我国的各种法律制度也越来越完备了，法治虽没有真正实现，但有了良好的制度基础，已成为人们可以期待的现实目标了。国家的管理活动也越来越主动、越来越多地在法律范围内用法律的手段去实现了。这一切都为行政精神损害赔偿制度的确立运行奠定了良好的政治制度基础。

第四，日益健全的法律制度为行政精神损害赔偿提供了法律基础。《国家赔偿法》虽然没有完全承认行政精神损害赔偿，但我国却有不少的法律为行政精神损害赔偿制度的确立提供了良好的法律基础。比如《宪法》第四十一条第三款规定："由于国家机关和国家工作人员侵犯公民权利而受到损失的人，有依照法律规定取得国家赔偿的权利。"这一规定虽没有明确指明行政侵权可以适用精神损害赔偿。但是"公民权利"一词显然应该包含着公民的精神权利。在没有任何相反规定的情况下，某些法律把行政精神损害赔偿排除在外，这是与《宪法》规定相违背的，不利于《宪法》保护公民权利宗旨的实现。《行政诉讼法》第二条也规定："公民、法人或者其他组织认为行政机关和行政机关的工作人员的具体行政行为侵犯其合法权益，有权依照本法向人民法院提起诉讼。"该条"合法权益"和《宪法》中的"公民权利"一样，也是包含精神权利在内的，这条规定为行政精神损害赔偿提供了诉讼法上的依据。另外，值得注意的是《民法通则》关于精神损害赔偿的规定，该法第一百二十条："公民的姓名权、肖像权、名誉权、荣誉权受到侵害的，有权要求停止侵害，恢复名誉，消除影响，赔礼道歉，并可以要求赔偿损失。”第一百二十一条：“国家机关或者国家机关工作人员在执行职务中，侵犯公民、法人的合法权益造成损害的，应当承担民事责任。”我们可以肯定，依照《民法通则》这两条的规定，行政侵权案件其实也是可以提起精神损害赔偿的。但令人遗憾的是，1994年颁布的《中华人民共和国国家赔偿法》却丝毫未涉及对行政侵权适用精神损害赔偿金的制度，这造成了法律之间的矛盾和冲突，同时，对公民、法人或其他组织合法权益的保护也极为不利，必须加以解决。但是，毋庸置疑，《宪法》、《行政诉讼法》以及《民法通则》的规定已然为行政精神损害赔偿制度的确立奠定了良好的法律制度基础。

第五，与其他国家的接触日益密切，为行政精神损害赔偿制度的确立创造了优良的国际环境。目前，我国尚未在国家赔偿体系中纳入行政精神损害赔偿制度，但国外许多国家早在几十年前就已在国家赔偿体系中确立了该制度。而且，从运行态势来看，行政精神损害赔偿无论从理论上还是实践中都已日趋成熟。自从改革开放以来，我国开始与国外许多国家有了较为密切的联系，特别是加入世界贸易组织以后，我国从诸多方面，特别是与经济、贸易有关的法律规则方面开始与国际接轨，这使我国与国外许多国家在法律交流方面日益加强，国外许多先进的法律理念及成熟的法律实践方式也传入了我国，与之相伴随的，国外有关行政精神损害赔偿的有益经验也进入了我国法律界。这一切都为我国确立行政精神损害赔偿制度提供了良好的环境。综上所述，无论从理论上还是从实践中来看，将行政精神损害赔偿制度纳入我国国家赔偿体系的时机已经成熟。

第二节　国外有关行政精神损害赔偿立法比较分析

从前面论述国外，尤其是西方国家行政精神损害赔偿的历史发展部分，我们可以得知行政精神损害赔偿从二战后就已引起了西方多国的重视。而且，很快地这种重视就体现在了各国的法律中，并且在实践中开始运行。而我国由于各种各样的原因，民事领域的精神损害赔偿都直到20世纪80年代才得到承认，更不用说行政精神损害赔偿了。所以，不管我们愿意不愿意，就行政精神损害赔偿制度的建设和实践这一块而言，我们较国外一些发达国家落后得太多。因此，在此部分，我们重点介绍国外一些国家有关行政精神损害赔偿的制度及实践，以期对我国行政精神损害赔偿制度的确立及实践有所启迪。本章将从立法方式、赔偿范围、赔偿方式、赔偿金的计算标准以及赔偿程序规则几个方面进行介绍。

一、行政精神损害赔偿制度的立法方式

国外，尤其是一些发达国家在制定行政精神损害赔偿制度的时候，所采用的方式是不一样的。总体而言，其立法方式可以分为以下几种。

（一）在《国家赔偿法》中规定

如日本《国家赔偿法》第一条第一项规定："行使国家或公共团体公权力之公务员，就其执行职务，因故意或过失不法加损害于他人者，国家或者公共团体对此应负赔偿责任。"同时第四条规定："国家或公共团体之损害赔偿责任除前三条之外，依民法之规定。"又如韩国《国家赔偿法》第二条第二项规定："公务员执行职务因故意或过失，不法加害于他人者，国家或地方自治团体应赔偿损害。"西德在其1981年的《国家赔偿法》第一条第一项规定："公权力违反其对于他人应执行之公法人义务时，其主体对该他人因此所生之损害，应依本法负赔偿责任。"世界上绝大部分承认国家赔偿的国家都是通过制定专门的《国家赔偿法》加以规定的，隶属于国家赔偿的行政精神损害赔偿制度也是通过此方式加以确立的。

（二）在《国家赔偿法》制度之外的法律中规定

例如新加坡在《宪法》中规定。由于新加坡在法制上属不成文国家，并没有《国家赔偿法》，但该国《宪法》第二十一条第二项规定："政府得起诉和被诉。"通常认为这是对国家赔偿责任的认可。又如美国也没有《国家赔偿法》，但其1948年9月1日开始生效的《联邦司法法》第1346（b）亦明确规定："联邦政府之任何人员，于其职务范围内，因过失、不法行为或不行为致人民遭受金钱之损失，财产之损失或丧失，或人身上之伤害或死亡，美利坚合众国应与私人一样，依行为地或不行为地之法律，对请求人负损害赔偿之责任。"

（三）在判例中确立

如法国，其国家赔偿责任不是通过成文法确立的，而是通过判例确立的。比如1961年11月24日，法国最高行政法院在对"勒都斯兰德案"的判决中认为："尽管缺乏物质损害，儿子死亡给父亲造成的痛苦，也可作为给予父亲赔偿的充分理由，遂判决侵权人赔偿1 000法郎。"[①] 这个判例首开法国无物质损害依然可以要求行政精神损害赔偿之先河，对法国行政精神损害赔偿制度的发展有重大

---

① 吴春燕，徐泉等．精神损害事故认定与法律处理［M］．长沙：湖南人民出版社，2004：279.

意义。

综上所述，我们把国外法律及国际公约的主要相关规定大致归纳如下：

表7－1 国外法律及国际公约相关规定

国外法律及国际公约相关规定	《日本国家赔偿法》	第四条则规定：除国家赔偿特殊规定外，国家或公共团体的损害赔偿责任，依法规定，包括精神损害赔偿。
	《韩国国家赔偿法》	对于生命或身体之被害人之直系尊亲属、直系卑亲属及配偶，以及因身体等受伤害之其他被害人，应在总统令所定之标准内，参考被害人之社会地位、过失程度、生计状况及损害赔偿额等赔偿其精神抚慰金。
	《美国联邦司法法》	1346（b）规定："联邦政府之任何人员，于其职务范围内，因过失、不法行为或不行为致人民遭受金钱之损失，财产之损失或丧失，或人身上之伤害或死亡，美利坚合众国应与私人一样，依行为地或不行为地之法律，对请求人负损害赔偿之责任。"
	《公民权利和政治权利国际公约》	公职人或者以官方身份行使职权的其他人，非因法律制裁，蓄意使公民在身体上或精神上遭受剧烈疼痛或痛苦的行为，都应受到禁止，受害人享有获得公平和足够赔偿的权利。

二、行政精神损害赔偿的范围

赔偿范围在各国通常指客体范围，即违法行政行为侵害的哪些合法的民事权利可以请求精神损害赔偿。行政精神损害赔偿的范围的认定经过了从开始的限定主义到了现在的非限定主义较漫长的发展过程。在限定主义时期，国家通常只对造成特定物质损害后果的精神损害予以赔偿。到了非限定主义时期，对于那些没有物质损害后果的精神损害也开始给予赔偿了。如前所述日本的《国家赔偿法》第四条规定："国家或公共团体之损害赔偿责任，除前三条之规定外，依民法之规定。"① 而《日本民法典》第七百一十条规定：不问是侵害他人身份、自由或名誉情形，还是侵害他人财产情形，依法应负侵权赔偿责任的，对财产以外的损

① 皮纯协，冯军．国家赔偿法释论［M］．北京：中国法制出版社，2004：272.

害，亦应赔偿。第七百一十一条规定：害他人生命者，对于受害人的父母、配偶及子女，虽未害及其财产权，亦应赔偿损害。[①] 又如俄罗斯联邦民法典和国家赔偿立法规定：国家机关侵权行为对公民健康造成损害（致伤致残）的赔偿金额，包含工资额（致伤致残前12个月的平均工资）、补充开支额（医疗费、药费、护理费、疗养费、赴疗养院的往返费用和陪同人员费用、补充营养费等）、精神损害赔偿额等；国家机关侵权行为造成公民死亡情况下的赔偿金额，包括死者生前所赡养和抚养的人、遗腹子的赡养费、扶养费（费用总额不超过死者生前工资额）、一次性补助金、失去赡养、扶养者的人的精神损害赔偿金额；国家机关侵权行为造成公民或法人精神损害的赔偿，包括对公民或者法人荣誉、尊严、商业信誉损害的赔偿，以金钱或其他物质形式出现，赔偿金额由法院裁定。[②] 行政精神损害赔偿发展到现在，就其赔偿范围来说，越来越广泛了。一般而言，只要造成了受害人精神损害，又不属于法定免责的情形的，国家就应该承担行政精神损害赔偿责任。具体而言，当违法行政行为侵犯以下合法的民事权利时须承担行政精神损害赔偿责任：生命权、健康权、人身自由权、姓名权、名称权、肖像权、名誉权、荣誉权、隐私权、信用权、人格尊严权、性自由权、配偶权、亲权、亲属权、监护权、信仰权等等。而且，当某些特定财产受到侵害时也有精神损害赔偿请求权，这主要体现为有纪念意义的财产受到侵害时有精神损害赔尝请求权。

三、行政精神损害赔偿的方式

如前所述，精神损害赔偿有狭义和广义两种，狭义的指对精神损害以给予赔偿金的方式进行赔偿；广义的除了给予赔偿金之外还包括停止侵害、消除影响、赔礼道歉、恢复名誉等非财产的方式。我们一般所说的精神损害赔偿指的是狭义的精神损害赔偿，本章也采用狭义说。比如说，我国《国家赔偿法》没有规定行政精神损害赔偿，就是说我国《国家赔偿法》就违法行政行为造成的相对人的精神损害没有规定给予赔偿金的赔偿方式。所以，就行政精神损害赔偿的方式整体而言，包括给予赔偿金、停止侵害、消除影响、赔礼道歉、恢复名誉等财产的和非财产的方式。但我们必须清楚，虽然行政精神损害赔偿有财产的和非财产的两种形式，却并不是任何的精神损害都得用给予赔偿金的方式进行赔偿。一般情况

---

① 参见刘静仑．比较国家赔偿法［M］．北京：群众出版社，2001：208.

② 参见尹伊君．刑事赔偿的理论与实务［M］．北京：群众出版社，2001：308－309、312、331.

下，只有当仅靠非财产的形式不足以弥补其受到的损害时，才适用金钱赔偿的方式。许多西方国家都对精神损害赔偿金的适用作了明确的限制。例如，瑞士《债法》第四十九条规定："人格被侵害者，于其有重大侵害或重大过失时，有抚慰金请求权。"通过这条规定，我们可以看出，"重大侵害或重大过失"是瑞士提出抚慰金请求的条件。又如英国和澳大利亚提出适用精神损害赔偿金的条件是：侵害人的行为和陈述必须在事实上致人精神上的伤害，而这种伤害必须是严重的精神损害，并且是真实存在的、持久的精神损害，而非一时的精神损害。[①] 这种规定的目的，是为了防止受害人滥用精神损害赔偿金制度，导致社会风气的恶化。我们认为，对于精神损害后果轻微的案子，用赔礼道歉、消除影响、恢复原状等非财产的方式就可以抚慰受害人的情况下，确实无适用赔偿金的必要，这样做既可防止受害人滥诉，防止社会风气恶化，也可节约国家资源。

四、行政精神损害赔偿金的计算标准

一般情况下，各国对精神损害赔偿金额的确定，并没有给出一个具体的量化的标准。这是因为确定精神损害的赔偿标准是一个相当困难的问题，原因之一就在于精神损害本身具有无形性，难以估量；原因之二在于同样的行为造成的后果是不一样的，有的会造成精神损害后果，有的不会；有的造成的精神损害后果严重，有的却不严重。这就使行政精神损害赔偿既不能"一刀切"地用精神损害后果来划定，也不能"一刀切"地用违法行为来划定。因此，在确定精神损害赔偿额的时候，各国通常都要求法官依据具体情况自由裁量。如日本《国家赔偿法》第六条第四项规定："前项情形，对于被害人之直系尊亲属，直系卑亲属及其配偶，斟酌被害人之社会地位或过失程度及遗属生活状况或遗属赔偿额等。应赔偿抚慰金。"韩国《国家赔偿法》第三条第五项规定："对于生命或身体之被害人之直系尊亲属，直系卑亲属及配偶，以及因身体等受伤害之其他被害者，应在总统令所定之标准内，参考被害者的社会地位、过失程度、生计状况及损害赔偿额等，赔偿其精神慰问金。"美国《联邦司法法》规定，在一般情况下，赔偿金额的多少要根据损害的性质、程度而言，但不论侵害行为的发生是由于联邦政府官员的故意行为还是重大过失，被害人均不得请求惩罚性的赔偿或赔偿判决前的利息。德国《国家赔偿法》也规定，如果被害人所受损失不是财产上的损失，而是

---

① 邱丹．行政侵权精神损害赔偿问题初探［EB/ol］．http：//www. ttadd. com/lunwen/HTML/18587. html.

身体或精神上的，则行政主体应根据损害的严重程度给予适当的金钱赔偿。[①] 根据上述规定，我们可看出对于应给予的精神损害赔偿额，法律一般要求法官基于被害人之社会地位、过失程度、遗属生活状况、损害的性质、损害的程度等综合考虑，然后加以确定。在这里，须注意的是虽然各国对于精神损害赔偿额的确定无法给出一个具体的量化的标准，但在确定具体数额的时候，也有应该遵循的计算方法。综观各国的规定，主要有以下三种计算方法：①美国、日本、丹麦等采用的概算法，即不对精神损害的各种情况进行分类，而是一揽子提出精神损害赔偿总额；②英国、法国等采用的分类法，也就是对精神损害按项目进行明确分类，计算出各个单项的赔偿额度，然后相加计算出各个单项的赔偿总额；③德国、瑞士等采用的折中法，即先将精神损害赔偿所要考虑的项目列出，然后由法官在此基础上综合考虑，确定一个赔偿额度。[②]

五、行政精神损害赔偿的程序规则

国外在对行政精神损害赔偿案件进行处理的时候所适用的程序是不一样的。一般而言，可以分为以下几种：

第一，按一般民事诉讼程序进行处理。比如英国 1947 年颁布的《王权诉讼法》规定：对于国家赔偿，尽量适用一般民事诉讼程序，英王应负契约责任或侵权行为责任时，需向普通法院起诉。又如美国，根据《美国联邦法》规定：受害人依据《联邦侵权行为法》提起的诉讼，须于损害发生后两个月内向有关行政机关请求裁定，如果该行政机关拒绝赔偿，受害人可于接到拒绝通知后六个月内提起民事诉讼。

第二，既可以按民事诉讼程序处理，也可以按行政诉讼程序处理。实行这一制度的国家一般在行政侵权领域既承认国家赔偿责任，又承认公务员赔偿责任。当行政侵权行为发生，公务过失和公务员个人过失并存的时候，受害人可以有两种选择，即或向普通法院起诉要求公务员赔偿全部损失，这时适用民法上的赔偿规则；或向行政法院起诉，要求行政主体赔偿全部损失，这时适用行政法规则。但不得请求双重赔偿。法国《国家赔偿法》就如是规定。

第三，依行政诉讼程序处理。仍以法国为例，当行政侵权行为发生，只有公

---

① 皮纯协，冯军．国家赔偿法释论［M］．北京：中国法制出版社，2004：273、276、297、309.

② 刘嗣元，石佑启：国家赔偿法要论［M］．北京：北京大学出版社，2005：61、62.

务过失而没有公务员的个人过失时，则只能向行政法院提起行政诉讼。①

第三节　我国行政精神损害赔偿制度的立法构想

一、我国行政精神损害赔偿制度的立法现状

如果从广义的精神损害赔偿来说，我国的行政精神损害赔偿制度并非是一片空白，相关的制度在《宪法》、《行政诉讼法》、《民法通则》、《国家赔偿法》以及相关司法解释中都有体现。如《宪法》第四十一条第三款、《行政诉讼法》第六十七条、《民法通则》第一百二十条及第一百二十一条、《国家赔偿法》第三十条等（具体内容详见表7－2，相关司法解释的内容详见表7－3）。对上述法律及司法解释的内容稍加分析，我们不难看出，《宪法》、《行政诉讼法》、《民法通则》及有关司法解释对行政精神损害赔偿都没有否定性规定。但令人遗憾的是专门针对国家侵权行为赔偿的《国家赔偿法》却仅规定了国家机关侵犯公民人身自由权时造成受害人名誉权、荣誉权损害的，应当在侵权行为影响所及的范围内，为受害人消除影响、恢复名誉、赔礼道歉，没有规定受害人可以主张精神损害赔偿金。这就不利于《宪法》、《行政诉讼法》等立法宗旨的实现，也不利于对相对人合法权益进行保护。因此，亟须加以制度完善。

表7－2　我国法律的相关规定

我国法律的相关规定	宪法	第四十一条第三款规定："由于国家机关和国家机关工作人员侵犯公民权利而受到损失的人，有依照法律规定取得赔偿的权利。"
	民法通则	第九十八条规定："公民享有生命健康权。" 第九十九条规定："公民享有姓名权、有权决定、使用和依照规定改变自己的姓名，禁止他人干涉、盗用、假冒。" 第一百条规定："公民享有肖像权，未经本人同意，不得以营利为目的使用公民的肖像。" 第一百零一条规定："公民、法人享有名誉权，公民的人格尊严受法律保护，禁止用侮辱、诽谤等方式损害公民、法人的名誉。"

① 皮纯协，冯军．国家赔偿法释论［M］．北京：中国法制出版社，2004：304.

续 表

	民法通则	第一百零二条规定："公民、法人享有荣誉权，禁止非法剥夺公民、法人的荣誉称号。"第一百二十条规定："公民的姓名权、肖像权、名誉权、荣誉权受到侵害的，有权要求停止侵害，恢复名誉，消除影响，赔礼道歉，并可以要求赔偿损失。" 第一百二十一条规定："国家机关或者国家机关工作人员在执行职务，侵犯公民、法人的合法权益造成损害的，应当承担民事责任。"
	国家赔偿法	第一条规定："为保障公民、法人和其他组织享有依法取得国家赔偿的权利，促进国家机关依法行使职权，根据宪法，制定本法。" 第二条规定："国家机关和国家机关工作人员违法行使职权侵犯公民、法人和其他组织的合法权益造成损害的，受害人有依照本法取得国家赔偿的权利。国家赔偿由本法规定的赔偿义务机关履行赔偿义务。" 第五条规定："属于下列情形之一的，国家不承担赔偿责任：(一）行政机关工作人员与行使职权无关的个人行为；（二）因公民、法人和其他组织自己的行为致使损害发生的；（三）法律规定的其他情形。" 第七条规定："行政机关及其工作人员行使行政职权侵犯公民、法人和其他组织的合法权益造成损害的，该行政机关为赔偿义务机关。两个以上行政机关共同行使行政职权时侵犯公民、法人和其他组织的合法权益造成损害的，共同行使行政职权的行政机关为共同赔偿义务机关。法律、法规授权的组织在行使授予的行政权力时侵犯公民、法人和其他组织的合法权益造成损害的，被授权的组织为赔偿义务机关。受行政机关委托的组织或者个人在行使受委托的行政权力时侵犯公民、法人和其他组织的合法权益造成损害的，委托的行政机关为赔偿义务机关。赔偿义务机关被撤销的，继续行使其职权的行政机关为赔偿义务机关；没有继续行使其职权的行政机关的，撤销该赔偿义务机关的行政机关为赔偿义务机关。" 第三十条规定："赔偿义务机关对依法确认有本法第三条第（一）、（二）项，第十五条第（一）、（二）、（三）项规定的情形之一，并造成受害人名誉权、荣誉权损害的，应当在侵权行为影响的范围内为受害人消除影响，恢复名誉，赔礼道歉。"

续 表

	行政诉讼法	第六十七条规定："公民、法人或者其他组织的合法权益受到行政机关或者行政机关工作人员作出的具体行政行为侵犯造成损害的，有权请求赔偿。公民、法人或者其他组织单独就损害赔偿提出请求，应当先由行政机关解决。对行政机关的处理不服，可以向人民法院提起诉讼。赔偿诉讼可以适用调解。" 第六十八条规定："行政机关或者行政机关工作人员作出的具体行政行为侵犯公民、法人或者其他组织的合法权益造成损害的，由该行政机关或者该行政机关工作人员所在的行政机关负责赔偿。行政机关赔偿损失后，应当责令有故意或者重大过失的行政机关工作人员承担部分或者全部赔偿费用。" 第六十九条规定："赔偿费用，从各级财政列支。各级人民政府可以责令有责任的行政机关支付部分或者全部赔偿费用。具体办法由国务院规定。"

表 7－3　我国司法解释的相关规定

我国司法解释的相关规定	最高人民法院关于确定民事侵权精神损害赔偿责任若干问题的解释	第一条规定："自然人因下列人格权利遭受非法侵害，向人民法院起诉赔偿精神损害的，人民法院应当依法予以受理：（一）生命权、健康权、身体权；（二）姓名权、肖像权、名誉权、荣誉权；（三）人格尊严权、人身自由权。违反社会公共利益、社会公德侵害他人隐私或者其他人格利益，受害人以侵权为由向人民法院起诉请求。" 第三条规定："自然人死亡后，其近亲属因下列侵权行为遭受精神痛苦，向人民法院起诉请求赔偿精神损害的，人民法院应当依法予以受理：（一）以侮辱、诽谤、贬损、丑化或者违反社会公共利益、社会公德的其他方式，侵害死者姓名、肖像、名誉、荣誉；（二）非法披露、利用死者隐私，或者以违反社会公共利益、社会公德的其他方式侵害死者隐私；（三）非法利用、损害遗体、遗骨，或者以违反社会公共利益、社会公德的其他方式侵害遗体、遗骨。" 第四条规定："具有人格象征意义的特定纪念物品，因侵权行为而永久性灭失或者毁损，物品所有人以侵权为由，向人民法院起诉请求赔精神损害的，人民法院应当依法予以受理。法人或者其他组织以人格权利遭受侵害为由，向人民法院起诉请求赔偿精神损害的，人民法院不予受理。"

续 表

我国司法解释的相关规定	最高人民法院关于确定民事侵权精神损害赔偿责任若干问题的解释	第七条规定："自然人因侵权行为致死，或者自然人死亡后其人格或者遗体遭受侵害，死者的配偶、父母和子女向人民法院起诉请求赔偿精神损害的，列其配偶、父母和子女为原告；没有配偶、父母和子女的，可以由其他近亲属提起诉讼，列其他近亲属为原告。" 第十条规定："精神损害的赔偿数额根据以下因素确定：（一）侵权人的过错程度，法律另有规定的除外；（二）侵害的手段、场合、行为方式等具体情节；（三）侵权行为所造成的后果；（四）侵权人的获利情况；（五）侵权人承担责任的经济能力；（六）受诉法院所在地平均生活水平。法律、行政法规对残疾赔偿金、死亡赔偿金等有明确规定的，适用法律、行政法规的规定。" 第十一条规定："受害人对损害事实和损害后果的发生有过错的，可以根据其过错程度减轻或者免除侵权人的精神损害赔偿责任。"
	最高人民法院关于审理人身损害赔偿案件适用法律若干问题的解释	第一条规定："因生命、健康、身体遭受侵害，赔偿权利人起诉请求赔偿义务人赔偿财产损失和精神损害的，人民法院应予受理。" 第十八条规定："受害人或者死者近亲属遭受精神损害，赔偿权利人向人民法院请求赔偿精神损害抚慰金的，适用《最高人民法院关于确定民事侵权精神损害赔偿责任若干问题的解释》予以确定。"
	最高人民法院关于审理行政赔偿案件若干问题的规定	第一条规定："《中华人民共和国国家赔偿法》第三条、第四条规定的其他违法行为，包括具体行政行为和与行政机关及其工作人员行使行政职权有关的，给公民、法人或者其他组织造成损害的，违反行政职责的行为。" 第二条规定："赔偿请求人对行政机关确认具体行政行为违法但又决定不予赔偿，或者对确定的赔偿数额有异议提起行政赔偿诉讼的，人民法院应予受理。"

续 表

我国司法解释的相关规定	最高人民法院关于审理人身损害赔偿案件适用法律若干问题的解释	第三条规定："赔偿请求人认为行政机关及其工作人员实施了国家赔偿法第三条第（三）、（四）、（五）项和第四条第（四）项规定的非具体行政行为的行为侵犯其人身权、财产权并造成损失，赔偿义务机关拒不确认致害行为违法，赔偿请求人可直接向人民法院提起行政赔偿诉讼。" 第四条规定："公民、法人或者其他组织在提起行政诉讼的同时一并提出行政赔偿请求的，人民法院应一并受理。" "赔偿请求人单独提起行政赔偿诉讼，须以赔偿义务机关先行处理为前提。赔偿请求人对赔偿义务机关确定的赔偿数额有异议或者赔偿义务机关逾期不予赔偿，赔偿请求人有权向人民法院提起行政赔偿诉讼。" 第二十五条规定："受害的公民死亡，其继承人和有抚养关系的人提起行政赔偿诉讼，应当提供该公民死亡的证明及赔偿请求人与死亡公民之间的关系证明。"

二、我国的行政精神损害赔偿制度的完善

我们认为，基于行政精神损害赔偿本身既有民事属性又有行政属性的双重特性，考虑目前的立法现状，在制定有关行政精神损害赔偿的法律时，宜直接在《国家赔偿法》中规定，但可指明"本法未尽事宜，依民法之规定"。不过在《国家赔偿法》中作相关规定时，应注意以下问题。

（一）关于行政精神损害赔偿的范围

我们认为，行政精神损害赔偿的范围应包括两方面的内容，一是主体的范围，也就是哪些人有资格提出行政精神损害赔偿请求；二是客体的范围，即哪些权利受到违法行政行为侵害可以提出行政精神损害赔偿请求。就主体的范围而言，各国认同自然人及其近亲属。如前所述，韩国《国家赔偿法》第三条第五项规定："对于生命或身体之被害人之直系尊亲属，直系卑亲属及配偶，以及因身体等受伤害之其他被害者，应在总统令所定之标准内，参考被害者之社会地位、过失程度、生计状况及损害赔偿额等，赔偿其精神慰问金。"对于被害者本人能作为行政精神损害赔偿的主体，任何人都没有疑义。而被害人的近亲属，比如上条规定的"直系尊亲属、直系卑亲属及配偶"作为行政精神损害赔偿的主体，也早已被人们接受。因为各国早已承认被害人的近亲属也会因违法行政行为而遭受巨大的精神痛苦。因此，其显然应该有权利提出行政精神损害赔偿请求。现在有

一种新的观点，即认为法人和其他组织也可以成为行政精神损害赔偿的请求主体。但对此有人强烈反对。反对的人认为，精神损害赔偿请求的提起必须有一个前提，即精神上的痛苦、绝望、焦虑等情绪的存在。然而法人或其他组织没有情感感知能力，不论受到什么样的侵犯，都不会有精神上的痛苦，因此法人和其他组织不能作为行政精神损害赔偿的请求主体。但赞成的人也有自己的理由：一是法人或其他组织有自己独立的精神利益，比如荣誉、信誉、良好的社会评价等，这些精神利益是可能受到违法的行政行为侵害的。基于“有损害就须有救济”的基本原理，法人及其他组织的精神利益受到侵害也须有提起精神损害赔偿请求的权利。二是法人或其他组织虽然没有感知精神痛苦的能力，但法人或其他组织的工作人员有此能力，一旦法人或其他组织受到侵害，这些工作人员因与法人或其他组织息息相关，就会因此而感受到精神上的痛苦。所以，法人或其他组织应该有提出精神损害赔偿请求的权利。迄今为止，这些争议还依然存在，但不可否认的是越来越多的国家已经开始承认法人和其他组织提出精神损害赔偿请求的权利。

我们认为，赋予法人和其他组织提出行政精神损害赔偿请求的权利是合理的，这不仅是因为法律上使用精神这一概念，并不是使用哲学上精神这一概念的全部内容，而只是使用其中的一部分，主要指精神活动。法律学上的精神活动，是与法律上的财产流转活动相对应的活动，包括心理上的活动以及维护精神利益的活动。自然人的精神活动包括上述两项内容。法人作为拟制的法律人格，不存在心理上的精神活动，但存在保持和维护其精神利益的活动。① 正如前文所述，法人及其他组织享有名誉权、荣誉权、名称权等精神权益，而这些精神权益存在受到损害的可能。同时，经济、政治的国际化不可避免地带来了法律的国际化，我国要想与国际接轨，在法律制度的设计上就不宜与国际的普遍做法相违背。而且，我国目前侵犯商业信誉等的违法犯罪活动猖獗，严重影响经济发展及企业法人、其他组织的健康成长，因此应当给予法人及其他组织行政精神损害赔偿请求的权利。至于客体的范围（前文国外相关法律介绍部分已有详细论述），我们认为，既然赋予了某种权利，就应对该权利进行保护，否则该权利也不过是一纸空文。西方各国对行政精神损害赔偿客体的范围规定的越来越广泛。在我国，一些学者认为应该采取渐进的方式对其加以规定，主张目前只对生命健康权、名誉权、荣誉权、姓名权、肖像权受到违法行政行为侵害时进行赔偿金的保护。我们

① 胡平．精神损害赔偿制度研究［M］．北京：中国政法大学出版社，2003：251.

认为，这种谨慎的考虑当然有其合理的一面，但过于谨慎对保护相对人的合法权益极为不利，而且依然受到“国家本位”理念的潜在影响。在行政权力日益膨胀，行政侵权日益普遍且后果日益严重的今天，我们更应该注重对相对人合法权益的保护。当然，由于法律之间协调的需要，我们应尽可能地让行政精神损害赔偿保护的权利范围与民法规定保持一致。

（二）关于行政精神损害赔偿的数额

行政精神损害赔偿的数额当然要适当，一方面不能过高，因为这可能会导致社会风气恶化，浪费社会资源，而且我国经济虽然有了较大发展，要赔偿过高数额的赔偿金也是不现实的；另一方面不能过低，因为赔偿额过低可能起不到抚慰的作用。至于什么样的数额才算适当，就只能具体问题具体分析了。各国对此问题都给法官一定的自由裁量权，我国也应给。但须注意的是，法官在进行裁量的时候，不是随心所欲的。我们认为，我国法官在确定行政精神损害赔偿数额的时候，可以参考民事法律规范的相关规定，比如《最高人民法院关于确定民事侵权精神损害赔偿责任若干问题的解释》第十条规定：“精神损害的赔偿数额根据以下因素确定：①侵害人的过错程度，法律另有规定的除外；②侵害的手段、场合、行为方式等具体情节；③侵权行为所造成的后果；④侵权人的获利情况；⑤侵权人承担责任的经济能力；⑥受诉法院所在地平均生活水平。”最高人民法院《关于贯彻执行〈民法通则〉若干问题的意见（试行）》第一百五十条规定：“公民的姓名权、肖像权、名誉权、荣誉权和法人的名称权、名誉权、荣誉权受到侵害，公民或者法人要求赔偿损失的，人民法院可以根据侵权人的过错程度，侵权行为的具体情节，后果和影响确定其赔偿责任。”最高人民法院《关于侵犯名誉权案件若干问题的解答》（1993 年 8 月 7 日）第十条规定：“公民一并提出精神损害赔偿要求的，人民法院可根据侵权人的过错程度，侵权行为的具体情节，受害人造成精神损害的后果等情况酌定。”不过，行政精神损害赔偿虽与民事侵权精神损害赔偿有诸多共性，但仍然有差别。因此，考虑行政精神损害赔偿的时候，一定不能脱离行政侵权的实际，比如侵权人的主观过错在民事侵权精神损害赔偿责任中是一个不可或缺的条件，但由于我国行政侵权赔偿责任并不完全以过错为条件，因此，在行政侵权精神损害赔偿责任成立时并不都要求侵权人主观上有过错。但须注意，对某些行政精神损害赔偿案件来说，过错虽不是行政精神损害赔偿责任成立的前提，但如果有过错，对赔偿数额的确定还是有影响的。综观民事法律的相关规定，考虑行政侵权的实际情况，我们认为，以下几个因素在确定行政精神损害赔偿额时必须加以考虑：侵权行为的具体情节；侵权后果的严重程度；侵权人的社会身份（因为不同职位、职业面对同一侵权行为时后果是不一样的）；被侵权人谅解的程度；侵权人认错的态度；侵权人的主观过错（如果有，要分清故意、重大过失以及过失）；亲属与被害人的亲等关系；亲属与被害人的感情关系；国家财政承受能力；同样情况下已判决案件的赔偿情况等等。

（三）关于行政精神损害赔偿案件适用的赔偿程序规则

前文已介绍过国外对行政精神损害赔偿案件进行处理时一般采用三种程序：民事诉讼程序、行政诉讼程序、既可用民事诉讼程序又可用行政诉讼程序。当然，不同的国家有的规定有前置程序，如韩国的审议先行赔偿（诉讼须经赔偿审议会先行处理后才能提起），有的没有规定前置程序，如法国。至于我国，在处理行政精神损害赔偿案件的时候，我们认为不宜采用上述三种程序。因为上述三种程序都存在不足，不利于保护受害人的合法权益。如适用民事诉讼程序来处理行政精神损害赔偿纠纷就有明显不利的地方：①行政精神损害毕竟是行政机关及其工作人员在执行职务的过程中造成的，行政权本身的命令、强制属性，使行政相对人在被管理过程中完全处于一种弱势的地位。因此，如果在处理行政精神损害赔偿纠纷时，按民事诉讼程序进行，行政相对人将处于十分不利的地位，受到侵害的权利可能得不到救济。②行政侵权精神损害赔偿与民事侵权精神损害赔偿虽然有很多共通的地方，但也有差异，比如责任构成的条件，行政侵权精神损害赔偿责任就不需要存在侵权人主观上的过错，而民事侵权精神损害赔偿责任一般情况下是需要的，像这样的一些差异如果不加以解决，盲目地用民事诉讼程序来处理行政精神损害赔偿纠纷，就会造成现实实务中的困难。③我国的法律传统、习惯也不能适应将行政性纠纷用民事诉讼程序来进行处理。长期以来，在我国法院内部分设民事审判庭、刑事审判庭、行政审判庭、经济审判庭等，它们各自管辖不同种类的案件，民事纠纷由民事审判庭管，刑事纠纷归刑事审判庭管，行政纠纷归行政事审判庭管，经济纠纷归经济审判庭管，这在人们的心中已根深蒂固，如果突然将其改变，人们在心理上以及现实运作中都会难以适应。采用行政诉讼程序处理行政精神损害赔偿案件较民事诉讼程序更为合理。因为行政精神损害赔偿案件就其性质而言是行政案件。但是，采用行政诉讼程序也有不利的地方。比如，在行政诉讼程序中不适用调解，然而行政精神损害赔偿案件在确定赔偿的前提下，赔偿数额的多少是应该可以调解的。因为赔偿数额的多少不涉及合法性的问题且当事人对赔偿数额的多少有处分的权利。因此，采用行政诉讼程序处理行政精神损害赔偿案件也不尽合理。

综上所述，我们认为，以目前的环境，行政精神损害赔偿案件还是采用行政赔偿案件处理程序为宜。当然，这一切都需要建立在一个基本的前提之上，即国家必须把行政精神损害赔偿纳入国家赔偿体系之中。

三、相关法条设计

第一条　为保障自然人享有依法取得行政精神损害赔偿的权利，促进行政机关依法行使职权，根据《中华人民共和国宪法》，制定本法。

第二条　行政机关及其工作人员，就其执行职务，因故意或过失或因行使职权违法或明显不当侵犯自然人合法的精神权益造成损害的，受害人有依照本法取得行政精神损害赔偿的权利。

行政精神损害赔偿由本法规定的赔偿义务机关履行赔偿义务。

第三条　行政精神损害赔偿，除依本法规定外，适用民事赔偿的相关规定。

第四条　行政机关及其工作人员因履行职务的行为侵害自然人下列权利的，受害人向人民法院起诉请求赔偿精神损害的，人民法院应当依法予以受理：

（一）生命权、健康权、身体权；

（二）姓名权、肖像权、名誉权、荣誉权；

（三）人格尊严权、人身自由权；

（四）信用权、信仰权、隐私权；

（五）亲权、亲属权、监护权。

第五条　行政机关及其工作人员在行使行政职权时，有下列情形之一的，死者的近亲属有取得精神损害赔偿的权利：

（一）以侮辱、诽谤、贬损、丑化或者违反社会公共利益、社会公德的其他方式，侵害死者姓名、肖像、名誉、荣誉；

（二）非法披露、利用死者隐私，或者以违反社会公共利益、社会公德的其他方式侵害死者隐私；

（三）非法利用、损害遗体、遗骨，或者以违反社会公共利益、社会公德的其他方式侵害遗体、遗骨。

第六条　行政机关及其工作人员因行使行政职权而使具有人格象征意义的特定纪念物品永久性灭失或者毁损，物品所有人以侵权为由，向人民法院起诉请求赔偿精神损害的，人民法院应当依法予以受理。

第七条　法人或者其他组织以人格权利遭受侵害为由，向人民法院起诉请求赔偿精神损害的，人民法院不予受理。

第八条　属于下列情形之一的，国家不承担精神损害赔偿责任：

（一）行政机关工作人员与行使职权无关的个人行为；

（二）因公民、法人和其他组织自己的行为致使损害发生的；

（三）法律规定的其他情形。

第九条 受害的自然人有权要求行政精神损害赔偿。

自然人因行政行为致死，或者自然人死亡后其人格或者遗体遭受侵害，死者的配偶、父母和子女向人民法院起诉请求赔偿精神损害的，列其配偶、父母和子女为原告；没有配偶、父母和子女的，可以由其他近亲属提起诉讼，列其他近亲属为原告。

第十条 行政机关及其工作人员行使行政职权侵犯自然人合法精神权益造成损害的，该行政机关为赔偿义务机关。

两个以上行政机关共同行使行政职权时侵犯自然人合法精神权益造成损害的，共同行使行政职权的行政机关为共同赔偿义务机关。

法律、法规授权的组织在行使授予的行政权力时侵犯自然人合法精神权益造成损害的，被授权的组织为赔偿义务机关。

受行政机关委托的组织或者个人在行使受委托的行政权力时侵犯自然人合法精神权益造成损害的，委托的行政机关为赔偿义务机关。

赔偿义务机关被撤销的，继续行使其职权的行政机关为赔偿义务机关；没有继续行使其职权的行政机关的，撤销该赔偿义务机关的行政机关为赔偿义务机关。

经复议机关复议的，最初实施具体行政行为造成自然人精神损害的行政机关为赔偿义务机关，但复议机关改变原具体行政行为造成自然人精神损害的，复议机关为赔偿义务机关。

第十一条 行政精神损害赔偿以支付赔偿金为主要方式。

第十二条 行政精神损害的赔偿数额根据以下因素确定：

（一）侵权人的过错程度，法律另有规定的除外；

（二）侵权的手段、场合、行为方式等具体情节；

（三）精神损害的严重程度；

（四）被害人之社会地位；

（五）遗属生活状况；

（六）被侵权人的谅解程度；

（七）受诉法院所在地平均生活水平；

（八）国家财政承受能力；

（九）同样情况下，已判决案件的赔偿情况等。

第十三条 受害人对损害事实和损害后果的发生有过错的，可以根据其过错程度减轻或者免除国家的精神损害赔偿责任。

第十四条 赔偿费用列入各级财政预算，具体办法由国务院规定。

第十五条 赔偿义务机关对依法确认有本法第四条、第五条、第六条规定的情形之一的，应当给予赔偿。

第十六条 赔偿请求人要求精神损害赔偿可以在申请行政复议和行政诉讼时一并提出。如赔偿请求人单独提起行政精神损害赔偿诉讼，须以赔偿义务机关先行处理为前提。

第十七条 赔偿请求人可以向共同赔偿义务机关中的任何一个赔偿义务机关要求赔偿，该赔偿义务机关应当先予赔偿。

第十八条 要求赔偿应当递交申请书，申请书应当载明下列事项：

（一）受害人的姓名、性别、年龄、工作单位和住所，法人或者其他组织的名称、住所和法定代表人或者主要负责人的姓名、职务；

（二）具体的要求、事实根据和理由；

（三）申请的年、月、日。

赔偿请求人书写申请书确有困难的，可以委托他人代书；也可以口头申请，由赔偿义务机关记入笔录。

第十九条 赔偿义务机关应当自收到申请之日起两个月内依照本法第四章的规定给予赔偿；逾期不予赔偿或者赔偿请求人对赔偿数额有异议的，赔偿请求人可以自期间届满之日起三个月内向人民法院提起诉讼。

第二十条 赔偿义务机关赔偿损失后，应当责令有故意或者重大过失的工作人员或者受委托的组织或者个人承担部分或者全部赔偿费用。

对有故意或者重大过失的责任人员，有关机关应当依法给予行政处分；构成犯罪的，应当依法追究刑事责任。

参考文献

著作类

[1] 胡建淼. 中外行政法规——分解与比较 [M]. 北京: 法律出版社, 2004.

[2] 翁岳生. 行政法 [M]. 北京: 中国法制出版社, 2002.

[3] 陈光中. 诉讼法理论与实践（民事行政诉讼法学卷）[M]. 北京: 中国政法大学出版社, 2003.

[4] 王振清, 吉罗洪. 行政诉讼前沿实务问题研究——问题、思考、探索 [M]. 北京: 中国方正出版社, 2004.

[5] 胡肖华. 权利与权力的博弈 [M]. 北京: 中国法制出版社, 2005.

[6] 江必新. 中国行政诉讼制度的完善——行政诉讼法修改实务问题研究 [M]. 北京: 法律出版社, 2005.

[7] 孙笑侠. 法律对行政的控制 [M]. 济南: 山东人民出版社, 1999.

[8] 王振清. 行政诉讼实务问题研究 [M]. 北京: 中国方正出版社, 2004.

[9] 马怀德. 行政诉讼学理 [M]. 北京: 法律出版社, 2003.

[10] 王名扬. 法国行政法 [M]. 北京: 中国政法大学出版社, 1988.

[11] 王名扬. 美国行政法 [M]. 北京: 中国法制出版社, 1995.

[12] 王名扬. 英国行政法 [M]. 北京: 中国政法大学出版社, 1987.

[13] 杨建顺. 日本行政法通论 [M]. 北京: 中国法制出版社, 1998.

[14] 胡建淼. 行政诉讼法学 [M]. 北京: 高等教育出版社, 2003.

[15] 姜明安. 行政法与行政诉讼法 [M]. 北京: 北京大学出版社、高等教育出版社, 1999.

[16] 徐胜萍. 民事简易程序研究 [M]. 北京: 中国书籍出版社, 2005.

[17] 齐奇. 中国民事简易程序的改革与完善 [M]. 北京: 法律出版

社，2004.

[18] 廖中洪．民事诉讼改革热点问题研究综述（1991—2005）[M]．北京：中国检察出版社，2005.

[19] 谭世贵．中国司法改革理论与制度创新 [M]．北京：法律出版社，2003.

[20]《人民司法》编辑部．中国司法改革十个热点问题研究 [M]．北京：人民法院出版社，2003.

[21] 唐力．民事诉讼构造研究法 [M]．北京：法律出版社，2006.

[22] 马怀德．司法改革与行政诉讼制度的完善——《行政诉讼法》修改建议稿及理由说明书 [M]．北京：中国政法大学出版社，2004.

[23] 胡建淼．世界行政法院制度研究 [M]．武汉：武汉大学出版社，2007.

[24] 胡肖华．权利与权利的博弈：行政诉讼法修改纵横谈 [M]．北京：中国法制出版社，2005.

[25] 奚晓明．行政执法与行政审判 [C]．北京：法律出版社，2004.

[26] 奚晓明．行政执法与行政审判 [C]．北京：法律出版社，2005.

[27] 江必新，蔡小雪．中国行政诉讼制度的完善：行政诉讼法修改问题实务研究 [M]．北京：法律出版社，2005.

[28] 胡建淼．行政诉讼法修改研究——《中华人民共和国行政诉讼法》法条建议及理由 [M]．杭州：浙江大学出版社，2007.

[29] 赵维田．WTO 的司法机制 [M]．上海：上海人民出版社，2004.

[30] 岳彩申．WTO 法律制度 [M]．成都：四川人民出版社，2003.

[31] 武树臣等．中国传统法律文化 [M]．北京：北京大学出版社，1994.

[32] 姜明安．外国行政法教程 [M]．北京：法律出版社，2001.

[33] 江伟．民事诉讼法原理 [M]．北京：中国人民大学出版社，1999.

[34] 左卫民，周长军．刑事诉讼的理念 [M]．北京：法律出版社，1999.

[35] 李文健．刑事诉讼效率论 [M]．北京：中国政法大学出版社，1999.

[36] 信春鹰．WTO 与中国行政法制改革 [M]．北京：社会科学文献出版社，2005.

[37] 蔡菁．索赔——行政侵权损害国家赔偿 [M]．北京：群众出版社，2006.

[38] 皮纯协，冯军．国家赔偿法释论 [M]．北京：中国法制出版

社，2004.

[39] 吴春燕，徐泉等．精神损害事故认定与法律处理［M］．长沙：湖南人民出版社，2004.

[40] 刘嗣元，石佑启．国家赔偿法要论［M］．北京：北京大学出版社，2005.

[41] 杨立新，朱呈义，薛东方．精神损害赔偿［M］．北京：人民法院出版社，2004.

[42] 张文显．法理学［M］．北京：高等教育出版社，2004.

[43] 刘静仑．比较国家赔偿法［M］．北京：群众出版社，2001.

[44] 尹伊君．刑事赔偿的理论与实务［M］．北京：群众出版社，2001.

[45] 胡平．精神损害赔偿制度研究［M］．北京：中国政法大学出版社，2003.

[46] 江平．民法学［M］．北京：中国政法大学出版社，1999.

[47] 中央政法干部管理学校民法教研室．中华人民共和国民法基本问题［M］．北京：法律出版社，1958.

[48] 关今华．精神损害赔偿数额的确定与评估［M］．北京：人民法院出版社，2000.

[49] 于敏．日本侵权行为法［M］．北京：法律出版社，1998.

[50] 王连昌．行政法学［M］．北京：中国政法大学出版社，1999.

[51] 曹竞辉．国家赔偿立法与案例研究［M］．台北：三民书局有限公司，1988.

[52] 张越．英国行政法［M］．北京：中国政法大学出版社，2004.

[53] 王名扬．外国行政诉讼法制度［M］．北京：人民法院出版社，1991.

[54] 樊崇义．诉讼原理［M］．北京：法律出版社，2003.

[55] 鲁千晓，吴新梅．诉讼程序公正论［M］．北京：人民法院出版社，2004.

[56] 龚祥瑞．西方国家司法制度［M］．北京：北京大学出版社，1993.

[57] 陈瑞华．刑事审判原理论［M］．北京：北京大学出版社，1997.

[58] 顾培东．法学与经济学的探索［M］．北京：中国人民公安大学出版社，1994.

[59] 杨荣馨．民事诉讼原理［M］．北京：法律出版社，2003.

[60] 顾大松，孙村中．行政诉讼典型案例精析［M］．南京：东南大学出版

社，2004.

[61] 张海棠．行政诉讼案例精选 [M]．上海：上海人民出版社，2003.

[62] 上海市高级人民法院．上海法院典型案例丛编 [M]．上海：上海人民出版社，2001.

[63] 颜运秋．公益诉讼理念研究 [M]．北京：中国检察出版社，2002.

[64] 刘恒．行政救济制度研究 [M]．北京：法律出版社，1998.

[65] 胡建淼．外国行政法规与案例评述 [M]．北京：中国法制出版社，1997.

[66] 张千帆．西方宪政体系 [M]．北京：中国政法大学出版社，2000.

[67] 林莉红．行政诉讼法学 [M]．武汉：武汉大学出版社，1999.

[68] 王启富．法律辞海 [M]．长春：吉林人民出版社，1998.

[69] 陈兴实．检察业务新论 [M]．北京：中国检察出版社，1999.

[70] 周其华．中国检察学 [M]．北京：中国法制出版社，1998.

[71] 陈光中．诉讼法理论与实践 [M]．北京：中国政法大学出版社，2004.

[72] 贺恒扬．公诉论 [M]．北京：中国检察出版社，2005.

[73] 陈新民．德国公法学基础理论 [M]．山东：山东人民出版社，2001.

[74] 于安．德国行政法 [M]．北京：清华大学出版社，2002.

[75] 曾惠燕．高校学生的权利与义务 [M]．北京：中国社会科学出版社，2006.

[76] 应松年．当代中国行政法（上、下卷） [M]．北京：中国方正出版社，2005.

[77] 马怀德．行政诉讼原理 [M]．北京：法律出版社，2004.

[78] 胡锦光．中国十大行政法案例评析 [M]．北京：法律出版社，2005.

[79] 应松年．行政法学新论 [M]．北京：中国方正出版社，2004.

[80] 马怀德．行政诉讼法学案例教程 [M]．北京：知识产权出版社，2003.

[81] 湛中乐．高等教育与行政诉讼 [M]．北京：北京大学出版社，2003.

[82] 袁明圣．行政救济法原理 [M]．北京：中国政法大学出版社，2004.

[83] 莫于川．行政法学原理与案例教程 [M]．北京：中国人民大学出版社，2007.

[84] 杨解君．行政诉讼法学 [M]．北京：中国方正出版社，2002.

[85] 林莉红．中国行政救济理论与实务［M］．武汉：武汉大学出版社，2000.

[86] 徐银华，石佑启．公务员法新论［M］．北京：北京大学出版社，2005.

[87] 关保英．公务员法学［M］．北京：法律出版社，2007.

[88] 黎军．行业组织的行政法问题研究［M］．北京：北京大学出版社，2002.

[89] 尹晓敏．高等学校学生管理法治化研究［M］．北京：法律出版社，2008.

[90] 沈达明．比较民事诉讼法初论［M］．北京：中信出版社，1999.

[91] 王利明．司法改革研究［M］．北京：法律出版社，2000.

[92] 龚祥瑞．西方国家司法制度［M］．北京：北京大学出版社，1993.

[93] 张卫平．程序公正实现中的冲突与衡平，成都：成都出版社，1993.

[94] 江伟，邵明，陈刚．民事诉权研究［M］．北京：法律出版社，2002.

[95] 黄学贤，王太高．行政公益诉讼研究［M］．北京：中国政法大学出版社，2008.

[96] 李步云．宪法比较研究［M］．北京：法律出版社，1998.

[97] 季卫东．法治秩序的建构［M］．北京：中国政法大学出版社，1999.

[98] 汤建维．美国民事司法制度与民事诉讼程序［M］．北京：中国法制出版社，2001.

[99] 金明焕．检察制度概论［M］．中国检察出版社，1991.

[100] 韩志红，阮大强．新型诉讼——经济公益诉讼的理论与实践［M］．北京：法律出版社，1999.

[101] 刘荣军：程序保障的理论视角［M］．北京：法律出版社，1999.

[102] 肖扬．当代司法体制［M］．北京：中国政法大学出版社，1998.

[103] 刘立宪主编：海外司法改革的走向［M］．中国方正出版社，2000.

[104] 杨建顺．日本现代行政法通论［M］．北京：法制出版社，1998.

[105] 刘剑文．高等教育体制改革中的法律问题研究［M］．北京：北京大学出版社，2005.

[106] 〔德〕奥托迈耶．德国行政法［M］．刘飞译．北京：商务印书馆，2002.

[107]〔日〕美浓部达吉．公法与私法［M］．黄冯明译．北京：中国政法大

学出版社，2003.

[108]〔德〕平特纳．德国普通行政法［M］．朱林译．北京：中国政法大学出版社，1999.

[109]〔日〕室井力．日本现代行政法［M］．吴微译．北京：中国政法大学出版社，1995.

[110]〔日〕南博方．日本行政法［M］．杨建顺译．北京：中国人民大学出版社，1988.

[111]〔美〕约翰·罗尔斯．正义论［M］．何怀宏译．北京：中国社会科学出版社，1988.

[112]〔英〕戴维·M. 沃克．牛津法律大辞典［M］．北京：光明日报出版社，1988.

[113]〔罗马〕查士丁尼．法学总论——法学阶梯［M］．张企泰译．北京：商务印书馆，1989.

[114]〔日〕千叶正土．法律多元：从日本法律文化迈向一般理论［M］．强世功等译．北京：中国政法大学出版社，1997.

[115]〔美〕博登海默．法理学法律哲学与法律方法［M］．邓正来译．北京：中国政法大学出版，1999 年版．

[116]〔美〕理查德·D. 波斯纳．法律的经济分析［M］．蒋兆康译．北京：中国大百科全书出版社，1997.

[117]〔德〕弗里德赫尔穆·胡芬．行政诉讼法［M］．莫光华译．北京：法律出版社，2003.

[118]〔日〕谷口安平．程序的正义与诉讼（增补本）［M］．王亚新译．北京：中国政法大学出版社，2002.

[119]〔日〕棚濑孝雄：纠纷的解决与审判制度［M］．王亚新译．北京：中国政法大学出版社，1994.

[120]〔美〕伯纳德·施瓦茨．行政法［M］．徐炳译．北京：群众出版社，1986.

[121]〔意〕彼得罗·彭梵得．罗马法教科书［M］．黄风译．北京：中国政法大学出版社，1992.

[122] 达尔．民主理论的前言［M］．顾昕等译．上海：三联书店，1999.

论文类

[1] 王映辉，易坤龙．论行政案件庭审的特点及成因［J］．法学评论，1991

(4).

[2] 安孝荣. 行政诉讼中应设立特别程序 [J]. 政府法治，1993 (1).

[3] 杨洪波，揭萍，安然. 行政诉讼应增设简易程序 [J]. 法学，1997 (2).

[4] 陈庭会，季祖华. 行政诉讼简易程序的阙如和完善 [J]. 湘潭：湘潭大学社会科学学报，2001 (6).

[5] 吴宏耀. 我国应当确立行政简易裁判程序 [N]. 人民法院报，2001-4-22 (3).

[6] 何峥嵘. 行政诉讼效率、公正与行政审判制度改革. 陈光中. 诉讼法理论与实践（民事行政诉讼法学卷）[C]. 北京：中国政法大学出版社，2001.

[7] 胡肖华，陈庭会. 论行政诉讼简易程序. 陈光中. 诉讼法理论与实践（民事行政诉讼法学卷）[C]. 北京：人民法院出版社，2001.

[8] 应松年. 关于修改行政诉讼法的议案 [N]. 人民法院报，2002-3-19 (2).

[9] 刘英. 试论我国行政诉讼简易程序之构建——行政诉讼价值实现与现存制度设计的冲突分析 [J]. 山东审判，2002 (4).

[10] 刘行，王岩. 创建行政诉讼简易程序的必要性 [N]. 人民法院报，2002-6-10 (6).

[11] 刘彬，缪建成. 论行政诉讼简易程序的构建 [J]. 行政与法制，2002 (12).

[12] 李荣珍. 关于建立行政诉讼若干程序的思考. 陈光中. 诉讼法理论与实践（民事行政诉讼法学卷）[C]. 北京：中国政法大学出版社，2002.

[13] 段书臣，杨成. 关于行政诉讼设立简易程序的思考 [J]. 行政与法，2003 (1).

[14] 刘洪. 司法改革的切入点探徽 [J]. 鲁行经院学报，2003 (1).

[15] 马生安. 行政诉讼简易程序论 [J]. 行政法学研究，2003 (1).

[16] 林念贺. 行政诉讼简易程序的建构及相关问题 [J]. 法律适用，2003 (3).

[17] 薛刚凌，王霁霞. 论行政诉讼制度的完善和发展——行政诉讼法修改之构想 [J]. 政法论坛，2003 (2).

[18] 高秦伟. 论行政诉讼简易程序的建构 [J]. 北京市政法管理干部学院学报，2003 (3).

[19] 李荣珍．建立和完善行政诉讼程序的构想［J］．海南大学学报社会科学版，2003（1）．

[20] 崔勇．行政诉讼简易程序的构建［J］．人民司法，2003（7）．

[21] 孟昭阳，曹作义．论行政诉讼法的修改和完善．陈光中．诉讼法理论与实践（民事行政诉讼法学卷［C］．北京：中国政法大学出版社，2002.

[22] 崔勇．困境与出路——构建行政诉讼简易程序的必要性与可行性分析［J］．行政法学研究，2004（1）．

[23] 戢太雷．我国建立行政诉讼简易程序的必要性和可行性［J］．行政法制，2004（2）．

[24] 谢绍静．关于设置行政诉讼简易程序的思考［J］．甘肃政法成人教育学院学报，2004（4）．

[25] 刘志伟．论我国行政诉讼简易裁判程序的构建［J］．时代法学，2004（4）．

[26] 任婷婷．行政诉讼简易程序适用标准初探［J］．理论界，2004（4）．

[27] 张洪波，郭百顺．行政诉讼简易程序的建构［J］．江苏警官学院学报，2004（4）．

[28] 陈黎．行政诉讼简易程序论［J］．西北农林科技大学学报（社会科学版），2004（4）．

[29] 李俊．论行政诉讼简易程序的建立［J］．天府新论，2004（51）．

[30] 柯梅森．行政诉讼中简易程序的设立［J］．政法学刊，2004（6）．

[31] 孙瑞．我国行政诉讼简易程序研究［J］．皖西学院学报，2006（1）．

[32] 王志勤．美于设立行政诉讼简易程序的思考［J］．零陵学院学报，2005（1）．

[33] 吕成，徐天柱．行政诉讼简易程序的冷思考［J］．西安文理学院学报（社会科学版），2005（2）．

[34] 李晓光，孙楠．美于建立我国行政诉讼简易程序的思考［J］．安徽农业大学学报（社会科学版），2000（3）．

[35] 李晨．人权入宪与我国行政诉讼制度的完善［J］．中州学刊，2005（3）．

[36] 王怡．简论行政诉讼简易程序之构建［J］．宿州学院学报，2005（4）．

[37] 任晓刚，孟昭阳．关于行政诉讼应增设简易程序制度的思考［J］．中

国人民公安大学学报，2005（6）.

[38] 吴偕林．行政诉讼简便程序之实践问题［J］．法律适用，2005（8）.

[39] 安玉磊．设置行政诉讼简易程序探讨［J］．广东行政学院学报，2006（1）.

[40] 高秦伟．中国行政诉讼调解制度的现状与课题［J］．河南省政法管理干部学院学报，2004（1）.

[41] 杨临宏．行政诉讼适用调解的思考——关于中华人民共和国行政诉讼法第50条的思考［J］．法治论丛，2004（5）.

[42] 奥尤坦．浅析行政诉讼调解制度［J］．林区教学，2005（3）.

[43] 王树民．我国建立行政诉讼调解制度的必要性［J］．前沿，2005（3）.

[44] 刘澍．论我国行政诉讼调解的理论革新［J］．安徽大学学报（哲学社会科学版），2006（2）.

[45] 岁龙鑫、雷建国．建立行政诉讼调解制度的法理分析［J］．安徽职业技术学院学报，2006（2）.

[46] 郭志远．对我国行政诉讼调解制度的反思与构建［J］．安徽农业大学学报（社会科学版），2006（2）.

[47] 陈桃生．建立行政诉讼调解制度的必要性考量［J］．兰州学刊，2006（5）.

[48] 刘蕾．关于建立行政诉讼调解制度的探讨——写在〈中华人民共和国行政诉讼法〉修改建议稿亮相之后［J］．徐州工程学院学报，2006（5）.

[49] 李荣珍．建立和完善行政诉讼程序的构想［J］．海南大学学报（人文社科版），2003（1）.

[50] 金俊银．行政审判与理论研究的新动态——全国法院系统第十二届学术研讨会综述［J］．法律适用，2001（1）.

[51] 杨蜜、林孝文．试论我国行政诉讼法的改革与完善［J］．理论月刊，2004（4）.

[52] 罗干．充分发挥人民调解作用 创造稳定和谐社会环境［J］．中国司法，2004（3）.

[53] 卢顺珍．关于行政诉讼困境的法律思考［J］．行政论坛，2002（5）.

[54] 张蕾．论我国行政调解制度的价值优势［J］．科教文汇（上半月），2006（8）.

[55] 郑汉军. 行政诉讼中构建调解制度的诠释 [J]. 辽宁行政学院学报, 2006 (5).

[56] 张芾、王少辉. 论行政诉讼中调解原则的适用 [J]. 康定民族师范高等专科学校学报, 2006 (1).

[57] 缪文升. 现代性视角下行政诉讼调解制度的法哲学思考 [J]. 云南行政学院学报, 2006 (1).

[58] 段书臣, 刘澍. 我国行政诉讼应设立调解制度 [J]. 河南省政法管理干部学院学报, 2005 (4).

[59] 向忠诚. 论行政诉讼中的调解 [J]. 江西行政学院学报, 2004 (4).

[60] 刘东亮. 论行政诉讼中的调解——兼与朱新力教授商榷 [J]. 行政法学研究, 2006 (2).

[61] 李琳, 闫丽彬. 论行政诉讼可以适用调解原则 [J]. 法制与社会发展, 2000 (4).

[62] 孙红梅, 汪立艳. 行政调解初探 [J]. 长白学刊, 2001 (5).

[63] 郑艳. 论行政诉讼中的和解 [J]. 浙江省政法管理干部学院学报, 2001 (6).

[64] 刘伟光. 行政审判中调解制度的适用范围 [J]. 人民司法, 2003 (11).

[65] 胡泽君. 人民调解工作的改革与发展 [J]. 国家行政学院学报, 2003 (6).

[66] 杜万松. 行政诉讼中排斥调解理由质疑 [J]. 唯实, 2003 (12).

[67] 金艳. 行政调解的制度设计 [J]. 行政法学研究, 2005 (2).

[68] 卢顺珍, 陈惠良. 论行政调解制度的确立 [J]. 福建政法管理干部学院学报, 2005 (1).

[69] 寿光市人民法院. 设立行政调解制度的构想与探索 [J]. 山东审判, 2005 (6).

[70] 曹伊清. 试论现代法制环境下的行政调解 [J] 学海, 2006 (2).

[71] 朱最新. 社会转型中的行政调解制度 [J]. 行政法学研究, 2006 (2).

[72] 陈诚. 关于构建我国行政诉讼调解制度的思考 [J]. 社科纵横, 2004 (4).

[73] 席小玲. 论行政诉讼可以适用调解原则 [D]. 郑州: 郑州大

学，2004.

[74] 李冰．中国调解制度研究［D］．昆明：云南大学，2006.

[75] 张接春．法院调解制度反思与完善［D］．昆明：云南大学，2006.

[76] 韩少军．论多元化法院调解制度的构建［D］．北京：对外经济贸易大学，2005.

[77] 刘致明．我国法院调解制度研究［D］．保定：河北大学，2005.

[78] 马毅．我国法院调解制度研究［D］．兰州：兰州大学，2005.

[79] 李英．论法院调解［D］．天津：南开大学，2005.

[80] 刘澍．论我国行政诉讼调解制度的构建［D］．海口：海南大学，2004.

[81] 陶郑忠．试论我国法院调解制度的完善［D］．上海：复旦大学，2004.

[82] 钱伯华．创设行政公诉制度之我见［J］．政治与法律，1998（1）．

[83] 李顺江，孙德显．论行政公诉制度［J］．四川师范大学学报（社会科学版），2002（1）．

[84] 何静，朱其超．刍议行政公诉制度［J］．海南广播电视大学学报，2003（1）．

[85] 杨立新，张步洪．行政公诉制度初探［J］．行政法学研究，1999（4）．

[86] 孙青平，刘勇华．我国行政公诉案件范围探析［J］．行政与法，2001（6）．

[87] 王加尧，马骏．建立行政公诉制度是行政诉讼制度发展的必然选择［J］．人民检察，2006（4）．

[88] 张茹．我国建立行政公诉制度探析［J］．辽宁税务高等专科学校学报，2004（8）．

[89] 陈凯．行政公诉制度研究［J］．山西高等学校社会科学学报，2005（4）．

[90] 齐喜三．检察机关提起公益诉讼若干问题研究［J］．甘肃行政学院学报，2004（4）．

[91] 张元洁．论行政公诉制度［J］．山西高等学校社会科学学报，2001（7）．

[92] 闫清华．论行政公诉制度［J］．宿州教育学院学报，2002（6）．

[93] 刘士合．浅谈建立我国行政案件检察机关公诉制度［J］．焦作师范高

等专科学校学报，2004（3）．

［94］孙青平，刘勇华．我国行政公诉案件范围探析［J］．行政与法，2001（6）．

［95］李陈青，陈建智．论行政公诉制度［J］．福建政法管理干部学院学报，2006（9）．

［96］阳继宁．行政公诉适用范围研究［J］．桂林电子科技大学学报，2006（5）．

［97］王志华．公诉权对行政诉讼的介入——公诉权的一种新境界［J］．行政与法，2001（6）．

［98］田凯．行政公诉论纲［J］．中州学刊，2006（3）．

［99］王学成．英国的行政公益诉讼制度及其启示——兼论我国行政公诉制度的建立［J］．政法学刊，2004（5）．

［100］宁建海，宋雅芳．关于建立检察机关提起行政诉讼制度的思考［J］．诉讼法理论与实践（下），2004（9）．

［101］薛刚．处理行政．民事争议重合案件的程序探讨［J］．法律科学，1998（6）．

［102］廖永安．论我国民事与行政争议交叉案件的协调处理［J］．中南大学学报，2005（6）．

［103］韩磊，石长春．附带诉讼：行政、民事争议交织案件的解决［J］．安徽警官职业学院学报，2004（2）．

［104］严本道．行政附带民事诉讼有关问题探讨［J］．法商研究，1998（5）．

［105］何文燕，姜霞．行政附带民事诉讼质疑［J］．河南省政法管理干部学院，2002（2）．

［106］翟建光．论民事附带行政诉讼制度的建立［J］．司法论坛，2004（1）．

［107］赵德铸，李秋弟．民事附带行政诉讼探析［J］．运城学院学报，2003（4）．

［108］江伟，范伟．民事行政争议关联案件诉讼程序研究［J］．中国法学，2005（3）．

［109］马怀德，张红．行政争议与民事争议的交织与处理［J］．法商研究，2003（4）．

[110] 王韶华．建立我国民事行政争议关联案件处理模式的构想［J］．研究与争鸣，2004（4）．

[111] 张晓茹．多种法律关系引起的纠纷与诉讼程序的适用［J］．河南省政法管理干部学院学报，2002（3）．

[112] 王光辉．一个案件八份判决——从一个案例看行政诉讼与民事诉讼的交叉与协调［J］．中外法学，1998（2）．

[113] 方世荣，羊琴．论行政行为作为民事诉讼先决问题之解决［J］．中国法学，2005（4）．

[114] 余涛．行政附带民事诉讼制度研讨［J］．湖北警官学院学报，2004（4）．

[115] 杨伟东．行政附带民事诉讼探略［J］．行政法学研究，1998（1）．

[116] 杨临宏．特别权力关系理论研究［J］．法学论坛，2001（4）．

[117] 杨解君．特别法律关系论——特别权力关系论的扬弃［J］．法学研究，2006（7）．

[118] 刘雪梅．特别权力关系理论与中国行政法［D］．北京：中国政法大学，2002.

[119] 李升元．特别权力关系研究［D］．山西：山西大学，2003.

[120] 吴小龙，王族臻．特别权力关系理论与我国的“引进”［J］．法学，2005（4）．

[121] 王黎．高校的学生管理权与学生权利的冲突及救济［D］．重庆：西南政法大学，2006.

[122] 任静远．公务员权利救济比较研究［D］．北京：中国政法大学，2002.

[123] 杨建顺．行政诉讼与司法能动性——刘燕文诉北京大学的启示［J］．法学前沿，2001（4）．

[124] 王黎．高校的学生管理权与学生权利的冲突及救济［D］．重庆：西南政法大学，2006.

[125] 黎军．从特别权力关系理论的变迁谈我国对公务员救济制度的完善［J］．行政法学研究，2000（1）．

[126] 马怀德．公务法人问题研究［J］．中国法学，2000（4）．

[127] 敖双红．试论我国内部行政法律关系—兼论西方特别权力关系［J］．当代法学，2002（4）．

[128] 刘泽军．公务员行政处分救济制度的理论基础探究［J］．法学杂志，2001（4）．

[129] 邵毅超，杨成．关于行政侵权适用精神损害赔偿问题的思考［J］．太原师范学院学报，2004（3）．

[130] 康贞花．试论行政赔偿中确立精神损害赔偿制度［J］．延边党校学报，2005（1）．

[131] 王冠．试论国家损害赔偿［J］．黑龙江社会科学，2004，（4）．

[132] 吕冀平、朱伟松．行政精神损害赔偿制度的法律思考［J］．哈尔滨学报，2003（10）．

[133] 王建敏．论我国《国家赔偿法》的立法完善［J］．河南纺织高等专科学校学报，2003（3）．

[134] 韦宝平．论国家赔偿范围的拓展趋势［J］．江苏社会科学，2000（6）．

[135] 王娟．行政侵权精神损害赔偿的适用［J］．山西省政法管理干部学院学报，2004（2）．

[136] 于金葵．我国行政精神损害赔偿制度的构建［J］．中央民族大学学报，2005（6）．

[137] 何峻．行政机关侵犯公民名誉权及精神损害赔偿责任［J］．北京行政学院学报，2001（6）．

[138] 王文惠．精神损害纳入国家赔偿探析［J］．贵州师范大学学报，2002（6）．

[139] 曲义铭．谈国家赔偿法精神损害赔偿的加入［J］．商业研究，2003（2）．

[140] 王良均．论行政侵权案件的精神损害赔偿［J］．信阳师范学院学报，2003（5）．

[141] 赵斌．论行政侵权的精神损害赔偿［J］．中国矿业大学学报，2004（1）．

[142] 王世涛．作为行政侵权客体的精神权利［J］．行政与法，2004（5）．

[143] 郭健．关于行政赔偿制度立法缺陷的思考［J］．黑龙江社会主义学院学报，2004（1）．

[144] 谢新清．论行政侵权精神损害的赔偿问题［J］．枣庄学院学报，2004（6）．

［145］章志远．我国行政赔偿制度完善之构想［J］．贵州警官职业学院学报，2005（2）．

［146］范冠峰．行政侵权精神损害赔偿制度的法理基础［J］．政法论丛，2004（6）．

［147］谢炎林，潘帝全．关于精神损害赔偿纳入行政侵权赔偿的分析［J］．和田师范专科学校学报，2005（2）．

［148］温根新．论国家赔偿中的精神损害赔偿［J］．前沿，2005（9）．

［149］刘本章，覃仁琳．在国家赔偿制度中建立精神损害赔偿之必要性探析［J］．涪陵师范学院学报，2005（5）．

［150］孔向荣．我国创设行政公诉制度之构想与研析［J］．万方数据库 http：//wanfang. lib. sjtu. edu. cn.

［151］阳继宁．行政公诉制度研究［J］．万方数据库 http：//wanfang. lib. sjtu. edu. cn.

［152］谭素青．行政公诉制度研究［J］．中国知网中国优秀硕士论文全文数据库 www. cnki. net/index. htm.

［153］刘红星．论行政公诉［J］．中国知网中国优秀硕士论文全文数据库 www. cnki. net/index. htm.

［154］唐海娟．我国民事、行政公诉研究［J］，中国知网中国优秀硕士论文全文数据库 www. cnki. net/index. htm.

后 记

本书是2008年云南省哲学社会科学规划办公室资助出版的学术著作之一。对规划办公室给予的资助，我们深表谢意！

本书是集体研究的成果。研究过程中的分工如下：

杨临宏：写作策划、拟订提纲、修改定稿、绪论和第四章；

耿华东：第一章；

刘仰朝：第二章；

王燕：第三章；

雷红莉：第五章；

史琳：第六章；

朱晓云：第七章。

本书能够出版还要感谢参与匿名通讯评审和议会评审的各位专家，是他们的慧眼给予了本书付梓的机会！

本书能够及时高质量地出版，还要感谢参与本书出版各环节的我的同事，特别是责任编辑冯峨编审和蔡红华主任，没有他们的辛勤劳动，本书的出版或许还需要更多的时日。

杨临宏

2009年元月

图书在版编目（CIP）数据

中国行政诉讼的制度空白及弥补问题研究/杨临宏主编．—昆明：云南大学出版社，2009

ISBN 978－7－81112－770－6

Ⅰ．中…　Ⅱ．杨…　Ⅲ．行政诉讼—司法制度—研究—中国　Ⅳ．D925．310．4

中国版本图书馆 CIP 数据核字（2009）第 044001 号

中国行政诉讼的制度空白及弥补问题研究

杨临宏　主编

责任编辑：冯　峨　蔡红华
封面设计：刘　雨
出版发行：云南大学出版社
印　　装：昆明耀骏印务有限公司
开　　本：787mm×1092mm　1/16
印　　张：21
字　　数：390 千
版　　次：2009 年 9 月第 1 版
印　　次：2009 年 9 月第 1 次印刷
书　　号：ISBN 978－7－81112－770－6
定　　价：49.00 元

地　　址：昆明市翠湖北路 2 号云南大学英华园内（邮编：650091）
发行电话：0871－5033244　5031071
网　　址：http：//www.ynup.com
E－mail：market@ynup.com